高等学校交通运输与工程类专业教材建设委员会规划教材

Dynamics of Bridge Structures
桥梁结构动力学

（第2版）

宋一凡　编著
贺拴海　主审

人民交通出版社股份有限公司
北京

内 容 提 要

本书作为桥梁工程方向研究生学位课程的主要教学参考书,由长安大学宋一凡教授编著、统稿,贺拴海教授主审。全书共 8 章,着重针对工程中常见桥型的动力学问题,详细叙述了桥梁结构动力学的解析方法、能量法及有限元法分析的成果。主要内容包括:梁的振动、拱的振动、悬索桥振动、斜拉桥振动、梁桥整体水平向振动分析、连续刚构桥固有振动、车桥耦合振动分析模型及公路桥梁冲击系数。

本书可作为桥梁工程方向研究生的教学参考书,同时可供本学科的科研人员、试验人员和有关工程技术人员参考。

图书在版编目(CIP)数据

桥梁结构动力学 / 宋一凡编著. — 2 版. — 北京:人民交通出版社股份有限公司,2020.9
ISBN 978-7-114-16688-4

Ⅰ.①桥… Ⅱ.①宋… Ⅲ.①桥梁结构—结构动力学 Ⅳ.①U443

中国版本图书馆 CIP 数据核字(2020)第 115743 号

高等学校交通运输与工程类专业教材建设委员会规划教材
Qiaoliang Jiegou Donglixue

书 名	桥梁结构动力学(第 2 版)
著 作 者	宋一凡
责任编辑	李 喆 卢俊丽
责任校对	刘 芹
责任印制	刘高彤
出版发行	人民交通出版社股份有限公司
地 址	(100011)北京市朝阳区安定门外外馆斜街 3 号
网 址	http://www.ccpcl.com.cn
销售电话	(010)59757973
总 经 销	人民交通出版社股份有限公司发行部
经 销	各地新华书店
印 刷	北京市密东印刷有限公司
开 本	787×1092 1/16
印 张	19
字 数	482 千
版 次	2000 年 4 月 第 1 版 2020 年 9 月 第 2 版
印 次	2020 年 9 月 第 2 版 第 1 次印刷 总第 2 次印刷
书 号	ISBN 978-7-114-16688-4
定 价	65.00 元

(有印刷、装订质量问题的图书由本公司负责调换)

第 2 版前言

进入 21 世纪以来,我国桥梁建设成就举世瞩目,桥梁工程学科的整体水平已经进入国际先进行列。随着科学技术水平的不断提升,新材料、新工艺、新技术已经成功应用于跨海湾、大江、大河以及深沟壑的各类桥梁建设中,桥梁跨径越来越大,结构形式更加多样化,同时也存在地震、风致振动和车桥耦合振动等多种因素对桥梁工程结构的安全威胁,对桥梁结构的动力性能进行分析研究的需求更加迫切。

本书作为长安大学桥梁工程方向研究生学位课程的主要教学参考书,自 2000 年 4 月第 1 版面世以来,已过了近二十年。近些年来,桥梁结构动力分析理论与方法取得了重大进步。尽管结构有限元等数值方法及通用程序已相当普及,但作为桥梁结构振动理论基础,描述桥梁结构振动内在本质的解析方法,对于建立现代桥梁结构动力分析模型和指导动力模型试验仍然具有重要的理论意义。

本书在第 1 版的基础上,着重针对工程中常见桥型的动力学问题,以解析方法为主,汲取近年来桥梁结构振动特性分析的能量法及有限元法最新研究成果,重新进行了编写,具有较强的理论性和实用性。

全书共分 8 章。第 1 章 梁的振动,详细叙述了基于哈密尔顿(Hamilton)原理建立的梁振动方程,给出了梁的动力特性和外部荷载激励与车桥耦合振动下梁振动响应的分析方法以及柱式墩地震反应分析方法;第2章 拱的振动,着重叙述了基于达朗贝(D'Alembert)原理建立的拱振动方程,给出了拱的动力特性和外部荷载激励与车桥耦合振动下的拱振动响应的分析方法,同时也给出了圆弧拱的空间动力特性以及拱桥地震动近似分析方法;第3章 悬索桥振动,主要叙述了基于达朗贝(D'Alembert)原理建立的悬索桥结构振动方程,给出了悬索桥振动固有频率分析的能量法,以及车桥耦合振动分析方法;第4章 斜拉桥振动,主要叙述了斜拉桥拉索的动力特性与索力动测原理,给出了斜拉桥结构动力特性以及矮塔斜拉桥结构动力特性近似分析方法;第5章 梁桥整体水平向振动分析,主要叙述了基于拉格朗日(Lagrange)方程建立的梁桥整体纵横向水平振动方程,给出了简支梁和连续梁桥整体动力特性的近似分析方法;第6章 连续刚构桥固有振动,主要叙述了基于有限元分析成果建立的连续刚构桥动力特性近似分析方法;第7章 车桥耦合振动分析模型,主要叙述了根据弹性系统动力学总势能不变值原理建立的适应于车桥耦合振动分析的车辆振动模型和桥梁结构有限元模型;第8章 公路桥梁冲击系数,主要叙述了部分国家公路桥梁冲击系数的规范规定和冲击系数的计算方法,同时也给出了基于车桥耦合振动分析成果归纳的连续刚构桥的冲击系数近似计算方法。为便于阅读,书末附录介绍了动力学的普遍原理,包括达朗贝(D'Alembert)原理、拉格朗日(Lagrange)方程和哈密尔顿(Hamilton)原理。根据长安大学桥梁工程方向研究生教学系列参考用书建设规划,本书删除了第1版中有关桥梁抗震理论方面的相关内容。

全书由长安大学宋一凡教授编著、统稿,贺拴海教授主审。长安大学周勇军教授编写了第6章和第8章。博士研究生朱钊、张瀚浩等绘制了插图。

本书作为长安大学"2017年度研究生教育教学改革项目"的建设项目,获得了专项资助,人民交通出版社股份有限公司为本书的编辑出版付出了辛勤劳动,在此表示衷心感谢。在本书编著过程中,作者收集、应用了国内外有关文献资料及相关科研成果,得到了众多同行、同事的大力协助,不论书中是否列出,在此一并感谢。

限于作者水平,书中难免还会有缺点,请读者批评指正。来函(或电子信件)请寄:西安市南二环中段长安大学公路学院(邮编:710064,E-mail:songyfan@qq.com)。

作　者

2019 年 6 月于西安

第1版前言

公路桥梁动力学是现代公路桥梁发展的一个重要课题。一方面它能更真实地揭示出桥梁结构在汽车车辆荷载作用下的动态受力与变形本质,另一方面又能描述出桥梁结构在地震作用下的系统响应。因此,公路桥梁动力学已被列为公路桥梁工程专业研究生必修的一门学位课程,同时也是现代公路桥梁设计与施工技术人员的重要理论工具。尽管结构有限元等数值分析方法已相当普及,但作为描述公路桥梁结构内在本质的理论解析方法,对于建立现代公路桥梁结构动力分析模型和指导模型试验仍然具有相当重要的理论意义。本书以理论解析方法为基础并结合现代桥梁结构分析的有限元等数值方法编写,具有较强的理论性和实用性。

全书共分六章。第一章详细介绍了公路梁桥结构的动力特性与系统响应分析和弹塑性动力分析方法;第二章介绍了拱桥结构的动力特性分析方法;第三章介绍了悬索桥结构动力特性分析方法;第四章主要介绍了斜拉桥拉索的动力特性与索力动测原理和斜拉桥结构动力分析方法;第五章介绍了公路桥梁结构冲击系数概念和确定冲击系数的方法;第六章主要介绍了公路桥梁地震振动与地震响应分析方法,同时也介绍了公路桥梁结构抗震设计理论。

本书是作者广泛收集了国内外有关文献资料,连同作者近年来为公路桥梁工程专业硕士研究生教学讲义和科研成果一起编著而成。在编著过程中,作者得到了众多同事的大力协助并参考了大量文献,不论书末是否列出,在此一并感谢。为了本书的出版,编辑、校对付出了辛勤劳动,在此表示衷心感谢。

限于作者水平,书中难免还会有缺点,请读者批评指正。

作 者

1999 年 10 月

目录

第1章 梁的振动	1
1.1 梁的振动方程	2
1.2 梁的弯曲固有振动	8
1.3 振型的正交性	28
1.4 梁的弯曲振动固有频率近似分析法	32
1.5 有阻尼梁的弯曲固有振动	49
1.6 梁的弯曲自由振动响应	53
1.7 定位激扰力作用下梁的强迫振动响应	56
1.8 梁的车辆强迫振动理论	65
1.9 柱式墩地震动分析	83
1.10 梁的弹塑性动力分析	86
1.11 钢筋混凝土梁的动刚度试验模型	88
1.12 预应力钢梁振动分析	93
本章参考文献	98
第2章 拱的振动	100
2.1 圆弧拱的竖平面内挠曲固有振动	101
2.2 抛物线拱的竖平面内挠曲固有振动	106
2.3 拱竖平面挠曲振动固有基频的近似计算	116
2.4 抛物线拱的车辆强迫振动	120

2.5 拱的侧向弯扭固有振动 ·· 124
   2.6 拱桥地震振动分析 ·· 133
   本章参考文献 ··· 139

第3章 悬索桥振动 ·· 140
   3.1 悬索桥的竖平面弯曲振动固有频率解析法 ·· 141
   3.2 悬索桥的竖平面弯曲振动固有频率能量法 ·· 149
   3.3 悬索桥的扭转固有振动能量法 ··· 155
   3.4 悬索桥施工猫道的固有振动能量法 ··· 161
   3.5 悬索桥的车辆强迫振动 ··· 166
   本章参考文献 ··· 170

第4章 斜拉桥振动 ·· 171
   4.1 斜拉索的振动特性 ·· 171
   4.2 用振动法估测拉索索力的实用公式 ··· 183
   4.3 斜拉索的自激共振 ·· 197
   4.4 斜拉索的减振 ·· 203
   4.5 斜拉桥的固有振动能量法 ··· 206
   4.6 矮塔斜拉桥的固有振动能量法 ··· 214
   4.7 斜拉桥的车辆强迫振动 ··· 219
   本章参考文献 ··· 222

第5章 梁桥整体水平向振动分析 ·· 223
   5.1 柔性墩柱水平向振动分析 ··· 223
   5.2 简支梁桥顺桥向振动分析 ··· 231
   5.3 简支梁桥横桥向振动分析 ··· 234
   5.4 连续梁桥顺桥向振动分析 ··· 241
   5.5 连续梁桥横桥向振动分析 ··· 243
   本章参考文献 ··· 247

第6章 连续刚构桥固有振动 ·· 249
   6.1 连续刚构桥的纵向自振基频能量法 ··· 250

6.2 连续刚构桥竖向振动基频能量法 ……………………………………………… 253

本章参考文献 …………………………………………………………………………… 254

第7章 车桥耦合振动分析模型 ……………………………………………………… 255

7.1 车辆振动方程 …………………………………………………………………… 255

7.2 桥梁振动方程 …………………………………………………………………… 271

7.3 车桥相互作用方程 ……………………………………………………………… 271

本章参考文献 …………………………………………………………………………… 271

第8章 公路桥梁冲击系数 …………………………………………………………… 273

8.1 冲击系数概念 …………………………………………………………………… 274

8.2 动载试验法 ……………………………………………………………………… 275

8.3 规范法 …………………………………………………………………………… 276

8.4 车桥耦合振动分析法 …………………………………………………………… 281

本章参考文献 …………………………………………………………………………… 283

附录A 动力学普遍原理 ……………………………………………………………… 285

A.1 达朗贝(D'Alembert)原理 ……………………………………………………… 285

A.2 拉格朗日(Lagrange)方程 ……………………………………………………… 286

A.3 哈密尔顿(Hamilton)原理 ……………………………………………………… 288

附录B 结构振动分析方法 …………………………………………………………… 290

第1章
梁的振动

梁桥是桥梁工程中最常用的一种桥型,其中最常见的是简支梁桥和连续梁桥。讨论梁的振动问题求解方法,具有重要的工程实用价值。

由结构动力学可知,采用结构的离散坐标体系提供了一个方便而实用的分析方法,可对任意结构的动力响应进行分析。但是,所得到的解答只能是近似解。增加自由度的数目虽然可以提高计算结果的精度,但是对于具有连续分布物理特性的真实结构,原则上要取无限多个自由度才可以收敛于精确解。因此,用有限个离散坐标的方法求高精度解是不可能的。

描述多自由度体系的振动方程是常微分方程组。显然,描述具有连续分布物理特性结构的振动方程应该是偏微分方程。在研究具有竖向对称面的梁桥竖向振动特性时,可不考虑桥宽的影响,从而简化为一维结构——单梁,即梁的质量、刚度和阻尼等物理性质可用单一的、沿梁轴线的坐标位置来描述。振动方程中只包含两个独立自变量——时间 t 和梁轴线的位置 x,一个梁的振动响应独立因变量——动挠度 $w(x,t)$。本章主要介绍单梁的振动特性及振动响应分析方法。

建立梁振动方程的动力学原理常用的有达朗伯(D'Alembert)原理、拉格朗日(Lagrange)方程和哈密尔顿(Hamilton)原理。达朗伯(D'Alembert)原理是后两者的基础,是动力学的普遍原理。拉格朗日方程对于多自由度体系振动分析较方便,哈密尔顿原理则经常用于物理性质连续分布的结构振动分析。本章主要用哈密尔顿原理建立梁的振动微分方程。

作为梁振动近似分析的能量法,对于难以给出理论解析解的振动问题仍然具有很高的实用价值。本章主要介绍瑞雷(Rayleigh)法、瑞雷-里兹(Rayleigh-Ritz)法和迦辽金(Галёркин)法的近似求解过程,同时给出基于能量法的墩柱地震响应分析方法。

桥梁跨径的逐渐增大、高强材料的使用,使得结构轻型化,车桥耦合振动问题变得越来越突出。作为车桥耦合振动分析基础,本章将系统地叙述简支梁的车桥耦合振动经典理论。

钢筋混凝土梁处于带裂缝的正常工作状态,动力分析中截面抗弯刚度参数的取值非常重要,本章基于梁振动分析理论,给出钢筋混凝土梁动刚度的试验测试原理。

在预应力梁中,预应力与梁之间属于内力相互作用,为了研究预应力对梁的振动特性影响,本章通过一座体外预应力简支钢梁的索、梁相互作用,研究预应力钢梁的振动特性。

本章叙述的梁振动分析方法,也是其他体系桥梁结构振动分析的基础。

1.1 梁的振动方程

1.1.1 初等梁的竖向弯曲振动方程

初等梁也称作艾勒尔-伯努利(Euler-Bernoulli)梁,即不考虑剪切变形影响的简单梁,变形前、后的梁截面均保持与梁轴线垂直。

图 1-1 表示一跨变截面的初等简支梁。截面竖向抗弯刚度为 $EI(x)$,单位长度的质量为 $m(x)$,假定不计梁竖向剪切变形的影响和阻尼的作用。在 xz 对称面内竖向荷载 $p(x,t)$ 的作用下,梁产生自静平衡位置计起的动挠度 $w(x,t)$,以向下为正。

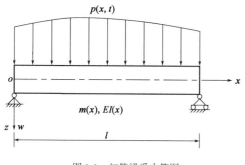

图 1-1 初等梁受力简图

梁在振动时的动能为:

$$T = \frac{1}{2} \int_0^l m(x) \dot{w}^2(x,t) \mathrm{d}x$$

梁在振动时的位能为:

$$V = \frac{1}{2} \int_0^l EI(x) \left[\frac{\partial^2 w(x,t)}{\partial x^2}\right]^2 \mathrm{d}x$$

根据哈密尔顿原理,有:

$$\int_{t_1}^{t_2} \delta(T-V) \mathrm{d}t + \int_{t_1}^{t_2} \delta W \mathrm{d}t = 0 \quad (1-1)$$

式中,$T = T(x,\dot{w},t)$ 为梁振动的动能;$V = V(x,w'',t)$ 为梁振动的位能;$W = W(x,w,t)$ 为外力在振动梁时做的功。

在式(1-1)中,动能的变分为:

$$\begin{aligned}
\int_{t_1}^{t_2} \delta T \mathrm{d}t &= \int_{t_1}^{t_2} \frac{1}{2} \delta \int_0^l m(x) \dot{w}^2(x,t) \mathrm{d}x \mathrm{d}t \\
&= \int_{t_1}^{t_2} \int_0^l m(x) \dot{w}(x,t) \delta \dot{w} \mathrm{d}x \mathrm{d}t \\
&= -\int_{t_1}^{t_2} \int_0^l m(x) \ddot{w}(x,t) \delta w \mathrm{d}x \mathrm{d}t + \int_0^l \int_{t_1}^{t_2} m(x) \frac{\partial}{\partial t} [\dot{w}(x,t) \delta w] \mathrm{d}t \mathrm{d}x
\end{aligned} \quad (1\text{-}2\mathrm{a})$$

由于在 t_1、t_2 瞬时的运动已经给定，$\delta w|_{t_1} = \delta w|_{t_2} = 0$。因此，上式中等号右边第二项中：

$$\int_{t_1}^{t_2} \frac{\partial}{\partial t}[\dot{w}(x,t)\delta w]\mathrm{d}t = [\dot{w}(x,t)\delta w]|_{t_1}^{t_2} = 0$$

位能的变分为：

$$\int_{t_1}^{t_2} \delta V \mathrm{d}t = \int_{t_1}^{t_2} \frac{1}{2}\delta\int_0^l EI(x)\left[\frac{\partial^2 w(x,t)}{\partial x^2}\right]^2 \mathrm{d}x\mathrm{d}t$$

$$= \int_{t_1}^{t_2}\int_0^l EI(x)w''(x,t)\delta w''(x,t)\mathrm{d}x\mathrm{d}t$$

$$= -\int_{t_1}^{t_2}\int_0^l [EI(x)w''(x,t)]'\delta w'\mathrm{d}x\mathrm{d}t + \int_{t_1}^{t_2}\int_0^l [EI(x)w''(x,t)\delta w'(x,t)]'\mathrm{d}x\mathrm{d}t$$

$$= -\int_{t_1}^{t_2}\int_0^l [EI(x)w''(x,t)]'\delta w'\mathrm{d}x\mathrm{d}t + \int_{t_1}^{t_2} EI(x)w''(x,t)\delta w'|_0^l \mathrm{d}t \qquad (1\text{-}2\mathrm{b})$$

$$= \int_{t_1}^{t_2}\int_0^l [EI(x)w''(x,t)]''\delta w\mathrm{d}x\mathrm{d}t - \int_{t_1}^{t_2}\int_0^l \{[EI(x)w''(x,t)]'\delta w\}'\mathrm{d}x\mathrm{d}t +$$

$$\int_{t_1}^{t_2} EI(x)w''(x,t)\delta w'|_0^l \mathrm{d}t$$

$$= \int_{t_1}^{t_2}\int_0^l [EI(x)w''(x,t)]''\delta w\mathrm{d}x\mathrm{d}t - \int_{t_1}^{t_2} [EI(x)w''(x,t)]'\delta w|_0^l \mathrm{d}t +$$

$$\int_{t_1}^{t_2} EI(x)w''(x,t)\delta w'|_0^l \mathrm{d}t$$

式(1-1)等号左边的第二个积分式为除弹性力以外的主动力所做的虚功之和，其中作用在梁上的分布动荷载 $p(x,t)$ 在梁的虚位移 δw 上所做的虚功为：

$$\int_{t_1}^{t_2}\delta W_\mathrm{p}\mathrm{d}t = \int_{t_1}^{t_2}\int_0^l p(x,t)\delta w\mathrm{d}x\mathrm{d}t \qquad (1\text{-}2\mathrm{c})$$

作用在梁的两端支承处的弯矩 M_0、M_l 和剪力 Q_0、Q_l 在对应的梁端虚位移上所做的虚功为：

$$\int_{t_1}^{t_2}\delta W_\mathrm{s}\mathrm{d}t = \int_{t_1}^{t_2}(M_0\delta w_0' - M_l\delta w_l' - Q_0\delta w_0 + Q_l\delta w_l)\mathrm{d}t \qquad (1\text{-}2\mathrm{d})$$

式中，梁端力的正方向规定同材料力学；虚位移正方向与坐标系一致；虚转角以顺时向为正。
将式(1-2c)和式(1-2d)两式相加，并将之与动能、位能的变分化简后代入式(1-1)，得：

$$-\int_{t_1}^{t_2}\int_0^l \{[EI(x)w''(x,t)]'' + m(x)\ddot{w}(x,t) - p(x,t)\}\delta w\mathrm{d}x\mathrm{d}t -$$

$$\int_{t_1}^{t_2}\{[EI(x)w''(x,t)]'|_0 + Q_0\}\delta w_0\mathrm{d}t + \int_{t_1}^{t_2}[EI(x)w''(x,t)|_0 + M_0]\delta w_0'\mathrm{d}t + \qquad (1\text{-}3)$$

$$\int_{t_1}^{t_2}\{[EI(x)w''(x,t)]'|_l + Q_l\}\delta w_l\mathrm{d}t - \int_{t_1}^{t_2}[EI(x)w''(x,t)|_l + M_l]\delta w_l'\mathrm{d}t$$

$$= 0$$

对于给定的位移边界条件上，$\delta w_0, \delta w'_0, \cdots$ 变分是等于零的，而对于力的边界条件则是任意的，要使式(1-3)成立，必须满足以下各式：

$$\int_0^l \{-m(x)\ddot{w}(x,t) - [EI(x)w''(x,t)]'' + p(x,t)\}\delta w \mathrm{d}x = 0 \tag{1-4a}$$

$$\left.\begin{array}{l} \{[EI(x)w''(x,t)]'|_0 + Q_0\}\delta w_0 = 0 \\ [EI(x)w''(x,t)|_0 + M_0]\delta w'_0 = 0 \\ \{[EI(x)w''(x,t)]'|_l + Q_l\}\delta w_l = 0 \\ [EI(x)w''(x,t)|_l + M_l]\delta w'_l = 0 \end{array}\right\} \tag{1-4b}$$

由于变分 δw 在域内是任意的，因此从式(1-4a)就可以得到：

$$m(x)\ddot{w}(x,t) + \frac{\partial^2}{\partial x^2}\left[EI(x)\frac{\partial^2 w(x,t)}{\partial x^2}\right] = p(x,t) \tag{1-5}$$

式(1-5)就是一般形式的初等梁(Euler-Bernoulli)的竖向弯曲振动微分方程。

对于初等梁，式(1-4b)显然必然满足。从式(1-4b)可以得到梁两端力的边界条件：

$$\left.\begin{array}{l} Q_0 = -[EI(x)w''(x,t)]'|_0 \\ M_0 = -EI(x)w''(x,t)|_0 \\ Q_l = -[EI(x)w''(x,t)]'|_l \\ M_l = -EI(x)w''(x,t)|_l \end{array}\right\} \tag{1-6}$$

为方便起见，在以后初等梁的竖向弯曲振动方程推导中，不再引入梁端力所做的虚功项，约定梁端力为零。

也可以根据材料力学内力与曲率的关系，应用达朗贝尔原理将惯性力 $-m(x)\ddot{w}(x,t)$ 加到外荷载项后即可求得式(1-5)。

1.1.2 轴向受压力的初等梁竖向弯曲振动方程

图1-2所示梁，除了受到竖向荷载 $p(x,t)$ 作用以外，还受到轴向压力 $N(x,t)$ 的作用。由于梁轴线弯曲变形，N 的作用点发生改变，假设梁轴线变形前后其长度不变，即梁轴线不可压缩，只是在竖平面上的位置发生变化，则在弯曲小变形假设条件下，得到梁中性轴弯曲后弦向几何变形为：

$$\mathrm{d}\Delta = \mathrm{d}s - \mathrm{d}x = \sqrt{(\mathrm{d}x)^2 + (\mathrm{d}w)^2} - \mathrm{d}x = \sqrt{1+(w')^2}\mathrm{d}x - \mathrm{d}x$$

由泰勒(Taylor)展开式，有：

$$\mathrm{d}\Delta = \left[1 + \frac{1}{2}(w')^2 + \cdots\right]\mathrm{d}x - \mathrm{d}x$$

略去上式中高阶微量，则：

$$\mathrm{d}\Delta \approx \frac{1}{2}\left(\frac{\mathrm{d}w}{\mathrm{d}x}\right)^2 \mathrm{d}x$$

式中，$\mathrm{d}\Delta$ 为微元上轴向压力 N 的作用点在梁弯曲变形后的轴线投影压缩变位。

于是，轴向压力 N 在梁轴线上所做的功为：

$$W_N = \int_0^l N(x,t)\mathrm{d}\Delta = \frac{1}{2}\int_0^l N(x,t)\left(\frac{\mathrm{d}w}{\mathrm{d}x}\right)^2 \mathrm{d}x \tag{1-7a}$$

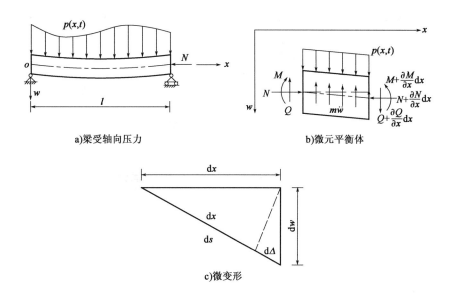

图 1-2 轴向受压的初等梁受力简图

考虑到只对动挠度 $w(x,t)$ 或动转角 $w'(x,t)$ 变分,轴向力 N 在梁上所做的虚功为:

$$\delta W_N = \delta \int_0^l \frac{1}{2} N(x,t) \left(\frac{\mathrm{d}w}{\mathrm{d}x}\right)^2 \mathrm{d}x = \int_0^l N(x,t) w' \delta w' \mathrm{d}x$$

$$= \int_0^l \{[N(x,t)w']\delta w\}' \mathrm{d}x - \int_0^l [N(x,t)w']' \delta w \mathrm{d}x \qquad (1\text{-}7\mathrm{b})$$

$$= \{[N(x,t)w']\delta w\}|_0^l - \int_0^l [N(x,t)w'(x,t)]' \delta w \mathrm{d}x$$

对于初等梁,上式等号右边第一项为 0。

竖向荷载 $p(x,t)$ 所做的虚功为:

$$\delta W_\mathrm{p} = \int_0^l p(x,t) \delta w \mathrm{d}x \qquad (1\text{-}7\mathrm{c})$$

将式(1-7a)、式(1-7b)、式(1-7c)三式相加并将上节推导出来的动能、位能的变分代入式(1-1),得:

$$\int_{t_1}^{t_2} \int_0^l \{-m(x)\ddot{w} - [EI(x)w'']'' - [N(x,t)w']' + p(x,t)\}\delta w \mathrm{d}x \mathrm{d}t = 0$$

由于 δw 为任意的,故在轴向力作用下梁的竖向弯曲振动方程为:

$$m(x)\ddot{w} + \frac{\partial^2}{\partial x^2}\left[EI(x)\frac{\partial^2 w}{\partial x^2}\right] + \frac{\partial}{\partial x}\left[N(x,t)\frac{\partial w}{\partial x}\right] = p(x,t) \qquad (1\text{-}8)$$

当轴向压力 N 关于 x 为常量,即 $N = N(t)$ 时,式(1-8)可简化为:

$$m(x)\ddot{w} + \frac{\partial^2}{\partial x^2}\left[EI(x)\frac{\partial^2 w}{\partial x^2}\right] + N(t)\frac{\partial^2 w}{\partial x^2} = p(x,t) \qquad (1\text{-}9\mathrm{a})$$

比较式(1-5)和式(1-9a)可见,轴向压力和梁竖向弯曲曲率的乘积形成了作用在梁上的附加等效竖向分布荷载。

因为 $N(t)$ 项的存在,式(1-9a)属于四阶变系数的微分方程,求解比较困难。一般工程上可能出现的轴向压力几乎为常量,方程的求解则可以大大简化。

当轴向为拉力 N 时,由式(1-7a)可知,$W_{\mathrm{N}} = -\int_0^l N(x,t)\mathrm{d}\Delta = -\frac{1}{2}\int_0^l N(x,t)\left(\frac{\mathrm{d}w}{\mathrm{d}x}\right)^2\mathrm{d}x$,即轴向拉力在轴向弯曲引起的缩短位移方向做负功,此时有:

$$m(x)\ddot{w} + \frac{\partial^2}{\partial x^2}\left[EI(x)\frac{\partial^2 w}{\partial x^2}\right] - N(t)\frac{\partial^2 w}{\partial x^2} = p(x,t) \tag{1-9b}$$

1.1.3 铁木辛柯(Timoshenko)梁的竖向弯曲振动方程

对于高跨比较大的深梁来说,就必须计及梁的竖向剪切变形和转动惯量的影响,梁振动分析的初等理论不再适应。

考虑梁的竖向剪切变形和转动惯量的影响如图 1-3 所示。

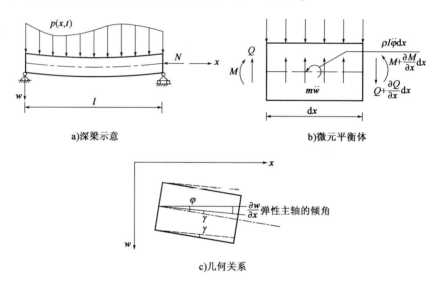

图 1-3 铁木辛柯(Timoshenko)梁受力简图

设铁木辛柯(Timoshenko)梁的动挠度 $w(x,t)$ 为:

$$w(x,t) = w_{\mathrm{b}}(x,t) + w_{\mathrm{s}}(x,t) \tag{1-10}$$

式中,$w_{\mathrm{b}}(x,t)$ 为由梁弯曲所引起的动挠度;$w_{\mathrm{s}}(x,t)$ 为由梁剪切变形所引起的动挠度。

对式(1-10)关于 x 求偏导后,有:

$$\frac{\partial w}{\partial x} = \frac{\partial w_{\mathrm{b}}}{\partial x} + \frac{\partial w_{\mathrm{s}}}{\partial x} = \varphi - \gamma \tag{1-11}$$

式中,$\varphi = \frac{\partial w_{\mathrm{b}}}{\partial x}$ 表示梁的弯曲转角;$\gamma = -\frac{\partial w_{\mathrm{s}}}{\partial x}$ 表示梁的剪切转角[图 1-3c)]。

在图 1-3b)中,由达朗贝(D'Alembert)原理可得动弯矩平衡方程:

$$M + Q\mathrm{d}x - \left(M + \frac{\partial M}{\partial x}\mathrm{d}x\right) - \rho I\ddot{\varphi}\mathrm{d}x = 0$$

即

$$\frac{\partial M}{\partial x} = Q - \rho I\ddot{\varphi} \tag{1-12a}$$

式中,$\rho = m/A_{\mathrm{b}}$ 为单位体积质量;m 为梁单位长度质量;A_{b} 为梁截面面积;I 为梁横截面惯性矩。

动剪力平衡方程：

$$\left(Q + \frac{\partial Q}{\partial x}\mathrm{d}x\right) - Q + p(x,t)\mathrm{d}x - m\ddot{w}\mathrm{d}x = 0$$

即

$$\frac{\partial Q}{\partial x} = m\ddot{w} - p(x,t) \tag{1-12b}$$

由材料力学可知：

$$\left. \begin{array}{l} M = -EI\dfrac{\partial \varphi}{\partial x} \\ Q = -\kappa GA_{\mathrm{b}}\gamma \end{array} \right\} \tag{1-13}$$

式中，EI 为梁截面抗弯刚度；GA_{b} 为梁截面抗剪刚度；κ 为梁整个截面上的平均剪应变 (Q/GA_{b}) 与中心点处剪应变之比，它依赖于截面形状。对于矩形截面，一般可取 $\kappa = 5/6$，其他截面的 κ 可参考有关文献。

梁的动能和位能分别为：

$$T = \frac{1}{2}\int_0^l m(x)\dot{w}^2 \mathrm{d}x + \frac{1}{2}\int_0^l \rho I(x)\dot{\varphi}^2 \mathrm{d}x$$

$$V = \frac{1}{2}\int_0^l EI(x)\left(\frac{\partial \varphi}{\partial x}\right)^2 \mathrm{d}x + \frac{1}{2}\int_0^l \kappa GA_{\mathrm{b}}(x)\gamma^2 \mathrm{d}x$$

外力功为：

$$W_{\mathrm{p}} = \int_0^l p(x,t)w(x,t)\mathrm{d}x$$

将上述三式代入式 (1-1)，并引入式 (1-11)，得：

$$\frac{1}{2}\int_{t_1}^{t_2}\delta\int_0^l \left\{m(x)\dot{w}^2 + \rho I(x)\dot{\varphi}^2 - EI(x)\left(\frac{\partial \varphi}{\partial x}\right)^2 - \kappa GA_{\mathrm{b}}(x)\left(\varphi - \frac{\partial w}{\partial x}\right)^2\right\}\mathrm{d}x\mathrm{d}t + \int_{t_1}^{t_2}\int_0^l p(x,t)\delta w \mathrm{d}x\mathrm{d}t = 0$$

对上式经过多次分部积分后，并注意到 $\delta w|_{t_1} = \delta w|_{t_2} = 0$ 以及 $\delta \varphi|_{t_1} = \delta \varphi|_{t_2} = 0$，可得：

$$\int_{t_1}^{t_2}\int_0^l \left\{-m(x)\ddot{w} - \frac{\partial}{\partial x}\left[\kappa GA_{\mathrm{b}}(x)\left(\varphi - \frac{\partial w}{\partial x}\right)\right] + p(x,t)\right\}\delta w \mathrm{d}x\mathrm{d}t +$$

$$\int_{t_1}^{t_2}\left\{-\rho I(x)\ddot{\varphi} - \kappa GA_{\mathrm{b}}(x)\left(\varphi - \frac{\partial w}{\partial x}\right) + \frac{\partial}{\partial x}\left[EI(x)\frac{\partial \varphi}{\partial x}\right]\right\}\delta \varphi \mathrm{d}x\mathrm{d}t = 0 \tag{1-14}$$

因为 δw 和 $\delta \varphi$ 的任意性，得梁振动方程组为：

$$\left. \begin{array}{l} \dfrac{\partial}{\partial x}\left[\kappa GA_{\mathrm{b}}(x)\left(\varphi - \dfrac{\partial w}{\partial x}\right)\right] + m(x)\ddot{w} = p(x,t) \\ \dfrac{\partial}{\partial x}\left[EI(x)\dfrac{\partial \varphi}{\partial x}\right] = \kappa GA_{\mathrm{b}}(x)\left(\varphi - \dfrac{\partial w}{\partial x}\right) + \rho I(x)\ddot{\varphi} \end{array} \right\} \tag{1-15}$$

对于等截面深梁，其 EI、κGA_{b} 和 m 均为常数，并令 $I = A_{\mathrm{b}}r^2$，其中 r 为横截面惯性矩半径。由式 (1-15) 的第一式得：

$$\frac{\partial \varphi}{\partial x} = \frac{\partial^2 w}{\partial x^2} + \frac{1}{\kappa GA_{\mathrm{b}}}[p(x,t) - m\ddot{w}] \tag{1-16}$$

将式(1-15)第二式关于 x 求偏导,并引用第一式,得:

$$\frac{\partial^2}{\partial x^2}\left[EI(x)\frac{\partial \varphi}{\partial x}\right] = \frac{\partial}{\partial x}\left[\kappa GA_b\left(\varphi - \frac{\partial w}{\partial x}\right)\right] + \rho I \frac{\partial \ddot{\varphi}}{\partial x} = p(x,t) - m\ddot{w} + mr^2\frac{\partial \ddot{\varphi}}{\partial x}$$

将式(1-16)代入上式,整理得:

$$\left[EI\frac{\partial^4 w}{\partial x^4} + m\ddot{w} - p(x,t)\right] - mr^2\frac{\partial^2 \ddot{w}}{\partial x^2} + \frac{EI}{\kappa GA_b}\frac{\partial^2}{\partial x^2}[p(x,t) - m\ddot{w}] - \frac{mr^2}{\kappa GA_b}\left[\ddot{p}(x,t) - m\frac{\partial^4 w}{\partial t^4}\right] = 0 \tag{1-17}$$

式中,左边第一项为初等梁的振动项;第二项为转动惯量影响项;第三项为剪切变形影响项;第四项为转动惯量与剪切变形的混合影响项。

式(1-17)就是著名的等截面铁木辛柯(Timoshenko)梁的弯曲振动方程。

对于更一般的变截面深梁,应从式(1-15)联立求解,这里不再赘述。

1.2 梁的弯曲固有振动

1.2.1 初等梁的弯曲固有振动

1)固有振动解析法

在式(1-5)中,令 $p(x,t)=0$ 且当 EI 与 m 均为常量时,则有:

$$EI\frac{\partial^4 w}{\partial x^4} + m\ddot{w} = 0 \tag{1-18}$$

这是一个四阶常系数的线性齐次偏微分方程,根据数学物理方程基本理论可用分离变量法求解。

令

$$w(x,t) = \varphi(x)q(t) \tag{1-19}$$

式中,$\varphi(x)$ 是梁轴线坐标 x 的函数,代表梁轴线在振动中的变形形状,称之为振型;$q(t)$ 是时间 t 的函数,代表梁轴线在振动中的形状变化因子。

将式(1-19)代入式(1-18),得:

$$EI\frac{d^4 \varphi(x)}{dx^4}q(t) + m\ddot{q}(t)\varphi(x) = 0$$

或

$$\frac{\varphi^{(4)}(x)}{\varphi(x)} = -\frac{m\ddot{q}(t)}{EIq(t)} \tag{1-20a}$$

因为上式的左边项仅是 x 的函数,右边项仅是 t 的函数,所以它们应等于一个常数,即:

$$\frac{\varphi^{(4)}(x)}{\varphi(x)} = -\frac{m\ddot{q}(t)}{EIq(t)} = C \tag{1-20b}$$

由简谐振动理论可知,C 是个正实数,即令 $C = \alpha^4$,式(1-20b)可分别写成:

$$\left.\begin{array}{l} \dfrac{d^4 \varphi(x)}{dx^4} - \alpha^4 \varphi(x) = 0 \\ \ddot{q}(t) + \omega^2 q(t) = 0 \end{array}\right\} \tag{1-21}$$

式中：
$$\omega^2 = \frac{\alpha^4 EI}{m} \text{或} \alpha^4 = \frac{\omega^2 m}{EI}$$

由式(1-21)的第二式可得二阶齐次常微分方程的解为：
$$q(t) = C_1 \sin\omega t + C_2 \cos\omega t = A\sin(\omega t + \theta) \tag{1-22a}$$

式中，C_1 和 C_2（或振幅 A 和相位角 θ）是待定常数，可由梁振动的初始条件确定，它们满足：
$$\left. \begin{array}{l} A = \sqrt{C_1^2 + C_2^2} \\ \tan\theta = \dfrac{C_2}{C_1} \end{array} \right\} \tag{1-22b}$$

式(1-22a)就是自由振动广义坐标 $q(t)$ 的响应函数表达式。

令 $\varphi(x) = Be^{rx}$，代入式(1-21)的第一式，有：
$$(r^4 - \alpha^4)Be^{rx} = 0$$

由此可得：
$$r_{1,2} = \pm\alpha, \quad r_{3,4} = \pm i\alpha$$

把上述四个根代入式 $\varphi(x) = Be^{rx}$，得四阶齐次常微分方程的解为：
$$\varphi(x) = B_1 e^{i\alpha x} + B_2 e^{-i\alpha x} + B_3 e^{\alpha x} + B_4 e^{-\alpha x}$$

式中，四个待定常数 $B_i(i=1,2,3,4)$ 由边界条件确定。

为了便于分析，上面解的形式常用三角函数及双曲函数表示为：
$$\varphi(x) = A_1 \sin\alpha x + A_2 \cos\alpha x + A_3 \sinh\alpha x + A_4 \cosh\alpha x \tag{1-23}$$

式中，四个待定常数 $A_i(i=1,2,3,4)$ 由边界条件确定。

2) 边界条件

由式(1-19)可知，$w(x,t) = \varphi(x)q(t)$ 中的 $\varphi(x)$ 与 $w(x,t)$ 具有相同的物理含义，对应的边界条件也相同。因此，根据材料力学理论，对于初等梁，一般的几何边界条件和力边界条件可以表示为：

$$\left. \begin{array}{ll} \text{简支端} & \varphi = 0, \; EI\dfrac{d^2\varphi}{dx^2} = \dfrac{d^2\varphi}{dx^2} = 0 \\[2mm] \text{固定端} & \varphi = 0, \; \dfrac{d\varphi}{dx} = 0 \\[2mm] \text{自由端} & EI\dfrac{d^2\varphi}{dx^2} = \dfrac{d^2\varphi}{dx^2} = 0, \; EI\dfrac{d^3\varphi}{dx^3} = \dfrac{d^3\varphi}{dx^3} = 0 \end{array} \right\} \tag{1-24}$$

除了上面几种比较简单的边界条件之外，还可能有其他一些更复杂的边界条件。图 1-4a)表示梁端部有质量块、线约束弹簧和转动约束弹簧，其中，$\overline{M}$、J、k 和 K 分别表示梁端部质量块的质量、质量块的转动惯量、线约束弹簧和转动约束弹簧的刚度，脚标 L 和 R 分别表示梁的左端和右端。由图 1-4b)可写出梁右端的边界条件方程为：

$$M_B = J_R \frac{\partial^3 w}{\partial x \partial t^2} + K_R \frac{\partial w}{\partial x}$$

$$Q_B = -(\overline{M}_R \ddot{w} + k_R w)$$

式中，M_B 为梁 B 端弯矩；Q_B 为梁 B 端剪力。

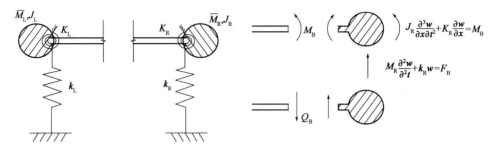

a) 梁端点弹性支承及集中质量示意　　　b) 梁的右端动力平衡

图 1-4　复杂边界条件示意

由材料力学可知，$M = -EIw''$ 和 $Q = -EIw'''$，得：

$$\left. EI\left(\frac{d^2\varphi}{dx^2}\right)\right|_{x=l} = (\omega^2 J_R - K_R)\left(\frac{d\varphi}{dx}\right)\Big|_{x=l} \\ \left. EI\left(\frac{d^3\varphi}{dx^3}\right)\right|_{x=l} = (-\omega^2 \overline{M}_R + K_R)\varphi\big|_{x=l} \right\} \quad (1\text{-}25a)$$

同理，对于梁的左端有：

$$\left. EI\left(\frac{d^2\varphi}{dx^2}\right)\right|_{x=0} = (\omega^2 J_L - K_L)\left(\frac{d\varphi}{dx}\right)\Big|_{x=0} \\ \left. EI\left(\frac{d^3\varphi}{dx^3}\right)\right|_{x=0} = -(-\omega^2 \overline{M}_L + K_L)\varphi\big|_{x=0} \right\} \quad (1\text{-}25b)$$

3) 等截面简支梁的弯曲固有振动分析

由式 (1-23) 可得：

$$\varphi'(x) = \alpha(A_1\cos\alpha x - A_2\sin\alpha x + A_3\cosh\alpha x + A_4\sinh\alpha x)$$

$$\varphi''(x) = \alpha^2(-A_1\sin\alpha x - A_2\cos\alpha x + A_3\sinh\alpha x + A_4\cosh\alpha x)$$

引入简支梁端支承边界条件，由

$$\left. \begin{array}{l} \varphi(0) = 0 \rightarrow A_2 + A_4 = 0 \\ \varphi''(0) = 0 \rightarrow -A_2 + A_4 = 0 \end{array} \right\}$$

得 $A_2 = A_4 = 0$，由

$$\left. \begin{array}{l} \varphi(l) = 0 \rightarrow A_1\sin\alpha l + A_3\sinh\alpha l = 0 \\ \varphi''(l) = 0 \rightarrow -A_1\sin\alpha l + A_3\sinh\alpha l = 0 \end{array} \right\} \quad (1\text{-}26)$$

将式 (1-26) 两式相加得：

$$2A_3\sinh\alpha l = 0$$

因此，必有 $A_3 = 0$。将式(1-26)相减，得：
$$2A_1 \sin\alpha l = 0$$
由于 A_1 不能再为 0，通常取 $A_1 = 1$，即得频率方程：
$$\sin\alpha l = 0 \tag{1-27}$$
上式的根为：
$$\alpha_n l = n\pi \quad (n=1,2,3,\cdots)$$
由 $\alpha^4 = \dfrac{\omega^2 m}{EI}$ 得简支梁弯曲振动的固有频率为：
$$\omega_n = \left(\dfrac{n\pi}{l}\right)^2 \sqrt{\dfrac{EI}{m}} \quad (n=1,2,3,\cdots) \tag{1-28}$$
相应的振型函数为：
$$\varphi_n(x) = \sin\dfrac{n\pi x}{l} \quad (n=1,2,3,\cdots) \tag{1-29}$$
式中，n 一般取正整数，代表振型阶次，$n=1$ 对应的频率通常称之为基频。

图 1-5 表示了等截面简支梁前三阶振型的形状。

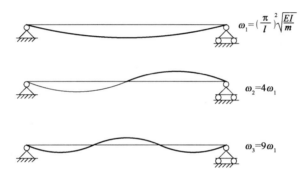

图 1-5　等截面简支梁前三阶振型示意

固有振动方程(1-18)的一般解为各阶振型响应的线性叠加。把式(1-23)中的非零系数 A_1 归入 A_n 后，可得等截面简支梁弯曲固有振动挠度 $w(x,t)$ 的响应为：
$$w(x,t) = \sum_n A_n \sin\dfrac{n\pi x}{l}\sin(\omega_n t + \theta_n) \tag{1-30}$$
式中，A_n 为第 n 阶振型相应的振幅，由初始条件确定；θ_n 为第 n 阶振型相应的相位角。

值得注意的是，式(1-29)中的第一阶振型 $\sin\dfrac{\pi x}{l}$ 和与其相应的第一阶固有频率 $\omega_1 = \left(\dfrac{\pi}{l}\right)^2\sqrt{\dfrac{EI}{m}}$，具有重要的工程实用意义。

4) 等截面悬臂梁的固有振动分析

由式(1-23)可得：
$$\varphi'(x) = \alpha(A_1\cos\alpha x - A_2\sin\alpha x + A_3\cosh\alpha x + A_4\sinh\alpha x)$$
$$\varphi''(x) = \alpha^2(-A_1\sin\alpha x - A_2\cos\alpha x + A_3\sinh\alpha x + A_4\cosh\alpha x)$$
$$\varphi'''(x) = \alpha^3(-A_1\cos\alpha x + A_2\sin\alpha x + A_3\cosh\alpha x + A_4\sinh\alpha x)$$
引入悬臂梁固端支承边界条件，由

$$\left.\begin{array}{l}\varphi(0)=0 \rightarrow A_2+A_4=0\\ \varphi'(0)=0 \rightarrow A_1+A_3=0\end{array}\right\}$$

解之得 $A_2=-A_4, A_1=-A_3$。由

$$\left.\begin{array}{l}\varphi''(l)=0 \rightarrow \alpha^2(-A_1\sin\alpha l-A_2\cos\alpha l+A_3\sinh\alpha l+A_4\cosh\alpha l)=0\\ \varphi'''(l)=0 \rightarrow \alpha^3(-A_1\cos\alpha l+A_2\sin\alpha l+A_3\cosh\alpha l+A_4\sinh\alpha l)=0\end{array}\right\}$$

结合前面求得的 $A_i(i=1,2,3,4)$ 关系式,上式化简后为:

$$\left.\begin{array}{l}\varphi''(l)=0 \rightarrow A_1(-\sin\alpha l-\sinh\alpha l)+A_2(-\cos\alpha l-\cosh\alpha l)=0\\ \varphi'''(l)=0 \rightarrow A_1(-\cos\alpha l-\cosh\alpha l)+A_2(\sin\alpha l-\sinh\alpha l)=0\end{array}\right\}$$

或

$$\begin{bmatrix}-\sin\alpha l-\sinh\alpha l & -\cos\alpha l-\cosh\alpha l\\ -\cos\alpha l-\cosh\alpha l & \sin\alpha l-\sinh\alpha l\end{bmatrix}\begin{Bmatrix}A_1\\ A_2\end{Bmatrix}=0 \tag{1-31}$$

欲得非零解,上式的系数行列式必须为零,即:

$$\begin{vmatrix}-\sin\alpha l-\sinh\alpha l & -\cos\alpha l-\cosh\alpha l\\ -\cos\alpha l-\cosh\alpha l & \sin\alpha l-\sinh\alpha l\end{vmatrix}=0$$

或

$$\begin{aligned}\Delta &=-\sin^2\alpha l+\sinh^2\alpha l-\cos^2\alpha l-2\cos\alpha l\cosh\alpha l-\cosh^2\alpha l\\ &=-2-2\cos\alpha l\cosh\alpha l=0\end{aligned}$$

即

$$1+\cos\alpha l\cosh\alpha l=0 \tag{1-32}$$

上式即为悬臂梁的弯曲固有频率方程,属于超越方程,不能给出显式解,一般借助于数值近似方法求解。其前三个根对应着前三阶振动固有频率,分别是:

$$\left.\begin{array}{ll}\alpha_1 l=1.875 & \omega_1=0.356\left(\dfrac{\pi}{l}\right)^2\sqrt{\dfrac{EI}{m}}\\ \\ \alpha_2 l=4.694 & \omega_2=2.232\left(\dfrac{\pi}{l}\right)^2\sqrt{\dfrac{EI}{m}}\\ \\ \alpha_3 l=7.855 & \omega_3=6.252\left(\dfrac{\pi}{l}\right)^2\sqrt{\dfrac{EI}{m}}\end{array}\right\} \tag{1-33}$$

由式(1-31)可得:

$$A_2=\dfrac{\sin\alpha l+\sinh\alpha l}{\cos\alpha l+\cosh\alpha l}A_1=\dfrac{\cos\alpha l+\cosh\alpha l}{\sin\alpha l-\sinh\alpha l}A_1$$

将 $A_2=-A_4, A_1=-A_3$ 并取 $A_1=1$ 以及上式的结果代入振型函数 $\varphi_n(x)$ 的表达式,可得:

$$\varphi_n(x)=\sin\alpha_n x-\sinh\alpha_n x+\dfrac{\sin\alpha_n l+\sinh\alpha_n l}{\cos\alpha_n l+\cosh\alpha_n l}(\cosh\alpha_n x-\cos\alpha_n x) \tag{1-34}$$

将式(1-33)中的 $\alpha_1 l$、$\alpha_2 l$ 和 $\alpha_3 l$ 分别代入上式即可得到前三阶振型,其形状如图1-6所示。

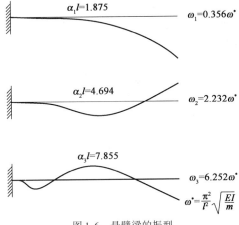

图 1-6 悬臂梁的振型

实际上悬臂梁的竖向弯曲振动模型就是地面固结的柱式墩或索塔的水平振动模型，相应的振动固有频率和振型函数与本节完全一致。

5）一端固定另一端铰支等截面梁的固有振动分析

由式(1-23)可得：

$$\varphi'(x) = \alpha(A_1\cos\alpha x - A_2\sin\alpha x + A_3\cosh\alpha x + A_4\sinh\alpha x)$$

$$\varphi''(x) = \alpha^2(-A_1\sin\alpha x - A_2\cos\alpha x + A_3\sinh\alpha x + A_4\cosh\alpha x)$$

引入悬臂梁固端及铰支承边界条件，由

$$\left.\begin{array}{l}\varphi(0) = 0 \rightarrow A_2 + A_4 = 0 \\ \varphi'(0) = 0 \rightarrow A_1 + A_3 = 0\end{array}\right\}$$

得 $A_2 = -A_4, A_1 = -A_3$。由

$$\left.\begin{array}{l}\varphi(l) = 0 \rightarrow A_1\sin\alpha l + A_2\cos\alpha l + A_3\sinh\alpha l + A_4\cosh\alpha l = 0 \\ \varphi''(l) = 0 \rightarrow \alpha^2(-A_1\sin\alpha l - A_2\cos\alpha l + A_3\sinh\alpha l + A_4\cosh\alpha l) = 0\end{array}\right\}$$

简化后得：

$$\left.\begin{array}{l}\varphi(l) = 0 \rightarrow A_1\sin\alpha l + A_2\cos\alpha l - A_1\sinh\alpha l - A_2\cosh\alpha l = 0 \\ \varphi''(l) = 0 \rightarrow \alpha^2(-A_1\sin\alpha l - A_2\cos\alpha l - A_1\sinh\alpha l - A_2\cosh\alpha l) = 0\end{array}\right\}$$

因此，有：

$$\begin{bmatrix}\sin\alpha l - \sinh\alpha l & \cos\alpha l - \cosh\alpha l \\ \sin\alpha l + \sinh\alpha l & \cos\alpha l + \cosh\alpha l\end{bmatrix}\begin{Bmatrix}A_1 \\ A_2\end{Bmatrix} = \begin{Bmatrix}0 \\ 0\end{Bmatrix} \qquad (1-35)$$

欲求上式的非零解，其系数行列式必为零，即：

$$\begin{vmatrix}\sin\alpha l - \sinh\alpha l & \cos\alpha l - \cosh\alpha l \\ \sin\alpha l + \sinh\alpha l & \cos\alpha l + \cosh\alpha l\end{vmatrix} = 0$$

或

$$\begin{aligned}\Delta = &\sin\alpha l\cos\alpha l + \sin\alpha l\cosh\alpha l - \cos\alpha l\sinh\alpha l - \sinh\alpha l\cosh\alpha l - \\ &\sin\alpha l\cos\alpha l + \sin\alpha l\cosh\alpha l - \cos\alpha l\sinh\alpha l + \sinh\alpha l\cosh\alpha l \\ = &2(\sin\alpha l\cosh\alpha l - \cos\alpha l\sinh\alpha l) = 0\end{aligned}$$

即

$$\tan\alpha l = \tanh\alpha l \tag{1-36}$$

上式即为一端固定另一端铰支等截面梁的弯曲振动固有频率方程，仍然属于超越方程。其前三个根和相应的前三阶固有频率分别为：

$$\left.\begin{array}{ll} \alpha_1 l = 3.927 & \omega_1 = 1.562\left(\dfrac{\pi}{l}\right)^2\sqrt{\dfrac{EI}{m}} \\[6pt] \alpha_2 l = 7.069 & \omega_2 = 5.063\left(\dfrac{\pi}{l}\right)^2\sqrt{\dfrac{EI}{m}} \\[6pt] \alpha_3 l = 10.210 & \omega_3 = 10.562\left(\dfrac{\pi}{l}\right)^2\sqrt{\dfrac{EI}{m}} \end{array}\right\} \tag{1-37}$$

由式(1-35)得：

$$A_2 = \frac{\sinh\alpha l - \sin\alpha l}{\cos\alpha l - \cosh\alpha l} A_1$$

由边界条件得到的 $A_3 = -A_1$、$A_4 = -A_2$，取 $A_1 = 1$，并将上式代入振型函数 $\varphi_n(x)$ 的表达式，得：

$$\varphi_n(x) = \sin\alpha_n x - \sinh\alpha_n x + \frac{\sinh\alpha_n l - \sin\alpha_n l}{\cos\alpha_n l - \cosh\alpha_n l}(\cos\alpha_n x - \cosh\alpha_n x) \tag{1-38}$$

将式(1-37)中的 $\alpha_1 l$、$\alpha_2 l$ 和 $\alpha_3 l$ 分别代入上式即可得到前三阶振型，图1-7表示了前三阶振型的形状。

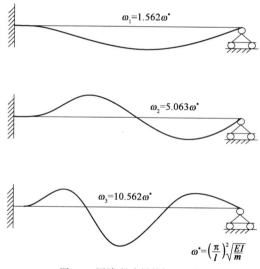

图1-7　固端-铰支梁的振型示意

实际上固结-铰接梁的竖向弯曲振动模型就是地面固结、采用固定支座柱式墩的水平振动模型，相应的振动固有频率和振型函数与本节完全一致。

1.2.2　轴向受力梁的弯曲固有振动

1）轴向受压力作用下梁的固有振动

设轴向受压梁单位长度上的质量 m、截面抗弯刚度 EI 和轴向压力 N 均为常量。令式(1-9a)中右边的 $p(x,t)=0$，即得固有振动方程为：

$$EI\frac{\partial^4 w}{\partial x^4} + N\frac{\partial^2 w}{\partial x^2} + m\ddot{w} = 0 \tag{1-39}$$

由分离变量方法,令 $w(x,t) = \varphi(x)q(t)$ 并代入上式,得:

$$EI\frac{\mathrm{d}^4\varphi(x)}{\mathrm{d}x^4}q(t) + N\frac{\mathrm{d}^2\varphi(x)}{\mathrm{d}x^2}q(t) + m\varphi(x)\ddot{q}(t) = 0$$

上式两边同除以 $\varphi(x)q(t) \neq 0$,得:

$$EI\frac{\varphi^{(4)}}{\varphi} + N\frac{\varphi''}{\varphi} + m\frac{\ddot{q}}{q} = 0$$

即存在常数 C,有:

$$EI\frac{\varphi^{(4)}}{\varphi} + N\frac{\varphi''}{\varphi} = -m\frac{\ddot{q}}{q} = C$$

式中,由振动理论可知 C 为正实数,令 $C = \omega^2 m$,由此得到两个独立方程:

$$\left.\begin{array}{l} \ddot{q}(t) + \omega^2 q(t) = 0 \\ EI\dfrac{\mathrm{d}^4\varphi(x)}{\mathrm{d}x^4} + N\dfrac{\mathrm{d}^2\varphi(x)}{\mathrm{d}x^2} - m\omega^2\varphi(x) = 0 \end{array}\right\} \tag{1-40}$$

式(1-40)的第一式解为:

$$q(t) = C_1\sin\omega t + C_2\cos\omega t = A\sin(\omega t + \theta) \tag{1-41}$$

式中,C_1 和 C_2(或振幅 A 和相位角 θ)均由初始条件确定,它们满足式(1-22b)的关系。

令

$$a = \frac{EI}{m}, b = \frac{N}{m} \tag{1-42}$$

则式(1-40)的第二式可写成:

$$a\frac{\mathrm{d}^4\varphi(x)}{\mathrm{d}x^4} + b\frac{\mathrm{d}^2\varphi(x)}{\mathrm{d}x^2} - \omega^2\varphi(x) = 0 \tag{1-43}$$

再令 $\varphi(x) = Be^{rx}$ 并代入上式,即得:

$$ar^4 + br^2 - \omega^2 = 0$$

上式的四个根为:

$$r_{1,2} = \pm i\alpha$$
$$r_{3,4} = \pm\beta$$

式中,α 和 β 分别为:

$$\left.\begin{array}{l} \alpha = \sqrt{\dfrac{\sqrt{b^2 + 4a\omega^2} + b}{2a}} \\ \beta = \sqrt{\dfrac{\sqrt{b^2 + 4a\omega^2} - b}{2a}} \end{array}\right\} \tag{1-44}$$

将上面求得的四个根代入 $\varphi(x) = Be^{rx}$,并用三角函数和双曲函数替换指数函数,最后可得:

$$\varphi(x) = D_1\sin\alpha x + D_2\cos\alpha x + D_3\sinh\beta x + D_4\cosh\beta x \tag{1-45}$$

上式中的四个常数 $D_i(i = 1,2,3,4)$ 由边界条件确定。

2）轴向受拉力作用下梁的固有振动

当轴向力 N 为拉力时,由式(1-9b)中令 $p(x,t)=0$ 和式(1-43)可得轴向拉力作用下梁的竖向弯曲振动方程为:

$$a\frac{\mathrm{d}^4\varphi(x)}{\mathrm{d}x^4} - b\frac{\mathrm{d}^2\varphi(x)}{\mathrm{d}x^2} - \omega^2\varphi(x) = 0 \tag{1-46}$$

再令 $\varphi(x) = Be^{rx}$ 并代入上式,即得:

$$ar^4 - br^2 - \omega^2 = 0$$

上式的四个根为:

$$r_{1,2} = \pm i\beta, \quad r_{3,4} = \pm\alpha$$

式中,α 和 β 由式(1-44)确定。

于是,可得轴向拉力作用下梁的弯曲振型函数为:

$$\varphi(x) = D_1\sin\beta x + D_2\cos\beta x + D_3\sinh\alpha x + D_4\cosh\alpha x \tag{1-47}$$

上式中的四个常数 $D_i(i=1,2,3,4)$ 由边界条件确定;a 和 b 的意义同式(1-42)。

3）轴向受力简支梁的弯曲固有振动

(1) 轴向受常值压力。

轴向受常值压力 N 的简支梁,如图1-8所示。此时按式(1-44)计算 α 和 β 的值。

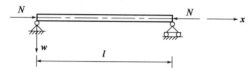

图1-8　轴向受常值压力 N 的简支梁

由式(1-45)得:

$$\varphi'(x) = \alpha(D_1\cos\alpha x - D_2\sin\alpha x) + \beta(D_3\cosh\beta x + D_4\sinh\beta x)$$

$$\varphi''(x) = \alpha^2(-D_1\sin\alpha x - D_2\cos\alpha x) + \beta^2(D_3\sinh\beta x + D_4\cosh\beta x)$$

引入简支梁端支承边界条件,由

$$\left.\begin{array}{l}\varphi(0) = 0 \rightarrow D_2 + D_4 = 0 \\ \varphi''(0) = 0 \rightarrow -\alpha^2 D_2 + \beta^2 D_4 = 0\end{array}\right\}$$

得 $D_2 = D_4 = 0$。由

$$\left.\begin{array}{l}\varphi(l) = 0 \rightarrow D_1\sin\alpha l + D_2\cos\alpha l + D_3\sinh\beta l + D_4\cosh\beta l = 0 \\ \varphi''(l) = 0 \rightarrow \alpha^2(-D_1\sin\alpha l - D_2\cos\alpha l) + \beta^2(D_3\sinh\beta l + D_4\cosh\beta l) = 0\end{array}\right\}$$

得:

$$\begin{bmatrix}\sin\alpha l & \sinh\beta l \\ -\alpha^2\sin\alpha l & \beta^2\sinh\beta l\end{bmatrix}\begin{Bmatrix}D_1 \\ D_3\end{Bmatrix} = \begin{Bmatrix}0 \\ 0\end{Bmatrix} \tag{1-48}$$

则频率方程为:

$$\Delta = \begin{vmatrix}\sin\alpha l & \sinh\beta l \\ -\alpha^2\sin\alpha l & \beta^2\sinh\beta l\end{vmatrix} = (\beta^2 + \alpha^2)\sin\alpha l\sinh\beta l = 0$$

即

$$\sin\alpha l = 0 \tag{1-49}$$

上式的解为：
$$\alpha l = n\pi \quad (n=1,2,3,\cdots)$$

由式(1-44)可得：
$$(\alpha l)^2 = \frac{\sqrt{b^2+4a\omega_n^2}+b}{2a}l^2 = (n\pi)^2$$

化简后可得：
$$\omega_n^2 = a\left(\frac{n\pi}{l}\right)^4 - b\left(\frac{n\pi}{l}\right)^2 = \frac{EI}{m}\left(\frac{n\pi}{l}\right)^4 - \frac{N}{m}\left(\frac{n\pi}{l}\right)^2 \quad (1\text{-}50\text{a})$$

即
$$\omega_n = \left(\frac{n\pi}{l}\right)^2 \sqrt{\frac{EI}{m}}\sqrt{1-\frac{N}{n^2\frac{EI\pi^2}{l^2}}} = \omega_n^*\sqrt{1-\frac{N}{n^2 N_{\text{cr}}}} \quad (n=1,2,3,\cdots) \quad (1\text{-}50\text{b})$$

式中，$\omega^* = \left(\frac{n\pi}{l}\right)^2\sqrt{\frac{EI}{m}}$ 为无轴向力作用时简支梁的第 n 阶固有频率；$N_{\text{cr}} = \frac{EI\pi^2}{l^2}$ 为两端铰支压杆的欧拉临界荷载。

从式(1-50)可以看出，外部轴向压力可使梁弯曲振动固有频率降低；当 $N \to N_{\text{cr}}$ 时，基频 $\omega_1 \to 0$，此时梁处于平衡分支状态，可以通过频率测试结果判别压杆稳定性。

由于 $\sin\alpha l = 0$，代入式(1-48)可得 $D_3 = 0$，并令 $D_1 = 1$，因此，振型 $\varphi_n(x)$ 为：
$$\varphi_n(x) = \sin\frac{n\pi x}{l} \quad (1\text{-}51)$$

由此式可知，考虑轴向压力作用后简支梁的固有振型与初等简支梁的固有振型完全相同，前三阶振型见图1-5。

(2) 轴向受常值拉力。

当 N 为拉力时，此时按式(1-47)代入边界条件，同上述推导过程相同，可得频率方程：
$$\sin\beta l = 0$$

上式的解为：
$$\beta l = n\pi \quad (n=1,2,3,\cdots)$$

于是有：
$$\omega_n^2 = a\left(\frac{n\pi}{l}\right)^4 + b\left(\frac{n\pi}{l}\right)^2 = \frac{EI}{m}\left(\frac{n\pi}{l}\right)^4 + \frac{N}{m}\left(\frac{n\pi}{l}\right)^2 \quad (1\text{-}52\text{a})$$

即
$$\omega_n = \frac{n\pi}{l}\sqrt{\frac{N}{m}\left[1+\frac{EI}{N}\left(\frac{n\pi}{l}\right)^2\right]} = \frac{n\pi}{l}\sqrt{\frac{N}{m}\delta_n} \quad (n=1,2,3,\cdots) \quad (1\text{-}52\text{b})$$

式中，$\delta_n = 1+\frac{EI}{N}\left(\frac{n\pi}{l}\right)^2$，表示梁的抗弯刚度对轴向受拉梁弯曲振动固有频率的修正系数。

相应的振型 $\varphi_n(x)$ 同式(1-51)，表明振型函数与轴向作用压力或拉力无关。

4) 轴向受力双固端梁的弯曲固有振动

(1) 轴向受常值压力。

轴向受常值压力 N 的双固端梁，如图1-9所示。此时按式(1-44)计算 α 和 β 的值。

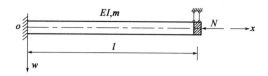

图 1-9 轴向受常值压力 N 的固端梁

由式(1-45)得:
$$\varphi'(x) = \alpha(D_1\cos\alpha x - D_2\sin\alpha x) + \beta(D_3\cosh\beta x + D_4\sinh\beta x)$$

引入固端梁边界条件,有:
$$\left.\begin{array}{l}\varphi(0) = 0 \to D_2 + D_4 = 0 \\ \varphi'(0) = 0 \to \alpha D_1 + \beta D_3 = 0\end{array}\right\}$$

得 $D_4 = -D_2$, $D_3 = -\dfrac{\alpha}{\beta}D_1$。由

$$\left.\begin{array}{l}\varphi(l) = 0 \to D_1\sin\alpha l + D_2\cos\alpha l + D_3\sinh\beta l + D_4\cosh\beta l = 0 \\ \varphi'(l) = 0 \to \alpha(D_1\cos\alpha l - D_2\sin\alpha l) + \beta(D_3\cosh\beta l + D_4\sinh\beta l) = 0\end{array}\right\}$$

整理后,得:
$$\begin{bmatrix} \sin\alpha l - \dfrac{\alpha}{\beta}\sinh\beta l & \cos\alpha l - \cosh\beta l \\ \alpha\cos\alpha l - \alpha\cosh\beta l & -\alpha\sin\alpha l - \beta\sinh\beta l \end{bmatrix}\begin{Bmatrix} D_1 \\ D_2 \end{Bmatrix} = \begin{Bmatrix} 0 \\ 0 \end{Bmatrix} \tag{1-53}$$

则频率方程为:
$$\Delta = \begin{vmatrix} \sin\alpha l - \dfrac{\alpha}{\beta}\sinh\beta l & \cos\alpha l - \cosh\beta l \\ \alpha\cos\alpha l - \alpha\cosh\beta l & -\alpha\sin\alpha l - \beta\sinh\beta l \end{vmatrix} = 0$$

即
$$2\alpha\beta(1 - \cos\alpha l\cosh\beta l) + (\beta^2 - \alpha^2)\sin\alpha l\sinh\beta l = 0 \tag{1-54}$$

求解方程(1-54),可得相应的固有频率 ω_n。这是个超越方程,其求解方法通常借助于数值迭代,能够得到满足工程应用的近似值。

由式(1-53),可得:
$$D_2 = -\frac{\beta\sin\alpha l - \alpha\sinh\beta l}{\beta(\cos\alpha l - \cosh\beta l)}D_1$$

代入 $D_3 = -\dfrac{\alpha}{\beta}D_1$, $D_4 = -D_2$,并令 $D_1 = 1$ 得振型函数为:

$$\varphi_n(x) = \sin\alpha_n x - \frac{\beta_n\sin\alpha_n l - \alpha_n\sinh\beta_n l}{\beta_n(\cos\alpha_n l - \cosh\beta_n l)}\cos\alpha_n x - \frac{\alpha_n}{\beta_n}\sinh\beta_n x + \frac{\beta_n\sin\alpha_n l - \alpha_n\sinh\beta_n l}{\beta_n(\cos\alpha_n l - \cosh\beta_n l)}\cosh\beta_n x$$
$$\tag{1-55}$$

(2)轴向受常值拉力。

对于轴向受常值拉力 N 的双固端梁(与图 1-9 中的 N 方向相反),此时按式(1-47)代入边界条件,同上述推导过程相同,可得频率方程:
$$2\alpha\beta(1 - \cos\beta l\cosh\alpha l) + (\alpha^2 - \beta^2)\sin\beta l\sinh\alpha l = 0 \tag{1-56}$$

求解方程(1-56),可得相应的固有频率 ω_n。这也是个超越方程,其求解方法同样须借助于数值迭代法。

5）轴向受力铰支-固结梁的弯曲固有振动

（1）轴向受常值压力。

轴向受常值压力 N 的一端固结、一端铰支梁，如图1-10所示。此时按式(1-44)计算 α 和 β 的值。

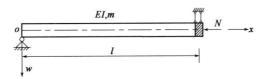

图1-10 轴向受压梁的弯曲振动

由式(1-45)得：

$$\varphi'(x) = \alpha(D_1\cos\alpha x - D_2\sin\alpha x) + \beta(D_3\cosh\beta x + D_4\sinh\beta x)$$

$$\varphi''(x) = \alpha^2(-D_1\sin\alpha x - D_2\cos\alpha x) + \beta^2(D_3\sinh\beta x + D_4\cosh\beta x)$$

引入铰支端边界条件，有：

$$\left.\begin{array}{l}\varphi(0) = 0 \rightarrow D_2 + D_4 = 0 \\ \varphi''(0) = 0 \rightarrow -\alpha^2 D_2 + \beta^2 D_4 = 0\end{array}\right\}$$

得 $D_4 = D_2 = 0$。由固端边界条件

$$\left.\begin{array}{l}\varphi(l) = 0 \rightarrow D_1\sin\alpha l + D_2\cos\alpha l + D_3\sinh\beta l + D_4\cosh\beta l = 0 \\ \varphi'(l) = 0 \rightarrow \alpha(D_1\cos\alpha l - D_2\sin\alpha l) + \beta(D_3\cosh\beta l + D_4\sinh\beta l) = 0\end{array}\right\}$$

得：

$$\begin{bmatrix} \sin\alpha l & \sinh\beta l \\ \alpha\cos\alpha l & \beta\cosh\beta l \end{bmatrix}\begin{Bmatrix} D_1 \\ D_3 \end{Bmatrix} = \begin{Bmatrix} 0 \\ 0 \end{Bmatrix} \tag{1-57}$$

则频率方程为：

$$\Delta = \begin{vmatrix} \sin\alpha l & \sinh\beta l \\ \alpha\cos\alpha l & \cosh\beta l \end{vmatrix} = \beta\sin\alpha l\cosh\beta l - \alpha\cos\alpha l\sinh\beta l = 0$$

即

$$\beta\tan\alpha l = \alpha\tanh\beta l \tag{1-58}$$

求解超越方程(1-58)，可得相应的固有频率。

由式(1-57)可得：

$$D_3 = -\frac{\sin\alpha l}{\sinh\beta l}D_1$$

代入 $D_4 = D_2 = 0$，令 $D_1 = 1$ 得振型函数为：

$$\varphi_n(x) = \sin\alpha_n x - \frac{\sin\alpha_n l}{\sinh\beta_n l}\sinh\beta_n x \tag{1-59}$$

（2）轴向受常值拉力。

轴向受常值压力 N 的一端铰支一端固结梁（与图1-10中 N 方向相反），此时按式(1-47)代入边界条件，同上述推导过程相同，可得频率方程：

$$\alpha\tan\beta l = \beta\tanh\alpha l \tag{1-60}$$

求解超越方程(1-60),可得相应的固有频率。

同理,可得振型函数为:

$$\varphi_n(x) = \sin\beta_n x - \frac{\sin\beta_n l}{\sinh\alpha_n l}\sinh\alpha_n x \tag{1-61}$$

以上推导的轴向拉力作用下的梁弯曲振动固有频率求解方法,也是刚性拉索索力动测法的理论基础,第4章将详细介绍。

1.2.3 铁木辛柯(Timoshenko)梁的弯曲固有振动

令式(1-17)中的 $p(x,t)=0$,得等截面铁木辛柯(Timoshenko)梁的弯曲振动固有方程:

$$EI\frac{\partial^4 w}{\partial x^4} + m\ddot{w} - mr^2\frac{\partial^2 \ddot{w}}{\partial x^2} - \frac{EIm}{\kappa GA_b}\frac{\partial^2 \ddot{w}}{\partial x^2} + \frac{m^2 r^2}{\kappa GA_b}\frac{\partial^4 w}{\partial t^4} = 0 \tag{1-62}$$

假定 $w(x,t) = W(x)\sin\omega t$,并代入式(1-62),则有:

$$EIW^{(4)}(x) - m\omega^2 W(x) + mr^2\omega^2 W''(x) + \frac{m\omega^2}{\kappa GA_b}[EIW''(x) + mr^2\omega^2 W(x)] = 0$$

如令 $\alpha^4 = \frac{m\omega^2}{EI}$,则上式可以写成:

$$W^{(4)}(x) - \alpha^4 W(x) + \alpha^4 r^2 W''(x) + \frac{m\omega^2}{\kappa GA_b}[\alpha^4 r^2 W(x) + W''(x)] = 0$$

或

$$W^{(1)}(x) - \alpha^4 W(x) + \left(\alpha^4 r^2 + \frac{m\omega^2}{\kappa GA_b}\right)W''(x) + \frac{m\omega^2}{\kappa GA_b}\alpha^4 r^2 W(x) = 0$$

整理后得:

$$W^{(4)}(x) - \alpha^4 W(x) + \alpha^4 r^2\left(1 + \frac{E}{\kappa G}\right)W''(x) + \alpha^8 r^4 \frac{E}{\kappa G}W(x) = 0 \tag{1-63}$$

对于任意边界条件的梁,求解上式是困难的。但是对于简支梁,则比较容易求解,也可以估计剪切变形和转动惯量影响的程度。

设等截面铁木辛柯(Timoshenko)简支梁振型函数为 $W(x) = W_n \sin\frac{n\pi x}{l}$ 并代入式(1-63),整理后可得:

$$\left(\frac{n\pi}{l}\right)^4 - \alpha^4 - \alpha^4 r^2\left(\frac{n\pi}{l}\right)^2\left(1 + \frac{E}{\kappa G}\right) + \alpha^8 r^4 \frac{E}{\kappa G} = 0 \tag{1-64}$$

从上式可以看出,式(1-64)中前两项代表初等简支梁(Euler)方程项,第三项表示了转动惯量和剪切变形的主要影响。式(1-64)将给出两个 ω^2 的根,这里只讨论较小的那个。

假设剪切弹性模量与拉压弹性模量之间满足 $G = \frac{3}{8}E$,对矩形截面 $\kappa = \frac{5}{6}$,有 $\frac{E}{\kappa G} = 3.2$,即说明剪切变形的重要性约为转动惯量的3.2倍。暂且略去式(1-64)中最后一项,则有:

$$\alpha^4\left[1 + r^2\left(\frac{n\pi}{l}\right)^2\left(1 + \frac{E}{\kappa G}\right)\right] = \left(\frac{n\pi}{l}\right)^4$$

或

$$\alpha^4 = \left(\frac{n\pi}{l}\right)^4 \frac{1}{1 + r^2\left(\frac{n\pi}{l}\right)^2\left(1 + \frac{E}{\kappa G}\right)} = \left(\frac{n\pi}{l}\right)^4 \frac{1}{1 + \left(\frac{rn\pi}{l}\right)^2\left(1 + \frac{E}{\kappa G}\right)}$$

上式中右边后一因子表示修正项。从中可以看出,当序号 n 增大时或梁的长细比 l/r 减小时,修正项也随之减小。当 $n r\pi/l$ 项很小时,则上式可近似地展开写成:

$$\alpha^4 \approx \left(\frac{n\pi}{l}\right)^4 \left[1 - \left(\frac{n r\pi}{l}\right)^2 \left(1 + \frac{E}{\kappa G}\right)\right]$$

$$\omega_n \approx \left(\frac{n\pi}{l}\right)^2 \left[1 - \frac{1}{2}\left(\frac{n r\pi}{l}\right)^2 \left(1 + \frac{E}{\kappa G}\right)\right] \sqrt{\frac{EI}{m}} \quad (1\text{-}65)$$

注意到当 $n r\pi/l$ 很小时,$\alpha^4 \approx \left(\frac{n\pi}{l}\right)^4$,所以将式(1-64)最后一项改写为:

$$\alpha^8 r^4 \frac{E}{\kappa G} \approx \alpha^4 r^2 \left(\frac{n\pi}{l}\right)^2 \left[\left(\frac{n\pi r}{l}\right)^2 \frac{E}{\kappa G}\right]$$

因为 $\frac{n\pi r}{l} \ll 1$,显然,它和前一项相比是很小的,即:

$$\alpha^8 r^4 \frac{E}{\kappa G} \approx \alpha^4 r^2 \left(\frac{n\pi}{l}\right)^2 \left[\left(\frac{n\pi r}{l}\right)^2 \frac{E}{k G}\right] \ll \alpha^4 r^2 \left(\frac{n\pi}{l}\right)^2 \left(1 + \frac{E}{k G}\right)$$

对于 $l/nr = 40、20、10$ 和 5 的四种情况,艾勒尔-柏努利(Euler-Bernoulli)梁的固有频率计算值要比铁木辛柯(Timoshenko)梁的固有频率计算值分别高 1.1%、4.7%、17.2% 和 54.5%。因此,深梁的固有振动分析时必须考虑剪切变形和转动惯量的影响。

1.2.4 连续梁的弯曲固有振动

用解析方法进行连续梁的固有振动分析是非常冗繁的过程,这主要是由于固有频率方程呈现超越方程形式,在数学分析上比较复杂而不便于计算。然而,工程中广泛使用了连续梁桥,给出求解连续梁的固有振动频率理论方法很有必要。为了简化分析,这里主要讨论连续梁每跨具有均匀分布的质量和刚度的典型情况。

图 1-11 表示连续梁的一般情形,假设连续梁每跨具有均匀分布的质量和刚度。按艾勒尔-伯努利(Euler-Bernoulli)梁理论,式(1-23)可应用于任意支承条件的梁跨。

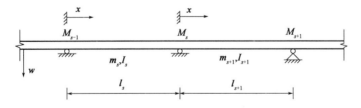

图 1-11 连续梁的符号约定

为了便于推导,缩减下角标,将式(1-23)四个常数 $A_i (i=1,2,3,4)$ 替换成 $A_1 \to A, A_2 \to B, A_3 \to C, A_4 \to D$,第 s 跨的第 n 阶振型函数为:

$$\varphi_{ns}(x) = A_{ns} \sin\alpha_{ns} x + B_{ns} \cos\alpha_{ns} x + C_{ns} \sinh\alpha_{ns} x + D_{ns} \cosh\alpha_{ns} x$$

且

$$\varphi'_{ns}(x) = \alpha_{ns}(A_{ns}\cos\alpha_{ns} x - B_{ns}\sin\alpha_{ns} x + C_{ns}\cosh\alpha_{ns} x + D_{ns}\sinh\alpha_{ns} x)$$

$$\varphi''_{ns}(x) = \alpha_{ns}^2(-A_{ns}\sin\alpha_{ns} x - B_{ns}\cos\alpha_{ns} x + C_{ns}\sinh\alpha_{ns} x + D_{ns}\cosh\alpha_{ns} x)$$

式中,$\varphi'_{ns}、\varphi''_{ns}$ 分别为 $\varphi_{ns}(x)$ 关于 x 的一阶导数和二阶导数;$\alpha_{ns} = \sqrt[4]{\frac{m_s \omega_n^2}{EI_s}}$ 为第 s 跨的第 n

阶频率参数；x 为各跨内局部坐标，原点为该跨左端支点。

连续梁两相邻跨的梁端应满足下列边界条件及变位协调条件：

$$\left.\begin{array}{l}\varphi_{ns}(0)=0\\ \varphi_{ns}(l_s)=0\\ \varphi'_{ns}(l_s)=\varphi'_{n(s+1)}(0)\\ EI_s\varphi''_{ns}(l_s)=EI_{s+1}\varphi''_{n(s+1)}(0)=-M_{ns}\\ \varphi_{n(s+1)}(0)=0\end{array}\right\} \quad (1\text{-}66)$$

即支点处的动挠度为零，而且相邻跨在共同支点处的斜率和弯矩相等。这里需要说明的是 $\varphi_{n(s+1)}(l_{s+1})=0$ 可以通过 $\varphi_{ns}(l_s)=0$ 递推导出，因此没有必要单独列出。

将相邻桥跨的振型函数及其导数代入式(1-66)，可得：

$$B_{ns}+D_{ns}=0 \quad (1\text{-}67\text{a})$$

$$A_{ns}\sin\alpha_{ns}l_s+B_{ns}\cos\alpha_{ns}l_s+C_{ns}\sinh\alpha_{ns}l_s+D_{ns}\cosh\alpha_{ns}l_s=0 \quad (1\text{-}67\text{b})$$

$$A_{ns}\cos\alpha_{ns}l_s-B_{ns}\sin\alpha_{ns}l_s+C_{ns}\cosh\alpha_{ns}l_s+D_{ns}\sinh\alpha_{ns}l_s=\frac{\alpha_{n(s+1)}}{\alpha_{ns}}[A_{n(s+1)}+C_{n(s+1)}] \quad (1\text{-}67\text{c})$$

$$-A_{ns}\sin\alpha_{ns}l_s-B_{ns}\cos\alpha_{ns}l_s+C_{ns}\sinh\alpha_{ns}l_s+D_{ns}\cosh\alpha_{ns}l_s=\frac{\alpha_{n(s+1)}^2}{\alpha_{ns}^2}\frac{I_{s+1}}{I_s}[-B_{n(s+1)}+D_{n(s+1)}]$$

$$(1\text{-}67\text{d})$$

$$B_{n(s+1)}+D_{n(s+1)}=0 \quad (1\text{-}67\text{e})$$

将式(1-67b)和式(1-67d)分别相加、相减，并将式(1-67a)、式(1-67e)代入则有：

$$C_{ns}\sinh\alpha_{ns}l_s-B_{ns}\cosh\alpha_{ns}l_s=-B_{n(s+1)}\frac{\alpha_{n(s+1)}^2}{\alpha_{ns}^2}\frac{I_{s+1}}{I_s}$$

$$A_{ns}\sin\alpha_{ns}l_s+B_{ns}\cos\alpha_{ns}l_s=B_{n(s+1)}\frac{\alpha_{n(s+1)}^2}{\alpha_{ns}^2}\frac{I_{s+1}}{I_s}$$

从而可得：

$$\left.\begin{array}{l}A_{ns}=\dfrac{-B_{ns}\cos\alpha_{ns}l_s+B_{n(s+1)}\dfrac{\alpha_{n(s+1)}^2}{\alpha_{ns}^2}\dfrac{I_{s+1}}{I_s}}{\sin\alpha_{ns}l_s}\\[4mm] C_{ns}=\dfrac{B_{ns}\cosh\alpha_{ns}l_s-B_{n(s+1)}\dfrac{\alpha_{n(s+1)}^2}{\alpha_{ns}^2}\dfrac{I_{s+1}}{I_s}}{\sinh\alpha_{ns}l_s}\end{array}\right\} \quad (1\text{-}68)$$

将式(1-68)中的两式相加，并代入式(1-67a)，得：

$$A_{ns}+C_{ns}=B_{ns}G_{ns}-B_{n(s+1)}\frac{\alpha_{n(s+1)}^2}{\alpha_{ns}^2}\frac{I_{s+1}}{I_s}H_{ns} \quad (1\text{-}69)$$

式中：

$$\left.\begin{array}{l}G_{ns}=\dfrac{\cosh\alpha_{ns}l_s}{\sinh\alpha_{ns}l_s}-\dfrac{\cos\alpha_{ns}l_s}{\sin\alpha_{ns}l_s}=\coth\alpha_{ns}l_s-\cot\alpha_{ns}l_s\\[3mm] H_{ns}=\dfrac{1}{\sinh\alpha_{ns}l_s}-\dfrac{1}{\sin\alpha_{ns}l_s}=\text{csch}\,\alpha_{ns}l_s-\csc\alpha_{ns}l_s\end{array}\right\} \quad (1\text{-}70)$$

将式(1-69)中的下脚标 s 均增加1,并将所得的 $A_{n(s+1)}+C_{n(s+1)}$ 代入式(1-67c)的右边,式(1-68)及 $D_{ns}=-B_{ns}$ 代入式(1-67c)的左边,得:

$$\frac{-B_{ns}\cos\alpha_{ns}l_s+B_{n(s+1)}\dfrac{\alpha_{n(s+1)}^2 I_{s+1}}{\alpha_{ns}^2 I_s}}{\sin\alpha_{ns}l_s}\cos\alpha_{ns}l-B_{ns}\sin\alpha_{ns}l_s+\frac{B_{ns}\cosh\alpha_{ns}l_s-B_{n(s+1)}\dfrac{\alpha_{n(s+1)}^2 I_{s+1}}{\alpha_{ns}^2 I_s}}{\sinh\alpha_{ns}l_s}\cosh\alpha_{ns}l_s-$$

$$B_{ns}\sinh\alpha_{ns}l_s=\frac{\alpha_{n(s+1)}}{\alpha_{ns}}\left[B_{n(s+1)}G_{n(s+1)}-B_{n(s+2)}\frac{\alpha_{n(s+2)}^2 I_{s+2}}{\alpha_{n(s+1)}^2 I_{(s+1)}}H_{n(s+1)}\right]$$

化简后

$$-B_{ns}\sinh\alpha_{ns}l_s+B_{ns}\sin\alpha_{ns}l_s+B_{n(s+1)}\frac{\alpha_{n(s+1)}^2 I_{s+1}}{\alpha_{ns}^2 I_s}\cos\alpha_{ns}l\sinh\alpha_{ns}l_s-B_{n(s+1)}\frac{\alpha_{n(s+1)}^2 I_{s+1}}{\alpha_{ns}^2 I_s}\cosh\alpha_{ns}l_s\sin\alpha_{ns}l_s$$

$$=\frac{\alpha_{n(s+1)}}{\alpha_{ns}}\left[B_{n(s+1)}G_{n(s+1)}-B_{n(s+2)}\frac{\alpha_{n(s+2)}^2 I_{s+2}}{\alpha_{n(s+1)}^2 I_{(s+1)}}H_{n(s+1)}\right]\sinh\alpha_{ns}l_s\sin\alpha_{ns}l_s$$

整理得:

$$B_{ns}H_{ns}-B_{n(s+1)}\left[\frac{\alpha_{n(s+1)}^2 I_{s+1}}{\alpha_{ns}^2 I_s}G_{ns}+\frac{\alpha_{n(s+1)}}{\alpha_{ns}}G_{n(s+1)}\right]+B_{n(s+2)}\frac{\alpha_{n(s+2)}^2 I_{s+2}}{\alpha_{ns}\alpha_{n(s+1)} I_{s+1}}H_{n(s+1)}=0 \quad(1\text{-}71)$$

由式(1-66)第4式可得:

$$M_{ns}=-EI_{s+1}[-B_{n(s+1)}+D_{n(s+1)}]\alpha_{n(s+1)}^2$$

将 $D_{n(s+1)}=-B_{n(s+1)}$ 代入上式可得:

$$B_{n(s+1)}=\frac{M_{ns}}{2EI_{s+1}\alpha_{n(s+1)}^2} \quad(1\text{-}72)$$

最后,将式(1-72)以及相应的下脚标 s 增1和减1的式子代入式(1-71),约去公因子后,得:

$$M_{n(s-1)}\frac{H_{ns}}{\alpha_{ns}I_s}-M_{ns}\left[\frac{G_{ns}}{\alpha_{ns}I_s}+\frac{G_{n(s+1)}}{\alpha_{n(s+1)}I_{s+1}}\right]+M_{n(s+1)}\frac{H_{n(s+1)}}{\alpha_{n(s+1)}I_{s+1}}=0 \quad(1\text{-}73)$$

$$(n=1,2,\cdots;s=1,2,\cdots,N)$$

式中,G_{ns},H_{ns} 用式(1-70)表示;N 为连续梁总跨数。

方程(1-73)是用于计算连续梁弯曲固有振动频率的三弯矩齐次方程组,它相当于材料力学分析中所用的三弯矩方程,可应用于每一对相邻跨梁。由于边跨梁端是活动支座即铰支承,因此该点的弯矩取为零。

应用方程(1-73)对于每个内支点弯矩均可写出一个方程,全部支点形成一组联立方程组。这些 M 就是按该振型振动时产生的弯矩,当然不能唯一确定其值。然而,为了使任意振动成为可能,M 的系数行列式必为零。展开之即得连续梁的弯曲振动固有频率方程,其根是 $\alpha_{ns}l_s$ 值,与 ω_n 直接相关。求得频率后,就可将每个根依次代入式(1-67)的边界方程中确定待定系数,从而给出振型函数。

为了说明频率方程(1-73)的求解过程,这里仅以四跨以下常见的连续梁为例,讨论连续梁的弯曲振动固有频率的求解方法。

1) 两跨连续梁的弯曲固有振动分析

图 1-12a) 表示 2 跨等截面连续梁,两端均为铰支承,相应有 $M_{n0} = M_{n2} = 0$,只有一个内支承点弯矩 M_{n1},故方程(1-73)只需写一次,于是

$$-M_{n1}\left(\frac{G_{n1}}{\alpha_{n1}I_1} + \frac{G_{n2}}{\alpha_{n2}I_2}\right) = 0$$

频率方程为:

$$\frac{G_{n1}}{\alpha_{n1}I_1} + \frac{G_{n2}}{\alpha_{n2}I_2} = 0 \quad (1\text{-}74\text{a})$$

式中:

$$G_{n1} = \coth\alpha_{n1}l_1 - \cot\alpha_{n1}l_1 \quad (1\text{-}74\text{b})$$

$$G_{n2} = \coth\alpha_{n2}l_2 - \cot\alpha_{n2}l_2 \quad (1\text{-}74\text{c})$$

式中, $\alpha_{n1} = \sqrt[4]{\dfrac{m_1\omega_n^2}{EI_1}}$、$\alpha_{n2} = \sqrt[4]{\dfrac{m_2\omega_n^2}{EI_2}}$ 分别为连续梁第一、二跨对应的频率参数。当梁的相关参数给出后,$\alpha_{n1}l_1$ 和 $\alpha_{n2}l_2$ 有着确定的关系。通常这种频率方程是不易求解的,必须采用试算的方法。

当两跨刚度、跨径和质量均相等时,有简化的频率方程:

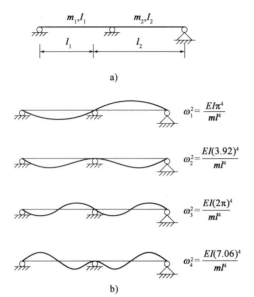

图 1-12 两跨连续梁的振型示意

$$G_{n1} + G_{n2} = 0 \rightarrow \left(\frac{\cosh\alpha_{n1}l_1}{\sinh\alpha_{n1}l_1} - \frac{\cos\alpha_{n1}l_1}{\sin\alpha_{n1}l_1}\right) + \left(\frac{\cosh\alpha_{n2}l_2}{\sinh\alpha_{n2}l_2} - \frac{\cos\alpha_{n2}l_2}{\sin\alpha_{n2}l_2}\right) = 0 \quad (1\text{-}75)$$

式中, $\alpha_{n1}l_1 = \alpha_{n2}l_2$。由试算法可知,方程(1-75)有两组根。

(1) 第一组根。

第一组根相应于:

$$G_{n1} \rightarrow +\infty, G_{n2} \rightarrow -\infty \text{ 或 } G_{n1} \rightarrow -\infty, G_{n2} \rightarrow +\infty$$

化简后得:

$$\frac{\cosh\alpha_n l}{\sinh\alpha_n l} - \frac{\cos\alpha_n l}{\sin\alpha_n l} \rightarrow \pm\infty$$

即

$$\frac{\cos\alpha_n l}{\sin\alpha_n l} = \cot\alpha_n l \rightarrow \pm\infty$$

对应的符合物理意义的根分别为:

$$\alpha_n l = \pi, 2\pi, 3\pi, \cdots$$

(2) 第二组根。

第二组根相应于:

$$G_{n1} = G_{n2} = 0$$

化简后得:

$$\frac{\cosh\alpha_n l}{\sinh\alpha_n l} - \frac{\cos\alpha_n l}{\sin\alpha_n l} = 0$$

即超越方程为:

$$\tan\alpha_n l = \tanh\alpha_n l$$

与式(1-36)完全相同,对应的符合物理意义的根分别为:

$$\alpha_n l = 3.927, 7.069, 10.210, \cdots$$

因此,固有频率序列由下式给出:

$$\omega_n = \alpha_n^2 \sqrt{\frac{EI}{m}} = \frac{1}{l^2}(\pi^2, 3.927^2, 4\pi^2, 7.069^2, 9\pi^2, 10.210^2, \cdots)\sqrt{\frac{EI}{m}} \quad (1\text{-}76)$$

前四阶振型如图1-12b)所示。

由图1-12可见,第一组根(奇次振型)对应于反对称振型,与单跨简支梁的振型相同。第二组根(偶次振型)对应于对称振型,它相当于一端固定另一端简支的单跨梁(参考图1-7)。与单跨梁振型相似显然是正确的,因为在反对称振型中,在中间支点有一个节点,因而两端互不影响。另一方面,在对称振型中,中间支点处不可能转动,这种情形就类似于固端支承。

2) 三跨连续梁的弯曲固有振动分析

图1-13a)表示三跨连续梁,两端均为铰支承,相应地有 $M_{n0} = M_{n3} = 0$,有两个内支承点待定弯矩 M_{n1} 和 M_{n2},方程(1-73)要写两次,于是

$$\left.\begin{array}{l} -M_{n1}\left(\dfrac{G_{n1}}{\alpha_{n1}I_1} + \dfrac{G_{n2}}{\alpha_{n2}I_2}\right) + M_{n2}\dfrac{H_{n2}}{\alpha_{n2}I_2} = 0 \\ M_{n1}\dfrac{H_{n2}}{\alpha_{n2}I_2} - M_{n2}\left(\dfrac{G_{n2}}{\alpha_{n2}I_2} + \dfrac{G_{n3}}{\alpha_{n3}I_3}\right) = 0 \end{array}\right\}$$

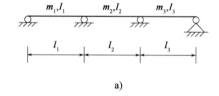

展开 $\{M_{n1} \quad M_{n2}\}^{\mathrm{T}}$ 的系数行列式,可得频率方程:

$$\left(\frac{G_{n1}}{\alpha_{n1}I_1} + \frac{G_{n2}}{\alpha_{n2}I_2}\right)\left(\frac{G_{n2}}{\alpha_{n2}I_2} + \frac{G_{n3}}{\alpha_{n3}I_3}\right) - \left(\frac{H_{n2}}{\alpha_{n2}I_2}\right)^2 = 0$$

(1-77)

求解上述频率方程极其困难,但当三跨的刚度、跨径和质量均相等时,有 $G_{n1} = G_{n2} = G_{n3} = G_n, H_{n2} = H_n$,可得:

$$4G_n^2 - H_n^2 = 0 \quad (1\text{-}78a)$$

或

$$2G_n = \pm H_n \quad (1\text{-}78b)$$

图1-13 三跨连续的振型

式中,G_n 和 H_n 适应于任一跨梁。由试算法可知,此方程有三组根。

(1) 第一组根。

由式(1-78a)可得:

$$G_n \to \pm\infty, H_n \to \pm\infty$$

化简后得:

$$\frac{\cosh\alpha_n l}{\sinh\alpha_n l} - \frac{\cos\alpha_n l}{\sin\alpha_n l} \rightarrow \pm\infty$$

即

$$\frac{\cos\alpha_n l}{\sin\alpha_n l} = \cot\alpha_n l \rightarrow \pm\infty$$

和

$$\frac{1}{\sinh\alpha_n l} - \frac{1}{\sin\alpha_n l} = \operatorname{csch}\alpha_n l - \csc\alpha_n l \rightarrow \pm\infty$$

本组根的第一个根是：

$$\alpha_1 l = \pi$$

全组根与单跨等截面简支梁相同。

(2) 第二组根。

由式(1-78b)可得：

$$2G_n = -H_n$$

即超越方程为：

$$2\left(\frac{\cosh\alpha_n l}{\sinh\alpha_n l} - \frac{\cos\alpha_n l}{\sin\alpha_n l}\right) = -\left(\frac{1}{\sinh\alpha_n l} - \frac{1}{\sin\alpha_n l}\right)$$

本组根的第一个根是：

$$\alpha_2 l = 3.55$$

它对应三跨等截面连续梁的第二阶振型。全组根的所有振型在中间跨的中点有一个节点。

(3) 第三组根。

由式(1-78b)可得：

$$2G_n = H_n$$

即超越方程为：

$$2\left(\frac{\cosh\alpha_n l}{\sinh\alpha_n l} - \frac{\cos\alpha_n l}{\sin\alpha_n l}\right) = \frac{1}{\sinh\alpha_n l} - \frac{1}{\sin\alpha_n l}$$

本组根的第一个根是：

$$\alpha_3 l = 4.30$$

它对应三跨等截面连续梁的第三阶振型。

三跨等截面连续梁的前三阶振型如图1-13b)所示。

3) 四跨连续梁的弯曲固有振动分析

图1-14a)所示为四跨连续梁，两端均为铰支承，相应地有 $M_{n0} = M_{n4} = 0$，共有三个内支承点弯矩 M_{n1}、M_{n2} 和 M_{n3}，方程(1-73)要写三次，分别为：

$$\left.\begin{array}{l} -M_{n1}\left[\dfrac{G_{n1}}{\alpha_{n1}I_1} + \dfrac{G_{n2}}{\alpha_{n2}I_2}\right] + M_{n2}\dfrac{H_{n2}}{\alpha_{n2}I_2} = 0 \\[2mm] M_{n1}\dfrac{H_{n2}}{\alpha_{n2}I_2} - M_{n2}\left[\dfrac{G_{n2}}{\alpha_{n2}I_2} + \dfrac{G_{n3}}{\alpha_{n3}I_3}\right] + M_{n3}\dfrac{H_{n3}}{\alpha_{n3}I_3} = 0 \\[2mm] M_{n2}\dfrac{H_{n3}}{\alpha_{n3}I_3} - M_{n3}\left[\dfrac{G_{n3}}{\alpha_{n3}I_3} + \dfrac{G_{n4}}{\alpha_{n4}I_4}\right] = 0 \end{array}\right\}$$

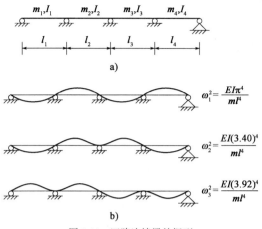

图 1-14 四跨连续梁的振型

当然频率方程要更复杂得多。当四跨连续梁的刚度、跨径和质量均相等时，展开 $\{M_{n1} \quad M_{n2} \quad M_{n3}\}^T$ 的系数行列式，可得频率方程：

$$H_n^2 - 2G_n^2 = 0 \tag{1-79a}$$

或

$$\sqrt{2}\,G_n = \pm H_n \tag{1-79b}$$

由试算法可知，此方程有三组根。

(1) 第一组根。

由式(1-79a)可得：

$$G_n \to \pm \infty, H_n \to \pm \infty$$

化简后得：

$$\frac{\cosh\alpha_n l}{\sinh\alpha_n l} - \frac{\cos\alpha_n l}{\sin\alpha_n l} \to \pm \infty$$

即

$$\frac{\cos\alpha_n l}{\sin\alpha_n l} = \cot\alpha_n l \to \pm \infty$$

和

$$\frac{1}{\sinh\alpha_n l} - \frac{1}{\sin\alpha_n l} = \operatorname{csch}\alpha_n l - \csc\alpha_n l \to \pm \infty$$

本组根的第一个根是：

$$\alpha_1 l = \pi$$

全组根与单跨等截面简支梁相同。

(2) 第二组根。

由式(1-79b)可得：

$$\sqrt{2}\,G_n = -H_n$$

即超越方程为：

$$\sqrt{2}\left(\frac{\cosh\alpha_n l}{\sinh\alpha_n l} - \frac{\cos\alpha_n l}{\sin\alpha_n l}\right) = -\left(\frac{1}{\sinh\alpha_n l} - \frac{1}{\sin\alpha_n l}\right)$$

本组根的第一个根是：
$$\alpha_2 l = 3.40$$
它对应四跨等截面连续梁的第二阶振型。

(3) 第三组根。

由式(1-79b)可得：
$$\sqrt{2} G_n = H_n$$
即超越方程为：
$$\sqrt{2}\left(\frac{\cosh\alpha_n l}{\sinh\alpha_n l} - \frac{\cos\alpha_n l}{\sin\alpha_n l}\right) = \frac{1}{\sinh\alpha_n l} - \frac{1}{\sin\alpha_n l}$$
本组根的第一个根是：
$$\alpha_3 l = 3.92$$
它对应四跨等截面连续梁的第三阶振型，其中第一组与单跨简支梁相同。前三阶的振型如图1-14b)所示。

从以上三个例子的分析中可以看出，对于边跨的外端支点为铰支的任意跨数的等跨径、等截面连续梁，基本振型均与单跨简支梁相同。单跨的高阶振型也是多跨的高阶振型，不过这些振型中还夹杂其他振型。还有另外一组在内支点上仅有微小转动的对称振型，这些振型约略相当于单跨固支梁。此外，还有这两种类型的各种组合，随着跨数的增加，可能组合的数目也增多。工程中更加复杂的变截面多跨连续梁振动特性分析，一般则借助于结构动力分析程序来实现。

1.3 振型的正交性

在结构动力学中，多自由度体系的振型正交性是用矩阵形式描述的，而对于无限自由度结构的振型函数正交性，则常用积分形式给出。

1.3.1 艾勒尔-伯努利(Euler-Bernoulli)梁

由一般形式梁的振动方程(1-5)，令$p(x,t)=0$，得自由振动方程：
$$\frac{\partial^2}{\partial x^2}\left(EI\frac{\partial^2 w}{\partial x^2}\right) = -m(x)\ddot{w} \tag{1-80}$$
设$\varphi_k(x)$为第k阶振型函数，且令
$$w(x,t) = \varphi_k(x)\sin(\omega_k t + \theta_k)$$
将上式代入式(1-80)，有：
$$\frac{d^2}{dx^2}\left[EI\frac{d^2\varphi_k(x)}{dx^2}\right] = m(x)\omega_k^2 \varphi_k(x)$$
用另一阶振型函数$\varphi_n(x)$乘上式，并对x自0至l积分，则有：
$$\int_0^l \varphi_n \frac{d^2}{dx^2}\left(EI\frac{d^2\varphi_k}{dx^2}\right)dx = \omega_k^2 \int_0^l m(x)\varphi_k\varphi_n dx \tag{1-81}$$
将上式左端做两次分部积分，有：

$$\int_0^l \varphi_n \frac{d^2}{dx^2}\left(EI \frac{d^2\varphi_k}{dx^2}\right)dx = \left[\varphi_n \frac{d}{dx}\left(EI\frac{d^2\varphi_k}{dx^2}\right)\right]_0^l - \int_0^l \frac{d\varphi_n}{dx}\frac{d}{dx}\left(EI\frac{d^2\varphi_k}{dx^2}\right)dx$$

$$= \left[\varphi_n \frac{d}{dx}\left(EI\frac{d^2\varphi_k}{dx^2}\right) - \frac{d\varphi_n}{dx}\left(EI\frac{d^2\varphi_k}{dx^2}\right)\right]_0^l + \int_0^l EI\frac{d^2\varphi_n}{dx^2}\frac{d^2\varphi_k}{dx^2}dx$$

上式中,对于简单梁端边界条件,也就是对于 $x=0$ 和 $x=l$ 端为自由、简支和固定的任意一种组合方式,都会使上式右边第一项为零,故式(1-81)可写成:

$$\int_0^l EI\frac{d^2\varphi_k}{dx^2}\frac{d^2\varphi_n}{dx^2}dx = \omega_k^2 \int_0^l m(x)\varphi_k(x)\varphi_n(x)dx \tag{1-82}$$

用上述同样的方法,也可得到:

$$\int_0^l EI\frac{d^2\varphi_k}{dx^2}\frac{d^2\varphi_n}{dx^2}dx = \omega_n^2 \int_0^l m(x)\varphi_k(x)\varphi_n(x)dx \tag{1-83}$$

将式(1-82)和式(1-83)相减,得:

$$(\omega_k^2 - \omega_n^2)\int_0^l m(x)\varphi_k(x)\varphi_n(x)dx = 0$$

只要 $\omega_k^2 \neq \omega_n^2$,即得:

$$\int_0^l m(x)\varphi_k(x)\varphi_n(x)dx = 0 \qquad (k \neq n) \tag{1-84}$$

将上式代入式(1-82)或式(1-83),得:

$$\int_0^l EI\frac{d^2\varphi_k}{dx^2}\frac{d^2\varphi_n}{dx^2}dx = 0 \qquad (k \neq n) \tag{1-85}$$

再由式(1-81)可得:

$$\int_0^l \varphi_n \frac{d^2}{dx^2}\left(EI\frac{d^2\varphi_k}{dx^2}\right)dx = 0 \qquad (k \neq n) \tag{1-86}$$

根据上述积分形式的振型函数正交性质证明推演过程,对于自由、简支和固定端的任意一种组合方式,无论对于等截面梁或者变截面梁,式(1-84)~式(1-86)都是成立的。

对于一般边界条件的情况,也可用同样的方法来求证振型正交条件。但要用式(1-25a)和式(1-25b)的边界条件方程来代替式(1-81)中的分部积分边界条件,即:

$$\left[\varphi_n \frac{d}{dx}\left(EI\frac{d^2\varphi_k}{dx^2}\right) - \frac{d\varphi_n}{dx}\left(EI\frac{d^2\varphi_k}{dx^2}\right)\right]_0^l$$

在满足已知边界条件下,仍可验证振型正交条件式(1-84)、式(1-85)和式(1-86)成立。

1.3.2 铁木辛柯(Timoshenko)梁

为了讨论铁木辛柯(Timoshenko)梁的振型正交性问题,还得从方程(1-15)出发来考察自由振动问题。在等截面均质梁的情况下,自由振动方程可写成:

$$\left.\begin{array}{l} \kappa GA_b \dfrac{\partial}{\partial x}\left(\varphi - \dfrac{\partial w}{\partial x}\right) + m\ddot{w} = 0 \\[6pt] EI\dfrac{\partial^2\varphi}{\partial x^2} = \kappa GA_b\left(\varphi - \dfrac{\partial w}{\partial x}\right) + \rho I\ddot{\varphi} \end{array}\right\} \tag{1-87}$$

这是具有两个独立函数 $w(x,t)$ 和 $\varphi(x,t)$ 的微分方程组。因此,假设 $w(x,t)=W(x)\sin\omega t$,$\varphi(x,t)=\Phi(x)\sin\omega t$ 分别代入上式整理后,可写成:

$$\left.\begin{array}{l}\kappa GA_b[\Phi'(x)-W''(x)]=m\omega^2 W(x)\\ -EI\Phi''(x)+\kappa GA_b[\Phi(x)-W'(x)]=\rho I\omega^2\Phi(x)\end{array}\right\} \qquad (1\text{-}88)$$

由上式及边界条件即可定出相应的第 n 阶振型函数 $W_n(x)$ 和 $\Phi_n(x)$。除了一个乘数因子以外，这个第 n 阶振型函数应满足：

$$\left.\begin{array}{l}\kappa GA_b[\Phi'_n(x)-W''_n(x)]=m\omega_n^2 W_n(x)\\ -EI\Phi''_n(x)+\kappa GA_b[\Phi_n(x)-W'_n(x)]=\rho I\omega_n^2\Phi_n(x)\end{array}\right\} \qquad (1\text{-}89)$$

由式(1-11)和式(1-13)，有下列关系式：

$$\left.\begin{array}{l}M_n=-EI\dfrac{\partial \Phi_n}{\partial x}\\ Q_n=-\kappa GA\left(\Phi_n-\dfrac{\partial W_n}{\partial x}\right)\end{array}\right\} \qquad (1\text{-}90)$$

这里含有 $Q_n(x,t)=Q_n(x)\sin\omega_n t$，$M_n(x,t)=M_n(x)\sin\omega_n t$ 的意义。所以，从式(1-89)可得：

$$\left.\begin{array}{l}-Q'_n(x)=m\omega_n^2 W_n(x)\\ M'_n(x)-Q_n(x)=\rho I\omega_n^2\Phi_n(x)\end{array}\right\} \qquad (1\text{-}91)$$

用 $W_k(x)$ 及 $\Phi_k(x)$ 分别乘上式中第一式和第二式的两侧，对 x 从 0 到 l 进行积分，有：

$$\left.\begin{array}{l}m\omega_n^2\int_0^l W_k(x)W_n(x)\mathrm{d}x\\ =\int_0^l -Q'_n(x)W_k(x)\mathrm{d}x\\ =-[Q_n(x)W_k(x)]_0^l\int_0^l Q_n(x)W'_k(x)\mathrm{d}x\\ \rho I\omega_n^2\int_0^l\Phi_k(x)\Phi_n(x)\mathrm{d}x\\ =\int_0^l[M'_n(x)-Q_n(x)]\Phi_k(x)\mathrm{d}x\\ =[M_n(x)\Phi_k(x)]_0^l-\int_0^l[M_n(x)\Phi'_k(x)+Q_n(x)\Phi_k(x)]\mathrm{d}x\end{array}\right\} \qquad (1\text{-}92\text{a})$$

将上式中的脚标 k 及 n 互换，同理可得另一组与之相似的方程：

$$\left.\begin{array}{l}m\omega_k^2\int_0^l W_n(x)W_k(x)\mathrm{d}x\\ =-[Q_k(x)W_n(x)]_0^l+\int_0^l Q_k(x)W'_n(x)\mathrm{d}x\\ \rho I\omega_k^2\int_0^l\Phi_n(x)\Phi_k(x)\mathrm{d}x\\ =[M_k(x)\Phi_n(x)]_0^l-\int_0^l[M_k(x)\Phi'_n(x)+Q_k(x)\Phi_n(x)]\mathrm{d}x\end{array}\right\} \qquad (1\text{-}92\text{b})$$

将式(1-92a)与式(1-92b)相减可得：

$$m(\omega_n^2 - \omega_k^2) \int_0^l W_k(x) W_n(x) \mathrm{d}x$$

$$= \int_0^l [Q_n(x) W_k'(x) - Q_k(x) W_n'(x)] \mathrm{d}x + [Q_k(x) W_n(x) - Q_n(x) W_k(x)]_0^l \quad (1\text{-}93\text{a})$$

和

$$\rho I(\omega_n^2 - \omega_k^2) \int_0^l \Phi_k(x) \Phi_n(x) \mathrm{d}x$$

$$= [M_n(x)\Phi_k(x) - M_k(x)\Phi_n(x)]_0^l +$$

$$\int_0^l [M_k(x)\Phi_n'(x) + Q_k(x)\Phi_n(x) - M_n(x)\Phi_k'(x) - Q_n(x)\Phi_k(x)] \mathrm{d}x \quad (1\text{-}93\text{b})$$

再将式(1-93a)与式(1-93b)相加,同时注意到 $m = \rho A_b$,得:

$$\rho(\omega_n^2 - \omega_k^2) \int_0^l [A_b W_k(x) W_n(x) + I\Phi_k(x)\Phi_n(x)] \mathrm{d}x$$

$$= \int_0^l \{Q_n(x)[W_k'(x) - \Phi_k(x)] - Q_k(x)[W_n'(x) - \Phi_n(x)]\} \mathrm{d}x +$$

$$\int_0^l [M_k(x)\Phi_n'(x) - M_n(x)\Phi_k'(x)] \mathrm{d}x + [Q_k(x)W_n(x) -$$

$$Q_n(x)W_k(x)]_0^l + [M_n(x)\Phi_k(x) - M_k(x)\Phi_n(x)]_0^l \quad (1\text{-}93\text{c})$$

由式(1-90)可以看出,式(1-93c)中右边两个积分符号下的被积函数均为零。此外,对于简支边界条件,式(1-93c)中的右边最后两端点约束项均为零。只要 $\omega_k^2 \ne \omega_n^2$,就有:

$$\int_0^l [W_k(x) W_n(x) + r^2 \Phi_k(x) \Phi_n(x)] \mathrm{d}x = 0 \quad (k \ne n) \quad (1\text{-}94)$$

式中,$I = A_b r^2$,其中 r 为横截面惯性矩半径。

上式即为铁木辛柯(Timoshenko)梁的主振型正交性形式。

除了简支边界条件外,对于下列铁木辛柯(Timoshenko)梁端点力为零、位移给定的齐次边界条件:

$$x = 0, \begin{cases} W = B_1, Q = 0 \\ \Phi = B_2, M = 0 \end{cases} \quad \text{或} \quad W = \Phi = 0$$

$$x = l, \begin{cases} W = B_3, Q = 0 \\ \Phi = B_4, M = 0 \end{cases} \quad \text{或} \quad W = \Phi = 0$$

式中,$B_n (n = 1,2,3,4)$ 表示梁端的已知位移或转角。

可以证明,上式使得式(1-93c)中的右边最后两端点约束项均为零,因此式(1-94)仍然成立。

从以上讨论中可以看出,铁木辛柯(Timoshenko)梁的主振型是由两类函数 $W_n(x)$ 和 $\Phi_n(x)$ ($n = 1,2,3,\cdots$) 所决定的,而且也具有正交性。

1.4 梁的弯曲振动固有频率近似分析法

在前几节中,讨论了一些规定边界条件梁的弯曲振动固有频率和振型的理论解析方法。但对于变截面梁或跨内带有集中质量的梁,在满足方程(1-5)和一定的边界条件下,除了很少几个特定情况外,这样的理论解是很难求得的。因此,需要采用一些近似方法来求解梁的弯曲振动固有频率和相应的振型固有。本节讨论两类弯曲振动固有频率分析的近似方法,即能量法和加权残值法。

1.4.1 能量法

1) 瑞雷(Rayleigh)法

图 1-15 表示一变截面梁。单位长度上的质量为 $m(x)=\rho A(x)$,在截面 $x_{m1}, x_{m2}, \cdots, x_{mj}$ 处有集中质量 $M_1, M_2, \cdots, M_j$,在 $x_{k1}, x_{k2}, \cdots, x_{ks}$ 处有支承弹簧 $K_1, K_2, \cdots, K_s$。

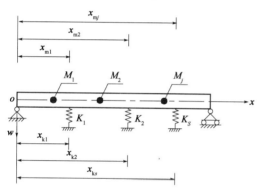

图 1-15 带有集中质量和弹簧支承的梁

当系统作无阻尼固有振动时,其动能与位能反复交换。根据能量守恒原理,对于振动保守系统有:

$$T + V = 常数 \tag{1-95}$$

式中,T、V 分别为系统的动能和位能。

对于无阻尼固有振动,梁的动挠度可假设为:

$$w(x,t) = \varphi(x)\sin(\omega t + \theta)$$

式中,$\varphi(x)$ 为满足梁的位移边界条件的近似振型函数,也称为振型试函数。

梁的动能:

$$T = \frac{1}{2}\int_0^l m(x)\dot{w}^2 dx + \frac{1}{2}\sum_{i=1}^{j} M_i [\dot{w}(x_{mi},t)]^2$$

$$= \frac{1}{2}\cos^2(\omega t + \theta)\left[\int_0^l m(x)\varphi^2(x)dx + \sum_{i=1}^{j} M_i\varphi^2(x_{mi})\right]\omega^2$$

梁的位能:

$$V = \frac{1}{2}\int_0^l EI(x)\left(\frac{\partial^2 w}{\partial x^2}\right)^2 dx + \frac{1}{2}\sum_{i=1}^{s} K_i w^2(x_{ki},t)$$

$$= \frac{1}{2}\sin^2(\omega t + \theta)\left[\int_0^l EI(x)\left[\frac{d^2\varphi(x)}{dx^2}\right]^2 dx + \sum_{i=1}^{s} K_i\varphi^2(x_{ki})\right]$$

根据 T 和 V 的表达式可知,$T + V = 常数 = T_{max} = V_{max}$,所以有:

$$\frac{1}{2}\omega^2\left[\int_0^l m(x)\varphi^2(x)dx + \sum_{i=1}^{j} M_i\varphi^2(x_{mi})\right] = \frac{1}{2}\int_0^l EI(x)\left[\frac{d^2\varphi(x)}{dx^2}\right]^2 dx + \frac{1}{2}\sum_{i=1}^{s} K_i\varphi^2(x_{ki})$$

即梁振动的固有频率为:

$$\omega^2 = \frac{K_{eq}}{M_{eq}} \tag{1-96}$$

其中,

$$K_{eq} = \int_0^l EI(x) \left[\frac{d^2\varphi(x)}{dx^2}\right]^2 dx + \sum_{i=1}^s K_i \varphi^2(x_{ki}) \tag{1-97}$$

$$M_{eq} = \int_0^l m(x)\varphi^2(x)dx + \sum_{i=1}^j M_i \varphi^2(x_{mi}) \tag{1-98}$$

式中,K_{eq},M_{eq} 分别为梁的等效刚度和等效质量。

式(1-96)形式上等同于单自由度质量-弹簧振动系统的固有频率,这样就将一个无限自由度的复杂弯曲振动问题转换为类似单自由度问题,求解很方便。

若对一特定的振型,已知 $\varphi(x)$ 的正确形式,则式(1-96)给出的就是固有频率的精确值。

瑞雷(Rayleigh)指出,对于一个合理假定的振型函数,必须满足所有的几何边界条件,也就是梁端的动挠度和转角条件,这样便可得到一个较好的固有频率的近似值。如果假定的振型和精确的振型之间相差一个小量,那么,由式(1-96)得到的固有频率和精确值之间的差值将是非常之小的。此外,如果假定的振型接近于理论一阶振型,则由式(1-96)给出的基频将略高于精确值,因为做这种振型假定相当于引进了附加约束,提高了体系的刚度。

工程应用中,通常都是用式(1-96)求梁的振动基频近似值。当然满足所有几何边界条件的振型试函数不是唯一的,可以假设成在不同荷载作用下梁的静力挠度函数等,自然满足几何边界条件。

[例 1.4.1] 用瑞雷法计算如图 1-16 所示的等截面固端梁的一阶固有频率。

假定梁的一阶振型函数为:

$$\varphi(x) = A\left(\frac{x^2}{l^2} - 2\frac{x^3}{l^3} + \frac{x^4}{l^4}\right)$$

它是取自均布荷载下固端梁的挠曲函数,其中系数 A 可以取为 1,不影响计算结果。

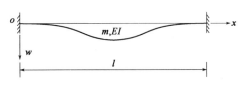

图 1-16 等截面固端梁

由式(1-97)和式(1-98)可得梁的等效刚度 K_{eq} 和等效质量 M_{eq},它们分别为

$$M_{eq} = \int_0^l m\varphi^2(x)dx = mA^2 \frac{l}{630}$$

$$K_{eq} = \int_0^l EI[\varphi''(x)]^2 dx = EIA^2 \frac{4}{5l^3}$$

由式(1-96)可得 $\omega = \frac{22.45}{l^2}\sqrt{\frac{EI}{m}}$,与精确解结果几乎一致。

2) 里兹(Ritz)法

里兹(Ritz)法在瑞雷(Rayleigh)法的基础上做了改进,可用以求出更精确的基频,同时也可用来求得更多阶固有频率及振型的近似值。里兹(Ritz)法也称作瑞雷-里兹(Rayleigh-Ritz)法。

把梁的弯曲振型函数 $\varphi(x)$ 假设为一个级数:

$$\varphi(x) = \sum_{n=1}^N C_n \varphi_n(x) \tag{1-99}$$

式中,C_n 是任意的待定系数;$\varphi_n(x)$($n=1,2,3,\cdots,N$)为假设的 N 个满足几何边界条件的任意振型试函数,同时,各 $\varphi_n(x)$ 之间还必须是两两线性无关的。引进式(1-99)就是把瑞雷(Rayleigh)法加以扩展,可改善计算精度。

将式(1-99)代入式(1-97)及式(1-98),于是式(1-96)可以写成:

$$\omega^2 = \frac{\int_0^l EI \left[\sum_{n=1}^N C_n \varphi''_n(x) \right]^2 dx + \sum_{i=1}^s K_i \left[\sum_{n=1}^N C_n \varphi_n(x_{ki}) \right]^2}{\int_0^l m \left[\sum_{n=1}^N C_n \varphi_n(x) \right]^2 dx + \sum_{i=1}^j M_i \left[\sum_{n=1}^N C_n \varphi_n(x_{mi}) \right]^2} = F(C_1, C_2, \cdots, C_N) \quad (1\text{-}100)$$

式中,$F(C_1, C_2, \cdots, C_N)$ 是待定系数 $C_1, C_2, \cdots, C_N$ 的函数。

为了尽可能减少附加约束的影响,系数 $C_n(n=1,2,\cdots,N)$ 的选择应使按式(1-100)所确定的频率函数为极小值,于是数学上就形成了一个极值条件:

$$\frac{\partial(\omega^2)}{\partial C_k} = 0 \quad (k=1,2,3,\cdots,N) \quad (1\text{-}101\text{a})$$

即

$$\frac{\partial(\omega^2)}{\partial C_k} = \frac{2\int_0^l EI \left[\sum_{n=1}^N C_n \varphi''_n(x) \right] \varphi''_k(x) dx + 2\sum_{i=1}^s K_i \left[\sum_{n=1}^N C_n \varphi_n(x_{ki}) \right] \varphi_k(x_{ki})}{\int_0^l m \left[\sum_{n=1}^N C_n \varphi_n(x) \right]^2 dx + \sum_{i=1}^j M_i \left[\sum_{n=1}^N C_n \varphi_n(x_{mi}) \right]^2} -$$

$$\omega^2 \frac{2\int_0^l m \left[\sum_{n=1}^N C_n \varphi_n(x) \right] \varphi_k(x) dx + 2\sum_{i=1}^j M_i \left[\sum_{n=1}^N C_n \varphi_n(x_{mi}) \right] \varphi_k(x_{mi})}{\int_0^l m \left[\sum_{n=1}^N C_n \varphi_n(x) \right]^2 dx + \sum_{i=1}^j M_i \left[\sum_{n=1}^N C_n \varphi_n(x_i) \right]^2} \quad (1\text{-}101\text{b})$$

$$= 0$$

即

$$\frac{\sum_{n=1}^N C_n \int_0^l EI \varphi''_n(x) \varphi''_k(x) dx + \sum_{n=1}^N C_n \sum_{i=1}^s K_i \varphi_n(x_{ki}) \varphi_k(x_{ki})}{\int_0^l m \left[\sum_{n=1}^N C_n \varphi_n(x) \right]^2 dx + \sum_{i=1}^j M_i \left[\sum_{n=1}^N C_n \varphi_n(x_{mi}) \right]^2} -$$

$$\omega^2 \frac{\sum_{n=1}^N C_n \int_0^l m \varphi_n(x) \varphi_k(x) dx + \sum_{n=1}^N C_n \sum_{i=1}^j M_i \varphi_n(x_{mi}) \varphi_k(x_{mi})}{\int_0^l m \left[\sum_{n=1}^N C_n \varphi_n(x) \right]^2 dx + \sum_{i=1}^j M_i \left[\sum_{n=1}^N C_n \varphi_n(x_{mi}) \right]^2} = 0 \quad (1\text{-}101\text{c})$$

整理得:

$$\frac{\sum_{n=1}^N C_n \left[\int_0^l EI \varphi''_n(x) \varphi''_k(x) dx + \sum_{i=1}^s K_i \varphi_n(x_{ki}) \varphi_k(x_{ki}) \right]}{\int_0^l m \left[\sum_{n=1}^N C_n \varphi_n(x) \right]^2 dx + \sum_{i=1}^j M_i \left[\sum_{n=1}^N C_n \varphi_n(x_{mi}) \right]^2} -$$

$$\omega^2 \frac{\sum_{n=1}^N C_n \left[\int_0^l m \varphi_n(x) \varphi_k(x) dx + \sum_{i=1}^j M_i \varphi_n(x_{mi}) \varphi_k(x_{mi}) \right]}{\int_0^l m \left[\sum_{n=1}^N C_n \varphi_n(x) \right]^2 dx + \sum_{i=1}^j M_i \left[\sum_{n=1}^N C_n \varphi_n(x_{mi}) \right]^2} = 0 \quad (1\text{-}101\text{d})$$

化简后得:

$$\frac{\partial(\omega^2)}{\partial C_k} = \frac{\sum_{n=1}^N k_{nk} C_n - \omega^2 \sum_{n=1}^N m_{nk} C_n}{\int_0^l m \left[\sum_{n=1}^N C_n \varphi_n(x) \right]^2 dx + \sum_{i=1}^j M_i \left[\sum_{n=1}^N C_n \varphi_n(x_{mi}) \right]^2} = 0 \quad (1\text{-}101\text{e})$$

也就有：

$$\sum_{n=1}^{N} k_{nk} C_n - \omega^2 \sum_{n=1}^{N} m_{nk} C_n = 0 \quad (k = 1,2,3,\cdots,N) \tag{1-102}$$

式中，

$$k_{kn} = k_{nk} = \int_0^l EI\varphi_n''(x)\varphi_k''(x)\mathrm{d}x + \sum_{i=1}^{s} K_i \varphi_n(x_{ki})\varphi_k(x_{ki}) \tag{1-103}$$

$$m_{kn} = m_{nk} = \int_0^l m\varphi_n(x)\varphi_k(x)\mathrm{d}x + \sum_{i=1}^{j} M_i \varphi_n(x_{mi})\varphi_k(x_{mi}) \tag{1-104}$$

式(1-102)写成矩阵形式为：

$$(\boldsymbol{K} - \omega^2 \boldsymbol{M})\boldsymbol{C} = 0 \tag{1-105}$$

式中，$\boldsymbol{C} = [\ C_1 \ \ C_2 \ \ C_3 \ \ \cdots \ \ C_N\ ]^T$ 为待定系数列向量；$\boldsymbol{K}$、$\boldsymbol{M}$ 分别为对称形式的等效刚度矩阵和等效质量矩阵。

式(1-102)或式(1-105)实际上就是关于列向量 $\boldsymbol{C}$ 的齐次线性方程组，相应的系数行列式必为零，从而可得频率方程。

从式(1-105)可以看出，它和多自由度体系固有振动方程完全相似，可以按照求特征值方法求解。一般而言，对于仅考虑分布质量梁的固有振动分析，当 $\varphi_n(x)$ 取正交族函数时，则矩阵 $\boldsymbol{M}$ 为一对角阵，特别当 $\varphi_n(x)$ 选用三角函数时，$\boldsymbol{K}$ 和 $\boldsymbol{M}$ 均为对角矩阵，极大地方便了频率方程的求解。

以下通过几个桥梁工程中常见的实例，介绍里兹(Ritz)法求解固有频率近似值的过程。

[**例 1.4.2**] 一均质等截面简支梁，在 $x = \xi$ 处有一集中质量 M_0，如图 1-17 所示。求该梁的第一、二阶固有频率近似值。

设取均质等截面简支梁的前两阶振型函数作为试函数，有：

$$\varphi(x) = C_1 \varphi_1(x) + C_2 \varphi_2(x)$$

式中，$\varphi_n(x) = \sin\dfrac{n\pi x}{l}$，$(n = 1,2)$。

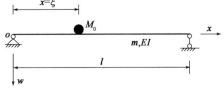

图 1-17 带集中质量的简支梁

由式(1-103)和式(1-104)可得：

$$m_{11} = m \int_0^l \sin\frac{\pi x}{l}\sin\frac{\pi x}{l}\mathrm{d}x + M_0 \sin\frac{\pi \xi}{l}\sin\frac{\pi \xi}{l}$$

$$= \frac{ml}{2} + M_0 \sin^2\frac{\pi \xi}{l}$$

$$m_{12} = m_{21} = m \int_0^l \sin\frac{\pi x}{l}\sin\frac{2\pi x}{l}\mathrm{d}x + M_0 \sin\frac{\pi \xi}{l}\sin\frac{2\pi \xi}{l}$$

$$= M_0 \sin\frac{\pi \xi}{l}\sin\frac{2\pi \xi}{l}$$

$$m_{22} = m \int_0^l \sin\frac{2\pi x}{l}\sin\frac{2\pi x}{l}\mathrm{d}x + M_0 \sin\frac{2\pi \xi}{l}\sin\frac{2\pi \xi}{l}$$

$$= \frac{ml}{2} + M_0 \sin^2\frac{2\pi \xi}{l}$$

$$k_{11} = EI \int_0^l \left[-\left(\frac{\pi}{l}\right)^2 \sin\frac{\pi x}{l} \right]^2 \mathrm{d}x = EI \left(\frac{\pi}{l}\right)^4 \frac{l}{2}$$

$$k_{12} = k_{21} = EI \int_0^l \left[-\left(\frac{\pi}{l}\right)^2 \sin\frac{\pi x}{l} \right] \left[-\left(\frac{2\pi}{l}\right)^2 \sin\frac{2\pi x}{l} \right] dx = 0$$

$$k_{22} = EI \int_0^l \left[-\left(\frac{2\pi}{l}\right)^2 \sin\frac{2\pi x}{l} \right]^2 dx = EI \left(\frac{2\pi}{l}\right)^4 \frac{l}{2}$$

将上述所有元素代入式(1-105),有:

$$\begin{bmatrix} EI\left(\frac{\pi}{l}\right)^4 \frac{l}{2} - \left[\frac{ml}{2} + M_0 \sin^2\frac{\pi\xi}{l}\right]\omega^2 & -M_0 \sin\frac{\pi\xi}{l}\sin\frac{2\pi\xi}{l}\omega^2 \\ -M_0 \sin\frac{\pi\xi}{l}\sin\frac{2\pi\xi}{l}\omega^2 & EI\left(\frac{2\pi}{l}\right)^4 \frac{l}{2} - \left[\frac{ml}{2} + M_0 \sin^2\frac{2\pi\xi}{l}\right]\omega^2 \end{bmatrix} \begin{Bmatrix} C_1 \\ C_2 \end{Bmatrix} = \begin{Bmatrix} 0 \\ 0 \end{Bmatrix}$$

(1.4.2-a)

于是得频率方程为:

$$\det \begin{bmatrix} EI\left(\frac{\pi}{l}\right)^4 \frac{l}{2} - \left[\frac{ml}{2} + M_0 \sin^2\frac{\pi\xi}{l}\right]\omega^2 & -M_0 \sin\frac{\pi\xi}{l}\sin\frac{2\pi\xi}{l}\omega^2 \\ -M_0 \sin\frac{\pi\xi}{l}\sin\frac{2\pi\xi}{l}\omega^2 & EI\left(\frac{2\pi}{l}\right)^4 \frac{l}{2} - \left[\frac{ml}{2} + M_0 \sin^2\frac{2\pi\xi}{l}\right]\omega^2 \end{bmatrix} = 0$$

(1.4.2-b)

如集中质量布置在跨中,即 $\xi = \frac{l}{2}$,代入式(1.4.2-a)有:

$$\begin{bmatrix} EI\left(\frac{\pi}{l}\right)^4 \frac{l}{2} - \left(\frac{ml}{2} + M_0\right)\omega^2 & 0 \\ 0 & EI\left(\frac{2\pi}{l}\right)^4 \frac{l}{2} - \frac{ml}{2}\omega^2 \end{bmatrix} \begin{Bmatrix} C_1 \\ C_2 \end{Bmatrix} = \begin{Bmatrix} 0 \\ 0 \end{Bmatrix} \quad (1.4.2\text{-c})$$

相应的频率方程为:

$$\det \begin{bmatrix} EI\left(\frac{\pi}{l}\right)^4 \frac{l}{2} - \left(\frac{ml}{2} + M_0\right)\omega^2 & 0 \\ 0 & EI\left(\frac{2\pi}{l}\right)^4 \frac{l}{2} - \frac{ml}{2}\omega^2 \end{bmatrix} = 0 \quad (1.4.2\text{-d})$$

求解得:

$$\omega_1 = \left(\frac{\pi}{l}\right)^2 \sqrt{\frac{EI}{m + \frac{2M_0}{l}}} = \left(\frac{\pi}{l}\right)^2 \sqrt{\frac{EI}{m}} \sqrt{\frac{m}{m + \frac{2M_0}{l}}} = \left(\frac{\pi}{l}\right)^2 \sqrt{\frac{EI}{m}} \sqrt{\frac{M_{eq}}{M_{eq} + M_0}} \quad (1.4.2\text{-e})$$

$$\omega_2 = \left(\frac{2\pi}{l}\right)^2 \sqrt{\frac{EI}{m}} \quad (1.4.2\text{-f})$$

式中, $M_{eq} = \frac{ml}{2}$ 为均质等截面简支梁的跨中等效质量。

由此可以看出,如集中质量布置在跨中,一阶固有频率中多了 $\sqrt{\frac{M_{eq}}{M_{eq} + M_0}}$ 修正系数,这也是桥梁动力试验中采用跳车激励时的第一阶频率换算公式。因为跨中是二阶振型的节点,相应的二阶固有频率与均质等截面梁相同。

将 ω_1 代入式(1.4.2-c)可解得 $C_1 = 1, C_2 = 0$;将 ω_2 代入式(1.4.2-c)可解得 $C_1 = 0, C_2 =$

1,可得相应的第一阶振型函数为 $\varphi_{\mathrm{I}}(x) = \sin\dfrac{\pi x}{l}$;第二阶振型函数为 $\varphi_{\mathrm{II}}(x) = \sin\dfrac{2\pi x}{l}$。说明只取前2阶振型试函数时,跨中布置集中质量的均质等截面简支梁的振型不受集中质量的影响。当然随着振型试函数项的增多,跨中布置集中质量的均质等截面简支梁振型不一定存在这个规律。

[**例 1.4.3**] 一均质等截面简支梁,在 $x = \dfrac{l}{2}$ 处有一集中质量 M_1,在 $x = \xi$ 处有另一集中质量 M_2,如图 1-18 所示。求该梁的前两阶固有频率近似值。

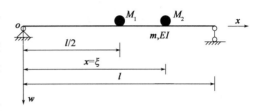

图 1-18 带有两个集中质量的简支梁

设取均质等截面简支梁的前两阶振型函数作为试函数,有:

$$\varphi(x) = C_1 \varphi_1(x) + C_2 \varphi_2(x) \qquad (1.4.3\text{-a})$$

式中,$\varphi_n(x) = \sin\dfrac{n\pi x}{l}$ ($n=1,2$)。

由式(1-103)和式(1-104)可得:

$$m_{11} = m\int_0^l \sin\frac{\pi x}{l}\sin\frac{\pi x}{l}\mathrm{d}x + M_1 \sin\frac{\pi}{2}\sin\frac{\pi}{2} + M_2 \sin\frac{\pi\xi}{l}\sin\frac{\pi\xi}{l}$$
$$= \frac{ml}{2} + M_1 + M_2 \sin^2\frac{\pi\xi}{l}$$

$$m_{12} = m_{21} = m\int_0^l \sin\left(\frac{\pi x}{l}\right)\sin\frac{2\pi x}{l}\mathrm{d}x + M_1 \sin\frac{\pi}{2}\sin\frac{2\pi}{2} + M_2 \sin\frac{\pi\xi}{l}\sin\frac{2\pi\xi}{l}$$
$$= M_2 \sin\frac{\pi\xi}{l}\sin\frac{2\pi\xi}{l}$$

$$m_{22} = m\int_0^l \sin\frac{2\pi x}{l}\sin\frac{2\pi x}{l}\mathrm{d}x + M_1 \sin\frac{2\pi}{2}\sin\frac{2\pi}{2} + M_2 \sin\frac{2\pi\xi}{l}\sin\frac{2\pi\xi}{l}$$
$$= \frac{ml}{2} + M_2 \sin^2\frac{2\pi\xi}{l}$$

$$k_{11} = EI\int_0^l \left[-\left(\frac{\pi}{l}\right)^2 \sin\frac{\pi x}{l}\right]^2 \mathrm{d}x = EI\left(\frac{\pi}{l}\right)^4 \frac{l}{2}$$

$$k_{12} = k_{21} = EI\int_0^l \left[-\left(\frac{\pi}{l}\right)^2 \sin\frac{\pi x}{l}\right]\left[-\left(\frac{2\pi}{l}\right)^2 \sin\frac{2\pi x}{l}\right]\mathrm{d}x = 0$$

$$k_{22} = EI\int_0^l \left[-\left(\frac{2\pi}{l}\right)^2 \sin\frac{2\pi x}{l}\right]^2 \mathrm{d}x = EI\left(\frac{2\pi}{l}\right)^4 \frac{l}{2}$$

将上述所有元素代入式(1-105),有:

$$\begin{bmatrix} EI\left(\dfrac{\pi}{l}\right)^4 \dfrac{l}{2} - \left(\dfrac{ml}{2} + M_1 + M_2 \sin^2\dfrac{\pi\xi}{l}\right)\omega^2 & -M_2 \sin\dfrac{\pi\xi}{l}\sin\dfrac{2\pi\xi}{l}\omega^2 \\ -M_2 \sin\dfrac{\pi\xi}{l}\sin\dfrac{2\pi\xi}{l}\omega^2 & EI\left(\dfrac{2\pi}{l}\right)^4 \dfrac{l}{2} - \left(\dfrac{ml}{2} + M_2 \sin^2\dfrac{2\pi\xi}{l}\right)\omega^2 \end{bmatrix} \begin{Bmatrix} C_1 \\ C_2 \end{Bmatrix} = \begin{Bmatrix} 0 \\ 0 \end{Bmatrix}$$

$$(1.4.3\text{-b})$$

于是得频率方程为:

$$\det\begin{bmatrix} EI\left(\dfrac{\pi}{l}\right)^4 \dfrac{l}{2} - \left(\dfrac{ml}{2} + M_1 + M_2 \sin^2 \dfrac{\pi\xi}{l}\right)\omega^2 & -M_2 \sin\dfrac{\pi\xi}{l}\sin\dfrac{2\pi\xi}{l}\omega^2 \\ -M_2 \sin\dfrac{\pi\xi}{l}\sin\dfrac{2\pi\xi}{l}\omega^2 & EI\left(\dfrac{2\pi}{l}\right)^4 \dfrac{l}{2} - \left(\dfrac{ml}{2} + M_2 \sin^2 \dfrac{2\pi\xi}{l}\right)\omega^2 \end{bmatrix} = 0$$

(1.4.3-c)

令 $\delta_1 = 1 + \dfrac{2}{lm}\left(M_1 + M_2 \sin^2 \dfrac{\pi\xi}{l}\right)$, $\delta_2 = 1 + \dfrac{2M_2}{ml}\sin^2 \dfrac{2\pi\xi}{l}$, $\varepsilon = \dfrac{2M_2}{ml}\sin\dfrac{\pi\xi}{l}\sin\dfrac{2\pi\xi}{l}$ 代入式(1.4.3-c) 化简后得：

$$\det\begin{bmatrix} EI\left(\dfrac{\pi}{l}\right)^4 \dfrac{l}{2} - \dfrac{ml}{2}\delta_1\omega^2 & -\dfrac{ml}{2}\varepsilon\omega^2 \\ -\dfrac{ml}{2}\varepsilon\omega^2 & EI\left(\dfrac{2\pi}{l}\right)^4 \dfrac{l}{2} - \dfrac{ml}{2}\delta_2\omega^2 \end{bmatrix} = 0 \qquad (1.4.3\text{-d})$$

由式(1.4.3-d)直接求得 ω^2 的两个根，这是桥梁动力试验中采用双轴货车跳车激励时的第一阶和第二阶固有频率换算公式。同样，可以求得各阶频率对应的 $\dfrac{C_2}{C_1}$ 比值，从而给出相应的振型组合函数。

为了便于应用，这里给出近似计算公式。

整理式(1.4.3-d)得：

$$\det\begin{bmatrix} \omega_{01}^2 - \delta_1\omega^2 & -\varepsilon\omega^2 \\ -\varepsilon\omega^2 & \omega_{02}^2 - \delta_2\omega^2 \end{bmatrix} = 0 \qquad (1.4.3\text{-e})$$

再进一步化简得：

$$\det\begin{bmatrix} \dfrac{\omega_{01}^2}{\delta_1\omega^2} - 1 & -\dfrac{\varepsilon}{\delta_1} \\ -\dfrac{\varepsilon}{\delta_2} & \dfrac{\omega_{02}^2}{\delta_2\omega^2} - 1 \end{bmatrix} = 0 \qquad (1.4.3\text{-f})$$

一般情况下 $\dfrac{\varepsilon}{\delta_1}$ 和 $\dfrac{\varepsilon}{\delta_2}$ 很小，忽略影响后可以近似求得：

$$\omega_1 \approx \dfrac{\omega_{01}}{\sqrt{\delta_1}} = \dfrac{\omega_{01}}{\sqrt{1 + \dfrac{2}{lm}\left(M_1 + M_2 \sin^2 \dfrac{\pi\xi}{l}\right)}} \qquad (1.4.3\text{-g})$$

$$\omega_2 \approx \dfrac{\omega_{02}}{\sqrt{\delta_2}} = \dfrac{\omega_{02}}{\sqrt{1 + \dfrac{2M_2}{ml}\sin^2 \dfrac{2\pi\xi}{l}}} \qquad (1.4.3\text{-h})$$

式中，$\omega_{01} = \left(\dfrac{\pi}{l}\right)^2 \sqrt{\dfrac{EI}{m}}$, $\omega_{02} = \left(\dfrac{2\pi}{l}\right)^2 \sqrt{\dfrac{EI}{m}}$ 分别为均质等截面简支梁的前2阶固有频率。

[例1.4.4] 求如图1-19所示的具有不对称质量分布简支梁的前两阶固有频率。

设取均质等截面简支梁的前2阶振型函数作为试函数，有：

$$\varphi(x) = C_1\varphi_1(x) + C_2\varphi_2(x) \qquad (1.4.4\text{-a})$$

式中，$\varphi_n(x) = \sin\dfrac{n\pi x}{l}$ ($n = 1, 2$)。

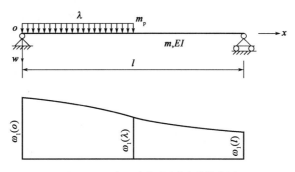

图 1-19 具有不对称质量分布的简支梁

由式(1-103)和式(1-104)可得：

$$m_{11} = m\int_0^l \sin\frac{\pi x}{l}\sin\frac{\pi x}{l}dx + m_p\int_0^\lambda \sin\frac{\pi x}{l}\sin\frac{\pi x}{l}dx$$

$$= \frac{ml}{2} + \frac{m_p l}{2}\left(\frac{\lambda}{l} - \frac{1}{2\pi}\sin\frac{2\pi\lambda}{l}\right)$$

$$m_{12} = m_{21} = m\int_0^l \sin\frac{\pi x}{l}\sin\frac{2\pi x}{l}dx + m_p\int_0^\lambda \sin\frac{\pi x}{l}\sin\frac{2\pi x}{l}dx$$

$$= \frac{m_p l}{2\pi}\left(\sin\frac{\pi\lambda}{l} - \frac{1}{3}\sin\frac{3\pi\lambda}{l}\right)$$

$$m_{22} = m\int_0^l \sin\frac{2\pi x}{l}\sin\frac{2\pi x}{l}dx + m_p\int_0^\lambda \sin\frac{2\pi x}{l}\sin\frac{2\pi x}{l}dx$$

$$= \frac{ml}{2} + \frac{m_p l}{2}\left(\frac{\lambda}{l} - \frac{1}{4\pi}\sin\frac{4\pi\lambda}{l}\right)$$

$$k_{11} = EI\int_0^l \left[-\left(\frac{\pi}{l}\right)^2\sin\left(\frac{\pi x}{l}\right)\right]^2 dx = EI\left(\frac{\pi}{l}\right)^4\frac{l}{2}$$

$$k_{12} = k_{21} = EI\int_0^l \left[-\left(\frac{\pi}{l}\right)^2\sin\left(\frac{\pi x}{l}\right)\right]\left[-\left(\frac{2\pi}{l}\right)^2\sin\left(\frac{2\pi x}{l}\right)\right]dx = 0$$

$$k_{22} = EI\int_0^l \left[-\left(\frac{2\pi}{l}\right)^2\sin\left(\frac{2\pi x}{l}\right)\right]^2 dx = EI\left(\frac{2\pi}{l}\right)^4\frac{l}{2}$$

将上述所有元素代入式(1-105)，有：

$$\begin{bmatrix} EI\left(\frac{\pi}{l}\right)^4\frac{l}{2} - \left[\frac{ml}{2}+\frac{m_p l}{2}\left(\frac{\lambda}{l}-\frac{1}{2\pi}\sin\frac{2\pi\lambda}{l}\right)\right]\omega^2 & -\frac{m_p l}{2\pi}\left(\sin\frac{\pi\lambda}{l}-\frac{1}{3}\sin\frac{3\pi\lambda}{l}\right)\omega^2 \\ -\frac{m_p l}{2\pi}\left(\sin\frac{\pi\lambda}{l}-\frac{1}{3}\sin\frac{3\pi\lambda}{l}\right)\omega^2 & EI\left(\frac{2\pi}{l}\right)^4\frac{l}{2} - \left[\frac{ml}{2}+\frac{m_p l}{2}\left(\frac{\lambda}{l}-\frac{1}{4\pi}\sin\frac{4\pi\lambda}{l}\right)\right]\omega^2 \end{bmatrix}\begin{Bmatrix} C_1 \\ C_2 \end{Bmatrix} = \begin{Bmatrix} 0 \\ 0 \end{Bmatrix}$$

(1.4.4-b)

相应的频率方程为：

$$\det\begin{bmatrix} EI\left(\frac{\pi}{l}\right)^4\frac{l}{2} - \left[\frac{ml}{2}+\frac{m_p l}{2}\left(\frac{\lambda}{l}-\frac{1}{2\pi}\sin\frac{2\pi\lambda}{l}\right)\right]\omega^2 & -\frac{m_p l}{2\pi}\left(\sin\frac{\pi\lambda}{l}-\frac{1}{3}\sin\frac{2\pi\lambda}{l}\right)\omega^2 \\ -\frac{m_p l}{2\pi}\left(\sin\frac{\pi\lambda}{l}-\frac{1}{3}\sin\frac{2\pi\lambda}{l}\right)\omega^2 & EI\left(\frac{2\pi}{l}\right)^4\frac{l}{2} - \left[\frac{ml}{2}+\frac{m_p l}{2}\left(\frac{\lambda}{l}-\frac{1}{4\pi}\sin\frac{4\pi\lambda}{l}\right)\right]\omega^2 \end{bmatrix}=0$$

(1.4.4-c)

令 $\delta_1 = 1 + \frac{m_p}{m}\left(\frac{\lambda}{l} - \frac{1}{2\pi}\sin\frac{2\pi\lambda}{l}\right), \delta_2 = 1 + \frac{m_p}{m}\left(\frac{\lambda}{l} - \frac{1}{4\pi}\sin\frac{4\pi\lambda}{l}\right), \varepsilon = \frac{m_p}{m\pi}\left(\sin\frac{\pi\lambda}{l} - \frac{1}{3}\sin\frac{2\pi\lambda}{l}\right)$,
代入式(1.4.4-c)化简后得：

$$\det\begin{bmatrix} EI\left(\frac{\pi}{l}\right)^4 \frac{l}{2} - \frac{ml}{2}\delta_1\omega^2 & -\frac{ml}{2}\varepsilon\omega^2 \\ -\frac{ml}{2}\varepsilon\omega^2 & EI\left(\frac{2\pi}{l}\right)^4 \frac{l}{2} - \frac{ml}{2}\delta_2\omega^2 \end{bmatrix} = 0 \quad (1.4.4\text{-d})$$

由式(1.4.4-d)直接求得 ω^2 的两个根,为了便于计算,这里给出近似计算公式。
整理式(1.4.4-d)得：

$$\det\begin{bmatrix} \omega_{01}^2 - \delta_1\omega^2 & -\varepsilon\omega^2 \\ -\varepsilon\omega^2 & \omega_{02}^2 - \delta_2\omega^2 \end{bmatrix} = 0 \quad (1.4.4\text{-e})$$

再进一步化简得：

$$\det\begin{bmatrix} \dfrac{\omega_{01}^2}{\delta_1\omega^2} - 1 & -\dfrac{\varepsilon}{\delta_1} \\ -\dfrac{\varepsilon}{\delta_2} & \dfrac{\omega_{02}^2}{\delta_2\omega^2} - 1 \end{bmatrix} = 0 \quad (1.4.4\text{-f})$$

一般情况下 $\dfrac{\varepsilon}{\delta_1}$ 和 $\dfrac{\varepsilon}{\delta_2}$ 很小,忽略影响后可以近似求得：

$$\omega_1 \approx \frac{\omega_{01}}{\sqrt{\delta_1}} = \frac{\omega_{01}}{\sqrt{1 + \dfrac{m_p}{m}\left(\dfrac{\lambda}{l} - \dfrac{1}{2\pi}\sin\dfrac{2\pi\lambda}{l}\right)}} \quad (1.4.4\text{-g})$$

$$\omega_2 \approx \frac{\omega_{02}}{\sqrt{\delta_2}} = \frac{\omega_{02}}{\sqrt{1 + \dfrac{m_p}{m}\left(\dfrac{\lambda}{l} - \dfrac{1}{4\pi}\sin\dfrac{4\pi\lambda}{l}\right)}} \quad (1.4.4\text{-h})$$

式中, $\omega_{01} = \left(\dfrac{\pi}{l}\right)^2 \sqrt{\dfrac{EI}{m}}, \omega_{02} = \left(\dfrac{2\pi}{l}\right)^2 \sqrt{\dfrac{EI}{m}}$,分别为均质等截面简支梁的前2阶固有频率。

这个例子实际上是火车缓缓过桥的一种自由振动模型。

[**例1.4.5**] 一均质等截面悬臂梁,在悬臂端部有一个集中质量 $M = 2ml$,如图1-20所示。求悬臂梁的前两阶固有频率近似值,并比较瑞雷(Rayleigh)法和里兹(Ritz)法求得近似解的精度。

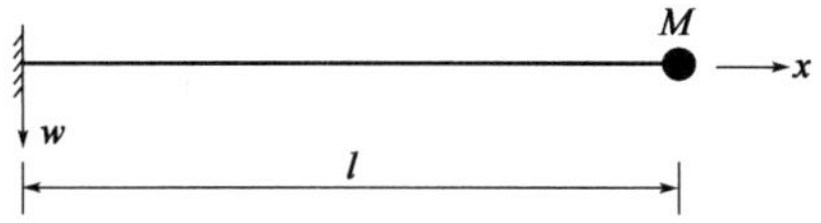

图1-20 带集中质量的悬臂梁

已知精确解 $\omega_1 = \dfrac{1.1582}{l^2}\sqrt{\dfrac{EI}{m}}, \omega_2 = \dfrac{15.861}{l^2}\sqrt{\dfrac{EI}{m}}$。

(1)用瑞雷(Rayleigh)法求第一阶频率。
选择满足几何边界条件的等截面悬臂梁一阶振型试函数为：

$$\varphi(x) = 1 - \cos\frac{\pi x}{2l} \quad (1.4.5\text{-a})$$

由式(1-97)和式(1-98)可得：

$$M_{eq} = m\int_0^l \left(1 - \cos\frac{\pi x}{2l}\right)^2 dx + M\left(1 - \cos\frac{\pi l}{2l}\right)^2$$
$$= \left(\frac{3}{2} - \frac{4}{\pi}\right)ml + 2ml \tag{1.4.5-b}$$
$$= \frac{7\pi - 8}{2\pi}ml$$
$$K_{eq} = EI\int_0^l \left[\left(\frac{\pi}{2l}\right)^2 \cos\frac{\pi x}{2l}\right]^2 dx = EI\left(\frac{\pi}{2l}\right)^4 \frac{l}{2} \tag{1.4.5-c}$$

分别代入式(1-96)得:

$$\omega_1^2 = \frac{EI\left(\frac{\pi}{2l}\right)^4 \frac{l}{2}}{\frac{7\pi-8}{2\pi}l} = \frac{\pi^5}{16(7\pi-8)}\frac{EI}{l^4 m}$$

即

$$\omega_1 = \frac{1.1692}{l^2}\sqrt{\frac{EI}{m}}$$

它比一阶固有频率精确解高 0.95%。

当然,也可以采用悬臂端集中力作用下的静挠度函数 $\varphi(x) = x^2 - \frac{x^3}{3l}$ 作为本例的一阶振型试函数,几何边界条件自然满足,可得:

$$\omega_1 = \frac{1.1584}{l^2}\sqrt{\frac{EI}{m}} \tag{1.4.5-d}$$

上式仅比精确解高 0.02%,表明静挠度曲线是梁一阶振型的很好近似形状。

当端部集中质量 M 比起梁自重 ml 小很多时,则更适宜用均布荷载作用下的静挠度曲线来近似表示一阶振型。这也是求解梁振动固有频率近似值的一般方法。

(2)用里兹(Ritz)法求前两阶固有频率。

选择满足几何边界条件的等截面悬臂梁振型试函数为:

$$\varphi(x) = C_1\varphi_1(x) + C_2\varphi_2(x) \tag{1.4.5-e}$$

式中,$\varphi_1(x) = 1 - \cos\frac{\pi x}{2l}$,$\varphi_2(x) = 1 - \cos\frac{3\pi x}{2l}$。

由式(1-103)和式(1-104)可得:

$$m_{11} = m\int_0^l \left(1 - \cos\frac{\pi x}{2l}\right)^2 dx + M\left(1 - \cos\frac{\pi l}{2l}\right)^2$$
$$= \left(\frac{3}{2} - \frac{4}{\pi}\right)ml + 2ml$$
$$= \frac{7\pi - 8}{2\pi}ml$$
$$m_{12} = m\int_0^l \left(1 - \cos\frac{\pi x}{2l}\right)\left(1 - \cos\frac{3\pi x}{2l}\right)dx + M\left(1 - \cos\frac{\pi l}{2l}\right)\left(1 - \cos\frac{3\pi l}{2l}\right)$$
$$= \left(1 - \frac{4}{3\pi}\right)ml + 2ml$$
$$= \frac{9\pi - 4}{3\pi}ml$$

$$m_{22} = m\int_0^l \left(1 - \cos\frac{3\pi x}{2l}\right)^2 dx + M\left(1 - \cos\frac{\pi l}{2l}\right)^2$$

$$= \left(\frac{3}{2} + \frac{4}{3\pi}\right)ml + 2ml$$

$$= \frac{21\pi + 8}{6\pi}ml$$

$$k_{11} = EI\int_0^l \left[\left(\frac{\pi}{2l}\right)^2 \cos\frac{\pi x}{2l}\right]^2 dx = EI\left(\frac{\pi}{2l}\right)^4 \frac{l}{2}$$

$$k_{12} = k_{21} = EI\int_0^l \left[\left(\frac{\pi}{2l}\right)^2 \cos\frac{\pi x}{2l}\right]\left[\left(\frac{3\pi}{2l}\right)^2 \cos\frac{3\pi x}{2l}\right] dx = 0$$

$$k_{22} = EI\int_0^l \left[\left(\frac{3\pi}{2l}\right)^2 \cos\frac{3\pi x}{2l}\right]^2 dx = EI\left(\frac{3\pi}{2l}\right)^4 \frac{l}{2}$$

可得等效刚度矩阵和等效质量矩阵分别为:

$$\boldsymbol{K} = \begin{bmatrix} EI\left(\dfrac{\pi}{2l}\right)^4 \dfrac{l}{2} & 0 \\ 0 & EI\left(\dfrac{3\pi}{2l}\right)^4 \dfrac{l}{2} \end{bmatrix} \quad (1.4.5\text{-f})$$

$$\boldsymbol{M} = \begin{bmatrix} \dfrac{7\pi - 8}{2\pi}ml & \dfrac{9\pi - 4}{3\pi}ml \\ \dfrac{9\pi - 4}{3\pi}ml & \dfrac{21\pi + 8}{6\pi}ml \end{bmatrix} \quad (1.4.5\text{-g})$$

将上述所有元素代入式(1-105),有:

$$\begin{bmatrix} EI\left(\dfrac{\pi}{2l}\right)^4 \dfrac{l}{2} - \dfrac{7\pi - 8}{2\pi}ml\omega^2 & -\dfrac{9\pi - 4}{3\pi}ml\omega^2 \\ -\dfrac{9\pi - 4}{3\pi}ml\omega^2 & EI\left(\dfrac{3\pi}{2l}\right)^4 \dfrac{l}{2} - \dfrac{21\pi + 8}{6\pi}ml\omega^2 \end{bmatrix} \begin{Bmatrix} C_1 \\ C_2 \end{Bmatrix} = \begin{Bmatrix} 0 \\ 0 \end{Bmatrix} \quad (1.4.5\text{-h})$$

将上式乘以 $\dfrac{l^3}{EI}$,整理得:

$$\begin{bmatrix} \left(\dfrac{\pi}{2}\right)^4 \dfrac{1}{2} - \dfrac{7\pi - 8}{2\pi}\dfrac{ml^4\omega^2}{EI} & -\dfrac{9\pi - 4}{3\pi}\dfrac{ml^4\omega^2}{EI} \\ -\dfrac{9\pi - 4}{3\pi}\dfrac{ml^4\omega^2}{EI} & \left(\dfrac{3\pi}{2}\right)^4 \dfrac{1}{2} - \dfrac{21\pi + 8}{6\pi}\dfrac{ml^4\omega^2}{EI} \end{bmatrix} \begin{Bmatrix} C_1 \\ C_2 \end{Bmatrix} = \begin{Bmatrix} 0 \\ 0 \end{Bmatrix} \quad (1.4.5\text{-i})$$

令 $\Omega^2 = \dfrac{ml^4\omega^2}{EI}$,上式简化后为:

$$\begin{bmatrix} 3.04403 - 2.22576\Omega^2 & -2.57559\Omega^2 \\ -2.57559\Omega^2 & 246.56674 - 3.92441\Omega^2 \end{bmatrix} \begin{Bmatrix} C_1 \\ C_2 \end{Bmatrix} = \begin{Bmatrix} 0 \\ 0 \end{Bmatrix} \quad (1.4.5\text{-j})$$

于是得频率方程为:

$$\det\begin{bmatrix} 3.04403 - 2.22576\Omega^2 & -2.57559\Omega^2 \\ -2.57559\Omega^2 & 246.56674 - 3.92441\Omega^2 \end{bmatrix} = 0 \quad (1.4.5\text{-k})$$

上式有两个根，$\Omega_1^2 = 1.34470$，$\Omega_2^2 = 265.14919$，即

$$\omega_1 = \frac{1.1596}{l^2}\sqrt{\frac{EI}{m}}, \omega_2 = \frac{16.2834}{l^2}\sqrt{\frac{EI}{m}} \quad (1.4.5\text{-}l)$$

用里兹(Ritz)法给出的第一和第二阶频率的近似值分别比对应的精确值要高 0.12% 和 2.7%。

由式(1.4.5-j)可知：

$$\frac{C_2}{C_1} = -\frac{3.04403 - 2.22576\Omega^2}{2.57559\Omega^2} \quad (1.4.5\text{-}m)$$

可得，对应于第一阶和第二阶振型组合系数列向量分别为 $\begin{Bmatrix} C_1 \\ C_2 \end{Bmatrix} = \begin{Bmatrix} 1 \\ 0.01435 \end{Bmatrix}$ 和 $\begin{Bmatrix} C_1 \\ C_2 \end{Bmatrix} = \begin{Bmatrix} 1 \\ -0.86011 \end{Bmatrix}$，由此可给出相应的前 2 阶振型组合函数。

这里可以看出，采用 2 项振型试函数求得的近似值中，第一项频率比只采用一项振型试函数的精确度更高，但三角函数形式的振型试函数比静挠度函数精度稍差。同时，用只有两项级数的里兹(Ritz)法，便可使第一阶频率的精度有较大的提高，而且还给出第二阶频率一个很好的近似。若在级数中取更多的项，则可得到更高精度的数值解。

[例 1.4.6] 求解均质等截面简支梁在 $x=\xi$ 处联结一支承弹簧后的振动固有频率，如图 1-21 所示。

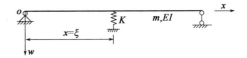

图 1-21 跨内带支承弹簧的简支梁

设取均质等截面简支梁的前 2 阶振型函数作为试函数，有：

$$\varphi(x) = C_1\varphi_1(x) + C_2\varphi_2(x) \quad (1.4.6\text{-}a)$$

式中，$\varphi_n(x) = \sin\frac{n\pi x}{l}$ （$n=1,2$）。

由式(1-103)和式(1-104)可得：

$$m_{11} = m\int_0^l \sin\frac{\pi x}{l}\sin\frac{\pi x}{l}dx = \frac{ml}{2}$$

$$m_{12} = m_{21} = m\int_0^l \sin\frac{\pi x}{l}\sin\frac{2\pi x}{l}dx = 0$$

$$m_{22} = m\int_0^l \sin\frac{2\pi x}{l}\sin\frac{2\pi x}{l}dx = \frac{ml}{2}$$

$$k_{11} = EI\int_0^l \left[-\left(\frac{\pi}{l}\right)^2\sin\frac{\pi x}{l}\right]^2 dx + K\sin^2\frac{\pi\xi}{l} = EI\left(\frac{\pi}{l}\right)^4\frac{l}{2} + K\sin^2\frac{\pi\xi}{l}$$

$$k_{12} = k_{21} = EI\int_0^l \left[-\left(\frac{\pi}{l}\right)^2\sin\frac{\pi x}{l}\right]\left[-\left(\frac{2\pi}{l}\right)^2\sin\frac{2\pi x}{l}\right]dx + K\sin\frac{\pi\xi}{l}\sin\frac{2\pi\xi}{l} = K\sin\frac{\pi\xi}{l}\sin\frac{2\pi\xi}{l}$$

$$k_{22} = EI\int_0^l \left[-\left(\frac{2\pi}{l}\right)^2\sin\frac{2\pi x}{l}\right]^2 dx + K\sin^2\frac{2\pi\xi}{l} = EI\left(\frac{2\pi}{l}\right)^4\frac{l}{2} + K\sin^2\frac{2\pi\xi}{l}$$

将上述所有元素代入式(1-105)，有：

$$\begin{bmatrix} EI\left(\dfrac{\pi}{l}\right)^4 \dfrac{l}{2} + K\sin^2\dfrac{\pi\xi}{l} - \dfrac{ml}{2}\omega^2 & K\sin\dfrac{\pi\xi}{l}\sin\dfrac{2\pi\xi}{l} \\ K\sin\dfrac{\pi\xi}{l}\sin\dfrac{2\pi\xi}{l} & EI\left(\dfrac{2\pi}{l}\right)^4 \dfrac{l}{2} + K\sin^2\dfrac{2\pi\xi}{l} - \dfrac{ml}{2}\omega^2 \end{bmatrix} \begin{Bmatrix} C_1 \\ C_2 \end{Bmatrix} = \begin{Bmatrix} 0 \\ 0 \end{Bmatrix}$$
(1.4.6-b)

于是得频率方程为：

$$\det \begin{bmatrix} EI\left(\dfrac{\pi}{l}\right)^4 \dfrac{l}{2} + K\sin^2\dfrac{\pi\xi}{l} - \dfrac{ml}{2}\omega^2 & K\sin\dfrac{\pi\xi}{l}\sin\dfrac{2\pi\xi}{l} \\ K\sin\dfrac{\pi\xi}{l}\sin\dfrac{2\pi\xi}{l} & EI\left(\dfrac{2\pi}{l}\right)^4 \dfrac{l}{2} + K\sin^2\dfrac{2\pi\xi}{l} - \dfrac{ml}{2}\omega^2 \end{bmatrix} = 0 \quad (1.4.6\text{-}c)$$

如支承弹簧布置在跨中特殊情况，即 $\xi = \dfrac{l}{2}$，代入式(1.4.6-b)有：

$$\begin{bmatrix} EI\left(\dfrac{\pi}{l}\right)^4 \dfrac{l}{2} + K - \dfrac{ml}{2}\omega^2 & 0 \\ 0 & EI\left(\dfrac{2\pi}{l}\right)^4 \dfrac{l}{2} - \dfrac{ml}{2}\omega^2 \end{bmatrix} \begin{Bmatrix} C_1 \\ C_2 \end{Bmatrix} = \begin{Bmatrix} 0 \\ 0 \end{Bmatrix} \quad (1.4.6\text{-}d)$$

相应的频率方程为：

$$\det \begin{bmatrix} EI\left(\dfrac{\pi}{l}\right)^4 \dfrac{l}{2} + K - \dfrac{ml}{2}\omega^2 & 0 \\ 0 & EI\left(\dfrac{2\pi}{l}\right)^4 \dfrac{l}{2} - \dfrac{ml}{2}\omega^2 \end{bmatrix} = 0 \quad (1.4.6\text{-}e)$$

解之得：

$$\omega_1 = \left(\dfrac{\pi}{l}\right)^2 \sqrt{\dfrac{EI}{m} + \dfrac{2K}{ml}\left(\dfrac{l}{\pi}\right)^4} = \left(\dfrac{\pi}{l}\right)^2 \sqrt{\dfrac{EI}{m}} \sqrt{1 + \dfrac{\Omega^2}{\omega_{01}^2}} \quad (1.4.6\text{-}f)$$

$$\omega_2 = \left(\dfrac{2\pi}{l}\right)^2 \sqrt{\dfrac{EI}{m}} \quad (1.4.6\text{-}g)$$

式中，$\omega_{01} = \left(\dfrac{\pi}{l}\right)^2 \sqrt{\dfrac{EI}{m}}$ 为均质等截面简支梁的一阶固有频率；$\Omega^2 = \dfrac{2K}{ml}$ 相当于均质等截面简支梁的跨中等效质量与支承弹簧系统的固有频率。

由式(1.4.6-f)可以看出，此时一阶固有频率中多了大于1的 $\sqrt{1 + \dfrac{\Omega^2}{\omega_{01}^2}}$ 修正系数，表明此时带支承弹簧简支梁的整体刚度得到提升。因为跨中是二阶振型的节点，相应的二阶固有频率与均质等截面梁相同。

由式(1.4.6-d)可知，选择前2项振型试函数时，跨中布置支承弹簧的均质等截面简支梁的振型不受弹簧刚度的影响。

以上示例表明，瑞雷-里兹(Rayleigh-Ritz)法具有很好的计算精度。

3) 迦辽金(Galerkin)法

在式(1-4a)中，令 $p(x,t) = 0$，简谐振动动挠度为 $w(x,t) = \varphi(x)\sin\omega t$，则有：

$$\delta w(x,t) = \delta\varphi(x)\sin\omega t$$

代入式(1-4a)得：

$$\int_0^l \{[EI\varphi''(x)]'' - m\omega^2\varphi(x)\}\delta\varphi(x)\mathrm{d}x\sin^2\omega t = 0$$

由于 $\sin^2\omega t$ 的任意性,必须有:

$$\int_0^l \{[EI\varphi''(x)]'' - m\omega^2\varphi(x)\}\delta\varphi(x)\mathrm{d}x = 0 \quad (1\text{-}106)$$

上式的物理意义就是动力学的虚功原理,即梁在实际可能的振动过程中,体系的弹性力和惯性力对微小虚位移 $\delta\varphi$ 所做虚功之总和等于零。

引入近似的振型函数:

$$\varphi(x) = \sum_{n=1}^N C_n \varphi_n(x)$$

式中,C_n 为待定系数;$\varphi_n(x)$ 为满足梁的几何边界条件和力学边界条件的近似振型函数,同时各 $\varphi_n(x)$ 之间还必须是两两线性无关。

于是,将 $\varphi(x)$ 和 $\delta\varphi(x) = \sum_{n=1}^N \varphi_n(x)\delta C_n$ 代入式(1-106),得:

$$\int_0^l \Big[\big(EI\sum_{n=1}^N C_n\varphi_n''\big)'' - m\omega^2\sum_{n=1}^N C_n\varphi_n\Big]\Big(\sum_{k=1}^N \varphi_k\delta C_k\Big)\mathrm{d}x = 0$$

由于 δC_k 的任意性,上式可写成 N 个齐次方程式:

$$\int_0^l \sum_{n=1}^N C_n[(EI\varphi_n'')'' - m\omega^2\varphi_n]\varphi_k \mathrm{d}x = 0 \quad (k=1,2,\cdots,N) \quad (1\text{-}107)$$

在1.3.1节中已经说明,对于满足全部几何边界条件和力学边界条件的 $\varphi_n(x)$ 可以证明有以下关系成立:

$$k_{nk} = k_{kn} = \int_0^l [EI\varphi_n''(x)]''\varphi_k(x)\mathrm{d}x \quad (1\text{-}108)$$

$$m_{nk} = m_{kn} = \int_0^l m\varphi_n(x)\varphi_k(x)\mathrm{d}x \quad (1\text{-}109)$$

则式(1-107)可写成

$$\sum_{n=1}^N (k_{nk} - \omega^2 m_{nk})C_n = 0 \quad (1\text{-}110)$$

相应地,矩阵形式方程为:

$$(\boldsymbol{K} - \omega^2 \boldsymbol{M})\boldsymbol{C} = 0 \quad (1\text{-}111)$$

伽辽金(Galerkin)法也是将无限自由度体系离散化为有限自由度体系的方法。同样,式(1-111)可按多自由度体系求特征值的方法求解。这里对 $\varphi_n(x)$ 的要求除满足梁的几何边界条件外,还必须满足力学边界条件,比里兹(Ritz)法的试函数要求更高,从理论上说精度会更好。

[例1.4.7] 用伽辽金(Galerkin)法求如图1-19所示的具有不对称质量分布的简支梁的固有频率。

用均质等截面简支梁的振型构造振型试函数为:

$$\varphi(x) = \sum_{n=1}^N C_n \sin\frac{n\pi x}{l} \quad (1.4.7\text{-a})$$

自然满足简支梁的全部几何边界条件和力学边界条件。代入式(1-107),有:

$$\int_0^l \Big\{\sum_{n=1}^N C_n \sin\frac{n\pi x}{l}\Big[EI\Big(\frac{n\pi}{l}\Big)^4 - m\omega^2\Big]\Big\}\sin\frac{k\pi x}{l}\mathrm{d}x -$$

$$\int_0^\lambda \left[\sum_{n=1}^N C_n \sin \frac{n\pi x}{l} m_p \omega^2 \right] \sin \frac{k\pi x}{l} dx = 0 \quad (k=1,2,3,\cdots) \quad (1.4.7\text{-b})$$

式(1.4.7-b)中,第一项由

$$\int_0^l \sin \frac{n\pi x}{l} \sin \frac{k\pi x}{l} dx = \begin{cases} \dfrac{l}{2}, k=n \\ 0, k \neq n \end{cases}$$

可得:

$$\int_0^l \left\{ \sum_{n=1}^N C_n \sin \frac{n\pi x}{l} \left[EI \left(\frac{n\pi}{l} \right)^4 - m\omega^2 \right] \right\} \sin \frac{k\pi x}{l} dx = \left[EI \left(\frac{k\pi}{l} \right)^4 - m\omega^2 \right] \frac{l}{2} C_k$$

第二项则为:

$$\int_0^\lambda \left[\sum_{n=1}^N C_n \sin \frac{n\pi x}{l} m_p \omega^2 \right] \sin \frac{k\pi x}{l} dx = \frac{m_p l \omega^2}{\pi} \sum_{n=1}^N C_n S_{kn}$$

式中,$S_{kn} = S_{nk} = \dfrac{\pi}{l} \int_0^\lambda \sin \dfrac{n\pi x}{l} \sin \dfrac{k\pi x}{l} dx$,注意此处不存在积分正交性。

分别代入式(1.4.7-b),得:

$$\left[EI \left(\frac{k\pi}{l} \right)^4 - m\omega^2 \right] \frac{l}{2} C_k - \frac{m_p l \omega^2}{\pi} \sum_{n=1}^N C_n S_{kn} = 0 \quad (k=1,2,3,\cdots) \quad (1.4.7\text{-c})$$

合并整理得:

$$\left[\left(\frac{k\pi}{l} \right)^4 \frac{EI}{m} - \omega^2 - \frac{2m_p \omega^2}{m\pi} S_{kk} \right] C_k - \frac{2m_p \omega^2}{m\pi} \sum_{n \neq k}^N S_{kn} C_n = 0 \quad (k=1,2,3,\cdots) \quad (1.4.7\text{-d})$$

化简后,得:

$$\left[\omega_{k0}^2 - \left(1 + \frac{2m_p}{m\pi} S_{kk} \right) \omega^2 \right] C_k - \frac{2m_p}{m\pi} \omega^2 \sum_{n \neq k}^N S_{kn} C_n = 0 \quad (k=1,2,3,\cdots)$$

整理,得:

$$\left[\frac{\omega_{k0}^2}{\omega^2} \frac{1}{\dfrac{2m_p}{m\pi}} - \frac{1 + \dfrac{2m_p}{m\pi} S_{kk}}{\dfrac{2m_p}{m\pi}} \right] C_k - \sum_{n \neq k}^N S_{kn} C_n = 0 \quad (k=1,2,3,\cdots) \quad (1.4.7\text{-e})$$

再整理,得:

$$\frac{1}{\dfrac{m\pi}{2m_p}} \left(1 + \frac{2m_p}{m\pi} S_{kk} \right) \left[\frac{\omega_{k0}^2}{\omega^2} \frac{1}{1 + \dfrac{2m_p}{m\pi} S_{kk}} - 1 \right] C_k - \sum_{n \neq k}^N S_{kn} C_n = 0 \quad (k=1,2,3,\cdots) \quad (1.4.7\text{-f})$$

式中,$\omega_{k0} = \left(\dfrac{k\pi}{l} \right)^2 \sqrt{\dfrac{EI}{m}}$ 为均质等截面简支梁的固有频率。

式(1.4.7-f)简化后可以写成

$$\frac{1}{\beta_k} \left[\frac{\Omega_k^2}{\omega^2} - 1 \right] C_k - \sum_{n \neq k}^N S_{kn} C_n = 0 \quad (k=1,2,3,\cdots) \quad (1.4.7\text{-g})$$

式中,$\Omega_k^2 = \omega_{k0}^2 \dfrac{1}{1 + \dfrac{2m_p}{m\pi} S_{kk}}$;$\dfrac{1}{\beta_k} = \dfrac{1}{\dfrac{m\pi}{2m_p}} \left(1 + \dfrac{2m_p}{m\pi} S_{kk} \right)$;$S_{kn} = \dfrac{\pi}{l} \int_0^\lambda \sin \dfrac{n\pi x}{l} \sin \dfrac{k\pi x}{l} dx$ 按下式计算:

当 $k = n$ 时,

$$S_{kk} = \frac{\pi}{l}\int_0^\lambda \sin\frac{n\pi x}{l}\sin\frac{k\pi x}{l}\mathrm{d}x = \frac{\pi}{2}\left(\frac{\lambda}{l} - \frac{1}{2k\pi}\sin\frac{2k\pi\lambda}{l}\right) \tag{1.4.7-h}$$

当 $k \neq n$ 时,

$$S_{kn} = \frac{\pi}{l}\int_0^\lambda \sin\frac{n\pi x}{l}\sin\frac{k\pi x}{l}\mathrm{d}x = \frac{1}{2}\left[\frac{1}{n-k}\sin\frac{(n-k)\pi\lambda}{l} - \frac{1}{n+k}\sin\frac{(n+k)\pi\lambda}{l}\right] \tag{1.4.7-i}$$

若近似地取式(1.4.7-g)级数的前三项,得关于 C_1、C_2 和 C_3 的联立齐次方程组:

$$\begin{bmatrix} \frac{1}{\beta_1}\left(\frac{\Omega_1^2}{\omega^2} - 1\right) & S_{12} & S_{13} \\ S_{21} & \frac{1}{\beta_1}\left(\frac{\Omega_2^2}{\omega^2} - 1\right) & S_{23} \\ S_{31} & S_{32} & \frac{1}{\beta_3}\left(\frac{\Omega_3^2}{\omega^2} - 1\right) \end{bmatrix}\begin{Bmatrix} C_1 \\ C_2 \\ C_3 \end{Bmatrix} = \begin{Bmatrix} 0 \\ 0 \\ 0 \end{Bmatrix} \tag{1.4.7-j}$$

式中,$\Omega_k^2 = \omega_{k0}^2 \dfrac{1}{1 + \dfrac{m_\mathrm{p}}{m}\left(\dfrac{\lambda}{l} - \dfrac{1}{2k\pi}\sin\dfrac{2k\pi\lambda}{l}\right)}$;$\beta_k = \dfrac{2\dfrac{m_\mathrm{p}}{m}}{\pi\left[1 + \dfrac{m_\mathrm{p}}{m}\left(\dfrac{\lambda}{l} - \dfrac{1}{2k\pi}\sin\dfrac{2k\pi\lambda}{l}\right)\right]}$。

一般情况下,当 $k \neq n$ 时 S_{kn} 相对较小可以略去,最后可得第一阶固有频率的近似计算公式为:

$$\omega_1 \approx \Omega_1 = \frac{\omega_{10}}{\sqrt{1 + \dfrac{2m_\mathrm{p}}{m\pi}S_{11}}} = \left(\frac{\pi}{l}\right)^2\sqrt{\frac{EI}{m\left[1 + \dfrac{m_\mathrm{p}}{m}\left(\dfrac{\lambda}{l} - \dfrac{1}{2\pi}\sin\dfrac{2\pi\lambda}{l}\right)\right]}} \tag{1.4.7-k}$$

当 λ 从 0 变化至 l 时 ω_1 的变化如图1-19所示。比较例1.4.4与例1.4.7可知,里兹(Ritz)法相对于伽辽金(Galerkin)法显得更简单一些,但从理论上说伽辽金法计算精度会更高。当然这里的近似计算式一致。

1.4.2 加权残值法

由式(1-5)可知,令 $p(x,t) = 0$,简谐振动动挠度为 $w(x,t) = \varphi(x)\sin\omega t$,则梁的自由振动方程和边界条件可写成:

$$\left.\begin{aligned}&[EI\varphi''(x)]'' - m\omega^2\varphi(x) = 0, 0 \leq x \leq l \\ &B(\varphi) - h(s) = 0, \text{在边界上}\end{aligned}\right\} \tag{1-112}$$

式中,$\varphi(x)$ 为待求的梁弯曲振型函数;B 为域内 $0 \leq x \leq l$ 和边界上的作用算子,可以表示原函数及对原函数的导数;$h(s)$ 为在梁的边界上与 $\varphi(s)$ 无关的已知函数;s 为支承点。

对于一般的变截面梁,方程(1-112)很难求得解析解,通常采用近似方法求解。假设方程(1-112)的近似解为:

$$\varphi(x) = \sum_{n=1}^{N} C_n \varphi_n(x) \tag{1-113}$$

式中,C_n 为待定系数;$\varphi_n(x)$ ($n = 1, 2, 3, \cdots, N$) 是一组两两互相线性无关的振型试函数。

将式(1-113)代入式(1-112)后,就出现了残余值:

$$\left.\begin{array}{l} R_v = \left[EI\sum_{n=1}^{N}C_n\varphi_n''(x)\right]'' - m\omega^2\sum_{n=1}^{N}C_n\varphi_n(x), 0 \leqslant x \leqslant l \\ R_s = B(\varphi) - h, 在边界上 \end{array}\right\} \quad (1\text{-}114)$$

式中，R_v、R_s 分别为域内残值和边界残值。

在一般情况下已不可能使域内残值等于零，而只能使残值的某种加权平均值等于零，也就是在域内适当地选择一个权函数 $\psi(x)$，使得残值 R_v 与其相应的乘积在域内的加权积分为零，即：

$$\left.\begin{array}{l} \int_0^l R_v \psi(x)\mathrm{d}x = 0, 0 \leqslant x \leqslant l \\ R_s = 0, 在边界上 \end{array}\right\} \quad (1\text{-}115\mathrm{a})$$

代入式(1-114)得：

$$\left.\begin{array}{l} \int_0^l \left\{\left[EI\sum_{n=1}^{N}C_n\varphi_n(x)\right]'' - m\omega^2\sum_{n=1}^{N}C_n\varphi_n(x)\right\}\psi(x)\mathrm{d}x = 0, 0 \leqslant x \leqslant l \\ R_s = 0, 在边界上 \end{array}\right\} \quad (1\text{-}115\mathrm{b})$$

合并后得：

$$\left.\begin{array}{l} \sum_{n=1}^{N}C_n\left\{\int_0^l \left[EI\varphi_n(x)\right]''\psi(x)\mathrm{d}x - m\omega^2\int_0^l \varphi_n(x)\psi(x)\mathrm{d}x\right\} = 0, 0 \leqslant x \leqslant l \\ R_s = 0, 在边界上 \end{array}\right\} \quad (1\text{-}115\mathrm{c})$$

式中，$\psi(x)$ 为域内权函数。

由于梁的边界条件较为简单，故在预先选择振型函数 $\varphi_n(x)$ 时，容易满足式(1-115)中的第二式，即边界残值为零。上述方法被称为域内型加权残值法，根据 $\psi(x)$ 的选择形式可以引出多种方法，如最小二乘法、配点法、子域法、距量法和伽辽金法等，但计算相对简便一些的可以选择以下几种权函数：

(1)配点法。

$$\psi(x) = \delta(x - x_i) \quad (i = 1, 2, \cdots, N)$$

(2)子域法。

$$\psi(x) = \psi_i(x) = \begin{cases} 1, & 在域内 \\ 0, & 在域外 \end{cases} \quad (i = 1, 2, \cdots, N)$$

式中，将梁跨径分成 N 份子区间，分别积分。

(3)距量法。

$$\psi(x) = x^i \quad (i = 1, 2, \cdots, N)$$

(4)伽辽金(Galerkin)法。

$$\psi(x) = \varphi_i(x) \quad (i = 1, 2, \cdots, N)$$

式中，$\varphi_i(x)(i=1,2,\cdots,N)$ 与式(1-113)各分项函数相同。伽辽金(Galerkin)法在上一节中介绍过。

在假设满足边界条件的振型试函数 $\varphi(x)$ 后，由式(1-115)即可建立齐次方程组：

$$(\boldsymbol{A} - \omega^2\boldsymbol{B})\boldsymbol{C} = 0 \quad (1\text{-}115\mathrm{d})$$

式中，$\boldsymbol{B}$、$\boldsymbol{A}$ 分别为式(1-115c)第一式的积分第一项和第二项组成的矩阵；$\boldsymbol{C}$ 为列向量。通过求解固有频率方程，从而求得 ω_n 和相应的振型组合系数 $C_n(n=1,2,3,\cdots,N)$。

最小二乘法虽然精度较高,但非常麻烦,这里不推荐采用。对加权残值法感兴趣的读者可参考其他相关文献。

为了便于能量法和加权残值法在工程中的应用,这里将满足几何边界条件的梁弯曲振型常用级数列入表 1-1 中,供读者查阅使用。

满足几何边界条件的常用级数一览表　　　表 1-1

梁简图	级数表达式
简支梁	(a) $\varphi = c_1 \sin\dfrac{\pi x}{l} + c_2 \sin\dfrac{2\pi x}{l} + c_3 \sin\dfrac{3\pi x}{l} + \cdots$ (b) $\varphi = c_1 x(l-x) + c_2 x^2(l-x) + c_3 x(l-x)^2 + c_4 x^2(l-x)^2 + \cdots$
悬臂梁	(a) $\varphi = c_1\left(1-\cos\dfrac{\pi x}{2l}\right) + c_2\left(1-\cos\dfrac{3\pi x}{2l}\right) + c_3\left(1-\cos\dfrac{5\pi x}{2l}\right) + \cdots$ (b) $\varphi = c_1\left(x^2 - \dfrac{x^3}{3l}\right) + c_2\left(x^2 - \dfrac{x^4}{6l^2}\right) + c_3\left(x^2 - \dfrac{x^5}{10l^3}\right) + \cdots$
固支-简支梁	(a) $\varphi = c_1\left(1-\cos\dfrac{2\pi x}{l}\right) + c_2\left(1-\cos\dfrac{6\pi x}{l}\right) + c_3\left(1-\cos\dfrac{10\pi x}{l}\right) + \cdots$ (b) $\varphi = c_1 x^2(l-x)^2 + c_2 x^3(l-x)^3 + c_3 x^4(l-x)^4 + \cdots$
固支-简支梁	$\varphi = c_1 x^2(l-x) + c_2 x^3(l-x) + c_3 x^4(l-x) + \cdots$

1.5　有阻尼梁的弯曲固有振动

阻尼是影响桥梁振动响应幅值的重要动力参数之一。阻尼消耗能量,使振幅衰减,对桥梁的安全是有利的。阻尼的大小直接关系到桥梁在动荷载作用下振动响应的强弱。因此,研究桥梁的阻尼是提高桥梁动力响应计算精确度的关键因素之一。

形成桥梁结构阻尼的因素十分复杂,大致可以认为有两大类,即结构内部材料或周围介质产生的固有阻尼、特别制造的阻尼器加给结构的外加阻尼。

1.5.1　阻尼分类

1) 固有阻尼

在桥梁结构振动中,固有阻尼主要由以下三部分组成:材料的内阻尼,主要指桥梁振动时由其建筑材料分子间的内摩擦力所形成;摩擦阻尼,主要是指由桥梁支座及其连接处的摩擦力等所形成,又称为干摩擦阻尼或库仑阻尼;其他介质阻尼,主要由周围空气介质或与桥墩接触的水对桥梁结构运动的阻力所形成,它与前两者比较,微不足道。

一般来说,桥梁结构中阻尼的主要来源是支承点和结构材料。然而,桥梁结构必须在自然环境中工作,这种环境将显著影响到总阻尼。虽然自然环境中空气动力阻尼本身甚小,但对于小阻尼结构,它可能是很重要的。对于深水区域桥墩,同样会受到水的动力阻尼作用。这些小阻尼虽然常常被忽略不计,但它们对结构是有利的。

2) 附加阻尼

如果桥梁结构中的固有阻尼不够大，就可以采用下列两种方法来增加结构阻尼：一种是用具有很高阻尼特性的夹层材料来制造结构或结构的一部分，另一种是在桥梁结构上加一个阻尼器系统。

(1) 限制(约束)层阻尼。

现有聚合物材料具有很高的阻尼特性，但缺乏足够的刚度，而且也缺乏抗徐变的强度，从而不能用它们制作结构。因此，如取用其高阻尼的优点，就必须使用钢板等刚性材料与层状阻尼材料相黏结的复合构造，这种复合构造一般做成梁或板式构件。将高阻尼材料组合装配起来的构件可用于桥梁结构中，作为一部分构件使用，构件中的层状高阻尼黏弹性材料是被黏结在金属层之间的。当复合结构振动时，受限制的阻尼材料层承受剪切效应，它使振动能量被转化为热能，从而耗散能量。

在一块复合构件中，可以用 2~5 层或更多层黏弹性材料和金属交叉叠层。每层可以有每层的各自特性、厚度和相对于中性轴的位置，以便作为一个整体复合构件时具有最理想的结构性能和动力性能。

上述的复合构件通常以高阻尼橡胶板式支座的形式应用在公路桥梁结构中。

(2) 附加阻尼器和减震器。

大多数阻尼装置可能是靠黏滞、干摩擦或滞变效应做成的，其阻尼效果通常都能应用相关理论作出相当好的预计。同时，在许多情况下，它还能进行某种程度的调整。

然而，这些附加阻尼器所起的作用仅在于降低桥梁结构的振动响应幅值。如果存在特别难以避免的共振，则应加上一个减震器。减震器就是加在结构上的一个简单的弹簧-质量系统，其参数选择旨在使原有共振频率下的结构振幅大大减小甚至消失。

1.5.2　有阻尼梁的弯曲固有振动

桥梁结构材料内阻尼使结构振动幅值按指数规律随时间衰减，而桥梁的摩擦阻尼则使振动幅值按直线规律随时间衰减，二者作用的性质不同，附加阻尼的原理与上述相类似。至于微小的空气介质阻尼和水力阻尼作用的性质则大致与材料内阻尼相似。考虑到实际情况和计算上的便利性，在桥梁结构振动分析中，通常以一种使振动幅值按指数规律衰减的阻尼来代表桥梁结构的全部阻尼，这种阻尼相当于阻尼力与振动速度成正比的黏性阻尼。下面就来讨论带有这种黏性阻尼梁的弯曲固有振动。

在梁的固有振动方程(1-5)中，令 $p(x,t)=0$ 且当 EI 与 m 均为常量时，引入与速度 $\dot{w}(x,t)$ 成正比的黏性阻尼力 $c\dot{w}(x,t)$，则有：

$$EI\frac{\partial^4 w}{\partial x^4}+c\dot{w}+m\ddot{w}=0 \tag{1-116}$$

式中，c 为梁的黏性阻尼系数，这里假设为常值。

令

$$w(x,t)=\varphi(x)q(t)$$

分离变量后，方程(1-116)变为：

$$EI\frac{\mathrm{d}^4\varphi(x)}{\mathrm{d}x^4}q(t)+[c\dot{q}(t)+m\ddot{q}(t)]\varphi(x)=0$$

考虑到简谐自由振动的物理意义,于是有下式成立:

$$\frac{1}{\varphi(x)}\frac{\mathrm{d}^4\varphi(x)}{\mathrm{d}x^4} = -\frac{c\dot{q}(t)+m\ddot{q}(t)}{EIq(t)} = \alpha^4$$

即

$$\left.\begin{array}{l}\dfrac{\mathrm{d}^4\varphi(x)}{\mathrm{d}x^4} - \alpha^4\varphi(x) = 0 \\ \ddot{q}(t) + 2\zeta\omega\dot{q}(t) + \omega^2 q(t) = 0\end{array}\right\} \qquad (1\text{-}117)$$

式中,$\omega = \alpha^2\sqrt{\dfrac{EI}{m}}$ 为梁振动的无阻尼固有频率;$\zeta = \dfrac{c}{2\omega m}$ 称为黏性阻尼比(习惯称为阻尼比),为无量纲参数。

类似于无阻尼梁的弯曲振动解析法,式(1-117)第一式的解形式同式(1-23),即

$$\varphi(x) = A_1 \sin\alpha x + A_2 \cos\alpha x + A_3 \sinh\alpha x + A_4 \cosh\alpha x \qquad (1\text{-}118\text{a})$$

式(1-117)第二式第 n 阶振型相应的解为:

$$q_n(t) = \mathrm{e}^{-\zeta_n\omega_n t}(C_{n1}\sin\omega_{nd}t + C_{n2}\cos\omega_{nd}t) = A_n\mathrm{e}^{-\zeta_n\omega_n t}\sin(\omega_{nd}t + \theta_{nd}) \qquad (1\text{-}118\text{b})$$

式中,$\omega_{nd} = \omega_n\sqrt{1-\zeta_n^2}$ 称为有阻尼梁的振动固有频率;A_n、θ_{nd} 是由初始条件确定的系数,可以表示为:

$$A_n = \sqrt{C_{n1}^2 + C_{n2}^2}$$

$$\tan\theta_{nd} = \frac{C_{n2}}{C_{n1}}$$

这里要说明的是,式(1-118b)与有阻尼的单自由度弹簧-质量系统振动不同,式(1-118b)只是梁结构振动中的某一阶广义坐标的振动响应。有阻尼梁的弯曲自由振动响应取决于由式(1-23)和边界条件确定的振动固有频率 ω_n,相应的振型函数 $\varphi_n(x)$,即

$$w(x,t) = \sum_{n=1}^{\infty}\varphi_n(x)q_n(t) = \sum_{n=1}^{\infty}\varphi_n(x)A_n\mathrm{e}^{-\zeta_n\omega_n t}\sin(\omega_{nd}t + \theta_{nd}) \qquad (1\text{-}119)$$

因此,黏性阻尼使梁的各阶振动固有频率稍许降低,并使各阶响应振幅按指数曲线衰减,这在性质上和单自由度弹簧-质量系统振动是相近的。

1.5.3 典型桥梁实测阻尼比

表1-2~表1-4列出了我国早期典型的3座斜拉桥的部分阶次阻尼比实测数值,可供同类桥梁固有振动分析时参考。其中,东营大桥为主跨径 $l=288\mathrm{m}$ 的钢斜拉桥,天津永和桥为主跨径 $l=260\mathrm{m}$ 的预应力混凝土斜拉桥,安徽淮河桥为主跨径 $l=224\mathrm{m}$ 的预应力混凝土斜拉桥。实测结果表明,桥梁阻尼比在0.01~0.10之间,混凝土斜拉桥的阻尼比明显比钢斜拉桥更大,这也是一般桥梁的阻尼比规律。

东营大桥振动参数表　　　　　　　　　　表1-2

序　号	频率(Hz)	振　型	阻　尼　比
1	0.450	竖向	0.014
2	0.625	竖向	0.010
3	0.725	横向	0.026
4	0.925	扭转	0.020
5	1.138	竖向	0.016
6	1.188	横向	0.019

天津永和桥振动参数表　　　　　　　　　表1-3

序　号	频率(Hz)	振　型	阻　尼　比
1	0.288	横向	0.032
2	0.430	竖向	0.021
3	0.625	竖向	0.017
4	0.663	横向	0.022
5	0.950	竖向	0.014
6	1.038	扭转	0.017
7	1.188	扭转	0.022
8	1.325	竖向	0.009
9	1.588	竖向	0.013
10	1.763	扭转	0.016

淮河桥振动参数表　　　　　　　　　　　表1-4

序　号	频率(Hz)	振　型	阻　尼　比
1	0.525	竖向	0.089
2	0.675	横向	0.111
3	0.800	竖向	0.050
4	1.175	横向	0.064
5	1.100	扭转	0.022
6	1.325	扭转	0.033
7	1.475	竖向	0.031
8	1.800	竖向	0.018
9	1.050	扭转	0.021
10	1.325	竖向	0.020

由 $\omega_{nd} = \omega_n \sqrt{1-\zeta_n^2}$ 及式(1-118b)可见,桥梁阻尼比对于结构固有频率影响很小,可以忽略不计。而对于固有振动的振幅来说,则呈负指数规律衰减,说明结构阻尼对减小桥梁结构振动幅值是显著的,工程上正是利用阻尼比这些有利的性质减小振幅。

为了便于读者区别各种常用阻尼参数之间的关系,现将它们列于表1-5中。

常用阻尼参数之间的关系　　　　　表1-5

参 数 名 称	参 数 符 号	c	β	ζ	δ
黏性阻尼系数	c	1	$2m$	$2m\omega$	$\dfrac{m\omega}{\pi}$
衰减系数	β	$\dfrac{1}{2m}$	1	ω	$\dfrac{\omega}{2\pi}$
阻尼比	ζ	$\dfrac{1}{2m\omega}$	$\dfrac{1}{\omega}$	1	$\dfrac{1}{2\pi}$
对数衰减率	δ	$\dfrac{\pi}{m\omega}$	$\dfrac{2\pi}{\omega}$	2π	1

1.6　梁的弯曲自由振动响应

在梁的弯曲振动中,经常需要分析梁的弯曲自由振动响应规律,从而获得梁的固有振动特性,包括自振频率、振型和阻尼比。本节利用梁的弯曲振型的正交性,通过振型叠加分析,求得简单边界条件梁的弯曲自由振动响应。

1.6.1　有阻尼梁的弯曲自由振动响应

设梁的总阻尼可简化为黏性阻尼 $c(x)$,将方程(1-5)左边加上阻尼力 $c(x)\dot{w}(x,t)$ 一项,即得初等梁的弯曲自由振动方程为:

$$m(x)\ddot{w} + c(x)\dot{w} + \frac{\partial^2}{\partial x^2}\left[EI(x)\frac{\partial^2 w}{\partial x^2}\right] = 0 \qquad (1\text{-}120)$$

设梁的动挠度为:

$$w(x,t) = \sum_{n=1}^{\infty} \varphi_n(x) q_n(t)$$

将上式代入式(1-120),得:

$$\sum_{n=1}^{\infty} m(x)\varphi_n(x)\ddot{q}_n(t) + \sum_{n=1}^{\infty} c(x)\varphi_n(x)\dot{q}_n(t) + \sum_{n=1}^{\infty}\frac{\mathrm{d}^2}{\mathrm{d}x^2}\left[EI(x)\frac{\mathrm{d}^2\varphi_n(x)}{\mathrm{d}x^2}\right]q_n(t) = 0$$

利用振型的正交性,将上式两边同乘以 $\varphi_k(x)\mathrm{d}x$,然后对 x 自0到 l 积分,即

$$\int_0^l \varphi_k(x) \sum_{n=1}^{\infty} m(x)\varphi_n(x)\mathrm{d}x\,\ddot{q}_n(t) + \int_0^l \varphi_k(x) \sum_{n=1}^{\infty} c(x)\varphi_n(x)\mathrm{d}x\,\dot{q}_n(t) +$$

$$\int_0^l \varphi_k(x) \sum_{n=1}^{\infty} \frac{\mathrm{d}^2}{\mathrm{d}x^2}\left[EI(x)\frac{\mathrm{d}^2\varphi_n(x)}{\mathrm{d}x^2}\right]\mathrm{d}x\,q_n(t) = 0$$

根据式(1-84)~式(1-86),上式左边第一项、第三项中只有当 $k=n$ 时的项存在,其余均为零。但应注意,第二项中 $\int_0^l c(x)\varphi_k(x)\varphi_n(x)\mathrm{d}x$ 一般情况下不存在积分为0的正交条件,为了简化分析,假设 $c(x)=2\gamma m(x)$,这里 γ 为常数,此时该项积分就可以利用振型的正交性条件。因此有:

$$M_{neq}\ddot{q}_n(t) + C_{neq}\dot{q}_n(t) + K_{neq}q_n(t) = 0 \qquad (n=1,2,3,\cdots) \qquad (1\text{-}121)$$

写成对角矩阵形式为:

$$\boldsymbol{M}_{eq}\ddot{\boldsymbol{q}}(t) + \boldsymbol{C}_{eq}\dot{\boldsymbol{q}}(t) + \boldsymbol{K}_{eq}\boldsymbol{q}(t) = 0 \qquad (1\text{-}122)$$

将式(1-121)化简后,得:

$$\ddot{q}_n(t) + 2\zeta_n\omega_n\dot{q}_n(t) + \omega_n^2 q_n(t) = 0 \qquad (n = 1,2,3,\cdots) \qquad (1\text{-}123)$$

式中, $\omega_n = \sqrt{\dfrac{K_{neq}}{M_{neq}}}$ 为对应无阻尼梁的第 n 阶固有频率; $\zeta_n = \dfrac{C_{neq}}{2\omega_n M_{neq}}$ 为梁的第 n 阶阻尼比。

第 n 阶等效刚度为:

$$K_{neq} = \int_0^l \varphi_n(x)\dfrac{\mathrm{d}^2}{\mathrm{d}x^2}\left[EI(x)\dfrac{\mathrm{d}^2\varphi_n(x)}{\mathrm{d}x^2}\right]\mathrm{d}x = \int_0^l EI(x)\left[\dfrac{\mathrm{d}^2\varphi_n(x)}{\mathrm{d}x^2}\right]^2\mathrm{d}x \qquad (1\text{-}124)$$

第 n 阶等效质量为:

$$M_{neq} = \int_0^l m(x)\varphi_n^2(x)\mathrm{d}x \qquad (1\text{-}125)$$

第 n 阶等效阻尼 C_{neq} 可用瑞雷(Rayleigh)阻尼的形式表示为:

$$C_{neq} = a_0 M_{neq} + a_1 K_{neq} \qquad (1\text{-}126)$$

化简为:

$$\dfrac{C_{neq}}{M_{neq}} = a_0 + a_1 \dfrac{K_{neq}}{M_{neq}}$$

亦即

$$2\omega_n\zeta_n = a_0 + a_1\omega_n^2$$

简化后,得:

$$\zeta_n = \dfrac{a_0}{2\omega_n} + \dfrac{a_1\omega_n}{2} \qquad (1\text{-}127)$$

式(1-126)和式(1-127)表示的瑞雷(Rayleigh)阻尼比与频率的关系如图1-22所示。

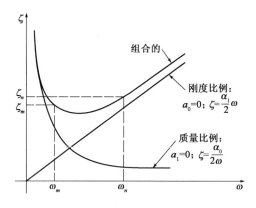

图 1-22 瑞雷(Rayleigh)阻尼比与频率的关系

显然,如果已知与两个特定的频率(振型) ω_m、ω_n 相关的阻尼比 ζ_m、ζ_n,就可以通过求解一对联立方程得到两个瑞雷(Rayleigh)阻尼矩阵的系数 a_0、a_1,求解得:

$$\begin{Bmatrix} a_0 \\ a_1 \end{Bmatrix} = 2\dfrac{\omega_n\omega_m}{\omega_n^2 - \omega_m^2}\begin{bmatrix} \omega_n & -\omega_m \\ -\dfrac{1}{\omega_n} & \dfrac{1}{\omega_m} \end{bmatrix}\begin{Bmatrix} \zeta_m \\ \zeta_n \end{Bmatrix} \qquad (1\text{-}128)$$

因为很少能够得到阻尼比随频率变化的详细信息,因此通常假设应用于两个控制频率的阻尼比相同,即 $\zeta_m = \zeta_n = \zeta$。对此,化简式(1-128)得:

$$\begin{Bmatrix} a_0 \\ a_1 \end{Bmatrix} = \frac{2\zeta}{\omega_n + \omega_m} \begin{Bmatrix} \omega_n \omega_m \\ 1 \end{Bmatrix} \tag{1-129}$$

在将上述付诸实践时,建议 ω_m 通常取多自由度体系的基频,而 ω_n 在对动力反应有显著贡献的高阶振型中选取,这样能够保证对于这两个振型可以得到所需要的阻尼比,即 $\zeta_m = \zeta_n = \zeta$。由图 1-22 可见,在这两个频率之间的其他频率对应的振型将具有较低的阻尼比,而频率大于 ω_n 的所有振型的阻尼比将大于 ζ_n,并随频率的增加而单调递增。最终具有很高频率的振型反应将因其高阻尼比而被有效消除。

仿单自由度体系振动方程的解可得:

$$q_n(t) = \exp(-\zeta_n \omega_n t) \left[\frac{\dot{q}_{n0} + \zeta_n \omega_n q_{n0}}{\omega_{nd}} \sin\omega_{nd} t + q_{n0} \cos\omega_{nd} t \right] \tag{1-130}$$

式中,$\omega_{nd} = \sqrt{1-\zeta_n^2}\,\omega_n$ 为有阻尼的第 n 阶固有振动频率;q_{n0} 及 $\dot{q}_{n0}$ 为广义坐标的第 n 阶初始值,求解如下。

设初始条件为 $t=0$,$w(x,0) = w_0(x)$,$\dot{w}(x,0) = \dot{w}_0(x)$,则有:

$$w_0(x) = \sum_{n=1}^{\infty} \varphi_n(x) q_n(0) = \sum_{n=1}^{\infty} \varphi_n(x) q_{n0}$$

$$\dot{w}_0(x) = \sum_{n=1}^{\infty} \varphi_n(x) \dot{q}_n(0) = \sum_{n=1}^{\infty} \varphi_n(x) \dot{q}_{n0}$$

将上式两边同乘以 $m(x)\varphi_k(x)\mathrm{d}x$,然后对 x 自 0 到 l 积分,并利用振型正交性质,仅当 $k=n$ 时不为零,得:

$$q_{n0} = \frac{\int_0^l m(x)\varphi_n(x) w_0(x)\mathrm{d}x}{M_{n\mathrm{eq}}} \tag{1-131}$$

$$\dot{q}_{n0} = \frac{\int_0^l m(x)\varphi_n(x) \dot{w}_0(x)\mathrm{d}x}{M_{n\mathrm{eq}}} \tag{1-132}$$

最后由振型叠加求得的解为:

$$w(x,t) = \sum_{n=1}^{\infty} \varphi_n(x) \exp(-\zeta_n \omega_n t) \left(\frac{\dot{q}_{n0} + \zeta_n \omega_n q_{n0}}{\omega_{nd}} \sin\omega_{nd} t + q_{n0} \cos\omega_{nd} t \right) \tag{1-133}$$

或

$$w(x,t) = \sum_{n=1}^{\infty} A_n \varphi_n(x) \exp(-\zeta_n \omega_n t) \sin(\omega_{nd} t + \theta_{nd}) \tag{1-134}$$

式中,$A_n = \sqrt{q_{n0}^2 + \left(\dfrac{\dot{q}_{n0} + \zeta_n \omega_n q_{n0}}{\omega_{nd}}\right)^2}$ 为第 n 阶自由振动振幅;$\theta_{nd} = \arctan\dfrac{\omega_{nd} q_{n0}}{\dot{q}_{n0} + \zeta_n \omega_n q_{n0}}$ 为第 n 阶相位角。

1.6.2 无阻尼梁的弯曲自由振动响应

实际上可以直接从式(1-130)、式(1-133)和式(1-134)中直接令 $\zeta_n = 0$ 得到。

第 n 阶无阻尼广义坐标体系振动方程的解为:

$$q_n(t) = \frac{\dot{q}_{n0}}{\omega_n}\sin\omega_n t + q_{n0}\cos\omega_n t$$
$$= A_n\sin(\omega_n t + \theta_n) \tag{1-135}$$

无阻尼梁的弯曲自由振动挠度响应为：

$$w(x,t) = \sum_{n=1}^{\infty}\varphi_n(x)\left(\frac{\dot{q}_{n0}}{\omega_n}\sin\omega_n t + q_{n0}\cos\omega_n t\right) \tag{1-136}$$

或

$$w(x,t) = \sum_{n=1}^{\infty}\varphi_n(x)A_n\sin(\omega_n t + \theta_n) \tag{1-137}$$

式中，$A_n = \sqrt{q_{n0}^2 + \left(\frac{\dot{q}_{n0}}{\omega_n}\right)^2}$ 为第 n 阶振幅；$\theta_n = \arctan\frac{\omega_n q_{n0}}{\dot{q}_{n0}}$ 为第 n 阶相位角；其余符号含义同前。

实际桥梁工程中不存在无阻尼自由振动响应现象，这与无阻尼多自由度体系分析一致。

1.7 定位激扰力作用下梁的强迫振动响应

在梁桥振动研究中，经常遇到在确定的位置对梁施加一个激扰力的情况。本节利用梁振型的正交性，通过振型叠加分析，可以求得在确定的位置受任意激扰力作用下简单边界条件梁的振动响应。

1.7.1 有阻尼梁的强迫振动响应

1）分布激扰力 $p(x,t)$

如梁的总阻尼简化为黏性阻尼 $c(x)$，将方程(1-5)左边加上阻尼力 $c\dot{w}(x,t)$ 一项，即得有阻尼梁的强迫振动方程为：

$$m(x)\ddot{w} + c\dot{w} + \frac{\partial^2}{\partial x^2}\left[EI(x)\frac{\partial^2 w}{\partial x^2}\right] = p(x,t) \tag{1-138}$$

设梁的动挠度为：

$$w(x,t) = \sum_{n=1}^{\infty}\varphi_n(x)q_n(t)$$

将上式代入式(1-138)，得：

$$\sum_{n=1}^{\infty}m(x)\varphi_n(x)\ddot{q}_n(t) + \sum_{n=1}^{\infty}c(x)\varphi_n(x)\dot{q}_n(t) + \sum_{n=1}^{\infty}\frac{d^2}{dx^2}\left[EI(x)\frac{d^2\varphi_n(x)}{dx^2}\right]q_n(t) = p(x,t)$$

上式左边的简化和式(1-121)相同，可得：

$$M_{neq}\ddot{q}_n(t) + C_{neq}\dot{q}_n(t) + K_{neq}q_n(t) = \int_0^l \varphi_n(x)p(x,t)dx \quad (n=1,2,3,\cdots) \tag{1-139}$$

结合式(1-123)有：

$$\ddot{q}_n(t) + 2\zeta_n\omega_n\dot{q}_n(t) + \omega_n^2 q_n(t) = Q_n(t) \quad (n=1,2,3,\cdots) \tag{1-140}$$

式中，$\omega_n = \sqrt{\frac{K_{neq}}{M_{neq}}}$ 为对应无阻尼梁的第 n 阶固有频率；$\zeta_n = \frac{C_{neq}}{2\omega_n M_{neq}}$ 为梁的第 n 阶阻尼比，

由式(1-127)计算;其中,等效刚度 K_{neq}、等效质量 M_{neq} 和 C_{neq} 分别按式(1-124)、式(1-125)和式(1-126)计算。

等效激扰力为:

$$Q_n(t) = \frac{\int_0^l \varphi_n(x) p(x,t) \mathrm{d}x}{M_{neq}} \quad (1\text{-}141)$$

(1)初等函数表示的激扰力。

当激扰力为初等函数时,方程(1-140)的特解可以按照高等数学中二阶常系数非齐次微分方程解法,选择任意一个待定特解函数,代入方程(1-140)容易求解待定系数即得非齐次特解 $q_n^*(t)$。方程(1-140)的全解为:

$$q_n(t) = \exp(-\zeta_n \omega_n t)[C_{n1} \sin\omega_{nd} t + C_{n2} \cos\omega_{nd} t] + q_n^*(t) \quad (1\text{-}142)$$

式中,$\omega_{nd} = \sqrt{1-\zeta_n^2}\,\omega_n$ 为有阻尼梁的第 n 阶固有频率;C_{n1} 和 C_{n2} 为第 n 阶待定系数,由第 n 阶初始值 q_{n0} 及 $\dot{q}_{n0}$ 确定,它们可由式(1-131)及式(1-132)求得;ζ_n 为第 n 阶黏性阻尼比。

有阻尼梁的强迫振动挠度响应为:

$$w(x,t) = \sum_{n=1}^{\infty} \varphi(x)\{\exp(-\zeta_n \omega_n t)[C_{n1} \sin\omega_{nd} t + C_{n2} \cos\omega_{nd} t] + q_n^*(t)\} \quad (1\text{-}143)$$

(2)任意激扰力。

对于任意激扰力 $p(x,t)$,可由杜哈美(Duhamel)积分法求得任意激扰力作用下的响应,即广义位移为:

$$q_n^*(t) = \frac{1}{\omega_{nd}} \int_0^t Q_n(\tau) \exp[-\xi_n w_n(t-\tau)] \sin\omega_{nd}(t-\tau) \mathrm{d}\tau \quad (1\text{-}144)$$

于是得强迫振动方程(1-140)的全解为:

$$\begin{aligned} q_n(t) = &\exp(-\zeta_n \omega_n t)[C_{n1} \sin\omega_{nd} t + C_{n2} \cos\omega_{nd} t] + \\ &\frac{1}{\omega_{nd}} \int_0^t Q_n(\tau) \exp[-\zeta_n \omega_n(t-\tau)] \sin\omega_{nd}(t-\tau) \mathrm{d}\tau \end{aligned} \quad (1\text{-}145)$$

式中,$\omega_{nd} = \sqrt{1-\zeta_n^2}\,\omega_n$ 为有阻尼梁的第 n 阶固有频率;C_{n1} 和 C_{n2} 为第 n 阶待定系数,由第 n 阶初始值 q_{n0} 及 $\dot{q}_{n0}$ 确定,它们可由式(1-131)及式(1-132)求得。

最后可得有阻尼梁在任意激扰力下的强迫振动挠度响应:

$$\begin{aligned} w(x,t) = \sum_{n=1}^{\infty} \varphi_n(x)\{&\exp(-\zeta_n \omega_n t)[C_{n1} \sin\omega_{nd} t + C_{n2} \cos\omega_{nd} t] \\ &+ \frac{1}{\omega_{nd}} \int_0^t Q_n(\tau) \exp[-\zeta_n \omega_n(t-\tau)] \sin\omega_{nd}(t-\tau) \mathrm{d}\tau\} \end{aligned} \quad (1\text{-}146)$$

2)集中激扰力 $P(t)$

当在梁 $x = x_i$ 处作用有集中激扰力 $P_i(t)$ 时,式(1-138)右边激扰力可以写成:

$$p(x,t) = P_i(t)\delta(x - x_i) \quad (1\text{-}147)$$

式中,$\delta(x - x_i)$ 为狄拉克(Dirac)函数记号,定于如下:

$$\begin{cases} \delta(x - x_i) = 0, x \neq x_i \\ \int_{-\infty}^{+\infty} \delta(x - x_i) \mathrm{d}x = 1, x = x_i \end{cases} \tag{1-148}$$

根据狄拉克函数的挑选性质,将式(1-147)代入式(1-141)积分,有:

$$Q_{np}(t) = \frac{\int_0^l \varphi_n(x) P_i(t) \delta(x - x_i) \mathrm{d}x}{M_{neq}} = \frac{P_i(t) \varphi_n(x_i)}{M_{neq}} \tag{1-149}$$

振动方程形式同式(1-140),全解形式同式(1-142)。

3) 集中激扰力矩 $M(t)$

当梁上 x_j 处作用有集中激扰力矩 $M_j(t)$ 时,如图 1-23 所示,$M_j(t)$ 相当于两个大小相等、方向相反且作用线相距为 Δx 的一对力 $P_j(t) = \dfrac{M_j(t)}{\Delta x}$ 的作用。

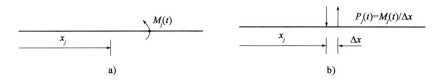

图 1-23 集中激扰力矩作用

根据式(1-149)有:

$$\begin{aligned}
Q_{nM}(t) &= -\frac{\lim_{\Delta x \to 0} \int_0^l \left\{ \varphi_n(x) \dfrac{M_j(t)}{\Delta x} \delta[x - (x_j + \Delta x)] - \varphi_n(x) \dfrac{M_j(t)}{\Delta x} \delta(x - x_j) \right\} \mathrm{d}x}{M_{neq}} \\
&= -\frac{\lim_{\Delta x \to 0} \left[\varphi_n(x_j + \Delta x) \dfrac{M_j(t)}{\Delta x} - \varphi_n(x_j) \dfrac{M_j(t)}{\Delta x} \right]}{M_{neq}} \\
&= -\frac{M_j(t) \lim_{\Delta x \to 0} \dfrac{\varphi_n(x_j + \Delta x) - \varphi_n(x_j)}{\Delta x}}{M_{neq}} \\
&= -\frac{M_j(t) \varphi'_n(x_j)}{M_{neq}}
\end{aligned} \tag{1-150}$$

振动方程形式同式(1-140),全解形式同式(1-142)。

应特别注意,求解微分方程(1-140)的第 n 阶待定系数 C_{n1} 和 C_{n2} 时,需要通过全解描述的初始条件来确定。对于任意激扰力 $Q_n(t)$,因杜哈美(Duhamel)积分项本身对应于初始时为零状态,由第 n 阶待定系数 C_{n1} 和 C_{n2} 描述的解答,可直接引用自由振动的响应形式[式(1-130)]。

1.7.2 无阻尼梁的强迫振动响应

令式(1-140)、式(1-142)和式(1-145)中的 $\zeta_n = 0$,即可得到无阻尼梁的强迫振动响应。

(1) 初等函数形式激扰力。

当激扰力为初等函数时,无阻尼方程(1-140)的全解为:

$$q_n(t) = C_{n1}\sin\omega_n t + C_{n2}\cos\omega_n t + q_n^*(t) \tag{1-151}$$

式中，$q_n^*(t)$ 为相应的无阻尼梁振动方程的非齐次特解；C_{n1} 和 C_{n2} 为第 n 阶待定系数，由第 n 阶初始值 q_{n0} 及 $\dot{q}_{n0}$ 确定，它们可由式(1-131)及式(1-132)求得。

无阻尼梁的强迫振动挠度响应为：

$$w(x,t) = \sum_{n=1}^{\infty}\varphi(x)[C_{n1}\sin\omega_n t + C_{n2}\cos\omega_n t + q_n^*(t)] \tag{1-152}$$

(2) 任意激扰力作用。

由式(1-145)可得：

$$q(t) = C_{n1}\sin\omega_n t + C_{n2}\cos\omega_n t + \frac{1}{\omega_n}\int_0^t Q_n(\tau)\sin\omega_n(t-\tau)\mathrm{d}\tau \tag{1-153}$$

无阻尼梁的强迫振动挠度响应为：

$$w(x,t) = \sum_{n=1}^{\infty}\varphi_n(x)\Big[C_{n1}\sin\omega_n t + C_{n2}\cos\omega_n t +$$

$$\frac{1}{\omega_n}\int_0^t Q_n(\tau)\sin\omega_n(t-\tau)\mathrm{d}\tau\Big] \tag{1-154}$$

上式中，右边前一项是体系仅在初始条件下的响应，$Q_n(t)$ 根据作用在梁上的激扰力特性分别按式(1-141)、式(1-149)和式(1-150)求得。

上述分析方法，习惯上称之为振型叠加法，适合于梁的线弹性强迫振动分析。

1.7.3 集中简谐力作用下梁的强迫振动响应

在均质等截面简支梁上作用一个简谐力 $F\sin\Omega_p t$，如图 1-24 所示。

在 $x = \xi$ 处作用简谐力 $F\sin\Omega_p t$，则：

$$p(x,t) = F\sin\Omega_p t\,\delta(x-\xi) \tag{1-155}$$

式中，$\delta(x-\xi)$ 为狄拉克(Dirac)函数，由式(1-148)定义。

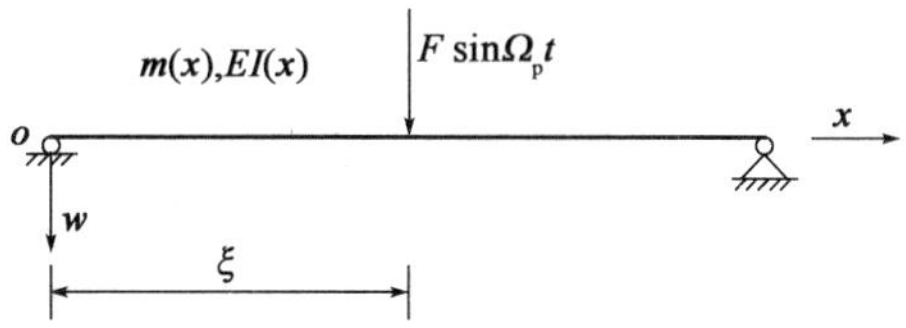

已知均质等截面简支梁的振型函数为：

$$\varphi_n(x) = \sin\frac{n\pi x}{l} \quad (n = 1,2,3,\cdots)$$

图 1-24 作用简谐力 $F\sin\Omega_p t$ 的简支梁

由式(1-124)、式(1-125)和式(1-126)得：

$$K_{neq} = \int_0^l EI(x)\left[\frac{\mathrm{d}^2\varphi_n(x)}{\mathrm{d}x^2}\right]^2\mathrm{d}x = EI\left(\frac{n\pi}{l}\right)^4\int_0^l \sin^2\frac{n\pi x}{l}\mathrm{d}x = EI\left(\frac{n\pi}{l}\right)^4\frac{l}{2}$$

$$M_{neq} = \int_0^l m(x)\varphi_n^2(x)\mathrm{d}x = m\int_0^l \sin^2\frac{n\pi x}{l}\mathrm{d}x = \frac{ml}{2}$$

$$C_{neq} = a_0 M_{neq} + a_1 K_{neq}$$

将式(1-155)代入式(1-149)，得广义激扰力：

$$Q_n(t) = \frac{1}{M_{neq}}\int_0^l \varphi_n(x)F\sin\Omega_p t\,\delta(x-\xi)\mathrm{d}x = \frac{2F}{ml}\int_0^l \sin\Omega_p t\sin\frac{n\pi x}{l}\delta(x-\xi)\mathrm{d}x$$

$$= \frac{2F}{ml}\sin\frac{n\pi\xi}{l}\sin\Omega_p t \tag{1-156}$$

于是，式(1-140)可表示为：

$$\ddot{q}_n(t) + 2\zeta_n\omega_n \dot{q}_n(t) + \omega_n^2 q_n(t) = \frac{2F}{ml}\sin\frac{n\pi\xi}{l}\sin\Omega_p t \tag{1-157}$$

式中，$\omega_n = \sqrt{\frac{K_{neq}}{M_{neq}}} = \left(\frac{n\pi}{l}\right)^2\sqrt{\frac{EI}{m}}$ 为对应无阻尼梁的第 n 阶固有频率；$\zeta_n = \frac{C_{neq}}{2\omega_n M_{neq}}$ 为梁的第 n 阶阻尼比，由式(1-127)求得；其余符号含义同前。

1) 有阻尼梁的强迫振动响应

对于一般的简谐振动系统，方程(1-157)对应的齐次方程的通解为：

$$q_{n1}(t) = \exp(-\zeta_n\omega_n t)(C_{n1}\sin\omega_{nd}t\mathrm{d}t + C_{n2}\cos\omega_{nd}t) \tag{1-158}$$

式中，$\omega_{nd} = \sqrt{1-\zeta_n^2}\,\omega_n$ 为有阻尼梁的第 n 阶固有频率；C_{n1} 和 C_{n2} 为第 n 阶待定系数，由第 n 阶初始值 q_{n0} 及 $\dot{q}_{n0}$ 确定，它们可由式(1-131)及式(1-132)求得。

这里的广义激扰力为初等函数，显然更适合于直接法。设方程(1-157)的特解为：

$$q_{n2}(t) = G_1\sin\Omega_p t + G_2\cos\Omega_p t \tag{1-159}$$

代入方程(1-157)，得：

$$\left[(\omega_n^2 - \Omega_p^2)G_1 - 2\zeta_n\omega_n\Omega_p G_2 - \frac{2F}{ml}\sin\frac{n\pi\xi}{l}\right]\sin\Omega_p t +$$
$$\left[2\zeta_n\omega_n\Omega_p G_1 + (\omega_n^2 - \Omega_p^2)G_2\right]\cos\Omega_p t = 0$$

因为正弦函数与余弦函数的任意性，因此，上式成立的条件就是它们的系数项必须为零。于是有：

$$\left.\begin{array}{l}(\omega_n^2 - \Omega_p^2)G_1 - 2\zeta_n\omega_n\Omega_p G_2 = \dfrac{2F}{ml}\sin\dfrac{n\pi\xi}{l} \\ 2\zeta_n\omega_n\Omega_p G_1 + (\omega_n^2 - \Omega_p^2)G_2 = 0\end{array}\right\} \tag{1-160a}$$

写成矩阵形式，有：

$$\begin{bmatrix}\omega_n^2 - \Omega_p^2 & -2\zeta_n\omega_n\Omega_p \\ 2\zeta_n\omega_n\Omega_p & \omega_n^2 - \Omega_p^2\end{bmatrix}\begin{Bmatrix}G_1 \\ G_2\end{Bmatrix} = \begin{Bmatrix}\dfrac{2F}{ml}\sin\dfrac{n\pi\xi}{l} \\ 0\end{Bmatrix} \tag{1-160b}$$

解之，得：

$$\left.\begin{array}{l}G_1 = \dfrac{2F}{ml}\sin\dfrac{n\pi\xi}{l}\dfrac{1}{\omega_n^2}\dfrac{1-\nu_n^2}{(1-\nu_n^2)^2 + 4\zeta_n^2\nu_n^2} \\ G_2 = \dfrac{2F}{ml}\sin\dfrac{n\pi\xi}{l}\dfrac{1}{\omega_n^2}\dfrac{-2\zeta_n\nu_n}{(1-\nu_n^2)^2 + 4\zeta_n^2\nu_n^2}\end{array}\right\} \tag{1-161}$$

式中，$\nu_n = \dfrac{\Omega_p}{\omega_n}$ 为激扰频率与第 n 阶固有频率之比。

将式(1-161)代入式(1-159)可得：

$$q_{n2}(t) = \frac{2F}{ml}\sin\frac{n\pi\xi}{l}\frac{1}{\omega_n^2}\frac{(1-\nu_n^2)\sin\Omega_p t - 2\zeta_n\nu_n\cos\Omega_p t}{(1-\nu_n^2)^2 + 4\zeta_n^2\nu_n^2} \tag{1-162}$$

于是，方程(1-157)的全解为：

$$q_n(t) = \exp(-\zeta_n\omega_n t)(C_{n1}\sin\omega_{nd}t\mathrm{d}t + C_{n2}\cos\omega_{nd}t) + \frac{2F}{ml}\sin\frac{n\pi\xi}{l}\frac{1}{\omega_n^2}\frac{(1-\nu_n^2)\sin\Omega_p t - 2\zeta_n\nu_n\cos\Omega_p t}{(1-\nu_n^2)^2 + 4\zeta_n^2\nu_n^2}$$

$$\tag{1-163}$$

引入初始值 q_{n0} 及 $\dot{q}_{n0}$，可以求解第 n 阶待定系数 C_{n1} 和 C_{n2}。注意，此处必须应用方程 (1-163) 的全解来确定第 n 阶待定系数 C_{n1} 和 C_{n2}，从而求解得：

$$\left. \begin{array}{l} C_{n1} = \dfrac{\dot{q}_{n0} + \zeta_n\omega_n q_{n0}}{\omega_{nd}} - \dfrac{2F}{ml}\sin\dfrac{n\pi\xi}{l}\dfrac{1}{\omega_n^2\omega_{nd}}\dfrac{(1-\nu_n^2)\Omega_p - 2\zeta_n^2\nu_n\omega_n}{(1-\nu_n^2)^2 + 4\zeta_n^2\nu_n^2} \\[2ex] C_{n2} = q_{n0} + \dfrac{2F}{ml}\sin\dfrac{n\pi\xi}{l}\dfrac{1}{\omega_n^2}\dfrac{2\zeta_n\nu_n}{(1-\nu_n^2)^2 + 4\zeta_n^2\nu_n^2} \end{array} \right\} \quad (1\text{-}164)$$

将 C_{n1} 和 C_{n2} 代入式(1-163)，可得第 n 阶广义坐标的全解为：

$$q_n(t) = \exp(-\zeta_n\omega_n t)\left(\dfrac{\dot{q}_{n0} + \zeta_n\omega_n q_{n0}}{\omega_{nd}}\sin\omega_{nd}t + q_{n0}\cos\omega_{nd}t\right) +$$

$$\dfrac{2F}{ml}\dfrac{1}{\omega_n^2}\sin\dfrac{n\pi\xi}{l}\dfrac{1}{(1-\nu_n^2)^2 + 4\zeta_n^2\nu_n^2}\left\{\exp(-\zeta_n\omega_n t)\left[-\dfrac{(1-\nu_n^2)\Omega_p - 2\zeta_n^2\nu_n\omega_n}{\omega_{nd}}\sin\omega_{nd}t + \right.\right.$$

$$\left.\left. 2\zeta_n\nu_n\cos\omega_{nd}t\right] + \left[(1-\nu_n^2)\sin\Omega_p t - 2\zeta_n\nu_n\cos\Omega_p t\right]\right\} \quad (1\text{-}165)$$

从式(1-165)可见，右边带因子 $\exp(-\zeta_n\omega_n t)$ 的第一项表示梁对外荷载的瞬态响应，其中含有初始值 q_{n0} 及 $\dot{q}_{n0}$ 的项；带因子 $\exp(-\zeta_n\omega_n t)$ 的第二项是与激扰力相关联的伴生项，即使初始值 q_{n0} 及 $\dot{q}_{n0}$ 全为零也存在，但它们很快就会衰减至接近于零状态；第三项则为稳态响应。振动体系从开始振动到稳态振动的那一段振动是处于过渡状况，振幅和周期都在变化，所以称作非稳态振动或过渡态振动。过渡态振幅的最大值可能会大于稳态振幅，但它会逐渐衰减至小于第三项，衰减的快慢程度随 $\zeta_n\omega_n$ 的大小而定。

由稳态响应项带因子项 $(1-\nu_n^2)\sin\Omega_p t - 2\zeta_n\nu_n\cos\Omega_p t$ 可以看出，随激扰频率 Ω_p 在做简谐振动，它是强迫振动研究中最为关心的稳态响应部分。

稳态响应形式为：

$$w_s(x,t) = \dfrac{2F}{ml}\sin\dfrac{n\pi\xi}{l}\dfrac{1}{\omega_n^2}\dfrac{(1-\nu_n^2)\sin\Omega_p t - 2\zeta_n\nu_n\cos\Omega_p t}{(1-\nu_n^2)^2 + 4\zeta_n^2\nu_n^2}$$

$$= \dfrac{2F}{ml}\sum_{n=1}^{\infty}A_n\sin\dfrac{n\pi x}{l}\sin\dfrac{n\pi\xi}{l}\dfrac{1}{\omega_n^2}\sin(\Omega_p t + \theta_{pn}) \quad (1\text{-}166)$$

式中，振幅 A_n 和相位角 θ_{pn} 分别为：

$$\left. \begin{array}{l} A_n = \dfrac{1}{\sqrt{(1-\nu_n^2)^2 + 4\zeta_n^2\nu_n^2}} \\[2ex] \tan\theta_{pn} = \dfrac{-2\zeta_n\nu_n}{1-\nu_n^2} \end{array} \right\} \quad (1\text{-}167)$$

当仅考虑第一阶振动响应时，令 $n=1$，有：

$$w_{s1}(x,t) = \dfrac{2F}{ml}\dfrac{1}{\omega_1^2}\dfrac{1}{\sqrt{(1-\nu_1^2)^2 + 4\zeta_1^2\nu_1^2}}\sin(\Omega_p t + \theta_{p1})\sin\dfrac{\pi\xi}{l}\sin\dfrac{\pi x}{l} \quad (1\text{-}168)$$

由于 $\dfrac{2F}{ml}\dfrac{1}{\omega_1^2} = \dfrac{2Fl^3}{EI\pi^4} \approx \dfrac{Fl^3}{48EI}$，相当于集中力 F 静态作用于跨中时简支梁的跨中静挠度，上式

可写成：

$$w_{s1}(x,t) = w_{st}\left(\frac{l}{2}\right)\sin\frac{\pi\xi}{l}\sin\frac{\pi x}{l}\frac{\sin(\Omega_p t + \theta_{p1})}{\sqrt{(1-\nu_1^2)^2 + 4\zeta_1^2\nu_1^2}} \qquad (1\text{-}169)$$

式中，$w_{st}\left(\dfrac{l}{2}\right) = \dfrac{Fl^3}{48EI}$ 为集中力 F 静态作用于跨中时简支梁的跨中静挠度。

当 $x = \xi = \dfrac{l}{2}$ 时，即简谐力 $F\sin\Omega_p t$ 作用在跨中时，由式(1-169)可得简支梁跨中最大动挠度为：

$$\left.w_{s1}\left(\frac{l}{2},t\right)\right|_{\max} = \frac{1}{\sqrt{(1-\nu_1^2)^2 + 4\zeta_1^2\nu_1^2}}w_{st}\left(\frac{l}{2}\right) = \mu_d w_{st}\left(\frac{l}{2}\right) \qquad (1\text{-}170)$$

式中，μ_d 为动力放大系数，与激扰频率 Ω_p 的关系为：

$$\mu_d = \frac{1}{\sqrt{(1-\nu_1^2)^2 + 4\zeta_1^2\nu_1^2}} \qquad (1\text{-}171)$$

式中，$\nu_1 = \dfrac{\Omega_p}{\omega_1}$ 为激扰频率与第一阶固有频率之比。

动力放大系数 μ_d 与激振频率比 $\nu_1 = \dfrac{\Omega_p}{\omega_1}$ 的关系如图1-25所示。

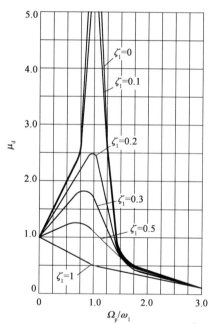

图1-25 动力放大系数 μ_d 与激励频率比 $\nu_1 = \dfrac{\Omega_p}{\omega_1}$ 的关系

当 $\omega_1 = \Omega_p$ 时，由式(1-171)可得共振时简支梁的动力放大系数为：

$$\mu_d = \frac{1}{2\zeta_1} \qquad (1\text{-}172)$$

说明简支梁弯曲共振时的动挠度振幅与阻尼比 ζ_1 成反比关系。因此，增大梁的阻尼比可以显著减小梁的弯曲振动幅值。

对于仅考虑稳态响应的情况，当不计阻尼时，即 $\zeta_1 = 0$，由方程(1-171)可得动力放大系数为：

$$\mu_d = \left|\frac{1}{1-\nu_1^2}\right| \qquad (1\text{-}173)$$

称为无阻尼梁的弯曲强迫振动动力放大系数。当 $\omega_1 = \Omega_p$ 即 $\nu_1 = 1$ 时，$\mu_d \to \infty$，其振幅值无限大。但实际梁中总是存在着阻尼，因此，无阻尼梁仅是一种理想的理论模型，没有工程实际意义。

2）无阻尼梁的振动响应

在式(1-165)中，令 $\zeta_n = 0$，如果只考虑初始状态为静止时，初始值 q_{n0} 及 $\dot{q}_{n0}$ 全部为零，则无阻尼梁的强迫振动广义坐标响应为：

$$q_n(t) = \frac{2F}{ml}\frac{1}{\omega_n^2}\sin\frac{n\pi\xi}{l}\frac{1}{1-\nu_n^2}(\sin\Omega_p t - \nu_n\sin\omega_n t) \qquad (1\text{-}174)$$

相应地，无阻尼梁的动挠度为：

$$w(x,t) = \frac{2F}{ml}\sum_{n=1}^{\infty}\frac{1}{\omega_n^2}\frac{1}{1-\nu_n^2}\sin\frac{n\pi\xi}{l}(\sin\Omega_p t - \nu_n\sin\omega_n t)\sin\frac{n\pi x}{l} \tag{1-175}$$

当 $n=1$ 时,有:

$$w(x,t) = \frac{2F}{ml}\frac{1}{\omega_1^2}\frac{1}{1-\nu_1^2}\sin\frac{\pi\xi}{l}(\sin\Omega_p t - \nu_1\sin\omega_1 t)\sin\frac{\pi x}{l}$$

同理,有 $\frac{2F}{ml}\frac{1}{\omega_1^2} = \frac{2Fl^3}{EI\pi^4} \approx \frac{Fl^3}{48EI}$,代入上式后得:

$$w\left(\frac{l}{2},t\right) = w_{st}\left(\frac{l}{2}\right)\frac{1}{1-\nu_1^2}(\sin\Omega_p t - \nu_1\sin\omega_1 t) \tag{1-176}$$

式中,$w_{st}\left(\frac{l}{2}\right) = \frac{Fl^3}{48EI}$,含义同前。

如不计伴生振动项 $\sin\omega_1 t$,由式(1-176)可得与式(1-173)相同的动力放大系数。这里考察存在伴生振动项 $\sin\omega_1 t$ 的情况。

当在 $\Omega_p \to \omega_1$ 时,式(1-176)将具有 $\frac{0}{0}$ 的极限形式,视 Ω_p 为自变量。由洛必达法则(L' Hospital),有:

$$\begin{aligned}w\left(\frac{l}{2},t\right) &= w_{st}\left(\frac{l}{2}\right)\lim_{\Omega_1\to\omega_1}\frac{1}{1-\frac{\Omega_p^2}{\omega_1^2}}\left(\sin\Omega_p t - \frac{\Omega_p}{\omega_1}\sin\omega_1 t\right)\\ &= w_{st}\left(\frac{l}{2}\right)\lim_{\Omega_1\to\omega_1}\frac{\omega_1^2}{\omega_1^2-\Omega_p^2}\left(\sin\Omega_p t - \frac{\Omega_p}{\omega_1}\sin\omega_1 t\right)\\ &= w_{st}\left(\frac{l}{2}\right)\lim_{\Omega_1\to\omega_1}\frac{\omega_1^2}{-2\Omega_p}\left(t\cos\Omega_p t - \frac{1}{\omega_1}\sin\omega_1 t\right)\\ &= w_{st}\left(\frac{l}{2}\right)\frac{1}{2}(\sin\omega_1 t - \omega_1 t\cos\omega_1 t)\\ &= \mu_d(t)w_{st}\left(\frac{l}{2}\right)\end{aligned} \tag{1-177}$$

式中,$\mu_d(t)$ 为动力放大系数,即

$$\mu_d(t) = \frac{1}{2}(\sin\omega_1 t - \omega_1 t\cos\omega_1 t) \tag{1-178}$$

显然,动力放大系数 $\mu_d(t)$ 随着时间 t 在作正负值变化,绝对值在做周期性的增大,但不会出现如式(1-173)的振幅趋于无穷大的共振现象。当 $\omega t = \pi$ 时,可以取得第一个极值 $\mu_{dmax} = \frac{\pi}{2}$,表明此时无阻尼梁的动挠度振幅比跨中静挠度大 50%。

此外需要说明的是,由于一阶振动响应是总体响应的主要部分,上述讨论中取用了梁振动的一阶振型函数的分析结论不失一般性。

1.7.4 集中冲击力作用下梁的强迫振动响应

在均质等截面简支梁上作用一个冲击力 $P(t)$,如图1-26所示。

对于极短时间发生的冲击力 $P(t)$,可表示为:

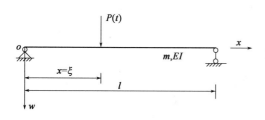

图 1-26 作用冲击力的简支梁

$$P(t) = I_m \delta(t - t_1) \quad (1-179)$$

式中,I_m 为在 $t = t_1$ 时刻极短时间 Δt 内的外力冲量。

在 $x = \xi$ 处作用冲击力 $P(t)$ 时,有:

$$p(x,t) = P(t)\delta(x - \xi) = I_m \delta(x - \xi)\delta(t - t_1) \quad (1-180)$$

式中,$\delta(x - \xi)$ 为狄拉克(Dirac)函数,由式(1-148)定义。

已知均质等截面简支梁的振型函数为:

$$\varphi_n(x) = \sin\frac{n\pi x}{l} \quad (n = 1,2,3,\cdots)$$

由式(1-124)、式(1-125)和式(1-126)得:

$$K_{neq} = \int_0^l EI(x)\left[\frac{d^2\varphi_n(x)}{dx^2}\right]^2 dx = EI\left(\frac{n\pi}{l}\right)^4 \int_0^l \sin^2\frac{n\pi x}{l}dx = EI\left(\frac{n\pi}{l}\right)^4 \frac{l}{2}$$

$$M_{neq} = \int_0^l m(x)\varphi_n^2(x)dx = m\int_0^l \sin^2\frac{n\pi x}{l}dx = \frac{ml}{2}$$

$$C_{neq} = a_0 M_{neq} + a_1 K_{neq}$$

将式(1-180)代入式(1-149),得广义激扰力:

$$Q_{np}(t) = \frac{\int_0^l \varphi_n(x)P(t)\delta(x - \xi)dx}{M_{neq}} = \frac{2P(t)}{ml}\sin\frac{n\pi\xi}{l} = \frac{2I_m \delta(t - t_1)}{ml}\sin\frac{n\pi\xi}{l} \quad (1-181)$$

由式(1-145),假设梁初始状态处于原位静止,即 $t = 0$ 时,$C_{n1} = C_{n2} = 0$,于是得强迫振动方程的解:

当 $0 \leq t < t_1$ 时

$$q_n(t) = 0 \quad (1-182)$$

当 $t_1 \leq t$ 时

$$q_n(t) = \frac{1}{\omega_n}\int_{t_1}^t Q_{np}(\tau)\exp[-\zeta_n\omega_n(t-\tau)]\sin\omega_{nd}(t-\tau)d\tau$$

$$= \frac{2I_m}{\omega_n ml}\sin\frac{n\pi\xi}{l}\int_{t_1}^t \delta(\tau - t_1)\exp[-\zeta_n\omega_n(t-\tau)]\sin\omega_{nd}(t-\tau)d\tau \quad (1-183)$$

即

$$q_n(t) = \frac{2I_m}{\omega_n ml}\sin\frac{n\pi\xi}{l}\exp[-\zeta_n\omega_n(t-t_1)]\sin\omega_{nd}(t-t_1) \quad (1-184)$$

最后可得当 $t_1 \leq t$ 时,冲击力作用下有阻尼简支梁的振动挠度响应为:

$$w(x,t) = \frac{2I_m}{ml}\sum_{n=1}^{\infty}\sin\frac{n\pi x}{l}\frac{1}{\omega_n}\sin\frac{n\pi\xi}{l}\exp[-\zeta_n\omega_n(t-t_1)]\sin\omega_{nd}(t-t_1) \quad (1-185)$$

当仅考虑第一阶振型响应时，令 $n=1$，则有：

$$w_1(x,t) = \frac{2I_\mathrm{m}}{ml}\frac{1}{\omega_1}\sin\frac{\pi x}{l}\sin\frac{\pi \xi}{l}\exp\left[-\zeta_1\omega_1(t-t_1)\right]\sin\omega_\mathrm{1d}(t-t_1) \tag{1-186}$$

当集中力 $P(t)$ 突然作用于跨中时，$\xi=\dfrac{l}{2}$，简支梁的跨中动挠度为：

$$w_1\left(\frac{l}{2},t\right) = \frac{2I_\mathrm{m}}{ml}\frac{1}{\omega_1}\exp\left[-\zeta_1\omega_1(t-t_1)\right]\sin\omega_\mathrm{1d}(t-t_1) \tag{1-187}$$

式中，$\omega_1=\left(\dfrac{\pi}{l}\right)^2\sqrt{\dfrac{EI}{m}}$ 为简支无阻尼梁第一阶固有频率。

式(1-187)呈现出自由振动的响应状态，相当于有阻尼的单自由度质量-弹簧体系，在 $t=t_1$ 承受集中冲击力的作用情形。当然，这里的冲量 I_m 一般未知，但对于采用冲击法激扰梁时，I_m 无须确定，仅通过采集冲击后的自由振动响应信号即可进行振动参数（振型、频率和阻尼比）的分析处理，这是工程中常用的冲击法动测原理。

1.8 梁的车辆强迫振动理论

第1.7节讨论的初等梁弯曲强迫振动问题，是以简单梁在位置固定的周期性扰动力或冲击力作用下的强迫振动问题为对象。当扰动力的频率与梁结构的某一阶固有频率相近时则发生共振。此时，振幅将随时间逐步增大至一个相当大的数量。阻尼越小，则共振时的振幅越大。

研究桥梁在移动车辆荷载下的强迫振动问题，也需要分析其共振条件，所不同的是由于荷载是移动的，而且车辆荷载本身也是一个带有质量-弹簧的振动系统，使桥梁-车辆耦合系统的动力特性随荷载位置的移动而不断变化，桥梁结构振动又反作用于车辆系统，这种车辆与桥梁之间的相互激励作用称之为车桥耦合振动现象。这种车桥耦合振动问题的特点和复杂性给理论分析带来了极大的困难。

早期的桥梁工程师们从动力试验中了解到：一个移动的荷载通过梁跨时将比相同荷载静止作用时产生更大的挠度和应力，此后就一直试图从理论上解决在移动车辆荷载作用下梁的弯曲动力响应问题。早期所建立起来的古典车桥耦合振动分析理论，只能对简化的车辆和简支梁模型进行近似分析。近年来，随着电子计算机技术的高速发展，人们建立的非线性车辆系统和桥梁结构模型更贴近真实状态，车桥耦合振动及其影响的相关研究取得了较大的进步，获得了丰富的研究成果，为大跨径桥梁设计、建造、运营、维护和管理提供了重要的技术保障。尽管目前已有车桥耦合振动相关应用软件，但作为车桥耦合振动分析的重要基础，学习掌握经典解析理论分析方法仍然具有重要的理论意义。

在本节中，将介绍一些典型的分析理论，了解移动车辆荷载下简支梁的振动响应基本现象，为建立复杂的车桥耦合振动分析模型奠定理论基础。

1.8.1 匀速移动常量力的作用

1905年，俄国学者 Крылов 首先研究了在匀速常量力作用下均质等截面简支梁的振动问题。由于忽略了移动荷载质量，避免了变系数微分方程求解的困难，对于车辆质量远小于桥梁质量的情况(如较大跨径的混凝土桥梁),可以给出梁动力响应的较高精度近似解。

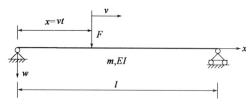

图 1-27 匀速移动常量力作用的简支梁模型

图 1-27 表示常量力 F 以均匀速度 v 通过简支梁的情况。假设在时间 $t=0$ 时,常量力 F 位于左边支承处;在时间 t 时,常量力 F 将移动到梁上距左边支承点 $x=vt$ 处。

在梁上有移动外荷载 F 作用时,有:

$$p(x,t) = F\delta(x-vt) \qquad (1\text{-}188)$$

式中,$\delta(x-vt)$ 为狄拉克(Dirac)函数,由式(1-148)定义。

均质等截面简支梁强迫振动的动挠度 $w(x,t)$ 可表示为振型的有限项级数函数叠加,即:

$$w(x,t) = \sum_{n=1}^{N} \varphi_n(x) q_n(t) \qquad (1\text{-}189)$$

对于简支梁,已知振型函数为 $\varphi_n(x) = \sin\dfrac{n\pi x}{l}(n=1,2,3,\cdots N)$。由式(1-140),可得到解耦的强迫振动方程为:

$$\ddot{q}_n(t) + 2\zeta_n\omega_n \dot{q}(t) + \omega_n^2 q_n(t) = Q_n(t) \qquad (n=1,2,3,\cdots N) \qquad (1\text{-}190)$$

式中,$\omega_n = \sqrt{\dfrac{K_{neq}}{M_{neq}}} = \left(\dfrac{n\pi}{l}\right)^2 \sqrt{\dfrac{EI}{m}}$ 为对应无阻尼梁的第 n 阶固有频率;$\zeta_n = \dfrac{C_{neq}}{2\omega_n M_{neq}}$ 为梁的第 n 阶阻尼比,由式(1-127)求得;其余符号含义同前。

由式(1-149)可知,与匀速移动常量力 F 相应的广义激扰力为:

$$Q_n(t) = \dfrac{\int_0^l F\delta(x-vt)\varphi_n(x)\mathrm{d}x}{m\int_0^l \varphi_n^2(x)\mathrm{d}x} = \dfrac{\int_0^l F\delta(x-vt)\sin\dfrac{n\pi x}{l}\mathrm{d}x}{m\int_0^l \sin^2\dfrac{n\pi x}{l}\mathrm{d}x}$$

$$= \dfrac{2F}{ml}\sin\dfrac{n\pi vt}{l} = \dfrac{2F}{ml}\sin\Omega_n t \qquad (n=1,2,3,\cdots,N) \qquad (1\text{-}191)$$

式中,$\Omega_n = \dfrac{n\pi v}{l}$ 为移动常值力的等效激扰频率。

于是,方程(1-190)可写成:

$$\ddot{q}_n(t) + 2\zeta_n\omega_n \dot{q}(t) + \omega_n^2 q_n(t) = \dfrac{2F}{ml}\sin\Omega_n t \qquad (n=1,2,3,\cdots,N) \qquad (1\text{-}192)$$

1) 有阻尼梁的振动响应

令方程(1-157)中的 $\sin\dfrac{n\pi\xi}{l}=1$,$\Omega_P = \Omega_n$,即得到方程(1-192)的全解与式(1-165)表达相同,得:

$$q_n(t) = \exp(-\zeta_n\omega_n t)\left(\dfrac{\dot{q}_{n0}+\zeta\omega_n q_{n0}}{\omega_{nd}}\sin\omega_{nd}t + q_{n0}\cos\omega_{nd}t\right) +$$

$$\dfrac{2F}{ml}\dfrac{1}{\omega_n^2}\dfrac{1}{(1-\nu_n^2)^2+4\zeta_n^2\nu_n^2}\left\{\exp(-\zeta_n\omega_n t)\left[-\dfrac{(1-\nu_n^2)\Omega_n-2\zeta_n^2\nu_n\omega_n}{\omega_{nd}}\sin\omega_{nd}t + 2\zeta_n\nu_n\cos\omega_{nd}t\right] + \right.$$

$$\left.[(1-\nu_n^2)\sin\Omega_n t - 2\zeta_n\nu_n\cos\Omega_n t]\right\} \qquad (1\text{-}193)$$

式中，$\nu_n = \dfrac{\Omega_n}{\omega_n}$；$\Omega_n = \dfrac{n\pi v}{l}$。

如梁初始时处于静止平衡状态，即初始值 q_{n0} 及 $\dot{q}_{n0}$ 全部为零，式(1-193)简化为：

$$q_n(t) = \frac{2F}{ml}\frac{1}{\omega_n^2}\frac{1}{(1-\nu_n^2)^2 + 4\zeta_n^2\nu_n^2}\left\{\exp(-\zeta_n\omega_n t)\left[-\frac{(1-\nu_n^2)\Omega_n - 2\zeta_n^2\nu_n\omega_n}{\omega_{nd}}\sin\omega_{nd}t + 2\zeta_n\nu_n\cos\omega_{nd}t\right] + \left[(1-\nu_n^2)\sin\Omega_n t - 2\zeta_n\nu_n\cos\Omega_n t\right]\right\}$$

(1-194)

简支梁的动挠度为：

$$w(x,t) = \frac{2F}{ml}\sum_{n=1}^{N}\frac{1}{\omega_n^2}\frac{1}{(1-\nu_n^2)^2 + 4\zeta_n^2\nu_n^2}\left\{\exp(-\zeta_n\omega_n t)\left[-\frac{(1-\nu_n^2)\Omega_n - 2\zeta_n^2\nu_n\omega_n}{\omega_{nd}}\sin\omega_{nd}t + 2\zeta_n\nu_n\cos\omega_{nd}t\right] + \left[(1-\nu_n^2)\sin\Omega_n t - 2\zeta_n\nu_n\cos\Omega_n t\right]\right\}\sin\frac{n\pi x}{l}$$

(1-195)

稳态动挠度为：

$$w(x,t) = \frac{2F}{ml}\sum_{n=1}^{N}\frac{1}{\omega_n^2}\frac{(1-\nu_n^2)\sin\Omega_n t - 2\zeta_n\nu_n\cos\Omega_n t}{(1-\nu_n^2)^2 + 4\zeta_n^2\nu_n^2}\sin\frac{n\pi x}{l} \quad (1\text{-}196)$$

2) 无阻尼梁的振动响应

当初始状态为原位静止时，即初始值 q_{n0} 及 $\dot{q}_{n0}$ 全部为零，令式(1-194)中 $\zeta_n = 0$，即得到移动常值力作用下无阻尼梁的振动响应为：

$$w(x,t) = \frac{2F}{ml}\sum_{n=1}^{N}\frac{1}{\omega_n^2 - \Omega_n^2}\left(\sin\Omega_n t - \frac{\Omega_n}{\omega_n}\sin\omega_n t\right)\sin\frac{n\pi x}{l}$$

$$= \frac{2F}{ml}\sum_{n=1}^{N}\frac{1}{\omega_n^2}\frac{1}{1-\nu_n^2}(\sin\Omega_n t - \nu_n\sin\omega_n t)\sin\frac{n\pi x}{l} \quad (1\text{-}197)$$

式中，右边括号中的前一项代表强迫振动响应，后一项则为伴生的自由振动响应。

对于一般跨径的简支梁，荷载通过梁跨的时间通常远大于梁的基本周期，即 $\dfrac{l}{v} \gg T_1$，或 $\Omega_n \ll \omega_1$。

仅取级数的第一项来讨论。令 $n=1$，由式(1-197)得：

$$w_1(x,t) = \frac{2F}{ml}\frac{1}{\omega_1^2}\frac{1}{1-\nu_1^2}(\sin\Omega_1 t - \nu_1\sin\omega_1 t)\sin\frac{\pi x}{l} \quad (1\text{-}198)$$

式中，$\Omega_1 = \dfrac{\pi v}{l}$，$\omega_1 = \left(\dfrac{\pi}{l}\right)^2\sqrt{\dfrac{EI}{m}}$。

式(1-198)表示的简支梁第一阶振型动挠度响应时程曲线如图1-28所示。

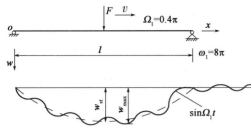

图 1-28 简支梁第一阶振型动挠度响应时程曲线

图 1-28 中的虚线为强迫振动部分，它非常接近于荷载静力"缓行"时的挠度。常量力 F 离开桥跨以后的振动就是式(1-198)中伴生的自由振动项的延伸。

引入符号

$$r^2 = \frac{EI}{m}, \nu_1 = \frac{\Omega_1}{\omega_1} = \frac{vl}{r\pi} \tag{1-199}$$

假设在最不利情况下的强迫振动振幅和自由振动振幅正好叠加起来。这样，简支梁跨中的最大动挠度可简写为：

$$w_{\max}\left(\frac{l}{2}\right) = \frac{2F}{ml}\frac{1}{\omega_1^2}\frac{1}{1-\nu_1^2}(1+\nu_1) = \frac{2F}{ml}\frac{1}{\omega_1^2}\frac{1}{1-\nu_1} = \frac{2Fl^3}{EI\pi^4}\frac{1}{1-\nu_1} \tag{1-200}$$

注意到上式中的 $\frac{2Fl^3}{EI\pi^4} \approx \frac{Fl^3}{48EI}$，相当于 F 作用在简支梁跨中时的静力挠度，于是有：

$$\mu_d = \frac{w_{\max}\left(\frac{l}{2}\right)}{w_{st}\left(\frac{l}{2}\right)} = \frac{1}{1-\nu_1} \tag{1-201}$$

即为移动常量力作用下的简支梁跨中挠度动力放大系数。

如果只考虑无阻尼简支梁的稳态项振动响应，则有：

$$w^*(x,t) = \frac{2F}{ml}\sum_{n=1}^{N}\frac{1}{\omega_n^2}\frac{\sin\Omega_n t}{1-\nu_n^2}\sin\frac{n\pi x}{l} \tag{1-202}$$

同式(1-173)的推导过程，可得在 $N=1$ 时的移动常量力作用下的简支梁跨中无阻尼稳态动力放大系数，即：

$$\mu_d = \frac{w_{\max}\left(\frac{l}{2}\right)}{w_{st}\left(\frac{l}{2}\right)} = \frac{1}{1-\nu_1^2} \tag{1-203}$$

下面讨论两种特殊情况：

(1) 如果常量力 F 的移动速度非常小，即令 $v \to 0$ 和 $vt = x_1$，则式(1-198)中的强迫振动项可写成：

$$w(x,t) = \frac{2Fl^3}{EI\pi^4}\sum_{n=1}^{N}\frac{\sin\frac{n\pi x}{l}\sin\frac{n\pi x_1}{l}}{n^4(1-\nu_1^2/n^2)} \tag{1-204}$$

与常量力 F 作用在 x_1 处产生静挠度相应的级数表达式为：

$$w_{st}(x) = \frac{2Fl^3}{EI\pi^4}\sum_{n=1}^{N}\frac{1}{n^4}\sin\frac{n\pi x}{l}\sin\frac{n\pi x_1}{l} \tag{1-205}$$

相对而言，移动常量力的"动力效应"相当于在简支梁的 x_1 处作用静力 F 产生的挠度每

项放大 $\dfrac{1}{1-\nu_1^2/n^2}$。当 $N=1$ 时，相当于式(1-203)的动力放大系数。

(2)当移动速度变化到使 $\nu_1^2=1$ 而发生共振时，由 $\Omega_1=\dfrac{\pi v}{l}=\omega_1=\dfrac{2\pi}{T_1}$，得临界速度：

$$v_c=\dfrac{2l}{T_1} \text{ 或 } T_1=\dfrac{2l}{v_c}$$

即当常量力 F 通过整个梁所需的时间等于梁的基本周期一半时，将满足梁的共振条件。此时，式(1-198)的级数第一项为：

$$w_1(x,t)=\dfrac{2F}{ml}\sin\dfrac{\pi x}{l}\dfrac{\sin\Omega_1 t-\dfrac{\Omega_1}{\omega_1}\sin\omega_1 t}{\omega_1^2-\Omega_1^2} \qquad (1\text{-}206)$$

在 $\Omega_1\to\omega_1$ 时，上式将具有 $\dfrac{0}{0}$ 的形式，由罗必达法则，有：

$$\begin{aligned}w^*(x,t)&=\dfrac{2F}{ml}\sin\dfrac{\pi x}{l}\lim_{\Omega_1\to\omega_1}\dfrac{\sin\Omega_1 t-\dfrac{\Omega_1}{\omega_1}\sin\omega_1 t}{\omega_1^2-\Omega_1^2}\\ &=\dfrac{2F}{ml}\sin\dfrac{\pi x}{l}\lim_{\Omega_1\to\omega_1}\dfrac{t\cos\Omega_1 t-\dfrac{1}{\omega_1}\sin\omega_1 t}{-2\Omega_1}\\ &=\dfrac{2F}{ml}\sin\dfrac{\pi x}{l}\dfrac{t\cos\omega_1 t-\dfrac{1}{\omega_1}\sin\omega_1 t}{-2\omega_1}\\ &=\dfrac{F}{ml}\dfrac{1}{\omega_1^2}\sin\dfrac{\pi x}{l}(\sin\omega_1 t-\omega_1 t\cos\omega_1 t)\end{aligned} \qquad (1\text{-}207)$$

当 $\omega_1=\dfrac{\pi v_c}{l}$ 时，代入上式得：

$$w^*(x,t)=\dfrac{F}{ml}\dfrac{1}{\omega_1^2}\sin\dfrac{\pi x}{l}\left(\sin\dfrac{\pi v_c t}{l}-\dfrac{\pi v_c t}{l}\cos\dfrac{\pi v_c t}{l}\right) \qquad (1\text{-}208)$$

在桥跨范围内，当 $t=\dfrac{l}{v_c}$ 时，式(1-208)取得极大值，即：

$$w^*\left(x,t=\dfrac{l}{v_c}\right)=\dfrac{F}{ml}\dfrac{\pi}{\omega_1^2}\sin\dfrac{\pi x}{l}=\dfrac{Fl^3}{\pi^3 EI}\sin\dfrac{\pi x}{l} \qquad (1\text{-}209)$$

有趣的是，最大动挠度(振幅)发生在当常量力即将离开梁的瞬间，如图1-29所示。此时，常量力所产生的静挠度等于零，而动挠度幅值为：

$$w_{\text{dyn}}\left(\dfrac{l}{2}\right)=\dfrac{Fl^3}{EI\pi^3}=\dfrac{\pi}{2}\left(\dfrac{2Fl^3}{EI\pi^4}\right)=\mu_d w_{\text{st}}\left(\dfrac{l}{2}\right) \qquad (1\text{-}210)$$

此时，动力放大系数 $\mu_d=\dfrac{w_{\max}\left(\dfrac{l}{2}\right)}{w_{\text{st}}\left(\dfrac{l}{2}\right)}=\dfrac{\pi}{2}$，相

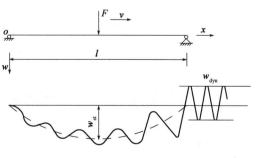

图1-29 匀速移动常量力通过简支梁的响应

当于比常量力 F 作用于跨中所产生的静挠度约大 50%,这与跨中确定位置处作用简谐集中力 $F\sin\Omega_p t$ 的情形相同。

根据瑞士 EMPA 对简支梁桥基本周期的实测统计,可近似地按 $f_1 = 100/l$ 或用周期 $T_1 = l/100$ 计算。因此,移动常量力的共振条件必须以

$$v_c = \frac{2l}{T_1} = \frac{2l}{l/100} = 200 (\text{m/s})(即 720\text{km/h})$$

的高速度才能满足条件。现在的行车速度还小得多,即使达到了这个速度,也是一瞬即逝,影响极小。说明常量力过桥的简化模型过于简单,不能反映车桥耦合振动响应的本质。

以上从稳态响应、瞬态和伴生响应几方面进行了动力放大系数讨论,尽管结果表示形式不同,但共振特性是一致的。

1.8.2 匀速移动简谐力的作用

1922 年,S. Timoshenko 研究了一个匀速移动的简谐力通过简支梁的情况。1928 年,Inglis 又进一步研究了梁的动力响应。例如,载重车辆在桥头受到路面不平(跳车)的激励后,以车辆的固有频率发生振动而通过桥梁时,车辆弹簧以上部分(即车身)的惯性力就是一种移动的简谐力。

图 1-30 表示简谐力 $F\cos\Omega_p t$ 以匀速 v 通过简支梁的情况,相应的振型函数为:

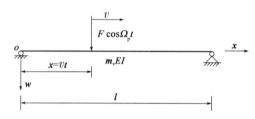

图 1-30 匀速移动简谐力通过简支梁的振动模型

$$\varphi(x) = \sin\frac{n\pi x}{l} \quad (n = 1, 2, 3, \cdots, N)$$

由式(1-149),广义激扰力为:

$$Q_n(t) = \frac{\int_0^l \delta(x - vt) F\cos\Omega_p t \varphi_n(x) \mathrm{d}x}{m \int_0^l \varphi_n^2(x) \mathrm{d}x} = \frac{2F\cos\Omega_p t \sin\frac{n\pi vt}{l}}{ml} = \frac{2F\cos\Omega_p t \sin\Omega_n t}{ml} \quad (1-211)$$

此时,广义自由度表示的强迫振动方程为:

$$\ddot{q}_n(t) + 2\zeta_n\omega_n \dot{q}_n(t) + \omega_n^2 q_n(t) = \frac{2F}{ml}\cos\Omega_p t \sin\Omega_n t$$

利用三角函数变换后,得:

$$\ddot{q}_n(t) + 2\zeta_n\omega_n \dot{q}_n(t) + \omega_n^2 q_n(t) = \frac{F}{ml}[\sin(\Omega_p + \Omega_n)t - \sin(\Omega_p - \Omega_n)t] \quad (n = 1, 2, 3, \cdots, N)$$

(1-212)

式中,$\Omega_n = \frac{n\pi v}{l}$ 为与移动速度有关的各阶广义激扰频率;$\omega_n = \left(\frac{n\pi}{l}\right)^2 \sqrt{\frac{EI}{m}}$;$\Omega_p$ 简谐力的扰动频率。

1) 有阻尼梁的振动响应

方程(1-212)的稳态解可以通过将右边两个非齐次正弦函数的特解相加而得到。

如果忽略随时间衰减的自由振动部分(含伴生部分),强迫振动响应的稳态部分可写成:

$$w(x,t) = \frac{F}{ml} \sum_{n=1}^{N} \sin \frac{n\pi x}{l} \cdot$$

$$\left\{ \frac{[\omega_n^2 - (\Omega_p + \Omega_n)^2]\sin(\Omega_p + \Omega_n)t - 2\zeta_n(\Omega_p + \Omega_n)\omega_n \cos(\Omega_p + \Omega_n)t}{[\omega_n^2 - (\Omega_p + \Omega_n)^2]^2 + 4\zeta_n^2(\Omega_p + \Omega_n)^2 \omega_n^2} - \right.$$

$$\left. \frac{[\omega_n^2 - (\Omega_p - \Omega_n)^2]\sin(\Omega_p - \Omega_n)t - 2\zeta_n(\Omega_p - \Omega_n)\omega_n \cos(\Omega_p - \Omega_n)t}{[\omega_n^2 - (\Omega_p - \Omega_n)^2]^2 + 4\zeta_n^2(\Omega_p - \Omega_n)^2 \omega_n^2} \right\} \quad (1\text{-}213)$$

$$= \frac{F}{ml} \sum_{n=1}^{N} \sin \frac{n\pi x}{l} \frac{1}{\omega_n^2} \left\{ \frac{\sin[(\Omega_p + \Omega_n)t + \theta_{n1}]}{\sqrt{[1 - (\Omega_p + \Omega_n)^2/\omega_n^2]^2 + 4\zeta_n^2(\Omega_p + \Omega_n)^2/\omega_n^2}} - \right.$$

$$\left. \frac{\sin[(\Omega_p - \Omega_n)t + \theta_{n2}]}{\sqrt{[1 - (\Omega_p - \Omega_n)^2/\omega_n^2]^2 + 4\zeta_n^2(\Omega_p - \Omega_n)^2/\omega_n^2}} \right\}$$

式中,

$$\tan\theta_{n1} = -\frac{2\zeta_n(\Omega_p + \Omega_n)/\omega_n}{1 - (\Omega_p + \Omega_n)^2/\omega_n^2}$$

$$\tan\theta_{n2} = -\frac{2\zeta_n(\Omega_p - \Omega_n)/\omega_n}{1 - (\Omega_p - \Omega_n)^2/\omega_n^2}$$

当仅取 $N=1$ 时,由于 $\Omega_1 \ll \Omega_p$,一般有 $\Omega_1 \ll \omega_1$,仍利用 $\omega_1 = \Omega_p$ 的共振条件,并取级数的第一项,略去 Ω_1^2/ω_1^2 项后,则:

$$w_1(x,t) = \frac{F}{ml}\sin\frac{\pi x}{l}\left\{\frac{\sin[(\omega_1+\Omega_1)t+\theta_{11}]}{2\omega_1(\omega_1+\Omega_1)\zeta_1} - \frac{\sin[(\omega_1-\Omega_1)t+\theta_{12}]}{2\omega_1(\omega_1-\Omega_1)\zeta_1}\right\}$$

$$\approx \frac{F}{ml}\sin\frac{\pi x}{l}\frac{1}{2\omega_1^2\zeta_1}\{\sin[(\omega_1+\Omega_1)t+\theta_{11}] - \sin[(\omega_1-\Omega_1)t+\theta_{12}]\}$$

$$= \frac{2F}{ml\omega_1^2}\sin\frac{\pi x}{l} \cdot \frac{1}{4\zeta_1}\{\sin[(\omega_1+\Omega_1)t+\theta_{11}] - \sin[(\omega_1-\Omega_1)t+\theta_{12}]\} \quad (1\text{-}214)$$

上式中,可能取得最大振幅的是 $\sin[(\omega_1+\Omega_1)t+\theta_{11}]=1$ 和 $\sin[(\omega_1-\Omega_1)t+\theta_{12}]=0$,因此,跨中最大动挠度为

$$w_{\text{dyn}}\left(\frac{l}{2}\right) = \frac{2F}{ml\omega_1^2} \cdot \frac{1}{4\zeta_1} \quad (1\text{-}215)$$

注意到 $w_{\text{st}}\left(\dfrac{l}{2}\right) = \dfrac{Fl^3}{48EI} \approx \dfrac{2Fl^3}{\pi^4 EI} = \dfrac{2F}{ml\omega_1^2}$,得简支梁跨中最大振幅:

$$w_{\text{dyn}}\left(\frac{l}{2}\right) = \frac{1}{4\zeta_1}\frac{2F}{ml\omega_1^2} = \mu_d w_{\text{st}}\left(\frac{l}{2}\right) \quad (1\text{-}216)$$

此时,动力放大系数为:

$$\mu_d = \frac{1}{4\zeta_1} \quad (1\text{-}217)$$

值得注意的是,如果将简谐力 $F\cos\Omega_p t$ 固定作用在简支梁的跨中,当 $\Omega_p = \omega_1$ 时发生共振,动力放大系数是大家熟知的 $\mu_d = \dfrac{1}{2\zeta_1}$[式(1-172)]。这说明在有阻尼的简支梁跨中,移动简谐力的动力效应仅是位置固定简谐力的动力效应一半。

2）无阻尼梁的振动响应

无阻尼梁的强迫振动响应可仿照式(1-198)得到，即：

$$w(x,t) = \frac{F}{ml}\sum_{n=1}^{N}\left\{\left(\frac{1}{\omega_n^2-(\Omega_p+\Omega_n)^2}\left[\sin(\Omega_p+\Omega_n)t-\frac{\Omega_p+\Omega_n}{\omega_n}\sin\omega_n t\right]-\right.\right.$$

$$\left.\frac{1}{\omega_n^2-(\Omega_p-\Omega_n)^2}\left[\sin(\Omega_p-\Omega_n)t-\frac{\Omega_p-\Omega_n}{\omega_n}\sin\omega_n t\right]\right\}\sin\frac{n\pi x}{l} \quad (1\text{-}218)$$

当仅考虑基本振型（$N=1$）的共振条件时，由于 $\Omega_1 \ll \Omega_p$，共振将发生在 $\Omega_p = \omega_1$，并且最大动力响应将出现在简谐力离开桥跨的时刻，即 $t = l/v$，此时：

$$\sin(\Omega_p+\Omega_1)t = \sin\left(\frac{\omega_1 l}{v}+\pi\right) = -\sin\left(\frac{\omega_1 l}{v}\right)$$

$$\sin(\Omega_p-\Omega_1)t = \sin\left(\frac{\omega_1 l}{v}-\pi\right) = -\sin\left(\frac{\omega_1 l}{v}\right)$$

代入式(1-218)后，即得：

$$w_1\left(x,t=\frac{l}{v}\right) = \frac{F}{ml}\left[\frac{2+\frac{\pi v}{\omega_1 l}}{2\omega_1\left(\frac{\pi v}{l}\right)+\left(\frac{\pi v}{l}\right)^2}+\frac{2-\frac{\pi v}{\omega_1 l}}{2\omega_1\left(\frac{\pi v}{l}\right)-\left(\frac{\pi v}{l}\right)^2}\right]\sin\frac{\pi x}{l}\sin\left(\frac{\omega_1 l}{v}\right) \quad (1\text{-}219)$$

简化上式得：

$$w_1\left(x,\frac{l}{v}\right) = \frac{2F}{\omega_1 m\pi v}\sin\frac{\pi x}{l}\sin\left(\frac{\omega_1 l}{v}\right) \quad (1\text{-}220)$$

跨中最大动挠度将发生在 $\sin\left(\frac{\omega_1 l}{v}\right) = 1$ 时，注意到 $w_{st}\left(\frac{l}{2}\right) \approx \frac{2Fl^3}{EI\pi^4} = \frac{2F}{m\omega_1^2 l}$，即得：

$$w_{dyn}\left(\frac{l}{2}\right) = \frac{2F}{\omega_1 m\pi v} = \frac{\omega_1 l}{\pi v}w_{st}\left(\frac{l}{2}\right) \quad (1\text{-}221)$$

此时，动力放大系数为：

$$\mu_d = \frac{\omega_1 l}{\pi v} = \frac{\omega_1}{\Omega_1} = 2\frac{T_c}{T_1} \quad (1\text{-}222)$$

式中，$T_c = \frac{l}{v}$ 为简谐力通过全梁所需的时间。

可见，对于匀速移动简谐力的情况，共振发生在 $\omega_1 = \Omega_p$ 时，动力放大系数将取决于移动的速度。速度越慢，通过全梁的时间越长，振动反应也越大，这是因为简谐力输入的能量将与其锤击的次数 $\left(n=\frac{T_c}{T_1}\right)$ 成正比。由此说明，当车辆惯性力较大时，慢速过桥可能产生更不利的动力影响。

梁一般都存在阻尼，则当简谐力移动到梁的右端时，响应中的自由振动部分基本上已衰减。从式(1-218)中去掉 $\sin\omega_n t$ 有关的伴生自由振动项后，无阻尼简支梁的共振时稳态动挠度为：

$$w\left(x, t = \frac{l}{v}\right) = \frac{F}{ml}\left[\frac{1}{2\omega_1\left(\frac{\pi v}{l}\right) + \left(\frac{\pi v}{l}\right)^2} + \frac{1}{2\omega_1\left(\frac{\pi v}{l}\right) - \left(\frac{\pi v}{l}\right)^2}\right]\sin\frac{\pi v}{l}\sin\left(\frac{\omega_1 l}{v}\right)$$

$$= \frac{F}{ml}\frac{4\omega_1\left(\frac{\pi v}{l}\right)}{\left[2\omega_1\left(\frac{\pi v}{l}\right)\right]^2 - \left(\frac{\pi v}{l}\right)^4}\sin\frac{\pi v}{l}\sin\left(\frac{\omega_1 l}{v}\right) \tag{1-223}$$

注意到 $\frac{\pi v}{l} = \Omega_1 \ll \omega_1$，并令 $\sin\left(\frac{\omega_1 l}{v}\right) = 1$，则最大跨中动挠度可近似地表示为：

$$w_{\mathrm{dyn}}\left(\frac{l}{2}\right) \approx \frac{F}{ml}\frac{4\omega_1\left(\frac{\pi v}{l}\right)}{\left[2\omega_1\left(\frac{\pi v}{l}\right)\right]^2} = \frac{F}{m\pi v\omega_1} = \frac{1}{2}\frac{\omega_1 l}{\pi v}w_{\mathrm{st}}\left(\frac{l}{2}\right) \tag{1-224}$$

$$\mu_{\mathrm{d}} = \frac{\omega_1 l}{2\pi v} = \frac{\omega_1}{2\Omega_1} = \frac{T_{\mathrm{c}}}{T_1} \tag{1-225}$$

相当于式(1-222)的一半。这就是说，阻尼能使共振条件下的最大振幅减少一半。

在实际情况中，除了移动的简谐力作用之外往往同时还配有一个移动的常量力，如载重车辆的重力。此时，振动方程的全解可由式(1-195)和式(1-213)叠加而成。

1.8.3 匀速滚动质量的作用

1937年，Schallenkamp首次提出了考虑移动荷载本身质量惯性力影响的简支梁动力响应问题，得出比较精确的解答。

图1-31表示滚动质量 M_v 在简支梁上匀速通过的情况。在任一时刻 t，荷载对梁的作用力等于其重力再叠加质量的惯性力，且认为滚动质量与梁密切相连，具有与梁相同的加速度。取梁自重下的状态为静平衡位置，于是，简支梁受到的竖向集中作用力为：

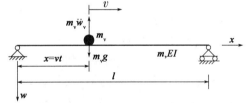

图1-31 匀速滚动质量的作用模型

$$F(t) = M_v g - M_v \ddot{w}(x,t)\big|_{x=vt} \tag{1-226}$$

令 $w(x,t) = \sum_{n=1}^{N}\varphi_n(x)q_n(t)$，则 $\ddot{w}(x,t) = \sum_{n=1}^{N}\varphi_n(x)\ddot{q}_n(t)$，代入式(1-226)，得：

$$F(t) = M_v g - M_v \sum_{n=1}^{N}\varphi_n(vt)\ddot{q}_n(t)$$

由式(1-147)得：

$$p(x,t) = F(t)\delta(x-vt) = \left[M_v g - M_v \sum_{n=1}^{N}\varphi_n(vt)\ddot{q}_n(t)\right]\delta(x-vt) \tag{1-227}$$

式中，$\delta(x-vt)$ 为狄拉克(Dirac)函数，由式(1-148)定义。

取简支梁的振型 $\varphi_n(x) = \sin\frac{n\pi x}{l}$，由式(1-149)得到广义扰动力为：

$$Q_n(t) = \frac{\int_0^l \varphi_n(x) F(t) \delta(x-vt) \mathrm{d}x}{\int_0^l m\varphi_n^2(x) \mathrm{d}x} = \frac{2F(t)\varphi_n(vt)}{ml}$$

$$= \frac{2M_v}{ml}\Big[g - \sum_{i=1}^{N}\sin\frac{i\pi vt}{l}\ddot{q}_i(t)\Big]\sin\frac{n\pi vt}{l}$$

因此，各阶振型相应的强迫振动方程可写成：

$$\ddot{q}_n(t) + \Big(\frac{2M_v}{ml}\sin\frac{n\pi vt}{l}\Big)\sum_{i=1}^{N}\ddot{q}_i(t)\sin\frac{i\pi vt}{l} + 2\zeta_n\omega_n\dot{q}_n(t) + \omega_n^2 q_n(t)$$

$$= \frac{2M_v g}{ml}\sin\frac{n\pi vt}{l} \quad (n=1,2,3,\cdots,N) \tag{1-228a}$$

上式为二阶变系数的微分方程组，一般借助于数值积分方法求解。

如果仅考虑梁的一阶振型，并令 $w_c(t) = q_1(t)$，其中设 $w_c(t)$ 为梁的跨中动挠度，则上式简化为：

$$\Big(1 + \frac{2M_v}{ml}\sin^2\frac{\pi vt}{l}\Big)\ddot{w}_c(t) + 2\zeta_1\omega_1\dot{w}_c(t) + \omega_1^2 w_c(t) = \frac{2M_v g}{ml}\sin\frac{\pi vt}{l} \tag{1-228b}$$

这个式子属于变系数微分方程，需要用数值解法，它左边第一个括号中的第二项 $\frac{2M_v}{ml}\sin^2\frac{\pi vt}{l}$ 就是移动质量的动力等效质量。如令 $M_v = 0, M_v g = F$，即匀速移动常量力的强迫振动方程式。

1.8.4 匀速移动弹簧—质量的作用

1954 年，Biggs 在 Inglis 所发展的理论基础上研究了更为接近实际的车辆模型，即讨论了一个匀速移动的弹簧-质量系统对简支梁的作用，得到了便于计算的近似解，分析模型如图 1-32 所示。近似处理时引入以下几点假定：

(1) 只考虑简支梁的第一阶振型。这样，桥梁模型就简化为一个单自由度体系，如图 1-32b)所示。图中，k_B 为桥梁上部结构跨中等效刚度；M_B 为桥梁上部结构跨中等效集中质量；$F(t)$ 为车辆对桥梁上部结构跨中的作用力。

(2) 车辆模型也处理成单自由度体系，如图 1-32c)所示。其中车辆的质量分为两部分组成，一个由刚度为 k_v 的弹簧支承着的跳动质量 M_{vs}，即车辆车体质量；另一个假定与桥面始终保持密切接触的不跳动质量 M_{vu}，即车辆轮轴部分的质量。

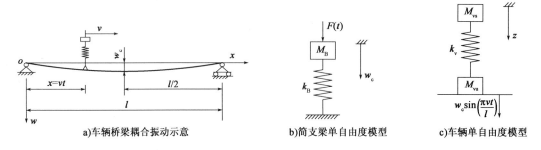

图 1-32 匀速移动弹簧-质量的作用模型

(3) 桥梁和车辆都假定具有黏性阻尼。

由于 M_{vs} 具有独立的振动自由度 z，取简支梁自重下的状态为静平衡位置。因此，弹簧-质量系统对简支梁的作用力可写成：

$$F(t) = M_{vu}[g - \ddot{w}(x,t)|_{x=vt}] + k_v[z - w(x,t)|_{x=vt}] + M_{vs}g \quad (1\text{-}229)$$

式中，z 为质量 M_{vs} 的竖位移，由静平衡位置算起；k_v 为车辆悬挂弹簧的刚度；g 为重力加速度。

式(1-229)中第一项与前面式(1-226)相同，大多数情况下由于车辆轮轴等的重量与车体重量相比较小，因此，M_{vu} 项的影响很小；最后一项是车辆车体的质量项，也是极其重要的一项。

令 $w(x,t) = \sum_{n=1}^{N} \varphi_n(x) q_n(t)$，则 $\ddot{w}(x,t) = \sum_{n=1}^{N} \varphi_n(x) \ddot{q}_n(t)$。由简支梁的振型 $\varphi_n(x) = \sin\dfrac{n\pi x}{l}$，代入式(1-229)，得：

$$F(t) = M_{vu}\left[g - \sum_{n=1}^{N} \ddot{q}_n(t) \sin\dfrac{n\pi vt}{l}\right] + k_v\left[z(t) - \sum_{n=1}^{N} q_n(t) \sin\dfrac{n\pi vt}{l}\right] + M_{vs}g$$

于是，相应的广义扰动力为：

$$\begin{aligned}Q_n(t) &= \dfrac{\int_0^l F(t)\delta(x-vt)\varphi_n(x)\,\mathrm{d}x}{\int_0^l m\varphi_n^2(x)\,\mathrm{d}x}\\ &= \left\{\dfrac{2M_{vu}}{ml}\left[g - \sum_{i=1}^{N} \ddot{q}_i(t) \sin\dfrac{i\pi vt}{l}\right] + \dfrac{2k_v}{ml}\left[z(t) - \sum_{i=1}^{N} q_i(t) \sin\dfrac{i\pi vt}{l}\right] + \dfrac{2M_{vs}g}{ml}\right\} \sin\dfrac{n\pi vt}{l}\end{aligned}$$
(1-230)

此时，简支梁各阶振型的强迫振动方程为：

$$\begin{aligned}&\ddot{q}_n(t) + \dfrac{2M_{vu}}{ml}\sin\dfrac{n\pi vt}{l}\sum_{i=1}^{N}\ddot{q}_i(t)\sin\dfrac{i\pi vt}{l} + 2\zeta_n\omega_n\dot{q}_n(t) + \omega_n^2 q_n(t)\\ &= \left\{\dfrac{2(M_{vs}+M_{vu})}{ml}g + \dfrac{2k_v}{ml}\left[z(t) - \sum_{i=1}^{N} q_i(t)\sin\dfrac{i\pi vt}{l}\right]\right\}\sin\dfrac{n\pi vt}{l} \quad (n=1,2,3,\cdots,N)\end{aligned}$$
(1-231)

从上式可见，对应于每一阶振型有一个方程，共有 N 个方程，而且是相互耦合的。对于附加的自由度 z 还需要一个附加方程，即弹簧上质量的动力平衡方程：

$$M_{vs}\ddot{z}(t) + c_v\left[\dot{z}(t) - \sum_{n=1}^{N} \dot{q}_n(t)\sin\dfrac{n\pi vt}{l}\right] + k_v\left[z(t) - \sum_{n=1}^{N} q_n(t)\sin\dfrac{n\pi vt}{l}\right] = 0 \quad (1\text{-}232)$$

式(1-231)和式(1-232)共提供了 $N+1$ 个方程，可用数值方法求解。这就是最简单的车桥耦合振动的基本方程形式。

如果只考虑一阶振型，令 $w_c = q_1$，设为跨中动挠度，则上面的方程组简化为：

$$\left.\begin{aligned}&\left(\dfrac{ml}{2} + M_{vu}\sin^2\dfrac{\pi vt}{l}\right)\ddot{w}_c(t) + c_B\dot{w}_c(t) + \dfrac{ml}{2}\omega_1^2 w_c(t)\\ &= \left\{(M_{vs}+M_{vu})g + k_v\left[z(t) - w_c\sin\dfrac{\pi vt}{l}\right]\right\}\sin\dfrac{\pi vt}{l}\\ &M_{vs}\ddot{z}(t) + c_v\left[\dot{z}(t) - \dot{w}_c(t)\sin\dfrac{\pi vt}{l}\right] + k_v\left[z(t) - w_c(t)\sin\dfrac{\pi vt}{l}\right] = 0\end{aligned}\right\} \quad (1\text{-}233)$$

式中，c_B、c_v分别为桥梁和车辆体系的阻尼系数。

此联立方程组相当于图1-32所示的两个单自由度体系相耦合的一个等效振动体系，可用数值方法求解。

引入符号：$\Delta = z - w_c \sin \frac{\pi v t}{l}$为簧上质量$M_{vs}$相对于桥梁的位移；$M_v = M_{vs} + M_{vu}$为车辆车体全部质量；$M_B = \frac{1}{2}ml + M_{vu}\sin^2\frac{\pi v t}{l}$为梁的等效质量；$k_B = \frac{ml}{2}\omega_1^2 = \frac{\pi^4 EI}{2l^3} \approx \frac{48EI}{l^3}$为简支梁的跨中等效刚度。

式(1-233)可简写为：

$$\left. \begin{array}{l} M_B \ddot{w}_c + c_B \dot{w}_c + k_B w_c = (M_v g + k_v \Delta)\sin\frac{\pi v t}{l} \\ M_{vs}\ddot{z} + c_v \dot{\Delta} + k_v \Delta = 0 \end{array} \right\} \quad (1-234)$$

如已知车辆簧上质量M_{vs}在$t=0$时(车辆上桥时)的初始值Δ_0、$\dot{\Delta}_0$和z_0、$\dot{z}_0$，即可算出振动位移z和w_c的时间历程。

Biggs于20世纪50年代按上述理论用计算机模拟分析了一辆双轴100kN载重车辆通过一座跨径为86ft(26.2m)的简支组合梁时的振动历程，并和现场试验实测记录值做了对比，如图1-33所示。在分析中，Biggs作了以下几点处理：

(1) 将双轴车辆简化为一个单自度体系，车辆的弹簧常数和阻尼系数都采用了实测值。由于车辆的前后轴距不足桥梁跨径的1/5，故这一简化的误差不大；

(2) 仅考虑简支梁的第一阶振型；

(3) 实测了车辆进入桥跨时弹簧上质量的竖向位移和速度，并以此作为理论分析的初始条件。

图1-33表示车速为37ft/s(11.3m/s)时的理论计算和实测结果的对比。两者之间良好的一致性说明了近似理论基本上反映了匀速移动车辆桥梁耦合振动的机理。

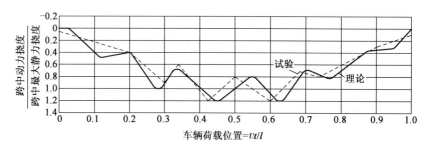

图1-33 简支梁跨中挠度实测结果与理论计算对比

1.8.5 匀速移动双轴车辆荷载的作用

双轴车辆的前后轴距大约在3.6~4m，故在中小跨径梁上匀速移动的车辆，其前后轴距对梁的动力响应影响是不可忽视的。

车辆结构一般是一个复杂的空间多自由度系统。为了便于分析车辆对梁桥产生的竖向弯曲强迫振动,可以忽略车辆各零部件的局部振动,仅考虑车辆车体和前、后桥的竖向振动,把车体假设为刚体,连接并支承于车辆的悬挂弹簧和轮胎上,如图 1-34a)所示。考虑到车体的左右摇摆对梁的竖向振动影响较小,前后桥的质量比车体的质量小得多,故将双轴车辆振动模型简化成如图 1-34c)所示的平面两自由度振动体系,即支承于前后悬挂弹簧上的刚体质心处作上下垂直振动和绕刚体的质心轴作前后俯仰振动,如图 1-34d)所示。

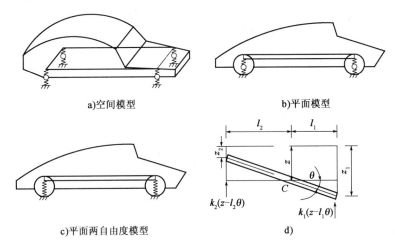

图 1-34 双轴车辆竖平面振动简化模型

1) 双轴车辆前后悬架匹配原理

如图 1-34 所示双轴车辆简化模型,根据平面刚体动力学分析的达朗伯(D'Alembert)原理,建立双轴车辆悬挂系统的无阻尼振动方程组为:

$$\left. \begin{array}{l} M\ddot{z} + k_1 z_1 + k_2 z_2 = 0 \\ J_\rho \ddot{\theta} + k_1 z_1 l_1 - k_2 z_2 l_2 = 0 \end{array} \right\} \quad (1\text{-}235)$$

式中,J_ρ 为车体绕质心横轴的俯仰角转动惯量;M 为车体总质量;$k_i(i=1,2)$ 为前后悬挂弹簧刚度系数;$l_i(i=1,2)$ 为前后轴至质心的距离;z 为质心处的竖向位移;$z_i(i=1,2)$ 为前后轴处竖向位移;θ 为车体绕质心横轴的俯仰转角。

假设 l_c 为前后轴距,则 $l_c = l_1 + l_2$,由几何关系可得:

$$\left. \begin{array}{l} z_1 = z + l_1 \theta \\ z_2 = z - l_2 \theta \end{array} \right\}$$

解得:

$$\left. \begin{array}{l} z = \dfrac{l_2}{l_c} z_1 + \dfrac{l_1}{l_c} z_2 \\ \theta = \dfrac{z_2 - z_1}{l_c} \end{array} \right\} \quad (1\text{-}236)$$

将式(1-236)代入式(1-235),可以得到以 z 和 θ 表示的振动方程组:

$$\left. \begin{array}{l} M\ddot{z} + k_1(z + l_1\theta) + k_2(z - l_2\theta) = 0 \\ J_\rho \ddot{\theta} + k_1(z + l_1\theta)l_1 - k_2(z - l_2\theta)l_2 = 0 \end{array} \right\} \quad (1\text{-}237)$$

或矩阵形式振动方程:

$$\begin{bmatrix} M & 0 \\ 0 & J_\rho \end{bmatrix} \begin{Bmatrix} \ddot{z} \\ \ddot{\theta} \end{Bmatrix} + \begin{bmatrix} k_1 + k_2 & k_1 l_1 - k_2 l_2 \\ k_1 l_1 - k_2 l_2 & k_1 l_1^2 + k_2 l_2^2 \end{bmatrix} \begin{Bmatrix} z \\ \theta \end{Bmatrix} = \begin{Bmatrix} 0 \\ 0 \end{Bmatrix} \quad (1\text{-}238)$$

可以看出,上式属于刚度耦合的振动系统,如果 $k_1 l_1 - k_2 l_2 = 0$ 则可以实现车体竖向振动与俯仰角转动振动解耦,相应的解耦后竖向振动频率为 $\omega_v = \sqrt{\dfrac{k_1 + k_2}{M}}$,解耦后俯仰角转动振动频率为 $\omega_\theta = \sqrt{\dfrac{k_1 l_1^2 + k_2 l_2^2}{J_\rho}}$。但这种情形对车辆来说前后轴振动彼此仍然产生影响,需要合理构造设计,使得共振俯仰角转动加速度幅值尽可能小,详细可以参考相关文献。

现以 $z_i(i=1,2)$ 表示的振动方程组为:

$$\left. \begin{aligned} M\left(\dfrac{l_2}{l_c}\ddot{z}_1 + \dfrac{l_1}{l_c}\ddot{z}_2\right) + k_1 z_1 + k_2 z_2 &= 0 \\ J_\rho \dfrac{\ddot{z}_2 - \ddot{z}_1}{l_c} + k_1 z_1 l_1 - k_2 z_2 l_2 &= 0 \end{aligned} \right\} \quad (1\text{-}239)$$

或矩阵形式方程:

$$\begin{bmatrix} M\dfrac{l_2}{l_c} & M\dfrac{l_1}{l_c} \\ -J_\rho \dfrac{1}{l_c} & J_\rho \dfrac{1}{l_c} \end{bmatrix} \begin{Bmatrix} \ddot{z}_1 \\ \ddot{z}_2 \end{Bmatrix} + \begin{bmatrix} k_1 & k_2 \\ k_1 l_1 & k_2 l_2 \end{bmatrix} \begin{Bmatrix} z_1 \\ z_2 \end{Bmatrix} = \begin{Bmatrix} 0 \\ 0 \end{Bmatrix} \quad (1\text{-}240)$$

可以看出,上式属于惯性耦合和刚性耦合的复杂振动系统,从构造参数设计上解耦比较困难。

引入 $\rho_c^2 = \dfrac{J_\rho}{M}$,$\rho_c$ 为 M 绕过重心 C 点水平横轴的回转半径。将式(1-239)第一式乘以 l_2 后再加上第二式,整理得:

$$M(\rho_c^2 + l_2^2)\ddot{z}_1 + M(l_1 l_2 - \rho_c^2)\ddot{z}_2 + k_1 l_c^2 z_1 = 0 \quad (1\text{-}241)$$

将式(1-239)第一式乘以 l_1 后再减去第二式,整理得:

$$M(l_1 l_2 - \rho_c^2)\ddot{z}_1 + M(\rho_c^2 + l_1^2)\ddot{z}_2 + k_2 l_c^2 z_2 = 0 \quad (1\text{-}242)$$

将式(1-241)和式(1-242)联立、整理后写成矩阵形式:

$$\begin{bmatrix} M\dfrac{\rho_c^2 + l_2^2}{l_c^2} & M\dfrac{l_1 l_2 - \rho_c^2}{l_c^2} \\ M\dfrac{l_1 l_2 - \rho_c^2}{l_c^2} & M\dfrac{\rho_c^2 + l_1^2}{l_c^2} \end{bmatrix} \begin{Bmatrix} \ddot{z}_1 \\ \ddot{z}_2 \end{Bmatrix} + \begin{bmatrix} k_1 & 0 \\ 0 & k_2 \end{bmatrix} \begin{Bmatrix} z_1 \\ z_2 \end{Bmatrix} = \begin{Bmatrix} 0 \\ 0 \end{Bmatrix} \quad (1\text{-}243)$$

显然,式(1-243)表明了双轴车辆系统只属于惯性耦合振动情形,可以通过构造设计实现惯性解耦。

令 $l_1 l_2 - \rho_c^2 = 0$,则式(1-243)可以简化成如下形式:

$$\begin{bmatrix} M\dfrac{l_1 l_2 + l_2^2}{l_c^2} & 0 \\ 0 & M\dfrac{l_1 l_2 + l_1^2}{l_c^2} \end{bmatrix} \begin{Bmatrix} \ddot{z}_1 \\ \ddot{z}_2 \end{Bmatrix} + \begin{bmatrix} k_1 & 0 \\ 0 & k_2 \end{bmatrix} \begin{Bmatrix} z_1 \\ z_2 \end{Bmatrix} = \begin{Bmatrix} 0 \\ 0 \end{Bmatrix} \quad (1\text{-}244)$$

利用几何关系 $l_1 + l_2 = l_c$,代入式(1-244),得:

$$\begin{bmatrix} M\dfrac{l_c l_2}{l_c^2} & 0 \\ 0 & M\dfrac{l_1 l_c}{l_c^2} \end{bmatrix} \begin{Bmatrix} \ddot{z}_1 \\ \ddot{z}_2 \end{Bmatrix} + \begin{bmatrix} k_1 & 0 \\ 0 & k_2 \end{bmatrix} \begin{Bmatrix} z_1 \\ z_2 \end{Bmatrix} = \begin{Bmatrix} 0 \\ 0 \end{Bmatrix} \quad (1\text{-}245)$$

整理得解耦后的双轴车辆无阻尼振动方程组为:

$$\begin{bmatrix} M\dfrac{\rho_c^2}{l_1 l_c} & 0 \\ 0 & M\dfrac{\rho_c^2}{l_2 l_c} \end{bmatrix} \begin{Bmatrix} \ddot{z}_1 \\ \ddot{z}_2 \end{Bmatrix} + \begin{bmatrix} k_1 & 0 \\ 0 & k_2 \end{bmatrix} \begin{Bmatrix} z_1 \\ z_2 \end{Bmatrix} = \begin{Bmatrix} 0 \\ 0 \end{Bmatrix} \quad (1\text{-}246)$$

式(1-246)表明:在满足 $l_1 l_2 - \rho_c^2 = 0$ 条件下即可实现车体前、后悬挂竖向振动的解耦,形成了前、后悬挂系统的两个独立单自由度振动体系。

解耦后相应的前悬挂竖向振动频率为:

$$\omega_{v1} = \sqrt{\dfrac{k_1}{M\rho_c^2/(l_1 l_c)}} = \sqrt{\dfrac{k_1}{J_\rho/(l_1 l_c)}}$$

后悬挂竖向振动频率为:

$$\omega_{v2} = \sqrt{\dfrac{k_2}{M\rho_c^2/(l_2 l_c)}} = \sqrt{\dfrac{k_2}{J_\rho/(l_2 l_c)}}$$

可以证明,与式(1-246)相对应的2阶振型分别为:

$$\varphi_1 = \begin{Bmatrix} 1 \\ 0 \end{Bmatrix} \quad \text{和} \quad \varphi_2 = \begin{Bmatrix} 0 \\ 1 \end{Bmatrix}$$

一般情况下车辆悬挂结构应符合偏频设计条件,即希望其中一个车轴上的轮子在行驶时受到跳动不会传递到另一个车轴上,构造上应保证车体质量分布和前后轴的位置之间应满足 $\varepsilon = \dfrac{\rho_c^2}{l_1 l_2} = 1$ 的条件,实际上成为惯性与刚度全部解耦的双轴车辆无阻尼振动系统。此时车辆车体的无阻尼振动可分解为两个独立的弹簧-质量振动体系,如图 1-35 所示。

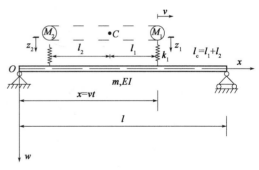

图 1-35 匀速移动的双轴车辆的作用模型

图中的质量分配规律如下:

$$\left. \begin{aligned} M_1 &= M\dfrac{\rho_c^2}{l_1 l_c} \\ M_2 &= M\dfrac{\rho_c^2}{l_2 l_c} \end{aligned} \right\} \quad (1\text{-}247)$$

式中, M_1、M_2 分别为车辆前、后悬挂系统的等效质量。

大多数车辆, $\varepsilon = 0.8 \sim 1.2$,接近于 1。因此,上述分解车辆质量的方法是可行的,不会带来很大的误差。

2)车桥耦合振动方程

车辆对梁的作用力可表示为:

$$F_1(t) = M_1 g + k_1 [z_1(t) - w(x,t)|_{x=vt}]$$
$$F_2(t) = M_2 g + k_2 [z_2(t) - w(x,t)|_{x=vt-l_c}]$$
(1-248)

式中,z_1、z_2 分别为车辆前、后悬挂弹簧上等效质量 M_1、M_2 的竖向位移,由静平衡位置算起。

令 $w(x,t) = \sum_{n=1}^{N} \varphi_n(x) q_n(t)$,同时取简支梁的振型函数为 $\varphi_n(x) = \sin\frac{n\pi x}{l}$,得:

$$F_1(t) = M_1 g + k_1 \left[z_1(t) - \sum_{n=1}^{N} q_n(t) \sin\frac{n\pi vt}{l}\right]$$
$$F_2(t) = M_2 g + k_2 \left[z_2(t) - \sum_{n=1}^{N} q_n(t) \sin\left(\frac{n\pi vt}{l} - \frac{n\pi l_c}{l}\right)\right]$$
(1-249)

相应的广义扰动力为:

当 $0 \leq t \leq \frac{l_c}{v}$ 时,前轴上桥后

$$Q_{n1}(t) = \frac{\int_0^l F_1(t)\delta(x-vt)\varphi_n(x)\mathrm{d}x}{\int_0^l m\varphi_n^2(x)\mathrm{d}x}$$
$$= \frac{2M_1 g}{ml}\sin\frac{n\pi vt}{l} + \frac{2k_1}{ml}\left(z_1 - \sum_{i=1}^{N} q_i \sin\frac{i\pi vt}{l}\right)\sin\frac{n\pi vt}{l}$$
(1-250a)

当 $\frac{l_c}{v} < t \leq \frac{l}{v}$ 时,前后轴均上桥

$$Q_{n2}(t) = \frac{\int_0^l F_1(t)\delta(x-vt)\varphi_n(x)\mathrm{d}x + \int_0^l F_2(t)\delta(x-vt+l_c)\varphi_n(x)\mathrm{d}x}{\int_0^l m\varphi_n^2(x)\mathrm{d}x}$$
$$= \frac{2M_1 g}{ml}\sin\frac{n\pi vt}{l} + \frac{2k_1}{ml}\left[z_1 - \sum_{i=1}^{N} q_i \sin\frac{i\pi vt}{l}\right]\sin\frac{n\pi vt}{l} + \frac{2M_2 g}{ml}\sin\left(\frac{n\pi vt}{l} - \frac{n\pi l_c}{l}\right) +$$
$$\frac{2k_2}{ml}\left[z_2 - \sum_{i=1}^{N} q_i \sin\left(\frac{i\pi vt}{l} - \frac{n\pi l_c}{l}\right)\right]\sin\left(\frac{n\pi vt}{l} - \frac{n\pi l_c}{l}\right)$$
(1-250b)

当 $\frac{l}{v} < t \leq \frac{l+l_c}{v}$ 时,前轴离开桥后

$$Q_{n3}(t) = \frac{\int_0^l F_2(t)\delta(x-vt+l_c)\varphi_n(x)}{\int_0^l m\varphi_n^2(x)\mathrm{d}x}$$
$$= \frac{2M_2 g}{ml}\sin\left(\frac{n\pi vt}{l} - \frac{n\pi l_c}{l}\right) + \frac{2k_2}{ml}\left[z_2 - \sum_{i=1}^{N} q_i \sin\left(\frac{i\pi vt}{l} - \frac{n\pi l_c}{l}\right)\right]\sin\left(\frac{n\pi vt}{l} - \frac{n\pi l_c}{l}\right)$$
(1-250c)

于是,简支梁各阶振型的强迫振动方程可写成分段广义激扰力的形式:

$$\ddot{q}_n(t) + 2\zeta_n\omega_n\dot{q}_n(t) + \omega_n^2 q_n(t) = \begin{cases} Q_{n1}(t), & 0 \leq t \leq \dfrac{l_c}{v} \\ Q_{n2}(t), & \dfrac{l_c}{v} < t \leq \dfrac{l}{v} \\ Q_{n3}(t), & \dfrac{l}{v} < t \leq \dfrac{l+l_c}{v} \end{cases} \quad (1\text{-}251)$$
$$(n = 1,2,3,\cdots,N)$$

上式中共有 N 个方程,分别对应着 N 个振型,每个时段有 N 个方程。对于自由度 z_1 和 z_2,还需要两个附加方程,即:

$$\left. \begin{aligned} \ddot{z}_1 + \Omega_1^2 \left(z_1 - \sum_{n=1}^{N} q_n \sin\frac{n\pi vt}{l} \right) &= 0 \\ \ddot{z}_2 + \Omega_2^2 \left[z_2 - \sum_{n=1}^{N} q_n \sin\left(\frac{n\pi vt}{l} - \frac{n\pi l_c}{l}\right) \right] &= 0 \end{aligned} \right\} \quad (1\text{-}252)$$

式中,$\Omega_1 = \sqrt{k_1/M_1}$ 为前悬挂系统的固有频率;$\Omega_2 = \sqrt{k_2/M_2}$ 为后悬挂系统的固有频率。

方程(1-252)属于变系数二阶微分方程组。式(1-251)中的第一时段方程和式(1-252)中的第一方程联立为 $N+1$ 个方程;式(1-251)中的第二时段方程和式(1-252)两个方程联立为 $N+2$ 个方程;式(1-251)中的第三时段方程和式(1-252)的第二个方程联立为 $N+1$ 个方程,分别用数值积分方法求解。这里应该指出的是,各时段的交接点处待求的方程解应该连续。

如果只考虑一阶振型,令 $w_c = q_1$,即简支梁的跨中动挠度,则式(1-251)可简化为三自由度的变系数偏微分方程组:

$$\left. \begin{aligned} \ddot{w}_c(t) + 2\zeta_1\omega_1\dot{w}_c(t) + \omega_1^2 w_c(t) &= \begin{cases} Q_{11}(t), & 0 \leq t \leq \dfrac{l_c}{v} \\ Q_{12}(t), & \dfrac{l_c}{v} < t \leq \dfrac{l}{v} \\ Q_{13}(t), & \dfrac{l}{v} < t \leq \dfrac{l+l_c}{v} \end{cases} \\ \ddot{z}_1(t) + \Omega_1^2 \left[z_1(t) - w_c(t)\sin\frac{\pi vt}{l} \right] &= 0 \\ \ddot{z}_2(t) + \Omega_2^2 \left[z_2(t) - w_c(t)\sin\frac{\pi vt}{l} \right] &= 0 \end{aligned} \right\} \quad (1\text{-}253)$$

上式中,由于 $Q_{1i}(t)(i=1,2,3)$ 中含有 $w_c(t)$ 和 $z_1(t)$、$z_2(t)$,仍然属于二阶变系数的微分方程组。因此,式(1-253)还可以进一步简化。如果当 l_c/l 很小时,上式就可以退化为式(1-234)的形式,只是令 $M_{vu}=0$ 且不计阻尼。

3)简化的车桥耦合振动方程

下面讨论一种无阻尼简支梁的车桥耦合振动简化计算方法。

由于梁的抗弯刚度一般远远大于车辆悬挂弹簧的刚度,梁产生的挠度远比弹簧上质量产生的绝对位移小得多,同时忽略车辆悬挂体系的阻尼,则式(1-252)变成:

$$\ddot{z}_i(t) + \Omega_i^2 z_i(t) = 0 \quad (i=1,2) \quad (1\text{-}254)$$

当车辆以匀速 v 上桥的瞬时,车体的竖向位移 z_{0i} 及速度 $\dot{z}_{0i}$ 可实测得到。因此,初始条件

已知的方程(1-254)的解为:

$$z_i(t) = A_i\cos(\Omega_i t + \theta_i) \qquad (i = 1,2) \tag{1-255}$$

式中,A_i 为初始条件确定的振幅;θ_i 为初始条件确定的相位。

于是,车辆对梁的作用力可简化为:

$$\begin{aligned} F_1(t) &= M_1 g + k_1 z_1(t) = M_1 g + k_1 A_1 \cos(\Omega_1 t + \theta_1) \\ F_2(t) &= M_2 g + k_2 z_2(t) = M_2 g + k_2 A_2 \cos(\Omega_2 t + \theta_2) \end{aligned} \tag{1-256}$$

因此,对简支梁的各阶振型,可得广义扰动力为:

当 $0 \leqslant t \leqslant \dfrac{l_c}{v}$ 时

$$\begin{aligned} Q_{n1}^*(t) &= \frac{\int_0^l F_1(t)\delta(x-vt)\varphi_n(x)\mathrm{d}x}{\int_0^l m\varphi_n^2(x)\mathrm{d}x} \\ &= \left[\frac{2M_1 g}{ml} + \frac{2k_1 A_1}{ml}\cos(\Omega_1 t + \theta_1)\right]\sin\frac{n\pi vt}{l} \end{aligned} \tag{1-257a}$$

当 $\dfrac{l_c}{v} \leqslant t \leqslant \dfrac{l}{v}$ 时

$$\begin{aligned} Q_{n2}^*(t) &= \frac{\int_0^l F_1(t)\delta(x-vt)\varphi_n(x)\mathrm{d}x + \int_0^l F_2(t)\delta(x-vt+l_c)\varphi_n(x)\mathrm{d}x}{\int_0^l m\varphi_n^2(x)\mathrm{d}x} \\ &= \left[\frac{2M_1 g}{ml} + \frac{2k_1 A_1}{ml}\cos(\Omega_1 t + \theta_1)\right]\sin\frac{n\pi vt}{l} + \\ &\quad \left[\frac{2M_2 g}{ml} + \frac{2k_2 A_2}{ml}\cos(\Omega_2 t + \theta_2)\right]\sin\left(\frac{n\pi vt}{l} - \frac{n\pi l_c}{l}\right) \end{aligned} \tag{1-257b}$$

当 $\dfrac{l}{v} < t \leqslant \dfrac{l+l_c}{v}$ 时

$$\begin{aligned} Q_{n3}^*(t) &= \frac{\int_0^l F_2(t)\delta(x-vt+l_c)\varphi_n(x)\mathrm{d}x}{\int_0^l m\varphi_n^2(x)\mathrm{d}x} \\ &= \left[\frac{2M_2 g}{ml} + \frac{2k_2 A_2}{ml}\cos(\Omega_2 t + \theta_2)\right]\sin\left(\frac{n\pi vt}{l} - \frac{n\pi l_c}{l}\right) \end{aligned} \tag{1-257c}$$

于是,无阻尼简支梁的各阶振型的强迫振动方程为:

$$\ddot{q}_n(t) + \omega_n^2 q_n(t) = \begin{cases} Q_{n1}^*(t), & 0 \leqslant t \leqslant \dfrac{l_c}{v} \\ Q_{n2}^*(t), & \dfrac{l_c}{v} < t \leqslant \dfrac{l}{v} \\ Q_{n3}^*(t), & \dfrac{l}{v} < t \leqslant \dfrac{l+l_c}{v} \end{cases} \qquad (n=1,2,3,\cdots,N) \tag{1-258}$$

上式中有 N 个方程对应 N 个振型,应用振型分析法可直接求解上述常系数线性微分方程组。显然式(1-258)比式(1-253)简单得多,可以直接给出分段函数表达的解析式。

对于多辆双轴车辆匀速过桥的情况,可以应用叠加法求解梁的动力响应,但应注意过桥车辆的车轴悬挂体系所处的时间区段。对任一车轴悬挂弹簧-质量体系可写出方程:

$$\ddot{q}_n(t) + 2\zeta_n\omega_n\dot{q}_n(t) + \omega_n^2 q_n(t) = \left[\frac{2M_i g}{ml} + \frac{2k_i A_i}{ml}\cos(\Omega_i t + \theta_i)\right]\sin\frac{n\pi}{l}(vt - a_i)$$
$$(n = 1,2,3,\cdots,N) \tag{1-259}$$

式中,a_i 为各车轴与参考轴之间的轴距;i 为同时作用在桥上的任一车轴编号。

利用三角函数变换关系,有:

$$\ddot{q}_n(t) + 2\zeta_n\omega_n\dot{q}_n(t) + \omega_n^2 q_n(t) = \frac{2M_i g}{ml}\sin\left(\frac{n\pi vt}{l} - \frac{n\pi a_i}{l}\right) + \frac{k_i A_i}{ml}\left[\sin\left(\frac{n\pi vt}{l} - \frac{n\pi a_i}{l} - \Omega_i t - \theta_i\right) + \right.$$
$$\left.\sin\left(\frac{n\pi vt}{l} - \frac{n\pi a_i}{l} + \Omega_i t + \theta_i\right)\right] \quad (n=1,2,3,\cdots,N) \tag{1-260}$$

叠加计算各个时段车轴的运动作用对梁的响应的贡献后,即得多辆双轴车辆联合作用下梁的动力响应。

从上述分析可以看出,移动车辆荷载作用下,即使是简支梁,所建立的各阶振型的强迫振动方程往往是变系数的微分方程组,必须借助于数值计算方法。在目前计算机普及的时代,解决这类问题已不再有困难。

综上所述,移动车辆荷载作用下梁的强迫振动方程的建立和求解与确定位置激扰力作用下梁的强迫振动方程是有明显区别的。移动荷载作用下的强迫振动微分方程的系数往往与时间有关,只能用数值积分方法求解。

1.9 柱式墩地震动分析

工程上简支梁桥和连续梁桥一般采用柱式墩(简称墩柱),在不考虑地基变形、上部结构影响的情况下,可以将其简化为地面固结、上端自由的悬臂墩柱,如图 1-36 所示为墩柱地震动示意。

在地震动时墩柱的位能:

$$V = \frac{1}{2}\int_0^h EI_p(u'')^2 dx \tag{1-261}$$

相应的墩柱动能:

$$T = \frac{1}{2}\int_0^h m_p(\dot{u} + \dot{\delta}_g)^2 dx \tag{1-262}$$

式中,EI_p 为墩柱截面抗弯刚度;m_p 为墩柱单位墩高质量;h 为墩高;$u(x,t)$ 为与地震方向一致的墩柱相对水平动位移;$\delta_g(t)$ 为地震引起的地面水平位移。

将墩柱水平向动位移 $u(x,t)$ 按照分离变量法表示为第 n 阶广义坐标 $q_n(t)$ 和振型 $\varphi_n(x)$ 乘积的线性叠加,即:

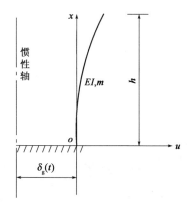

图 1-36 柱式墩地震动示意

$$u(x,t) = \sum_{n=1}^{N} \varphi_n(x) q_n(t) \tag{1-263}$$

并代入式(1-261)和式(1-262),得:

$$V = \frac{1}{2} \int_0^h EI_p \left[\sum_{n=1}^{N} \varphi_n''(x) q_n(t) \right]^2 dx$$

$$T = \frac{1}{2} \int_0^h m_p \left[\sum_{n=1}^{N} \varphi_n(x) \dot{q}_n(t) + \dot{\delta}_g(t) \right]^2 dx$$

利用振型正交性,并假设阻尼 c_p 与质量分布呈正比例关系,由上式求导得:

$$\frac{\partial V}{\partial q_n} = \int_0^h EI_p \left[\sum_{i=1}^{N} \varphi_i''(x) q_i(t) \right] \varphi_n''(x) dx = \int_0^h EI_p \left[\varphi_n''(x) \right]^2 dx \, q_n(t) \tag{1-264a}$$

$$\frac{\partial T}{\partial \dot{q}_n} = \int_0^h m_p \left[\sum_{i=1}^{N} \varphi_i(x) \dot{q}_i(t) + \dot{\delta}_g(t) \right] \varphi_n(x) dx = \int_0^h m_p \varphi_n^2(x) dx \, \dot{q}_n(t) + \dot{\delta}_g(t) \int_0^h m_p \varphi_n(x) dx$$

$$\tag{1-264b}$$

$$\frac{d}{dt} \frac{\partial T}{\partial \dot{q}_n} = \int_0^h m_p \varphi_n^2(x) dx \, \ddot{q}_n(t) + \ddot{\delta}_g(t) \int_0^h m_p \varphi_n(x) dx \tag{1-264c}$$

由阻尼力做的虚功:

$$\delta W_c = - \int_0^h c_p \dot{u}(x,t) \delta u \, dx = - \int_0^h c_p \left[\sum_{i=1}^{N} \varphi_i(x) \dot{q}_i(t) \right] \varphi_n(x) dx \, \delta q_n$$

得

$$\frac{\partial W_c}{\partial q_n} = - \int_0^h c_p \left[\sum_{i=1}^{N} \varphi_i(x) \dot{q}_i(t) \right] \varphi_n(x) dx = - \int_0^h c_p \left[\varphi_n(x) \right]^2 dx \, \dot{q}_n(t) \tag{1-264d}$$

将式(1-264)代入拉格朗日方程:

$$\frac{d}{dt}\left(\frac{\partial T}{\partial \dot{q}_n}\right) - \frac{\partial T}{\partial q_n} + \frac{\partial V}{\partial q_n} = \frac{\partial W_c}{\partial q_n}$$

得

$$\int_0^h m_p \varphi_n^2(x) dx \, \ddot{q}_n(t) + \ddot{\delta}_g(t) \int_0^h m_p \varphi_n(x) dx + \int_0^h EI_p \left[\varphi_n''(x) \right]^2 dx \, q_n(t) = - \int_0^h c_p \varphi_n^2(x) dx \, \dot{q}_n(t)$$

或

$$M_{eqn} \ddot{q}_n(t) + C_{eqn} \dot{q}_n(t) + K_{eqn} q_n(t) = - \Gamma_n \ddot{\delta}_g(t) \tag{1-265}$$

式中,等效质量:

$$M_{eqn} = \int_0^h m_p \varphi_n^2(x) dx \tag{1-266a}$$

等效刚度:

$$K_{eqn} = \int_0^h EI_p \left[\varphi_n''(x) \right]^2 dx \tag{1-266b}$$

等效阻尼:

$$C_{eqn} = \int_0^h c_p \varphi_n^2(x) dx \tag{1-266c}$$

振型参与质量:

$$\Gamma_n = \int_0^h m_p \varphi(x) dx \tag{1-266d}$$

整理式(1-265)后,得墩柱的地震动方程为:

$$\ddot{q}_n(t) + 2\zeta_n\omega_n\dot{q}_n(t) + \omega_n^2 q_n(t) = -\gamma_n\ddot{\delta}_g(t) \quad (n=1,2,\cdots,N) \tag{1-267}$$

式中,墩柱第 n 阶水平弯曲振动固有频率为:

$$\omega_n = \sqrt{\frac{K_{eqn}}{M_{eqn}}} \tag{1-268}$$

墩柱第 n 阶等效阻尼比:

$$\zeta_n = \frac{C_{eqn}}{2\omega_n M_{eqn}} \tag{1-269}$$

第 n 阶振型参与系数:

$$\gamma_n = \frac{\Gamma_n}{M_{eqn}} \tag{1-270}$$

在获得地面激励 $\delta_g(t)$ 函数后,直接按照动力学方法求解方程(1-267)即可。一般情况下,地震激励以加速度 $\ddot{\delta}_g(t)$ 记录文件形式给出,通常采用数值积分方法求解方程(1-267)。

对于地震动分析,一般假设初始值 q_{n0} 及 $\dot{q}_{n0}$ 均为零,方程(1-267)以杜哈美(Duhamal)积分表示的第 n 阶广义坐标响应解为:

$$\begin{aligned}q_n(t) &= \frac{1}{\omega_{dn}}\int_0^t Q_n(\tau)e^{-\zeta_n\omega_n(t-\tau)}\sin\omega_{dn}(t-\tau)d\tau \\ &= -\frac{\gamma_n}{\omega_{dn}}\int_0^t \ddot{\delta}_g(\tau)e^{-\zeta_n\omega_n(t-\tau)}\sin\omega_{dn}(t-\tau)d\tau\end{aligned} \tag{1-271}$$

式中, $\omega_{dn} = \sqrt{1-\zeta_n^2}\omega_n$ 为有阻尼墩柱的固有频率。

相应的第 n 阶相对速度和加速可表示成:

$$\begin{aligned}\dot{q}_n(t) &= \gamma_n\int_0^t e^{-\zeta_n\omega_n(t-\tau)}\ddot{\delta}_g(\tau)\left[\frac{\zeta_n\omega_n}{\omega_{dn}}\sin\omega_{dn}(t-\tau) - \cos\omega_{dn}(t-\tau)\right]d\tau \\ &\approx -\gamma_n\int_0^t e^{-\zeta_n\omega_n(t-\tau)}\ddot{\delta}_g(\tau)\cos\omega_{dn}(t-\tau)d\tau\end{aligned} \tag{1-272}$$

$$\begin{aligned}\ddot{q}_n(t) &= \omega_{dn}\gamma_n\int_0^t e^{-\zeta_n\omega_n(t-\tau)}\ddot{\delta}_g(\tau)\left\{\left[1-\left(\frac{\zeta_n\omega_n}{\omega_{dn}}\right)^2\right]\sin\omega_{dn}(t-\tau) + \frac{2\zeta_n\omega_n}{\omega_{dn}}\cos\omega_{dn}(t-\tau)\right\}d\tau - \gamma_n\ddot{\delta}_g(t) \\ &\approx \omega_{dn}\gamma_n\int_0^t e^{-\zeta_n\omega_n(t-\tau)}\ddot{\delta}_g(\tau)\sin\omega_{dn}(t-\tau)d\tau - \gamma_n\ddot{\delta}_g(t)\end{aligned} \tag{1-273}$$

上述各式近似分析中,引入阻尼比 ζ_n 一般很小的假设。

输入选定的地震加速度 $\ddot{\delta}_g(t)$,由已求解到的式(1-271)~式(1-273),可获得墩柱地震响应:

相对位移
$$u(x,t) = \sum_{n=1}^N \varphi_n(x)q_n(t) \tag{1-274}$$

相对速度
$$\dot{u}(x,t) = \sum_{n=1}^N \varphi_n(x)\dot{q}_n(t) \tag{1-275}$$

相对加速度
$$\ddot{u}(x,t) = \sum_{n=1}^N \varphi_n(x)\ddot{q}_n(t) \tag{1-276}$$

绝对加速度
$$\ddot{u}(x,t) + \ddot{\delta}_g(t) = \sum_{n=1}^N \varphi_n(x)\ddot{q}_n(t) + \ddot{\delta}_g(t) \tag{1-277}$$

在地震动作用下墩柱相对于大地的水平位移、绝对加速度是地震响应分析中的关键参数,读者可以参考桥梁抗震相关书籍,这里不再赘述。

当墩上部有集中质量,或需要考虑桩-土相互作用,或需作整体结构分析等较复杂情况时,可以按离散多自由度体系的能量法求解,详细的计算方法见第 5 章的梁桥整体水平向振动分析。

1.10 梁的弹塑性动力分析

当扰动力较大时,弹塑性材料梁的振动可能进入塑性状态,求解动弯矩响应很有必要。

对于具有分布质量和分布荷载的梁桥,求解非弹性反应是非常困难的。一种可能的途径是将通常的弹性分析应用于梁上某点达到极限弯曲能力的时候,假定在该点形成了一个理想铰,于是构成了一个新的弹性体系。这样分析可继续进行,直到形成第二个铰或第一个铰出现弹性工作性能得到恢复的反方向转动时为止。这种分析是非常冗繁的,因为在反应过程中体系要改变几次,而且仍然不是精确的,因为塑性工作性能实际上并不集中所假定的一个点上。这种途径是很不实用的。

另一种途径是将梁桥简化成图 1-37 所示的集中质量参数体系。质量和荷载都被看成是作用在沿跨长的各集中质量点上,并且假设塑性铰也只出现在这些点上。在弹性范围内,可按通常的方法运用各点处的单位挠度来确定刚度系数。当在某点上形成塑性铰时,可以对在该点有铰的梁计算一组新的刚度系数。虽然它比上述第一种方法要实际些,但由于可能铰排列的数目很多,这一途径仍然是冗繁的。但是,采用有限差分法能够使其得到简化。下面介绍用这种方法求解梁非弹性响应的过程。

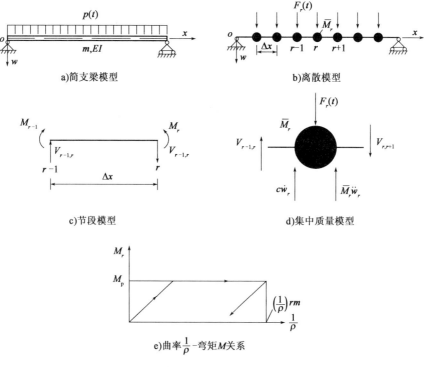

图 1-37 弹塑性梁分析的有限差分公式

假设一均质等截面简支梁承受均布荷载 $p(t)$ 作用。将梁等分成 N 段,相应分段集中质量 $\overline{M}$ 和集中力 $F(t)$ 分别为:

$$\overline{M} = m\Delta x \tag{1-278}$$

$$F(t) = p(t)\Delta x \tag{1-279}$$

式中,$\Delta x = l/N$ 为等分段长度;m 为梁单位长度的均布质量。

r 点处的曲率可近似用二阶中心差分表示为:

$$\left(\frac{1}{\rho}\right)_r = \left(\frac{\mathrm{d}^2 w}{\mathrm{d} x^2}\right)_r \approx \frac{1}{(\Delta x)^2}(w_{r+1} - 2w_r + w_{r-1}) \tag{1-280}$$

式中,w_r 是 r 点的挠度。

于是,r 点处梁的弯矩为:

$$M_r = -EI\left(\frac{\partial^2 w}{\partial x^2}\right)_r \approx -\frac{EI}{(\Delta x)^2}(w_{r+1} - 2w_r + w_{r-1}) \tag{1-281}$$

假如现在考虑图 1-37c)所示梁的一个微段(假设是无质量的)的平衡,该微段的剪力显然为:

$$V_{r-1,r} = \frac{M_r - M_{r-1}}{\Delta x}$$

其次再考虑图 1-37d)所示集中质量 $\overline{M}_r$ 的动力平衡,其平衡方程为:

$$\overline{M}_r \ddot{w}_r + V_{r-1,r} - V_{r,r+1} + c\dot{w}_r = F_r(t)$$

或

$$\overline{M}_r \ddot{w}_r - \frac{M_{r-1} - 2M_r + M_{r+1}}{\Delta x} + c\dot{w}_r = F_r(t) \quad (r = 1,2,3,\cdots,N-1) \tag{1-282}$$

式中,c 是黏性阻尼系数。

在任意时刻,对于给定的体系的变形,可用式(1-281)求解所有各点的弯矩,并由式(1-282)计算这些点处的加速度。这样,对于多自由度集中质量体系,就可用通常的方法来完成数值分析。

当其中一处的弯矩达到极限弯曲能力 M_p 时,在以后的计算中,这些弯矩值就保持为该常量值。但是,必须继续进行式(1-281)的计算,直至达到一个峰值 $M_{rm}^p = -\left(\frac{1}{\rho}\right)_{rm} EI$ 和假设的 M_r 开始减小为止。弯矩的逆转说明此点已恢复到弹性工作状态,从而弯矩就可用图 1-37e)所示理想化的弯矩-曲率关系计算而得。

假设此时对应的曲率处在回弹阶段,则:

$$\begin{aligned}
M_r &= M_p - \left[\left(\frac{1}{\rho}\right)_{rm} - \left(\frac{1}{\rho}\right)_r\right](-EI) \\
&= M_p + \left(\frac{1}{\rho}\right)_r(-EI) - \left(\frac{1}{\rho}\right)_{rm}(-EI) \\
&= M_p - \frac{EI}{(\Delta x)^2}(w_{r+1} - 2w_r + w_{r-1}) - M_{rm}^p
\end{aligned} \tag{1-283}$$

式中,M_{rm}^p 为 r 点处计算的假设弯矩峰值。

上述方程很容易修正,使它们适用于质量、刚度和荷载均为非均匀分布的梁桥。

为了使上述的集中质量参数模型能得到满意的精度,必须采用相当多的质量点。其数量视荷载形式而定,但在一般情况下需要将单跨梁等分成 10 段以上。因此,集中质量体系将有 9 个以上自由度,并且对于数值分析的时段必须取为弹性体系最小自振周期的一部分。显然,这种分析必须借助于电子计算机完成。

1.11 钢筋混凝土梁的动刚度试验模型

众所周知,钢筋混凝土梁的刚度 EI 是随着外荷载作用的大小而变化的,同时又是截面位置的函数,即使对梁作静力分析,也颇感棘手。我国《公路钢筋混凝土及预应力混凝土桥涵设计规范》(JTJ 023—1985)中为了简化计算,规定了钢筋混凝土静定梁的抗弯刚度取 $0.85E_h I_{01}$,超静定梁的抗弯刚度取 $0.67E_h I_h$,其中,I_{01} 为钢筋混凝土开裂截面的换算惯性矩,I_h 为钢筋混凝土毛截面的惯性矩。现行的《公路钢筋混凝土及预应力混凝土桥涵设计规范》(JTG 3362—2018)中,规定了钢筋混凝土静定梁的抗弯刚度取 $B = \dfrac{B_0}{\left(\dfrac{M_{cr}}{M_s}\right)^2 + \left[1 - \left(\dfrac{M_{cr}}{M_s}\right)^2\right]\dfrac{B_0}{B_{cr}}}$,采用结构力学的方法计算钢筋混凝土梁在车辆荷载作用下的静挠度。

对钢筋混凝土梁进行动力分析时,必须知道其动刚度 EI_d。在动力作用下,动刚度 EI_d 受到更多更复杂的因素影响,其值与梁在静力作用下的静刚度 EI_s 明显不同。对于这方面的研究,国内外学者做了大量的工作,在动刚度与静刚度关系方面获得了很多成果。本节主要介绍两种无阻尼的钢筋混凝土简支梁动力试验模型,通过附加质量方法实测开裂截面钢筋混凝土梁的截面动刚度 EI_d,可作为开展试验研究的基础。

1.11.1 刚性吊杆附加质量模型

如图 1-38 所示,在钢筋混凝土梁上直接对称加挂质量 M,同时固定于刚性吊杆悬挂装置上。该体系的无阻尼固有振动方程为:

$$m\ddot{w}(x,t) + EI_d \frac{\partial^4 w(x,t)}{\partial x^4} = -M\ddot{w}(x,t)\delta(x-a) - M\ddot{w}(x,t)\delta(x-b) \quad (1\text{-}284)$$

式中,$\delta(x-a)$、$\delta(x-b)$ 为狄拉克函数;$b = a + c$。

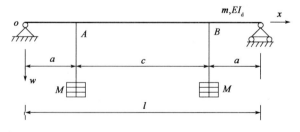

图 1-38 直接加载试验模型

取简支梁的振动挠曲位移：
$$w(x,t) = \sum_{n=1}^{N} \varphi_n(x) q_n(t)$$

和振型函数：
$$\varphi_n(x) = \sin\frac{n\pi x}{l}$$

利用振型的正交性，式(1-284)可写成：

$$\ddot{q}_n(t) + \omega_n^2 q_n(t) = -\frac{2M}{ml}\sin\frac{n\pi a}{l}\sum_{i=1}^{N}\sin\frac{i\pi a}{l}\ddot{q}_i(t) - \frac{2M}{ml}\sin\frac{n\pi b}{l}\sum_{i=1}^{N}\sin\frac{i\pi b}{l}\ddot{q}_i(t) \quad (n=1,2,3,\cdots,N)$$

(1-285)

式中，ω_n 为无阻尼简支梁的固有频率。

式(1-285)是由 N 个方程成的耦合方程组，求解比较困难。但当仅考虑第一阶振型时，即当 $N=1$ 时，令 $w_c = q_1$，将其设为跨中挠度，且有 $\sin\frac{\pi a}{l} = \sin\frac{\pi b}{l}$，方程(1-285)简化为：

$$\ddot{w}_c(t)\left(1 + \frac{4M}{ml}\sin^2\frac{\pi a}{l}\right) + \omega_1^2 w_c(t) = 0 \tag{1-286}$$

由此可得刚性悬挂加载模型体系的一阶固有振动频率为：

$$\hat{\omega}^2 = \omega_1^2 \frac{1}{1 + \frac{4M}{ml}\sin^2\frac{\pi a}{l}} \tag{1-287}$$

式中，$\omega_1 = \left(\frac{\pi}{l}\right)^2 \sqrt{\frac{EI_d}{m}}$ 为无阻尼简支梁的一阶固有频率。

于是，梁的动刚度可写成：

$$EI_d = \frac{\left(lm + 4M\sin^2\frac{\pi a}{l}\right)l^3}{\pi^4}\hat{\omega}^2 \tag{1-288}$$

当实测得到 $\hat{\omega}$ 后，由式(1-288)可计算与加挂质量 M 相对应的动刚度 EI_d。

由式(1-288)可见，动刚度 EI_d 受到附加质量 M 的显著影响。

1.11.2 弹性吊杆附加质量模型

如图 1-39 所示，钢筋混凝土梁受到对称的弹簧-质量体系的作用，相应的固有振动方程为：

$$\left.\begin{array}{l} m\ddot{w}(x,t) + EI_d\dfrac{\partial^4 w(x,t)}{\partial x^4} = k[z_1(t) - w(x,t)\delta(x-a)] + k[z_2(t) - w(x,t)\delta(x-b)] \\[2mm] M\ddot{z}_1(t) + kz_1(t) = kw(x,t)\delta(x-a) \\[2mm] M\ddot{z}_2(t) + kz_2(t) = kw(x,t)\delta(x-b) \end{array}\right\}$$

(1-289)

式中，$w(x,t)$、$z_1(t)$、$z_2(t)$ 均以静平衡位置为坐标原点。

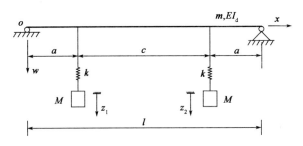

图 1-39 弹性加载试验模型

利用振型的正交性可得固有振动方程为:

$$\left.\begin{aligned}
\ddot{q}_n(t) + \omega_n^2 q_n(t) &= \frac{2k\left[z_1(t) - \sum_{i=1}^N \sin\frac{i\pi a}{l} q_i(t)\right]\sin\frac{n\pi a}{l}}{ml} + \\
&\quad \frac{2k\left[z_2(t) - \sum_{i=1}^N \sin\frac{i\pi a}{l} q_i(t)\right]\sin\frac{n\pi a}{l}}{ml} \\
&\quad (n = 1,2,3,\cdots,N) \\
\ddot{z}_1(t) + \omega_0^2 z_1(t) &= \omega_0^2 \sum_{i=1}^N \sin\frac{i\pi a}{l} q_i(t) \\
\ddot{z}_2(t) + \omega_0^2 z_2(t) &= \omega_0^2 \sum_{i=1}^N \sin\frac{i\pi b}{l} q_i(t)
\end{aligned}\right\} \quad (1\text{-}290)$$

式中,$\omega_n = \left(\dfrac{n\pi}{l}\right)^2 \sqrt{\dfrac{EI_d}{m}}$ 为无阻尼简支梁的固有频率;$\omega_0 = \sqrt{k/M}$ 为悬挂弹簧-质量体系的固有频率。

引入 $\omega_e^2 = \dfrac{2k}{ml}$,定义为相关频率,则式(1-290)改写成:

$$\left.\begin{aligned}
&\ddot{q}_n(t) + \omega_n^2 q_n(t) + \omega_e^2\left[\sin\frac{n\pi a}{l}\sum_{i=1}^N \sin\frac{i\pi a}{l} q_i(t) + \sin\frac{n\pi b}{l}\sum_{i=1}^N \sin\frac{i\pi b}{l} q_i(t)\right] \\
&= \omega_e^2\left[\sin\frac{n\pi a}{l} z_1(t) + \sin\frac{n\pi b}{l} z_2(t)\right] \quad (n=1,2,3,\cdots,N) \\
&\ddot{z}_1(t) + \omega_0^2 z_1(t) = \omega_0^2 \sum_{i=1}^N \sin\frac{i\pi a}{l} q_i(t) \\
&\ddot{z}_2(t) + \omega_0^2 z_2(t) = \omega_0^2 \sum_{i=1}^N \sin\frac{i\pi b}{l} q_i(t)
\end{aligned}\right\} \quad (1\text{-}291)$$

上式共有 $N+2$ 个方程和 $N+2$ 个广义坐标,可采用数值方法求解。

为了简化分析,仅考虑一阶振动。当 $N=1$ 时,令 $w_c = q_1$,将其设为跨中挠度,则式(1-291)可简化成:

$$\left.\begin{aligned}
\ddot{w}_c(t) + \left(\omega_1^2 + 2\omega_e^2 \sin^2\frac{\pi a}{l}\right)w_c(t) &= \omega_e^2 \sin\frac{\pi a}{l}[z_1(t) + z_2(t)] \\
\ddot{z}_1(t) + \omega_0^2 z_1(t) &= \omega_0^2 \sin\frac{\pi a}{l} w_c(t) \\
\ddot{z}_2(t) + \omega_0^2 z_2(t) &= \omega_0^2 \sin\frac{\pi b}{l} w_c(t)
\end{aligned}\right\} \quad (1\text{-}292)$$

设体系为简谐振动，即 $w_c = W_c \sin \hat{\omega} t$，$z_1 = Z_1 \sin \hat{\omega} t$ 和 $z_2 = Z_2 \sin \hat{\omega} t$，显然有：
$$\ddot{w}_c = -\hat{\omega}^2 w_c, \ddot{z}_1 = -\hat{\omega}^2 z_1, \ddot{z}_2 = -\hat{\omega}^2 z_2$$

代入式(1-292)，得：

$$\begin{bmatrix} \omega_1^2 + 2\omega_e^2 \sin^2 \frac{\pi a}{l} - \hat{\omega}^2 & -\omega_e^2 \sin \frac{\pi a}{l} & -\omega_e^2 \sin \frac{\pi a}{l} \\ -\omega_0^2 \sin \frac{\pi a}{l} & \omega_0^2 - \hat{\omega}^2 & 0 \\ -\omega_0^2 \sin \frac{\pi a}{l} & 0 & \omega_0^2 - \hat{\omega}^2 \end{bmatrix} \begin{Bmatrix} W_c \\ Z_1 \\ Z_2 \end{Bmatrix} = \begin{Bmatrix} 0 \\ 0 \\ 0 \end{Bmatrix} \quad (1\text{-}293)$$

于是关于 W_c、Z_1 和 Z_2 有非零解的条件是相应的系数行列式为零，得频率方程：

$$\begin{vmatrix} \omega_1^2 + 2\omega_e^2 \sin^2 \frac{\pi a}{l} - \hat{\omega}^2 & -\omega_e^2 \sin \frac{\pi a}{l} & -\omega_e^2 \sin \frac{\pi a}{l} \\ -\omega_0^2 \sin \frac{\pi a}{l} & \omega_0^2 - \hat{\omega}^2 & 0 \\ -\omega_0^2 \sin \frac{\pi a}{l} & 0 & \omega_0^2 - \hat{\omega}^2 \end{vmatrix} = 0 \quad (1\text{-}294)$$

即特征方程：

$$(\hat{\omega}^2 - \omega_0^2)\left[\hat{\omega}^4 - \left(\omega_0^2 + \omega_1^2 + 2\omega_e^2 \sin \frac{\pi a}{l}\right)\hat{\omega}^2 + \omega_1^2 \omega_0^2\right] = 0 \quad (1\text{-}295)$$

其特征根为：

$$\left.\begin{aligned} \hat{\omega}_1^2 &= \omega_0^2 \\ \hat{\omega}_{2,3}^2 &= \frac{1}{2}\left[\omega_0^2 + \omega_1^2 + 2\omega_e^2 \sin^2 \frac{\pi a}{l} \pm \sqrt{\left(\omega_0^2 + \omega_1^2 + 2\omega_e^2 \sin^2 \frac{\pi a}{l}\right)^2 - 4\omega_1^2 \omega_0^2}\right] \end{aligned}\right\} \quad (1\text{-}296)$$

式中，$\hat{\omega}_i^2 (i = 1,2,3)$ 的排列顺序依据其数值大小而定，最小值为第一阶固有频率，其余类推。

下面讨论两种特殊情况。

(1) $k \ll \dfrac{48EI_d}{l^3}$，即假设悬挂体系的刚度 k 对钢筋混凝土梁跨中弯曲刚度的影响可以略去不计，则有：

$$\frac{\omega_e^2}{\omega_1^2} = \frac{\dfrac{2k}{ml}}{\dfrac{\pi^4 EI_d}{l^4 m}} \approx \frac{k}{\dfrac{48EI_d}{l^3}} \to 0$$

因此，由式(1-296)近似可得：

$$\hat{\omega}_{2,3}^2 \approx \frac{1}{2}\left[\omega_0^2 + \omega_1^2 \pm \sqrt{(\omega_0^2 - \omega_1^2)^2}\right]$$

当 $\omega_0^2 > \omega_1^2$ 时，前三阶固有频率分别为：

$$\left.\begin{aligned} \hat{\omega}_1^2 &= \omega_1^2 \\ \hat{\omega}_2^2 &= \hat{\omega}_3^2 = \omega_0^2 \end{aligned}\right\} \quad (1\text{-}297)$$

当 $\omega_0^2 < \omega_1^2$ 时,同样有:

$$\left.\begin{aligned}\hat{\omega}_1^2 = \hat{\omega}_2^2 = \omega_0^2\\ \hat{\omega}_3^2 = \omega_1^2\end{aligned}\right\} \quad (1\text{-}298)$$

(2) $k \ll \dfrac{48EI_d}{l^3}$,同时 $M \geqslant \dfrac{ml}{2}$,即附加质量较大时,有:

$$\dfrac{\omega_e^2}{\omega_1^2} \to 0$$

和

$$\dfrac{\omega_0^2}{\omega_1^2} = \dfrac{\dfrac{k}{M}}{\dfrac{\pi^4 EI_d}{l^4 m}} \approx \dfrac{k}{48EI_d} \cdot \dfrac{\dfrac{lm}{2}}{M} \to 0$$

因此,由式(1-296)可得:

$$\hat{\omega}_{2,3}^2 = \dfrac{\omega_1^2}{2}\left[\dfrac{\omega_0^2}{\omega_1^2} + 1 + \dfrac{2\omega_e^2}{\omega_1^2}\sin^2\dfrac{\pi a}{l} \pm \sqrt{\left(\dfrac{\omega_0^2}{\omega_1^2} + 1 + \dfrac{2\omega_e^2}{\omega_1^2}\sin^2\dfrac{\pi a}{l}\right)^2 - 4\dfrac{\omega_0^2}{\omega_1^2}}\right]$$

其中,有一个根的计算值约等于0,忽略不计。于是得前2阶固有频率分别为:

$$\left.\begin{aligned}\hat{\omega}_1^2 = \omega_0^2\\ \hat{\omega}_2^2 \approx \omega_1^2\end{aligned}\right\} \quad (1\text{-}299)$$

由上述讨论可知,只要设计的弹性吊杆附加质量模型系统满足特定的条件,就可以从附加质量梁的实测频率中滤除附加质量 M 的影响,从而可反求钢筋混凝土梁的动刚度。

一般来说,弹性吊杆刚度远比钢筋混凝土模型梁小很多,有 $\hat{\omega}_2 \gg \omega_0$,得钢筋混凝土简支梁截面的等效动刚度为:

$$EI_d = \omega_1^2 \dfrac{l^4 m}{\pi^4} \approx \hat{\omega}_2^2 \dfrac{l^4 m}{\pi^4} \quad (1\text{-}300)$$

式中,ω_1 为开裂前后钢筋混凝土梁等效动刚度求得的第一阶固有频率;$\hat{\omega}_2$ 为试验模型系统的第二阶频率实测值。

式(1-300)中的实测第二阶频率就是开裂梁的基频,附加质量的存在并没有对计算基频产生显著影响。如果钢筋混凝土简支梁的实测基频发生变化,说明钢筋混凝土梁截面动刚度 EI_d 也随着变化,揭示了钢筋混凝土梁的动刚度与其工作状态(裂缝)之间的内在关系。

[例1.11.1] 已知某钢筋混凝土 T 梁模型,计算跨径 $l = 2.43$ m,C20 级混凝土,热轧螺纹钢筋,混凝土弹性模量 $E_c = 2.6 \times 10^4$ MPa,平均横截面面积 $A_c = 146.074$ cm^2,平均惯性矩 $I_c = 12144$ cm^4,重度 $\rho = 25.0$ kN/m^3,弹簧刚度 $k = 24000$ N/m,$a = 0.60$ m。悬挂不同的附加质量时梁的基频计算值和实测值列于表1-6中。

弹性吊杆悬挂不同的附加质量时梁的基频　　　表1-6

悬挂质量 M(kg)		0	600	1100	1500	2000	2500
$\dfrac{\hat{\omega}}{2\pi}$ 计算值	一阶(Hz)		1.012	0.754	0.636	0.551	0.493
	二阶(Hz)	78.22	78.307	78.307	78.307	78.307	78.307

续上表

悬挂质量 M(kg)	0	600	1100	1500	2000	2500
悬挂系统 $\omega_0/2\pi$(Hz)		1.007	0.743	0.637	0.551	0.493
相关频率 $\omega_e/2\pi$(Hz)		3.698	3.698	3.698	3.698	3.698
实测频率(Hz)	75.61	71.47	65.77	63.70	63.70	63.70
动刚度(kN·m²)	2969.71	2653.40	2247.04	2107.82	2107.82	2107.82

从图 1-40 和图 1-41 可见,在滤除了附加质量 M 对试验梁的实测基频影响后,钢筋混凝土梁的实测基频和截面动刚度随附加质量 M 的增加而减少。这个变化实质上是钢筋混凝土梁在外力 Mg 作用下受拉区出现了较多的竖向裂缝从而截面中性轴不断上移的缘故。计算值依据等截面简支梁基频方法求得,计算值只能表示成一条直线。

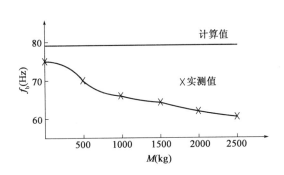

图 1-40　钢筋混凝土梁的基频与外力的关系

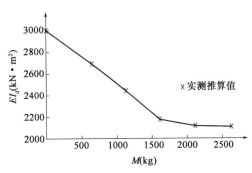

图 1-41　钢筋混凝土梁的动刚度与外力的关系

假如弹性吊杆附加质量系统作用于钢质试验梁,则加载试验模型的基频实测值与理论计算值将为两条互相平行的水平直线,显然两者之间仅相差一个测试系统的误差。

1.12　预应力钢梁振动分析

对于预应力混凝土梁的固有振动特性与预应力之间的关系,目前相关研究较多,但认识存在差异。因为钢梁不存在混凝土开裂行为,其固有振动特性与预应力关系相对单一。本节应用达朗伯原理建立体外预应力钢梁的振动方程并进行固有振动特性分析,研究固有振动特性随预应力变化规律。

预应力钢梁是钢梁体(箱)内设置体外无黏结预应力索而形成的索梁共同受力的复合梁。由于钢梁的截面静刚度与动刚度差别不大,这里假设取值相同而不予区别。

图 1-42 表示体外预应力简支钢梁的计算简图。其中,e 为梁端预应力锚固点上偏心距;l 为简支钢梁计算跨径;H 为预应力索的张力水平分量;A_e 为预应力索的有效截面面积。同时假设钢梁的抗弯刚度 EI 和分布质量 m 均为常量。

假设预应力索的线形在张拉前为二次抛物线,即:

$$z_c = \frac{4f}{l^2}x(l-x) - e \tag{1-301}$$

张拉完成后钢梁的反拱曲线变为 $z(x)$,索的形状曲线方程变为:

式中,x 为水平轴向坐标;原点选在梁左端的截面形心处;q 为钢梁的恒载分布集度,不计预应力索的自重。

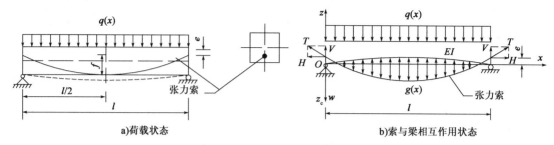

图 1-42　体外预应力简支钢梁计算简图

1.12.1　预应力索张拉后体外预应力钢梁的静力平衡方程

假设简支钢梁与预应力索在索托的支撑下相互作用着分布力 $g(x)$（索托假设为密布）而无切向力,在预应力索张拉过程中索梁相互作用,共同变形,互相影响。由图 1-43 可写出微元体平衡方程:

$$\sum M = 0 \qquad \mathrm{d}M - Q\mathrm{d}x + H\mathrm{d}z = 0$$
$$\sum Y = 0 \qquad (g - q)\mathrm{d}x - \mathrm{d}Q = 0$$

整理得:

$$\frac{\mathrm{d}M}{\mathrm{d}x} - Q + H\frac{\mathrm{d}z}{\mathrm{d}x} = 0 \tag{1-302}$$

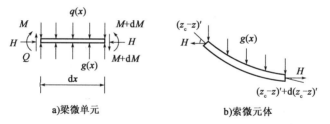

图 1-43　微元体的平衡

即

$$\frac{\mathrm{d}^2 M}{\mathrm{d}x^2} - \frac{\mathrm{d}Q}{\mathrm{d}x} + H\frac{\mathrm{d}^2 z}{\mathrm{d}x^2} = 0 \tag{1-303}$$

和

$$\frac{\mathrm{d}Q}{\mathrm{d}x} = g(x) - q(x) \tag{1-304}$$

合并式(1-303)和式(1-304),得:

$$\frac{\mathrm{d}^2 M}{\mathrm{d}x^2} + H\frac{\mathrm{d}^2 z}{\mathrm{d}x^2} = g(x) - q(x) \tag{1-305}$$

取 z 向上为正向反拱度,由材料力学可知:

$$M = EI\frac{\mathrm{d}^2 z}{\mathrm{d}x^2}$$

代入式(1-305)后,得:

$$EI\frac{d^4z}{dx^4} + H\frac{d^2z}{dx^2} = g(x) - q(x) \tag{1-306}$$

同样,在索梁共同变形后可得索的平衡方程为:

$$-H\frac{d^2(z_c - z)}{dx^2} = g(x) \tag{1-307}$$

将式(1-307)代入式(1-306),得:

$$EI\frac{d^4z}{dx^4} + H\frac{d^2z_c}{dx^2} = -q(x) \tag{1-308}$$

上式即为恒载作用下预应力索张拉并锚固后体外预应力钢梁的静力平衡微分方程。

1.12.2 体外预应力钢梁的固有振动方程

假设体外预应力钢梁受到挠动后发生了向下为正方向的动挠度 $w(x,t)$,相应的索力也产生了一个水平分量增量 $h(t)$,预应力钢索与钢梁之间的互相作用力的增值为 $r(x,t)$,不计阻尼的影响,由达朗伯原理,则式(1-306)和式(1-307)可分别写成:

$$EI\frac{\partial^4(z-w)}{\partial x^4} + (H+h)\frac{\partial^2(z-w)}{\partial x^2} = g + r - q - m\ddot{w} \tag{1-309}$$

$$-(H+h)\frac{\partial^2(z_c - z + w)}{\partial x^2} = g + r \tag{1-310}$$

将式(1-310)代入式(1-309),并注意 $(z_c - z)$ 与 t 无关,则:

$$EI\frac{d^4z}{dx^4} + H\frac{d^2z_c}{dx^2} - EI\frac{\partial^4 w}{\partial x^4} + h\frac{d^2z_c}{dx^2} = -q(x) + m\ddot{w} \tag{1-311}$$

引入式(1-308),上式可进一步简化为:

$$EI\frac{\partial^4 w}{\partial x^4} + m\ddot{w} - h\frac{d^2z_c}{dx^2} = 0 \tag{1-312}$$

上式即为体外预应力钢梁的固有振动方程。方程左边前二项为一般梁的振动力项;最后一项为预应力的影响项。显然,式(1-312)与一般梁在两端承受外部轴向力作用下的振动方程(1-39)有本质差别,这是预应力作为结构体系内力的特点所在。从式(1-312)可以看出,只有曲线布置预应力钢束才对钢梁的固有振动特性产生影响。

预应力索长在张拉完成并锚固后变为:

$$L = \int_0^l \sqrt{1 + \left[\frac{d(z_c - z)}{dx}\right]^2} dx \tag{1-313}$$

当体外预应力钢梁受到扰动后,索长改变为:

$$L + \Delta L = \int_0^l \sqrt{1 + \left[\frac{d(z_c - z)}{dx} + \frac{\partial w}{\partial x}\right]^2} dx \tag{1-314}$$

将式(1-314)与式(1-313)相减,得索长改变变量:

$$\Delta L = \int_0^l \left\{ \sqrt{1 + \left[\frac{d(z_c - z)}{dx} + \frac{\partial w}{\partial x}\right]^2} - \sqrt{1 + \left[\frac{d(z_c - z)}{dx}\right]^2} \right\} dx$$

$$= \int_0^l \frac{1 + \left[\frac{d(z_c - z)}{dx} + \frac{\partial w}{\partial x}\right]^2 - \left\{1 + \left[\frac{d(z_c - z)}{dx}\right]^2\right\}}{\sqrt{1 + \left[\frac{d(z_c - z)}{dx} + \frac{\partial w}{\partial x}\right]^2} + \sqrt{1 + \left[\frac{d(z_c - z)}{dx}\right]^2}} dx$$

$$\approx \int_0^l \frac{d(z_c - z)}{dx} \cdot \frac{\partial w}{\partial x} dx$$

$$= \frac{d(z_c - z)}{dx} \cdot w \Big|_0^l - \int_0^l \frac{d^2(z_c - z)}{dx^2} w \, dx$$

$$= \frac{1}{H} \int_0^l g(x) w \, dx \tag{1-315}$$

式中,忽略$\left(\frac{\partial w}{\partial x}\right)^2$项,引用了简支梁两端铰支承条件$w(0,t) = w(l,t) = 0$。

同时,ΔL可写成:

$$\Delta L = \frac{hL}{E_c A_c} \tag{1-316}$$

式中,$E_c A_c$为预应力钢束截面抗拉刚度;$h(t)$为索力水平分量增量。

将式(1-316)代入式(1-315),有:

$$h(t) = \frac{E_c A_c}{HL} \int_0^l g(x) w(x,t) dx \tag{1-317}$$

式(1-317)显然具有能量守恒的物理意义。其中,$g(x)$为钢梁自重作用下预应力索张拉完成并锚固后的索与梁之间的作用力,可由式(1-307)和式(1-308)求得。这样,体外预应力钢梁的固有振动方程将由式(1-312)和式(1-317)联立给出。

由于已知$z_c(x)$的函数式,则:

$$\frac{d^2 z_c}{dx^2} = -\frac{8f}{l^2}$$

同时设恒载q为常数,由式(1-308)可得:

$$EI \frac{d^4 z}{dx^4} = -q + \frac{8Hf}{l^2} \tag{1-318}$$

积分,得:

$$EIz = \frac{1}{24} \left(-q + \frac{8Hf}{l^2}\right) x^4 + C_1 x^3 + C_2 x^2 + C_3 x + C_4 \tag{1-319}$$

考虑简支钢梁两端的边界条件,当$x = 0$和$x = l$时,有:

$$\left. \begin{array}{l} z = 0 \\ EI \dfrac{d^2 z}{dx^2} = He \end{array} \right\}$$

解之得:

$$\left.\begin{array}{l}C_1 = -\dfrac{1}{12}\left(-q+\dfrac{8Hf}{l^2}\right)l \\ C_2 = \dfrac{He}{2} \\ C_3 = \dfrac{1}{24}\left(-q+\dfrac{8Hf}{l^2}\right)l^3 - \dfrac{Hel}{2} \\ C_4 = 0\end{array}\right\} \qquad (1\text{-}320)$$

代入(1-319)中,整理得:

$$z = \dfrac{1}{24EI}\left(-q+\dfrac{8Hf}{l^2}\right)x^4 - \dfrac{l}{12EI}\left(-q+\dfrac{8Hf}{l^2}\right)x^3 + \dfrac{He}{2EI}x^2 + \left[\dfrac{l^3}{24EI}\left(-q+\dfrac{8Hf}{l^2}\right)-\dfrac{Hel}{2EI}\right]x \qquad (1\text{-}321)$$

将上式代入式(1-307)中,可得索梁之间相互作用力:

$$\begin{aligned}g(x) &= -H\dfrac{\mathrm{d}^2(z_c - z)}{\mathrm{d}x^2} \\ &= \dfrac{8Hf}{l^2} + \dfrac{H}{2EI}\left(-q+\dfrac{8Hf}{l^2}\right)(x^2-lx) + \dfrac{H^2 e}{EI}\end{aligned} \qquad (1\text{-}322)$$

上式说明,索梁之间的相互作用力是不均匀的,呈二次抛物线分布。

如令体外预应力简支钢梁的一阶振型相应的动挠度为:

$$w(x,t) = W\sin\dfrac{\pi x}{l}\sin\omega t \qquad (1\text{-}323)$$

代入式(1-317)中,通过两次分部积分得:

$$\begin{aligned}h(t) &= \dfrac{E_c A_c}{HL}\int_0^l g(x)w(x,t)\mathrm{d}x \\ &= \dfrac{E_c A_c}{HL}\int_0^l\left[\dfrac{8Hf}{l^2}+\dfrac{H}{2EI}\left(-q+\dfrac{8Hf}{l^2}\right)(x^2-lx)+\dfrac{H^2 e}{EI}\right]W\sin\dfrac{\pi x}{l}\mathrm{d}x\sin\omega t \\ &= \dfrac{E_c A_c}{L}\left[\dfrac{16f}{\pi l}-\dfrac{2l^3}{EI\pi^3}\left(-q+\dfrac{8Hf}{l^2}\right)+\dfrac{2Hel}{EI\pi}\right]W\sin\omega t\end{aligned} \qquad (1\text{-}324)$$

式中,L 为索长,由下式给出:

$$L = \int_0^l\sqrt{1+\left(\dfrac{\mathrm{d}z_c}{\mathrm{d}x}\right)^2}\mathrm{d}x \approx \int_0^l\left[1+\dfrac{1}{2}\left(\dfrac{\mathrm{d}z_c}{\mathrm{d}x}\right)^2\right]\mathrm{d}x = \left[1+\dfrac{8}{3}\left(\dfrac{f}{l}\right)^2\right]l \qquad (1\text{-}325)$$

[**例 1.12.1**] 某体外预应力简支钢梁模型,已知钢梁的刚度 $EI = 1422.0705\text{kN}\cdot\text{m}^2$,计算跨径 $l = 4\text{m}$,分布质量 $m = 250\text{kg/m}$,自重 $q = 2.5\text{kN/m}$;索的矢高 $f = 0.1\text{m}$,有效截面面积 $A_c = 140\text{ mm}^2$,索的弹性模量 $E_c = 195\text{ kN/mm}^2$,预应力索初张力的水平分量 $H = 82.9\text{kN}$ 和 $e = 0$。

由式(1-325)得:

$$L = \left[1+\dfrac{8}{3}\left(\dfrac{f}{l}\right)^2\right]l = \left[1+\dfrac{8}{3}\left(\dfrac{0.1}{4}\right)^2\right]\times 4 = 4.01(\text{m})$$

由式(1-324)可得:

$$h(t) = \frac{E_c A_c}{L}\left[\frac{16f}{\pi l} - \frac{2l^3}{EI\pi^3}\left(-q + \frac{8Hf}{l^2}\right) + \frac{2Hel}{EI\pi}\right]W\sin\omega t$$

$$= \frac{195 \times 140}{4.01}\left[\frac{16 \times 0.1}{4\pi} - \frac{2 \times 4^3}{1422.0705\pi^3}\left(-2.5 + \frac{8 \times 82.9 \times 0.1}{4^2}\right)\right]W\sin\omega t$$

$$= 834.311 W\sin\omega t$$

式中，W 的单位为 m；$h(t)$ 的单位为 kN。

采用伽辽金法求体外预应力钢梁的固有频率。由式(1-312)，有：

$$\int_0^l \left[EI\frac{\partial^4 w}{\partial x^4} + h\frac{8f}{l^2} - m\omega^2 w\right]\delta w\, dx = 0$$

即

$$\int_0^l \left[EI\left(\frac{\pi}{l}\right)^4 \sin\frac{\pi x}{l} + \frac{8f}{l^2} \times 834.31 - m\omega^2 \sin\frac{\pi x}{l}\right]\sin\frac{\pi x}{l}\sin^2\omega t\, dx\, \delta W = 0$$

上式满足的条件为：

$$\int_0^l \left[EI\left(\frac{\pi}{l}\right)^4 \sin^2\frac{\pi x}{l} + \frac{8f}{l^2} \times 834.31\sin\frac{\pi x}{l} - m\omega^2 \sin^2\frac{\pi x}{l}\right]dx = 0$$

积分后整理，得：

$$EI\left(\frac{\pi}{l}\right)^4 \frac{l}{2} + \frac{8f}{l^2} \times 834.31\frac{2l}{\pi} - m\omega^2 \frac{l}{2} = 0$$

体外预应力简支钢梁的一阶振动频率为：

$$\omega^2 = \frac{EI\pi^5 + 32 \times 834.31 fl^2}{m\pi l^4} = \frac{1422.0705\pi^5 + 32 \times 834.31 \times 0.1 \times 4^2}{250\pi \times 4^4 \times 10^{-3}} = 2376.87$$

即

$$\omega = 48.753\, \text{s}^{-1}$$

而无索力作用时，有 $h(t) = 0$，代入方程(1-312)，得：

$$\omega_0 = \left(\frac{\pi}{l}\right)^2 \sqrt{\frac{EI}{m}} = \left(\frac{\pi}{4}\right)^2 \sqrt{\frac{1422.0705 \times 10^3}{250}} = 46.523\, (\text{s}^{-1})$$

由此可知，计入索力作用后钢梁的基频提高了 4.8%。由 ω^2 的值，即可求得体外预应力钢梁的动刚度：

$$EI_d = \frac{l^4 m}{\pi^4}\omega^2 = \frac{4^4 \times 250}{\pi^4} \times 2376.87 = 1561.658\, (\text{kN} \cdot \text{m}^2)$$

与原钢梁的刚度相比，提高了 9.82%。

从本例可见，只有曲线布置的预应力钢索才可能提高钢梁的动刚度。

本章参考文献

[1] 俞载道. 结构动力学基础[M]. 上海：同济大学出版社，1987.

[2] 宋一凡. 公路桥梁动力学[M]. 北京：人民交通出版社，2000.

[3] 李国豪. 桥梁结构稳定与振动[M]. 2版. 北京：中国铁道出版社，2002.

[4] [美]R.克拉夫,J.彭津.结构动力学[M].2版(修订版).王光远,等,译校.北京:高等教育出版社,2010.
[5] 胡兆同.结构振动与稳定[M].北京:人民交通出版社,2008.
[6] 贺拴海.桥梁结构理论与计算方法[M].2版.北京:人民交通出版社股份有限公司,2017.
[7] 宋一凡,周彦军,贺拴海.钢筋混凝土梁的动刚度分析[J].西安公路交通大学学报,1998,18(S2):137-141.
[8] 宋一凡.预应力钢梁桥的动力分析[J].西安公路交通大学学报,2000,20(4):23-25.

第 2 章
拱的振动

拱桥是桥梁的基本形式之一,特别适应于在地质良好、地形合适的条件下建造拱桥,不但具有显著的经济效益,而且以其美丽的外形和内在的特性,深受人们的喜爱。我国公路桥梁中,拱桥占有相当大的比例。

随着拱桥跨径的增大,拱桥振动问题变得突出。第二次世界大战前,拱桥的振动理论研究处于基础阶段。在机械振动学中圆环振动理论的基础上引出了对圆弧拱振动的研究,建立了拱的振动方程,讨论了简单支承条件下拱的自由振动问题。

20 世纪 60 年代前的一二十年中,拱振动理论迅速发展并趋向成熟。国内外众多学者先后用能量法、影响系数法(力法)和弹性系数(位移法等)对拱结构的振动做了大量的数值分析工作。他们通过近似解析和简化数值分析方法,揭示了拱的基本振动特性和响应规律,为拱桥振动理论发展作出了重大贡献。

近几十年来,由于电子计算机的发展和有限单元法的创立,给拱桥的动力分析带来了革命性变化。各种动荷载作用下的拱桥振动响应都可统一成规格化的形式用通用程序来处理,对实际拱桥结构的精确模型进行非线性时程分析也没有困难。但是,用近似手段来揭示影响拱振动特性的各参数之间内在关系仍然具有重要的理论价值。在一定的条件下,近似解析方法所提供的实用计算公式,以其形式简单、物理概念明确、具有足够工程精度的突出优点而为工程技术人员所乐于采用,也是桥梁现行规范中许多近似公式的理论基础。因此,本章主要研究拱固有振动的基本动力特性,为进一步讨论拱桥在各种动荷载作用下的强迫振动奠定基础。

一般的桥梁横截面都设计成左右对称,也就是说经过桥梁纵向对称轴线的竖平面是一个对称平面。因此,拱桥在这个竖平面内的挠曲振动和垂直于该平面的侧向挠曲-扭转振动就可以分开来单独处理,从而使问题得到简化。

本章将分别从拱的竖平面内挠曲和竖平面外的侧向弯扭静力平衡方程出发,首先运用达朗贝尔原理引入相应的惯性力项,以得到拱的振动方程,基于能量原理求解拱的低阶固有振型及频率近似值,满足工程应用需要;其次叙述拱的竖平面内挠曲固有振动及强迫振动响应分析;最后介绍竖平面外的侧向弯扭耦合固有振动分析方法。

2.1 圆弧拱的竖平面内挠曲固有振动

拱桥的实际拱轴线形通常有悬链线、抛物线和圆弧线等多种形式。作为拱的振动基础,本节首先讨论圆弧拱的振动方程。

2.1.1 圆弧拱的竖平面挠曲静力平衡方程

以拱圈横截面左右对称的单跨拱为考察对象,建立曲线坐标系如图 2-1 所示。由微元的平衡条件、变形几何关系以及内力和变形的物理关系来建立拱的竖平面挠曲基本方程。

1)平衡条件

图 2-2 表示拱发生竖平面内挠曲后,微元 $ds = Rd\varphi$(R 为曲率半径)在径向荷载 p_r 和切向荷载 p_s 以及轴力 N、剪力 Q 和弯矩 M 作用下处于平衡状态。图中所示内力均为正方向。

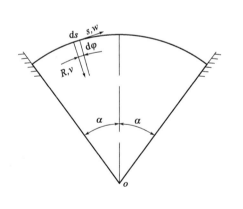
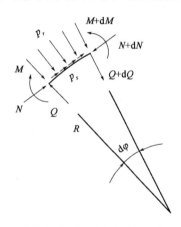

图 2-1　单跨拱桥示意　　　　图 2-2　拱弧微元内力平衡示意

假设这里为小位移问题,在建立平衡状态时,可以忽略几何尺寸改变量的影响。由切向力、径向力和内力的平衡条件,得:

$$\left.\begin{array}{l} dQ - Nd\varphi + p_r ds = 0 \\ dN + Qd\varphi - p_s ds = 0 \\ dM - Qds = 0 \end{array}\right\} \quad (2\text{-}1)$$

或

$$\left.\begin{array}{l}\dfrac{\mathrm{d}Q}{\mathrm{d}s}=-p_r+\dfrac{N}{R}\\[6pt]\dfrac{\mathrm{d}N}{\mathrm{d}s}=p_s-\dfrac{Q}{R}\\[6pt]\dfrac{\mathrm{d}M}{\mathrm{d}s}=Q\end{array}\right\} \quad (2\text{-}2)$$

将式(2-2)中的第三式分别代入第一式和第二式,消去 Q 后得:

$$\left.\begin{array}{l}\dfrac{\mathrm{d}^2 M}{\mathrm{d}s^2}-\dfrac{N}{R}=-p_r\\[6pt]\dfrac{\mathrm{d}N}{\mathrm{d}s}+\dfrac{1}{R}\dfrac{\mathrm{d}M}{\mathrm{d}s}=p_s\end{array}\right\} \quad (2\text{-}3)$$

上式即为由拱内力表示的平衡方程。

2) 变形几何关系

图 2-3 表示拱微元 $\overset{\frown}{mn}$ 在发生平面挠曲变形后位移至新的位置 $\overset{\frown}{m'n'}$。设 m 点径向和切向位移分别为 v 和 w。由图可知,由位移 v 在截面 m 所引起的转角为 $\dfrac{\mathrm{d}v}{\mathrm{d}s}$;由位移 w 所引起的转角为 $w/(R-v)$,可近似地取为 w/R。所以在 v 和 w 的共同影响下截面 m 的转角为:

$$\beta=\dfrac{\mathrm{d}v}{\mathrm{d}s}+\dfrac{w}{R} \quad (2\text{-}4)$$

于是,可得微元 $\mathrm{d}s$ 的曲率改变量即单位弧长转角的增量为:

$$\kappa_z=\dfrac{\mathrm{d}}{\mathrm{d}s}\left(\dfrac{w}{R}+\dfrac{\mathrm{d}v}{\mathrm{d}s}\right)=\dfrac{\mathrm{d}^2 v}{\mathrm{d}s^2}+\dfrac{\mathrm{d}}{\mathrm{d}s}\left(\dfrac{w}{R}\right) \quad (2\text{-}5)$$

微元 $\mathrm{d}s$ 由于切向位移 w 所引起的伸长为 $\mathrm{d}w$;由径向位移 v 所引起的伸长为 $(R-v)\mathrm{d}\varphi-R\mathrm{d}\varphi$ 即 $-v\mathrm{d}\varphi$。因此,微元 $\mathrm{d}s$ 的单位弧长伸长为:

$$\varepsilon=\dfrac{\mathrm{d}w}{\mathrm{d}s}-\dfrac{v\mathrm{d}\varphi}{\mathrm{d}s}=\dfrac{\mathrm{d}w}{\mathrm{d}s}-\dfrac{v}{R} \quad (2\text{-}6)$$

如假设拱轴可视为无伸缩的,即可令 $\varepsilon=0$,根据此条件,由式(2-6)可得:

$$\dfrac{\mathrm{d}w}{\mathrm{d}s}=\dfrac{v}{R}$$

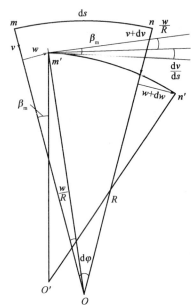

图 2-3 拱弧微元位移示意

习惯上写成

$$v=R\dfrac{\mathrm{d}w}{\mathrm{d}s} \quad (2\text{-}7)$$

上式就是拱轴不可伸缩变形条件。

3) 内力和变形的物理关系

根据材料力学并考虑式(2-5)和式(2-6)可得弯矩 M 和轴力 N 与挠曲率 κ_z 和伸长率 ε 的关系为:

$$M = -EI_z \kappa_z = -EI_z \left[\frac{d^2 v}{ds^2} + \frac{d}{ds}\left(\frac{w}{R}\right) \right]$$
$$N = -EF\varepsilon = -EF \left(\frac{dw}{ds} - \frac{v}{R} \right)$$
(2-8)

式中，EI_z 和 EF 分别为拱截面在拱竖平面内的抗弯刚度和轴向抗拉（压）刚度。

4）弹性平衡方程

将式（2-8）代入式（2-3），便可得到一般拱的竖平面挠曲弹性平衡微分方程：

$$\left\{ EI_z \left[v'' + \left(\frac{w}{R}\right)' \right] \right\}'' - \frac{EF}{R}\left(w' - \frac{v}{R} \right) = p_r$$
$$\left[EF\left(w' - \frac{v}{R} \right) \right]' + \frac{1}{R}\left\{ EI_z \left[v'' + \left(\frac{w}{R}\right)' \right] \right\}' = -p_s$$
(2-9)

式中，"'" 表示关于曲线坐标 s 的导数。

对于等截面拱，EI_z 和 EF 均为常数，上式简化为：

$$EI_z \left\{ \left[v'' + \left(\frac{w}{R}\right)' \right] \right\}'' - \frac{EF}{R}\left(w' - \frac{v}{R} \right) = p_r$$
$$EF\left(w' - \frac{v}{R} \right)' + \frac{EI_z}{R}\left[v'' + \left(\frac{w}{R}\right)' \right]' = -p_s$$
(2-10)

5）圆弧拱的弹性平衡方程

对于等截面圆弧拱，$R = $ 常数，式（2-10）可进一步简化为：

$$EI_z \left(v^{(4)} + \frac{w'''}{R} \right) - \frac{EF}{R}\left(w' - \frac{v}{R} \right) = p_r$$
$$EF\left(w'' - \frac{v'}{R} \right) + \frac{EI_z}{R}\left(v''' + \frac{w''}{R} \right) = -p_s$$
(2-11)

这就是等截面圆弧拱竖平面内挠曲静力平衡方程。

2.1.2 圆弧拱的竖平面挠曲固有振动

如图 2-1 所示的曲线坐标系下的单跨拱，在拱的竖平面挠曲静力平衡方程（2-11）的基础上，假设恒载下等截面圆弧拱轴线作为静平衡位置，引入达朗贝尔惯性力：

$$p_r = -m\ddot{v}(s,t)$$
$$p_s = -m\ddot{w}(s,t)$$
(2-12)

式中，m 为单位拱轴弧长的分布质量。

拱的振动是简谐的，于是有：

$$\ddot{v}(s,t) = -\omega^2 V(s)\sin\omega t$$
$$\ddot{w}(s,t) = -\omega^2 W(s)\sin\omega t$$

式中，ω 为拱的竖平面挠曲振动固有频率；$V(s)$ 和 $W(s)$ 分别为拱的径向和切向振型函数。

对于半径 R 为常数的一般截面圆弧拱,将上式惯性力代入式(2-9)得:

$$\left. \begin{array}{r} \left[EI_z \left(V'' + \dfrac{W'}{R} \right) \right]'' - \dfrac{EF}{R} \left(W' - \dfrac{V}{R} \right) = m\omega^2 V \\ \left[EF \left(W' - \dfrac{V}{R} \right) \right]' + \dfrac{1}{R} \left[EI_z \left(V'' + \dfrac{W'}{R} \right) \right]' = -m\omega^2 W \end{array} \right\} \quad (2\text{-}13\text{a})$$

由式(2-13a)的第二式可得:

$$\frac{1}{R} \left[EF \left(W' - \frac{V}{R} \right) \right]' = -\frac{1}{R^2} \left[EI_z \left(V'' + \frac{W'}{R} \right) \right]' - m\omega^2 \frac{W}{R} \quad (2\text{-}13\text{b})$$

将式(2-13a)的第一式两边关于 s 求导,并将上式代入即可消去包含 EF 的项,则两式合并为:

$$\left[EI_z \left(V'' + \frac{W'}{R} \right) \right]''' + \frac{1}{R^2} \left[EI_z \left(V'' + \frac{W'}{R} \right) \right]' + m\omega^2 \left(-V' + \frac{W}{R} \right) = 0 \quad (2\text{-}14)$$

对于等截面圆弧拱,上式可进一步简化为:

$$EI_z \left(V'' + \frac{W'}{R} \right)''' + \frac{EI_z}{R^2} \left(V'' + \frac{W'}{R} \right)' + m\omega^2 \left(-V' + \frac{W}{R} \right) = 0 \quad (2\text{-}15)$$

引入振动时拱轴不可伸缩的假定,即令 $\varepsilon = W' - \dfrac{V}{R} = 0$,并将 $V = RW'$ 代入式(2-15),消去 $V(s)$ 后即得:

$$EI_z \left[(RW')'' + \frac{W'}{R} \right]''' + \frac{EI_z}{R^2} \left[(RW')'' + \frac{W'}{R} \right]' + m\omega^2 \left[-(RW')' + \frac{W}{R} \right] = 0$$

即

$$EI_z \left(RW''' + \frac{W'}{R} \right)''' + \frac{EI_z}{R^2} \left(RW''' + \frac{W'}{R} \right)' + m\omega^2 \left(-RW'' + \frac{W}{R} \right) = 0 \quad (2\text{-}16)$$

上式就是等截面圆弧拱的竖平面挠曲固有振动方程。

由于 $ds = Rd\varphi$,存在 $W = W(\varphi)$,方程(2-16)两边同乘以 $\dfrac{R^5}{EI_z}$ 可写成:

$$\frac{d^6 W}{d\varphi^6} + 2 \frac{d^4 W}{d\varphi^4} + \frac{d^2 W}{d\varphi^2} + \frac{m\omega^2 R^4}{EI_z} \left(W - \frac{d^2 W}{d\varphi^2} \right) = 0$$

整理后得:

$$\frac{d^6 W}{d\varphi^6} + 2 \frac{d^4 W}{d\varphi^4} + (1 - \Omega^2) \frac{d^2 W}{d\varphi^2} + \Omega^2 W = 0 \quad (2\text{-}17)$$

式中,$\Omega^2 = \dfrac{m\omega^2 R^4}{EI_z}$;$\varphi$ 为对应于曲线坐标 s 的圆心角。

式(2-17)即是常见的等截面圆弧拱的竖平面挠曲固有振动方程。

圆弧拱如受到径向外荷载 $p(s,t)$ 的作用(指向圆心为正向),由式(2-2)可得到轴向压力 $N = pR$。因拱轴挠曲后曲率的变化,此时轴向压力产生了二次影响的径向分布压力 $-pR\left(v'' + \dfrac{w'}{R} \right)$(这里与有轴向受压梁振动方程情形相似)。令式(2-12)中的 p_r 为:

$$p_r = -m\ddot{v} - pR \left(v'' + \frac{w'}{R} \right) \quad (2\text{-}18)$$

于是,式(2-13a)变为:

$$\left.\begin{array}{l}\left[EI_z\left(V''+\dfrac{W'}{R}\right)\right]''-\dfrac{EF}{R}\left(W'-\dfrac{V}{R}\right)=m\omega^2 V-pR\left(V''+\dfrac{W'}{R}\right)\\ \left[EF\left(W'-\dfrac{V}{R}\right)\right]'+\dfrac{1}{R}\left[EI_z\left(V''+\dfrac{W'}{R}\right)\right]'=-m\omega^2 W\end{array}\right\} \quad (2\text{-}19\text{a})$$

同上述化简过程,得到式(2-19a)两式合并后的方程为:

$$EI_z\left(V''+\dfrac{W'}{R}\right)'''+\dfrac{EI_z}{R^2}\left(V''+\dfrac{W'}{R}\right)'+pR\left(V''+\dfrac{W'}{R}\right)'+m\omega^2\left(-V'+\dfrac{W}{R}\right)=0 \quad (2\text{-}19\text{b})$$

同样,代入轴向不可伸缩的条件 $V=RW'$ 消去 V,得到考虑轴向力二次影响的等截面圆弧拱平面挠曲固有振动方程为:

$$\dfrac{\mathrm{d}^6 W}{\mathrm{d}\varphi^6}+\left(2+\dfrac{pR^3}{EI_z}\right)\dfrac{\mathrm{d}^4 W}{\mathrm{d}\varphi^4}+\left(1+\dfrac{pR^3}{EI_z}-\varOmega^2\right)\dfrac{\mathrm{d}^2 W}{\mathrm{d}\varphi^2}+\varOmega^2 W=0 \quad (2\text{-}20)$$

式中,$\varOmega^2$ 意义同前。

很显然,式(2-20)中的 $p=0$ 即退化为不计轴向力二次影响的方程(2-17)。

令 $\nu^2=1+\dfrac{pR^3}{EI_z}$,则式(2-20)可改写为:

$$\dfrac{\mathrm{d}^6 W}{\mathrm{d}\varphi^6}+(1+\nu^2)\dfrac{\mathrm{d}^4 W}{\mathrm{d}\varphi^4}+(\nu^2-\varOmega^2)\dfrac{\mathrm{d}^2 W}{\mathrm{d}\varphi^2}+\varOmega^2 W=0 \quad (2\text{-}21)$$

令 $W(\varphi)=\mathrm{e}^{n\varphi}$,代入上式,得特征方程为:

$$n^6+(1+\nu^2)n^4+(\nu^2-\varOmega^2)n^2+\varOmega^2=0$$

设 $z=n^2$ 作变量代换,上式改写成:

$$z^3+(1+\nu^2)z^2+(\nu^2-\varOmega^2)z+\varOmega^2=0 \quad (2\text{-}22)$$

通过数学求解器可以方便地获得方程(2-22)的解答,从而给出微分方程(2-21)的解函数。

方程(2-22)为一元三次方程,具有三个根:

$$z_1=n_1^2,z_2=n_2^2,z_3=n_3^2$$

必然有一个实根,另外两个根可能为两个实根或一对共轭复根。

按照韦达定理,方程(2-22)系数与根之间满足以下关系:

$$\left.\begin{array}{l}n_1^2+n_2^2+n_3^2=-(1+\nu^2)\\ n_1^2 n_2^2+n_2^2 n_3^2+n_3^2 n_1^2=\nu^2-\varOmega^2\\ n_1^2 n_2^2 n_3^2=-\varOmega^2\end{array}\right\} \quad (2\text{-}23)$$

对于不计轴力的情况,当求出方程(2-22)三个不相等实根时,式(2-17)的解可以写为

$$W(\varphi)=A_1\cos n_1\varphi+B_1\sin n_1\varphi+A_2\cos n_2\varphi+B_2\sin n_2\varphi+A_3\cos n_3\varphi+B_3\sin n_3\varphi \quad (2\text{-}24)$$

式中,n_1、n_2、n_3 为特征方程(2-22)中当 $\nu^2=1$ 时的三个实根。六个待定常数将由六个边界条件确定。

对于两铰拱,可写出以下边界条件:

当 $\varphi=0$ 和 2α 时(两拱脚处),有

$$v=0,w=0 \text{ 和 } M=-\dfrac{EI_z}{R^2}\left(\dfrac{\partial^2 v}{\partial\varphi^2}+\dfrac{\partial w}{\partial\varphi}\right)=0$$

相当于

$$V = 0, W = 0 \text{ 和 } \frac{d^2 V}{d\varphi^2} + \frac{dW}{d\varphi} = 0$$

由 $V = RW' = 0$ 得：
$$W' = 0$$

由 $V'' + W' = 0$ 得：
$$V'' = 0$$

又由 $V'' = RW'''$ 得：
$$W''' = 0$$

这里关于 $W(\varphi)$ 函数共有 $2 \times 3 = 6$ 个条件。代入式(2-24)可以得出关于待定常数的线性齐次方程组。由系数行列式等于零的条件解得 Ω^2，并由此可求得圆弧拱的固有频率和相应振型的解析解。

由上述分析可见，即使对于最简单的等截面圆弧两铰拱，并且不考虑轴向力的影响，精确求解过程已相当繁复，并且难以得出解析形式的固有频率计算公式。

2.2 抛物线拱的竖平面内挠曲固有振动

大跨径钢拱桥、钢管混凝土拱桥的拱轴线大多数采用抛物线形，因这类跨径的拱桥拱肋挠曲变形较大，有必要考虑轴向压力的二次影响。本节以抛物线拱为例，按二阶理论建立抛物线拱的振动方程，分析抛物线拱的固有振型和频率。

2.2.1 抛物线拱的竖平面挠曲静力平衡方程

1）平衡方程的一般形式

这里采用直角坐标系来描述抛物线拱的竖平面挠曲平衡方程。如图 2-4 所示拱轴线方程为：

$$y = \frac{4f}{l^2} x(l - x) \tag{2-25}$$

式中，l 为拱的计算跨径；f 为拱的计算矢高。

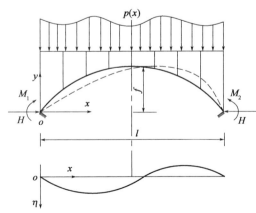

图 2-4 抛物线拱桥示意图

根据拱的径向挠曲曲率半径与竖向挠曲曲率半径之间的投影关系 $\rho_\eta \approx \rho_r \cos\varphi$，其中径向挠曲曲率和竖向挠曲曲率分别为：

$$\kappa_r = \frac{1}{\rho_r} = \frac{d^2 v}{ds^2} + \frac{d}{ds}\left(\frac{w}{R}\right)$$

$$\kappa_\eta = \frac{1}{\rho_\eta} = \frac{d^2 \eta}{dx^2}$$

式中，ρ_η、ρ_r 分别为拱竖平面内竖向挠曲曲率半径和径向挠曲曲率半径；$v(s)$、$w(s)$ 分别为垂直于拱轴线的径向位移和沿拱轴线的切向位移；$\eta(x)$ 为拱的竖向挠度。

由材料力学得拱圈截面弯矩与曲率关系为:

$$M(x) = -EI_z \frac{1}{\rho_r} = -EI_z \frac{\cos\varphi}{\rho_\eta} = -EI_z \cos\varphi \eta''(x)$$

式中,$M(x)$ 为拱圈截面的弯矩;EI_z 为拱圈截面的抗弯刚度;$\eta(x)$ 为拱的竖向挠度;φ 为拱轴线与 x 轴的夹角。

因此,直角坐标系下抛物线拱的挠曲静力平衡方程为:

$$-EI_z \cos\varphi \eta''(x) = M(x) = M_0(x) + M_1 \frac{l-x}{l} + M_2 \frac{x}{l} - H[y(x) - \eta(x)] \quad (2\text{-}26)$$

式中,$M_0(x)$ 为同跨径简支梁相应截面处竖向荷载下的弯矩;M_1、M_2 分别为左、右拱脚处的固端弯矩;l 为拱的计算跨径;H 为静力状态下拱的水平推力。

将式(2-26)关于 x 求导两次,同时注意到材料力学理论,右边前三项的两阶导数就是作用于拱的沿跨径方向竖向分布荷载 $-p(x)$,即 $\left[M_0(x) + M_1 \frac{l-x}{l} + M_2 \frac{x}{l}\right]'' = -p(x)$,于是得:

$$[EI_z \cos\varphi \eta'']'' - H(y'' - \eta'') = p(x) \quad (2\text{-}27)$$

上式中的水平推力是未知量,应当按拱两脚相对水平移的条件来决定。

如图 2-5 所示,拱圈的一个微段 ds 在竖平面挠曲变形后发生变位且长度变为 $\text{d}s + \Delta \text{d}s$。由几何关系

$$(\text{d}s + \Delta \text{d}s)^2 = (\text{d}x + \text{d}\xi)^2 + (\text{d}y - \text{d}\eta)^2$$

和

$$(\text{d}s)^2 = (\text{d}x)^2 + (\text{d}y)^2$$

上两式相减,并忽略高阶微量,得:

$$\xi' = \frac{1}{\cos^2\varphi} \frac{\Delta \text{d}s}{\text{d}s} + y'\eta' \quad (2\text{-}28)$$

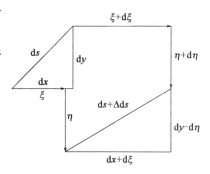

图 2-5 拱弧微元体

式中,$\xi' = \frac{\text{d}\xi}{\text{d}x}$;$\eta' = \frac{\text{d}\eta}{\text{d}x}$;$y' = \frac{\text{d}y}{\text{d}x}$;$\frac{\Delta \text{d}s}{\text{d}s}$ 为拱轴的伸长率,且有下列关系:

$$\frac{\Delta \text{d}s}{\text{d}s} = \varepsilon = -\frac{N}{EF} = -\frac{H\cos\varphi + V\sin\varphi}{EF} \quad (2\text{-}29)$$

式中,H 为任意截面 x 处的水平推力且为常数;N 为任意截面 x 处的拱轴压力;V 为相应截面处的竖向力(注意这里与剪力 Q 的区别)。

将式(2-29)代入式(2-28),并对 x 从 0 到 l 积分,便得到两拱脚间的相对水平位移:

$$\Delta l = \int_0^l \xi' \text{d}x = \int_0^l y'\eta' \text{d}x - \int_0^l \frac{1}{EF}\left(\frac{H}{\cos\varphi} + \frac{V\sin\varphi}{\cos^2\varphi}\right)\text{d}x \quad (2\text{-}30)$$

对于两端拱脚位置固定的拱桥,则有 $\Delta l = 0$ 成立,由此可求得 H 的方程为:

$$H \int_0^l \frac{\text{d}x}{EF\cos\varphi} = \int_0^l y'\eta' \text{d}x - \int_0^l \frac{Vy'}{EF\cos\varphi}\text{d}x \quad (2\text{-}31)$$

式中,$y' = \tan\varphi$ 为拱轴线在任意点的斜率。

对于系杆拱,两端拱脚相对水平位移 Δl 可表示为一定的数值,同样可得与式(2-31)相类似方程。

式(2-27)和式(2-31)就是抛物线拱按二阶理论建立的竖平面挠曲的两个基本方程的一般形式,它们适应于两端无相对位移的两铰拱或无铰拱。式(2-27)左边的第二项中的 $H\eta''$ 就是

考虑拱轴力的二次影响的项,它对于大跨径拱是不可忽视的。

2) 简化形式的静力平衡方程

在工程实际中,拱桥的主拱圈截面一般从拱顶向拱脚逐渐增大。为了简化计算,以便于说明问题的本质,假设拱截面面积和截面惯性矩变化符合余弦函数规律,这样的假设是最接近实际情况的,因而是合理的,也具有一般性。

因此,近似地令

$$EF\cos\varphi = EF_c \text{ 和 } EI_z\cos\varphi = EI_c \tag{2-32}$$

式中,F_c 为拱顶截面的面积;I_c 为拱顶截面的惯性矩。

已知抛物线拱的两端拱脚边界条件 $\eta = 0$ 及 $y = 0$,对于二次抛物线拱 y'' 是常数。式(2-31)中相关项可以通过分部积分法分别求得:

(1) 式(2-31)右边积分项 $\int_0^l y'\eta' \mathrm{d}x$:

$$\int_0^l y'\eta' \mathrm{d}x = [y'\eta]_0^l - \int_0^l y''\eta \mathrm{d}x = -y'' \int_0^l \eta \mathrm{d}x$$

(2) 式(2-31)右边积分项 $-\int_0^l \dfrac{Vy'}{EF\cos\varphi}\mathrm{d}x$:

$$-\int_0^l \frac{Vy'}{EF\cos\varphi}\mathrm{d}x = -\int_0^l \frac{Vy'}{EF_c}\mathrm{d}x = -\frac{1}{EF_c}\left\{[Vy]_0^l - \int_0^l V'y \mathrm{d}x\right\} = \frac{1}{EF_c}\int_0^l V'y \mathrm{d}x \tag{2-33}$$

上式中引用了拱的两端拱轴线坐标 $y = 0$ 的条件。由式(2-27),有:

$$V' = p(x) = -EI_c\eta^{(4)} - H\eta'' + Hy''$$

代入上式(2-33)中的积分式,得:

$$\int_0^l V'y \mathrm{d}x = -EI_c \int_0^l \eta^{(4)} y \mathrm{d}x - H \int_0^l \eta'' y \mathrm{d}x + H \int_0^l y'' y \mathrm{d}x \tag{2-34}$$

① 式(2-34)右边第一项积分为:

$$-EI_c \int_0^l \eta^{(4)} y \mathrm{d}x = -EI_c \left\{[\eta'''y]_0^l - \int_0^l \eta''' y' \mathrm{d}x\right\}$$

$$= EI_c \int_0^l y'\eta''' \mathrm{d}x$$

$$= EI_c \left\{[y'\eta'']_0^l - \int_0^l y''\eta'' \mathrm{d}x\right\}$$

$$= -EI_c y'' \int_0^l \eta'' \mathrm{d}x$$

式中引用了两端拱脚的铰支承边界条件 $y = 0$ 和 $\eta'' = 0$。

② 式(2-34)右边第二项积分为:

$$-H \int_0^l \eta'' y \mathrm{d}x = -H\left\{[\eta'y]_0^l - \int_0^l \eta' y' \mathrm{d}x\right\}$$

$$= H \int_0^l \eta' y' \mathrm{d}x$$

$$= H\left\{[\eta y']_0^l - \int_0^l \eta y'' \mathrm{d}x\right\}$$

$$= -Hy'' \int_0^l \eta \mathrm{d}x$$

上式中引用了两端拱脚的边界条件 $y=0$ 和 $\eta=0$。

③式(2-34)右边第三项积分为：

$$H\int_0^l y''y\mathrm{d}x = H\left\{[y'y]_0^l - \int_0^l (y')^2\mathrm{d}x\right\} = -H\int_0^l (y')^2\mathrm{d}x$$

同样，上式中引用了两端拱脚的边界条件 $y=0$ 和 $\eta=0$。

(3) 式(2-31)左边积分为：

$$H\int_0^l \frac{\mathrm{d}x}{EF\cos\varphi} = H\int_0^l \frac{\mathrm{d}x}{EF_c} = \frac{H}{EF_c}\int_0^l \mathrm{d}x$$

将上述各积分式分别代入式(2-31)，即得：

$$\frac{H}{EF_c}\int_0^l \mathrm{d}x = -y''\left[\int_0^l \eta\mathrm{d}x + \frac{EI_c}{EF_c}\int_0^l \eta''\mathrm{d}x + \frac{H}{EF_c}\int_0^l \eta\mathrm{d}x\right] - \frac{H}{EF_c}\int_0^l (y')^2\mathrm{d}x \tag{2-35}$$

一般情况下，上式中右边方括号中的后面二项与第一项相比是微不足道的，忽略它们后整理得方程：

$$\frac{H}{EF_c}\int_0^l (1+y'^2)\mathrm{d}x = -y''\int_0^l \eta\mathrm{d}x$$

因此，有：

$$H = \frac{EF_c}{\rho L_e}\int_0^l \eta\mathrm{d}x \tag{2-36}$$

式中，$\rho = -\frac{1}{y''} = \frac{l^2}{8f}$，为抛物线拱的曲率；$L_e = \int_0^l [1+(y')^2]\mathrm{d}x = l\left[1+\frac{16}{3}\left(\frac{f}{l}\right)^2\right]$，为等效拱轴线长度，注意这个定义与拱轴线长度概念的不同。

式(2-27)可简化成：

$$EI_c\eta^{(4)} - H(y''-\eta'') = p(x) \tag{2-37}$$

于是，式(2-37)和式(2-36)组成了抛物线拱的竖平面挠曲弹性平衡方程。

实际上，式(3-36)就是静力 $p(x)$ 作用下式(2-37)的关于拱水平推力 H 的补充方程。

2.2.2 抛物线拱的竖平面挠曲固有振动

1) 振动方程的一般形式

如图2-4所示，设抛物线拱截面满足 $EF\cos\varphi = EF_c$，$EI_z\cos\varphi = EI_c$。

假设拱在竖向激扰力 $p(x,t)$ 作用下，沿着按式(2-37)表示的静力平衡位置 $p_0(x)$、H_0 和 $\eta_0(x)$ 作竖平面内的小振幅振动。振动时，水平推力增加到 $H_0+H_p(t)$，挠度增加到 $\eta_0(x)+\eta(x,t)$，荷载项增加惯性力到 $p_0(x)+p(x,t)-m(x)\ddot{\eta}(x,t)$。分别写出静力平衡状态和振动状态下的平衡方程：

$$EI_c\eta_0^{(4)} - H_0(y''-\eta_0'') = p_0$$

和

$$EI_c(\eta_0+\eta)^{(4)} - (H_0+H_p)(y''-\eta_0''-\eta'') = p_0 + p(x,t) - m\ddot{\eta}$$

两式相减，并略去高阶微小量 $H_p\eta_0''$ 和 $H_p\eta''$，则得拱沿 η_0 作竖平面固有振动的动力平衡方程为：

$$EI_c\eta^{(4)} + H_0\eta'' - H_py'' + m\ddot{\eta} = p(x,t) \tag{2-38}$$

式中，$m(x)$ 为单位跨径长度上的质量，包括拱圈、拱上建筑的全部质量。

与式(2-36)相对应得静力平衡状态和振动状态下的附加方程分别为：

$$H_0 = \frac{EF_c}{\rho L_e}\int_0^l \eta_0 dx$$

和

$$H_0 + H_p = \frac{EF_c}{\rho L_e}\int_0^l (\eta_0 + \eta) dx$$

上两式相减后得：

$$H_p = \frac{EF_c}{\rho L_e}\int_0^l \eta dx \tag{2-39}$$

式(2-38)和式(2-39)组成了抛物线拱竖平面内的挠曲振动方程。

2) 固有频率特征方程

由于在式(2-38)推导中略去了非线性项 $H_p\eta''$，使得方程简化，称之为线性二阶理论的运动方程。此时，振动是简谐的，即有分离变量后的动挠度函数为：$\eta(x,t) = \psi(x)\sin\omega t$，即 $\ddot{\eta} = -\omega^2\psi(x)\sin\omega t$，以及 $H_p(t) = H_p^*\sin\omega t$，分别代入式(2-38)后，并令 $p(x,t) = 0$，得抛物线拱固有振动的基本方程为：

$$EI_c\psi^{(4)} + H_0\psi'' - H_p^* y'' - m\omega^2\psi = 0 \tag{2-40}$$

水平力增量为：

$$H_p^* = \frac{EF_c}{\rho L_e}\int_0^l \psi(x) dx \tag{2-41}$$

由此可见，由于 H_p^* 要从 $\psi(x)$ 的积分式得出，上两式是一个关于 $\psi(x)$ 的微分-积分方程组。

3) 固有频率求解示例

下面以最简单的两铰拱为例，讨论抛物线拱的固有振动分析过程。

假设拱圈沿跨径全长具有均匀分布的质量 m。双铰拱的振型可表示为：

$$\psi(x) = \sum_{n=1}^N C_n\psi_n(x) = \sum_{n=1}^N C_n\sin\frac{n\pi x}{l} \tag{2-42}$$

它满足拱脚 $\psi = \psi'' = 0$ 的边界条件。

将上式代入式(2-41)，得：

$$H_p^* = \frac{EF_c}{\rho L_e}\int_0^l \sum_{n=1}^N C_n\sin\frac{n\pi x}{l}$$
$$= \frac{EF_c l}{\rho L_e \pi}\sum_{n=1}^N C_n \frac{1}{n}(1 - \cos n\pi) \tag{2-43}$$

将固有振动方程(2-40)运用到伽辽金法表达式中，由：

$$\int_0^l (EI_c\psi^{(4)} + H_0\psi'' - H_p^* y'' - m\omega^2\psi)\delta\psi(x) dx = 0$$

得

$$\int_0^l \left[EI_b\sum_{n=1}^N C_n\psi_n^{(4)}(x) + H_0\sum_{n=1}^N C_n\psi_n''(x) - H_p^* y'' - m\omega^2\sum_{n=1}^N C_n\psi_n(x)\right]\psi_k(x) dx\delta C_k = 0$$
$$(k = 1,2,3,\cdots) \tag{2-44a}$$

简化后为：

$$\int_0^l \left[EI_c \sum_{n=1}^N C_n \left(\frac{n\pi}{l}\right)^4 \sin\frac{n\pi x}{l} - H_0 \sum_{n=1}^N C_n \left(\frac{n\pi}{l}\right)^2 \sin\frac{n\pi x}{l} - H_p^* y'' - m\omega^2 \sum_{n=1}^N C_n \sin\frac{n\pi x}{l} \right]$$
$$\sin\frac{k\pi x}{l} dx = 0 \tag{2-44b}$$

$$\int_0^l \sum_{n=1}^N C_n \left[EI_c \left(\frac{n\pi}{l}\right)^4 \sin\frac{n\pi x}{l} - H_0 \left(\frac{n\pi}{l}\right)^2 \sin\frac{n\pi x}{l} - m\omega^2 \sin\frac{n\pi x}{l} \right] \sin\frac{k\pi x}{l} dx$$
$$= H_p^* y'' \int_0^l \sin\frac{k\pi x}{l} dx \tag{2-44c}$$

由此可得到两组求系数列向量 $\boldsymbol{C} = \{C_1 \quad C_2 \quad C_3 \quad \cdots \quad C_N\}^T$ 的方程。

(1) 反对称的振动形式 ($k = 2, 4, \cdots$)。

由式 (2-43),当 n 取偶数时, $H_p^* = 0$, 积分式 (2-44c) 得:

$$\left[EI_c \left(\frac{k\pi}{l}\right)^4 - H_0 \left(\frac{k\pi}{l}\right)^2 - m\omega^2 \right] C_k = 0$$

简写成:
$$(\varepsilon_k^2 - \omega^2) C_k = 0 \tag{2-45}$$

从而得:

$$\omega_k = \varepsilon_k = \sqrt{\frac{EI_c \left(\frac{k\pi}{l}\right)^4 - H_0 \left(\frac{k\pi}{l}\right)^2}{m}}$$

$$= \left(\frac{k\pi}{l}\right)^2 \sqrt{\frac{EI_c - H_0 \left(\frac{k\pi}{l}\right)^{-2}}{m}}$$

$$= \left(\frac{k\pi}{l}\right)^2 \sqrt{\frac{EI_c \left[1 - \frac{H_0}{EI_c} \left(\frac{l}{k\pi}\right)^2 \right]}{m}} \tag{2-46}$$

$$= \left(\frac{k\pi}{l}\right)^2 \sqrt{\frac{EI_c v_k}{m}} \quad (k = 2, 4, 6, \cdots)$$

式中, $v_k = 1 - \frac{H_0}{EI_c}\left(\frac{l}{k\pi}\right)^2 = 1 - \frac{H_0}{k^2} \frac{1}{\frac{EI_c \pi^2}{l^2}} = 1 - \frac{H_0}{k^2 H_{cr}}$ 为二阶理论的影响系数; $H_{cr} = \frac{\pi^2 EI_c}{l^2}$ 为欧拉临界推力。

由此可见,抛物线拱的反对称振动各阶振型是相互独立的。$k = 2$ 时为最低的一阶反对称振型,即:

$$\psi_2(x) = \sin\frac{2\pi x}{l} \tag{2-47a}$$

是反对称两个正弦半波形式的振型。相应的频率为:

$$\omega_2 = \left(\frac{2\pi}{l}\right)^2 \sqrt{\frac{EI_c v_2}{m}} \tag{2-47b}$$

式中, $v_2 = 1 - \frac{H_0}{4H_{cr}}$; H_{cr} 含义同上。

(2) 对称的振动形式($k=1,3,5,\cdots$)。

由式(2-43)可知,此时 $H_p^* \neq 0$,积分式(2-44c)得:

$$\left[EI_c\left(\frac{k\pi}{l}\right)^4 - H_0\left(\frac{k\pi}{l}\right)^2 - m\omega^2\right]\frac{l}{2}C_k$$

$$= \frac{EF_c l}{\rho L_e \pi}\left(-\frac{1}{\rho}\right)\sum_{n=1}^{N} C_n \frac{1}{n}(1-\cos n\pi)\frac{l}{k\pi}(1-\cos k\pi)$$

即

$$\left[EI_c\left(\frac{k\pi}{l}\right)^4 - H_0\left(\frac{k\pi}{l}\right)^2 - m\omega^2\right]\frac{l}{2}C_k = -\frac{4EF_c l}{\rho^2 L_e \pi}\frac{l}{k\pi}\sum_{n=1,3,5,\cdots}^{N} C_n \frac{1}{n} \quad (k=1,3,5,\cdots)$$

整理后

$$(\varepsilon_k^2 - \omega^2)C_k + \frac{\alpha^2}{k}\sum_{n=1}^{N}\frac{C_n}{n} = 0 \quad \begin{pmatrix}k=1,3,5,\cdots\\n=1,3,5,\cdots\end{pmatrix} \tag{2-48}$$

式中,

$$\alpha^2 = \frac{8EF_c l}{m\pi^2 \rho^2 L_e}$$

$$\varepsilon_k = \left(\frac{k\pi}{l}\right)^2 \sqrt{\frac{EI_c v_k}{m}}$$

$$\rho = \frac{l^2}{8f}$$

$$L_e = l\left[1 + \frac{16}{3}\left(\frac{f}{l}\right)^2\right]$$

由此可见,对称振动的各阶振型和相应的频率必须从上面的联立方程组中解出。由系数行列式等于零的条件即可得出关于 ω 的频率方程。方程(2-48)不同于方程(2-45),它是不能解耦的多元一次齐次方程组。

为了简化分析过程,这里取 $k=1,3$ 和 $n=1,3$ 两项计算,由式(2-48)计算求得的 ω_1 和 ω_3 已足够精确,高阶振型的影响很小可以忽略。此时,由

$$\left.\begin{array}{l}(\varepsilon_1^2 - \omega^2)C_1 + \alpha^2\left(C_1 + \dfrac{C_3}{3}\right) = 0\\[6pt](\varepsilon_3^2 - \omega^2)C_3 + \dfrac{\alpha^2}{3}\left(C_1 + \dfrac{C_3}{3}\right) = 0\end{array}\right\} \tag{2-49}$$

得到频率方程为:

$$\omega^4 - \left(\varepsilon_1^2 + \varepsilon_3^2 + \frac{10}{9}\alpha^2\right)\omega^2 + \left[\varepsilon_1^2\varepsilon_3^2 + \alpha^2\left(\frac{\varepsilon_1^2}{9} + \varepsilon_3^2\right)\right] = 0 \tag{2-50}$$

求解上式即可得两个对称振动的圆频率 ω_1 和 ω_3。将 ω_1 和 ω_3 分别代入式(2-49)，即可分别得出 C_3 和 C_1 的对比值，即 $\omega_1 \rightarrow \left(\dfrac{C_3}{C_1}\right)_1$；$\omega_3 \rightarrow \left(\dfrac{C_3}{C_1}\right)_3$。最后可得对应于 ω_1 的振型为：

$$\psi_1(x) = \sin\frac{\pi x}{l} + \left(\frac{C_3}{C_1}\right)_1 \sin\frac{3\pi x}{l}$$

对应于 ω_3 的振型为：

$$\psi_3(x) = \sin\frac{\pi x}{l} + \left(\frac{C_3}{C_1}\right)_3 \sin\frac{3\pi x}{l}$$

[例 2.2.1] 抛物线两铰拱的固有振动分析(图2-6)。已知 $l = 60\mathrm{m}, f = 7.5\mathrm{m}, F_c = 815\mathrm{cm}^2, I_c = 3632000\mathrm{cm}^4, E = 2.06\times 10^7 \mathrm{N/cm}^2, m = 1435.2\mathrm{kg/m}$。

由此算得：

$$H_0 = \frac{mgl^2}{8f} = 843.7\mathrm{kN}$$

$$H_{cr} = \frac{\pi^2 EI_c}{l^2} = 20502.9\mathrm{kN}$$

$$v_1 = 1 - \frac{H_0}{H_{cr}} = 0.959$$

$$v_2 = 1 - \frac{H_0}{4H_{cr}} = 0.9897$$

$$v_3 = 1 - \frac{H_0}{9H_{cr}} = 0.9954$$

$$\varepsilon_1 = \left(\frac{\pi}{l}\right)^2 \sqrt{\frac{EI_c v_1}{m}} = 6.13\mathrm{rad/s}$$

$$\varepsilon_2 = \left(\frac{2\pi}{l}\right)^2 \sqrt{\frac{EI_c v_2}{m}} = 24.9\mathrm{rad/s}$$

$$\varepsilon_3 = \left(\frac{3\pi}{l}\right)^2 \sqrt{\frac{EI_c v_3}{m}} = 56.3\mathrm{rad/s}$$

$$\rho = \frac{l^2}{8f} = 60\mathrm{m}$$

$$L_e = l\left[1 + \frac{16}{3}\left(\frac{f}{l}\right)^2\right] = 65\mathrm{m}$$

$$\alpha^2 = \frac{8EF_c l}{m\pi^2 \rho^2 L} = 2430 \,(\mathrm{rad/s})^2$$

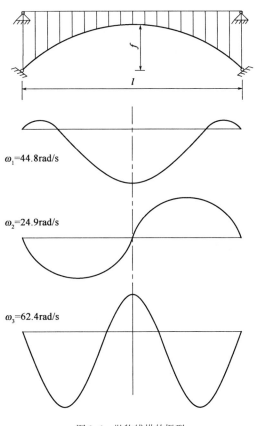

图 2-6 抛物线拱的振型

将上述参数分别代入式(2-47b)，得 $\omega_2 = 24.9\mathrm{rad/s}$

代入式(2-50)得频率方程：

$$\omega^4 - 5902.6\omega^2 + 7.82\times 10^6 = 0$$

解之，得：

$$\omega_1 = 44.8 \text{rad/s}, \omega_3 = 62.4 \text{rad/s}$$

代入式(2-49),有:

$$\omega_1 \to \left(\frac{C_3}{C_1}\right)_1 = -\frac{1}{1.786}; \omega_3 \to \left(\frac{C_3}{C_1}\right)_3 = 1.786$$

最后得前三个振型为:

$$\psi_1(x) = \sin\frac{\pi x}{l} - \frac{1}{1.786}\sin\frac{3\pi x}{l} \quad (\text{对称})$$

$$\psi_2(x) = \sin\frac{2\pi x}{l} \quad (\text{反对称})$$

$$\psi_3(x) = \sin\frac{\pi x}{l} + 1.786\sin\frac{3\pi x}{l} \quad (\text{对称})$$

从上面的例子可以看出,单跨拱竖平面挠曲固有振动的振型序列,按相应的频率从小到大进行排列,一般第一振型总是反对称的。这是因为在反对称振动时,振动引起的附加轴力 $H = 0$,"阻力"较小,固有频率最低。而第二、第三振型一般都是对称的。

4) 固有振型序列特征

国内外研究表明,拱的振型序列随矢跨比的减小而发生变化,即第一反对称振型的频率逐渐与第一对称振型的频率(总序列为第二振型)靠拢,当 $\frac{f}{l} \approx 0.08$ 时,两者接近相等。

总之,试验与计算结果都表明,在 $\frac{f}{l} = \frac{1}{12}$ 附近存在一个拱的固有振型序列的转化点,它反映出拱结构向梁的蜕化。这个现象可以两铰拱为例从理论上加以说明。

由式(2-45)得第一反对称振型的频率为:

$$\omega_2^2 = \varepsilon_2^2 = \left(\frac{2\pi}{l}\right)^4 \frac{EI_c v_2}{m}$$

由式(2-50),第一阶对称振型的频率 ω_1 可用牛顿法求得其近似值。令

$$F(\omega^2) = \omega^4 - \left(\varepsilon_1^2 + \varepsilon_3^2 + \frac{10}{9}\alpha^2\right)\omega^2 + \left[\varepsilon_1^2\varepsilon_3^2 + \alpha^2\left(\frac{\varepsilon_1^2}{9} + \varepsilon_3^2\right)\right] \quad (2\text{-}51)$$

由一阶展开式,$F(\omega_1^2) = F(\omega_0^2) + F'(\omega_0^2)(\omega_1^2 - \omega_0^2) \approx 0$,近似可得:

$$\omega_1^2 = \omega_0^2 - \frac{F(\omega_0^2)}{F'(\omega_0^2)} \quad (2\text{-}52)$$

式中,$F'(\omega^2) = \frac{dF(\omega^2)}{d\omega^2}$ 为函数 $F(\omega^2)$ 关于 ω^2 的一阶导数。

根据式(2-51)中各项代数式特点,当 ω_1^2 的初始值选为 $\varepsilon_1^2 + \frac{10}{9}\alpha^2$ 时,将 $\omega_0^2 = \varepsilon_1^2 + \frac{10}{9}\alpha^2$ 代入上式,得:

$$F(\omega_0^2) = \left(\varepsilon_1^2 + \frac{10}{9}\alpha^2\right)^2 - \left(\varepsilon_3^2 + \varepsilon_1^2 + \frac{10}{9}\alpha^2\right)\left(\varepsilon_1^2 + \frac{10}{9}\alpha^2\right) + \left[\varepsilon_1^2\varepsilon_3^2 + \alpha^2\left(\frac{\varepsilon_1^2}{9}\right) + \varepsilon_3^2\right]$$

$$= \frac{\alpha^2}{9}(\varepsilon_1^2 - \varepsilon_3^2)$$

$$F'(\omega_0^2) = 2\omega_0^2 - \left(\varepsilon_1^2 + \varepsilon_3^2 + \frac{10}{9}\alpha^2\right) = \varepsilon_1^2 + \frac{10}{9}\alpha^2 - \varepsilon_3^2$$

以上各式分别代入式(2-52),可得:

$$\omega_1^2 = \omega_0^2 - \frac{\frac{\alpha^2}{9}(\varepsilon_1^2 - \varepsilon_3^2)}{\varepsilon_1^2 + \frac{10}{9}\alpha^2 - \varepsilon_3^2} = \varepsilon_1^2 + \frac{10}{9}\alpha^2 - \frac{\frac{\alpha^2}{9}(\varepsilon_1^2 - \varepsilon_3^2)}{\varepsilon_1^2 + \frac{10}{9}\alpha^2 - \varepsilon_3^2}$$

$$= \left(\varepsilon_1^2 + \frac{10}{9}\alpha^2\right)\left[1 - \frac{\frac{\alpha^2}{9}(\varepsilon_3^2 - \varepsilon_1^2)}{\left(\varepsilon_1^2 + \frac{10}{9}\alpha^2\right)\left(\varepsilon_3^2 - \varepsilon_1^2 - \frac{10}{9}\alpha^2\right)}\right]$$

整理后得:

$$\omega_1^2 = \left(\varepsilon_1^2 + \frac{10}{9}\alpha^2\right)(1-\delta) \tag{2-53}$$

式中修正值:

$$\delta = \frac{\frac{1}{9}(\varepsilon_3^2 - \varepsilon_1^2)\alpha^2}{\left(\varepsilon_3^2 + \frac{10}{9}\alpha^2\right)\left(\varepsilon_3^2 - \varepsilon_1^2 - \frac{10}{9}\alpha^2\right)} \tag{2-54}$$

根据式(2-45),由 $\omega_1 = \omega_2$ 的条件,即第一阶固有振动与第二阶固有振动振型重合,可得:

$$\varepsilon_2^2 = \left(\varepsilon_1^2 + \frac{10}{9}\alpha^2\right)(1-\delta)$$

注意到 v_1 和 v_2 相差甚微,上式进一步简化为:

$$4^2 = \left[1 + \frac{10}{9}\left(\frac{\alpha}{\varepsilon_1}\right)^2\right](1-\delta)$$

代入 $\alpha^2 = \frac{8EF_c l}{m\pi^2 \rho^2 L}$,并且令 $i^2 = \frac{I_c}{F_c}$,引入 $\rho = \frac{l^2}{8f}$,得 $\frac{10\alpha^2}{9\varepsilon_1^2} = \frac{80}{9} \cdot \frac{l^5}{\pi^6 i^2 \rho^2 L} \gg 1$,因此可得:

$$\left(\frac{f}{l}\right)^2 = \frac{9\pi^6}{320}\left(\frac{i}{l}\right)^2 \frac{\left[1 + \frac{16}{3}\left(\frac{f}{l}\right)^2\right]}{1-\delta} \tag{2-55}$$

求解后得到临界矢跨比为:

$$\left(\frac{f}{l}\right)_{cr}^2 = \frac{9\pi^6}{320}\left(\frac{i}{l}\right)^2 \frac{1}{1-\delta - \frac{16}{3}\frac{9\pi^6}{320}\left(\frac{i}{l}\right)^2} \tag{2-56}$$

对于一般的中小跨径拱桥,$\left(\frac{i}{l}\right)^2 \approx 0.0002$,则得:

$$\left(\frac{f}{l}\right)_{cr} = \frac{1}{13.6}\frac{1}{\sqrt{1-\delta - 0.029}} \approx \frac{1}{13.6}\frac{1}{\sqrt{1-\delta}} \approx \frac{1}{13} \sim \frac{1}{12}$$

由此可见,在矢跨比 $\frac{f}{l} = \frac{1}{12}$ 附近确实存在着这一转化点。但工程中一般常见的拱桥,其 $\frac{f}{l} > \frac{1}{10}$,因此它们最低阶固有频率所对应的第一阶振型总是反对称的。

5) 水平惯性力影响固有频率

以上的固有振动分析中,只考虑竖向惯性力 $-m\eta$ 的作用。然而,对于矢跨比较大的陡拱,就应当考虑水平惯性力 $-m\ddot{\zeta}$ 的影响,相应的固有振动方程就要复杂得多。李国豪院士曾在计及水平惯性力的条件下,导出了抛物线两铰拱的第一阶反对称振型的最低阶频率公式:

$$\omega_2 = \left(\frac{2\pi}{l}\right)^2 \sqrt{\frac{EI_c v_2}{m\left[1 + 13.5\left(\frac{f}{l}\right)^2\right]}} \tag{2-57}$$

式中,$\left[1 + 13.5\left(\frac{f}{l}\right)^2\right]$ 即为水平惯性力的影响因子,它使拱的频率减小,$\frac{f}{l}$ 越大,降低越多。例如,当 $\frac{f}{l} = \frac{1}{2}$ 时,$\frac{1}{\sqrt{1 + 13.5\left(\frac{f}{l}\right)^2}} = 0.478$,使频率降低达 1 倍之多,是十分可观的,不可忽视。

2.3 拱竖平面挠曲振动固有基频的近似计算

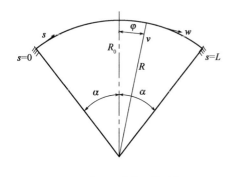

图 2-7 等截面拱示意

从上面两节可以看到,要精确求解拱的固有振型,即使对圆弧拱或抛物线拱这类简单拱轴线形也是很困难的。但是,拱的固有振动分析是一个特征值问题,振型的近似性不会给其相应的频率(特征值)带来很大的影响。下面介绍用瑞雷(Reyleigh)法导出各种不同拱轴线形的反对称基频的近似公式。

图 2-7 所示的等截面拱,其拱轴线方程见表 2-1。

常见的极坐标表示的拱轴线方程　　　　　　表 2-1

拱轴线类型	函 数 形 式	拱轴线类型	函 数 形 式
圆弧	$R = R_0$	悬链线	$R = \dfrac{R_0}{\cos^2\varphi}$
摆线	$R = R_0\cos\varphi$	抛物线	$R = \dfrac{R_0}{\cos^3\varphi}$

注:R_0 为拱顶的曲率半径;φ 为拱轴线倾角。

根据式(2-5)几何方程和式(2-8)的弯矩 M 与挠曲率 κ_z 关系,为了简化分析过程忽略拱轴伸缩变形能、剪切变形能和曲率半径变化影响,可得拱在竖平面内振动时的位能为:

$$V = \frac{1}{2}\int_0^L M\kappa_z \mathrm{d}s = \frac{1}{2}\int_0^L EI_z\left[v'' + \left(\frac{w}{R}\right)'\right]^2 \mathrm{d}s \approx \frac{1}{2}\int_0^L EI_z\left(v'' + \frac{w'}{R}\right)^2 \mathrm{d}s \tag{2-58a}$$

式中,$v(s,t)$、$w(s,t)$ 分别为拱轴径向位移和切向位移;EI_z 为拱截面在拱竖平面内的抗弯刚度;L 为拱轴线的全长。

若引入振动时拱轴线不变形的假设,由式(2-6),即令 $\varepsilon = w' - \dfrac{v}{R} = 0$,则上式可改写成:

$$V = \frac{EI_z}{2} \int_0^L \left(v'' + \frac{v}{R^2} \right)^2 ds \tag{2-58b}$$

拱在竖平面内振动时的动能为：

$$T = \frac{m}{2} \int_0^L (\dot{v}^2 + \dot{w}^2) ds \tag{2-59}$$

假设拱振动是简谐的，则有：

$$\left. \begin{array}{l} v(s,t) = V(s)\sin\omega t \\ w(s,t) = W(s)\sin\omega t \end{array} \right\} \tag{2-60}$$

式中，$V(s)$ 为拱竖平面内径向振型函数；$W(s)$ 为拱竖平面内切向振型函数。

将上式代入式（2-58b）和式（2-59），根据瑞雷法原理，由 $V_{\max} = T_{\max}$，可得基频近似计算公式：

$$\omega^2 = \frac{EI_z \int_0^L \left[V''(s) + \frac{1}{R^2} V(s) \right]^2 ds}{m \int_0^L \left[V^2(s) + W^2(s) \right] ds} \tag{2-61}$$

在使用式（2-61）时，要注意假设的反对称振型试函数 $V(s)$ 和 $W(s)$ 之间必须满足 $W' = \dfrac{V}{R}$ 的拱轴不可伸缩条件，同时必须满足全部几何边界条件。

2.3.1　两铰拱的反对称基频计算公式

工程上两铰拱应用较少，但将其作为拱振动分析基础，讨论其一阶反对称振动固有频率计算方法具有理论意义。

对于图 2-8 所示的两铰拱，在拱脚处 $\varphi = \pm \alpha$（α 为半开角）应满足边界条件：

$$V = W = 0, \quad M_z = -EI_z \left(V'' + \frac{W'}{R} \right) = 0$$

由振动时拱轴不可伸缩的条件 $\varepsilon = W' - \dfrac{V}{R} = 0$，得：

$$W' = 0 \text{ 和 } V'' = 0$$

由此可假定满足边界条件的反对称近似振型函数：

$$\left. \begin{array}{l} V(s) = A\sin\dfrac{\pi\varphi}{\alpha} \\ W(s) = -A\left(\dfrac{\alpha}{\pi}\right)\left(\cos\dfrac{\pi\varphi}{\alpha} + 1\right) \end{array} \right\} \tag{2-62}$$

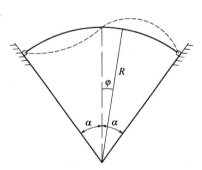

图 2-8　等截面两铰圆弧拱一阶反对称振型示意

将上式代入式（2-61），并注意到 $ds = Rd\varphi$，即得基频的计算公式为：

$$\omega^2 = \frac{EI_z}{mR_0^4} F(\alpha) \tag{2-63}$$

式中：

$$F(\alpha) = -\frac{R_0^4 \left[1 - \left(\frac{\pi}{\alpha}\right)^2\right]^2 \int_0^\alpha \frac{1}{R^3} \sin^2 \frac{\pi\varphi}{\alpha} d\varphi}{\int_0^\alpha R \left[\sin^2 \frac{\pi\varphi}{\alpha} + \left(\frac{\alpha}{\pi}\right)^2 \left(\cos \frac{\pi\varphi}{\alpha} + 1\right)^2\right] d\varphi} \quad (2\text{-}64)$$

其中,为了使函数 $F(\alpha)$ 无量纲化,引入 R_0^4 常数因子。

对于两铰圆弧拱,$R = R_0$ 为常数,式(2-63)可简化为:

$$\omega^2 = \frac{EI_z}{mR_0^4 \alpha^4} \frac{(\alpha^2 - \pi^2)^2}{1 + \frac{3\alpha^2}{\pi^2}} \quad (2\text{-}65)$$

用周期表示的计算公式为:

$$T = \frac{2\pi}{\omega} = \lambda_T L^2 \sqrt{\frac{m}{EI_z}} \quad (2\text{-}66)$$

式中,$L = 2R_0\alpha$ 为拱弧全长;λ_T 为周期系数,有:

$$\lambda_T = \frac{1}{2} \frac{\sqrt{\pi^2 + 3\alpha^2}}{\pi^2 - \alpha^2} = \frac{\sqrt{4\pi^2 + 3\theta^2}}{4\pi^2 - \theta^2} \quad (2\text{-}67)$$

其中,$\theta = 2\alpha$ 为拱弧全长对应的全开角。

由几何关系 $R_0^2 = \frac{l^2}{4\sin^2\alpha}$,式(2-65)可改写为:

$$\omega = \frac{C}{l^2} \sqrt{\frac{EI_z}{m}} \quad (2\text{-}68)$$

式中,l 为拱的计算跨径;C 为频率系数。

$$C = \frac{4\sin^2\alpha}{\alpha^2} \frac{\pi^2 - \alpha^2}{\sqrt{1 + 3\frac{\alpha^2}{\pi^2}}} \quad (2\text{-}69)$$

当 $\alpha \to 0$ 时,上式取极限 $C = 4\pi^2$,得:

$$\omega = \frac{4\pi^2}{l^2} \sqrt{\frac{EI_z}{m}} \quad (2\text{-}70)$$

相当于简支梁的第二阶反对称振型的频率。

根据式(2-64)可计算出各种不同拱轴线的 $F(\alpha)$,进而换算成式(2-69)的 C 值。图 2-9 表示了它们的 C 值关系。

由图 2-9 可见,拱轴线形的影响是明显的。同时,随着 θ 的增大,即 $\frac{f}{l}$ 的增加,C 值下降,频率减少,反映出拱度的影响。

可以证明,C 值与 λ_T 的换算式为:

$$C = \frac{2\pi}{\lambda_T} \left(\frac{l}{L}\right)^2 \quad (2\text{-}71)$$

对于十分平坦的拱,$l \to L$,$\lambda_T \to \frac{1}{2\pi} \to C \to 4\pi^2$。

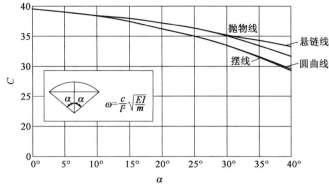

图 2-9 频率系数 C

2.3.2 无铰拱的反对称基频计算公式

无铰拱是工程上最常见的拱桥,拱轴线形式多种多样。在常用矢跨比下,拱的一阶振型就是反对称形式,求解相应的反对称基频计算方法更具有工程实用意义。

对于图 2-10 所示的无铰拱,振型函数应满足边界条件:

当 $s=0$、$s=L$ 时(即 $\varphi=-\alpha$、$\varphi=\alpha$),$V=V'=W=0$。

根据振动时拱轴不可伸缩条件有 $W'-\dfrac{V}{R}=0$,即:

当 $s=0$、$s=L$ 时(即 $\varphi=-\alpha$、$\varphi=\alpha$),$W'=0$。

在 $s=L/2$ 拱顶处具有对称性条件。在拱顶处 $V(L/2)=0$,利用 $V(s)$ 的反对称性即可求得左、右半个拱弧 $V(s)$ 的表达式。

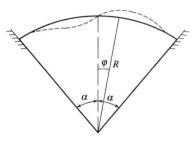

图 2-10 等截面无铰圆弧拱一阶反对称振型示意

在拱顶处有 $W'(L/2)=W(l/2)=0$,因此,$W(s)$ 应是左右对称的,可利用 $W(s)$ 的对称性即可求得左、右半个拱弧 $W(s)$ 的表达式。

由此假设无铰拱的一阶反对称振型函数 $V(s)$ 和一阶对称振型函数 $W(s)$ 为:

左半个拱弧,即 $0 \leqslant s \leqslant L/2$,设

$$\left.\begin{aligned}V(s) &= A\left[\left(1-\frac{2s}{L}\right)-3\left(1-\frac{2s}{L}\right)^3+2\left(1-\frac{2s}{L}\right)^4\right] \\ W(s) &= A\frac{L}{2R}\left[\frac{3}{20}-\frac{1}{2}\left(1-\frac{2s}{L}\right)^2+\frac{3}{4}\left(1-\frac{2s}{L}\right)^4-\frac{2}{5}\left(1-\frac{2s}{L}\right)^5\right]\end{aligned}\right\} \quad (2\text{-}72)$$

将式(2-72)中 $s \to s_1$,利用坐标变换 $s_1=L-s$,由对称性和反对称性即可给出右半个拱弧的振型函数形式,即:

右半个拱弧,即 $L/2 \leqslant s \leqslant L$,设

$$\left.\begin{aligned}V(s) &= -A\left[\left(1-\frac{2L-2s}{L}\right)-3\left(1-\frac{2L-2s}{L}\right)^3+2\left(1-\frac{2L-2s}{L}\right)^4\right] \\ W(s) &= A\frac{L}{2R}\left[\frac{3}{20}-\frac{1}{2}\left(1-\frac{2L-2s}{L}\right)^2+\frac{3}{4}\left(1-\frac{2L-2s}{L}\right)^4-\frac{2}{5}\left(1-\frac{2L-2s}{L}\right)^5\right]\end{aligned}\right\} \quad (2\text{-}73)$$

将式（2-72）、式（2-73）分别代入式（2-61），即可求得无铰拱周期计算公式同式（2-66），其周期系数为：

$$\lambda_T = 2\pi \sqrt{\frac{1+0.0615\theta^2}{3827-91\theta^2+\theta^4}} \tag{2-74}$$

表 2-2 中列出了两铰和无铰圆弧拱的 λ_T 和 $\frac{f}{l}$ 之间的关系。

两铰和无铰圆弧拱的 λ_T 取值   表 2-2

$\dfrac{f}{l}$	$\dfrac{1}{3}$	$\dfrac{1}{4}$	$\dfrac{1}{5}$	$\dfrac{1}{6}$	$\dfrac{1}{7}$	$\dfrac{1}{8}$	$\dfrac{1}{9}$	$\dfrac{1}{10}$
两铰拱	0.221	0.196	0.183	0.176	0.172	0.169	0.167	0.166
无铰拱	0.126	0.117	0.112	0.109	0.107	0.106	0.105	0.104

2.4 抛物线拱的车辆强迫振动

2.4.1 匀速移动的简谐力作用

如图 2-11 所示为抛物线两铰拱，受到匀速移动的简谐力 $P\cos\Omega_p t$ 作用，横桥向不考虑拱桥偏载作用的影响。

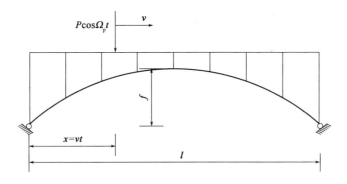

图 2-11 匀速移动简谐力的作用模型

按式（2-38）、式（2-39）的形式，带阻尼拱的强迫振动方程可写成：

$$EI_c \eta^{(4)} + H_0 \eta'' - H_p y'' + c\dot{\eta} + m\ddot{\eta} = p(x,t) \tag{2-75}$$

式中，$p(x,t)$ 为沿拱桥跨径方向分布的竖向激扰力；$c\dot{\eta}$ 为黏性阻尼力。

振动产生的拱水平力增量为：

$$H_p = \frac{EF_c}{\rho L_e} \int_0^l \eta \, dx \tag{2-76}$$

由梁的车辆强迫振分析可知，激扰力可以表示成：

$$p(x,t) = P\cos\Omega_p t \, \delta(x-vt)$$

式中，$\delta(x-vt)$ 为狄拉克函数，由式(1-148)定义。

式(2-75)可以写成：

$$EI_c\eta^{(4)} + H_0\eta'' - H_p y'' + c\dot{\eta} + m\ddot{\eta} = P\cos\Omega_p t \delta(x-vt) \tag{2-77}$$

这里采用级数解法，令满足两铰拱的几何及力学边界条件的动挠度为：

$$\eta(x,t) = \sum_{n=1}^{\infty} q_n(t) \sin\frac{n\pi x}{l} \tag{2-78}$$

式中，$q_n(t)$ 为待求的广义自由度。

将式(2-78)代入式(2-76)，得：

$$\begin{aligned} H_p &= \frac{EF_c}{\rho L_e} \int_0^l \eta \mathrm{d}x \\ &= \frac{EF_c}{\rho L_e} \sum_{n=1}^{\infty} q_n(t) \int_0^l \sin\frac{n\pi x}{l} \mathrm{d}x \\ &= \frac{EF_c l}{\rho L_e \pi} \sum_{n=1}^{\infty} \frac{1}{n}(1-\cos n\pi) q_n(t) \end{aligned} \tag{2-79}$$

利用三角级数的正交性，可得关于 $q_n(t)$ 的常微分方程组。它可以分解为对称振动（$n=1,3,5,\cdots$）和反对称振动（$n=2,4,6,\cdots$）两组。

如前所述，拱桥的第一阶振型一般是反对称的，因此这里仅讨论反对称振动的情形。

由式(2-79)，当 $n=2,4,6,\cdots$ 时，$H_p=0$。将式(2-78)代入式(2-77)，得：

$$\sum_{n=1}^N \left[EI_c\left(\frac{n\pi}{l}\right)^4 \sin\frac{n\pi x}{l} - H_0\left(\frac{n\pi}{l}\right)^2 \sin\frac{n\pi x}{l}\right] q_n + \sum_{n=1}^N c\sin\frac{n\pi x}{l}\dot{q}_n + \sum_{n=1}^N m\sin\frac{n\pi x}{l}\ddot{q}_n$$
$$= F\cos\Omega_p t \delta(x-vt)$$

两边乘以 $\sin\frac{k\pi x}{l}$，并对 x 自 0 到 l 积分，得：

$$\int_0^l \sum_{n=1}^N q_n \left[EI_c\left(\frac{n\pi}{l}\right)^4 \sin\frac{n\pi x}{l} - H_0\left(\frac{n\pi}{l}\right)^2 \sin\frac{n\pi x}{l}\right] \sin\frac{k\pi x}{l} \mathrm{d}x + \int_0^l \sum_{n=1}^N c\dot{q}_n \sin\frac{n\pi x}{l} \sin\frac{k\pi x}{l} \mathrm{d}x +$$
$$\int_0^l \sum_{n=1}^N m\ddot{q}_n \sin\frac{n\pi x}{l}\sin\frac{k\pi x}{l} \mathrm{d}x = \int_0^l P\cos\Omega_p t \delta(x-vt) \sin\frac{k\pi x}{l} \mathrm{d}x$$

利用三角函数的正交性，并假设阻尼系数与分布质量成正比，积分后得：

$$\ddot{q}_n(t) + 2\zeta_n\omega_n\dot{q}_n(t) + \omega_n^2 q_n(t) = \frac{2P}{ml}\cos\Omega_p t \sin\Omega_n t \quad (n=2,4,6,\cdots) \tag{2-80a}$$

即匀速移动的简谐力作用下的抛物线拱振动方程为：

$$\ddot{q}_n(t) + 2\zeta_n\omega_n\dot{q}_n(t) + \omega_n^2 q_n(t) = \frac{P}{ml}[\sin(\Omega_n-\Omega_p)t + \sin(\Omega_n+\Omega_p)t] \quad (n=2,4,6,\cdots) \tag{2-80b}$$

式中，ζ_n 为阻尼比，其余各量分别为：

$$\omega_n^2 = \frac{EI_c}{m}\left(\frac{n\pi}{l}\right)^4 - \frac{H_0}{m}\left(\frac{n\pi}{l}\right)^2 = \left(\frac{n\pi}{l}\right)^4 \frac{EI_c}{m}\nu_n;$$

$$\nu_n = 1 - \frac{H_0}{n^2 H_E};$$

$$H_E = \frac{\pi^2 EI_c}{l^2};$$

$$\Omega_n = \frac{n\pi v}{l}。$$

方程(2-80b)的稳态解为:

$$q_n(t) = \frac{P}{ml}\frac{1}{\omega_n^2}\left\{\frac{\sin[(\Omega_n-\Omega_p)t+\theta_1]}{\sqrt{\left[1-\left(\frac{\Omega_n-\Omega_p}{\omega_n}\right)^2\right]^2+4\zeta_n^2\left(\frac{\Omega_n-\Omega_p}{\omega_n}\right)^2}}+\frac{\sin[(\Omega_n+\Omega_p)t+\theta_2]}{\sqrt{\left[1-\left(\frac{\Omega_n+\Omega_p}{\omega_n}\right)^2\right]^2+4\zeta_n^2\left(\frac{\Omega_n+\Omega_p}{\omega_n}\right)^2}}\right\} \tag{2-81}$$

式中:

$$\tan\theta_1 = -\frac{2\zeta_n\dfrac{\Omega_n-\Omega_p}{\omega_n}}{1-\left(\dfrac{\Omega_n-\Omega_p}{\omega_n}\right)^2}$$

$$\tan\theta_2 = -\frac{2\zeta_n\dfrac{\Omega_n+\Omega_p}{\omega_n}}{1-\left(\dfrac{\Omega_n+\Omega_p}{\omega_n}\right)^2}$$

对于 $\Omega_n \ll \Omega_p$, $\omega_2 = \Omega_p$ 时,拱将发生共振。取 $n=2$,式(2-81)可以简化为:

$$q_2(t) = \frac{2P}{ml}\frac{1}{\omega_2^2}\frac{1}{4\zeta_2}\{\sin[(\Omega_2-\Omega_p)t+\theta_1]+\sin[(\Omega_2+\Omega_p)t+\theta_2]\} \tag{2-82}$$

上式可能得到的最大值是正弦函数取值为1,所以有:

$$q_{2\max} = \frac{2P}{ml\omega_2^2}\frac{1}{4\zeta_2} \tag{2-83}$$

因为 $n=2$ 表示第一阶反对称基频的振型,所以把移动荷载 $P\cos\Omega_p t$ 所引起的拱 $1/4$ 点处的最大动挠度 $\eta_{\mathrm{dyn}}(l/4)$ 和将荷载幅值 P 作用在 $1/4$ 点引起的静挠度 $\eta_{\mathrm{st}}(l/4)$ 之比作为荷载动力作用的尺度。

1)拱 $1/4$ 点处的最大动挠度 $\eta_{\mathrm{dyn}}(l/4)$

$$\eta_2\left(\frac{l}{4},t\right) = q_2(t)\sin\frac{2\pi x}{l}\bigg|_{x=\frac{l}{4}} = q_2(t)$$

将式(2-83)代入上式,于是有:

$$\eta_{\mathrm{dyn}}\left(\frac{l}{4}\right) = q_{2\max} = \frac{2P}{ml\omega_2^2}\frac{1}{4\zeta_2} \tag{2-84}$$

2)拱 $1/4$ 点处的静挠度 $\eta_{\mathrm{st}}(l/4)$

由方程(2-37),拱的静平衡微分方程为:

$$EI_c\eta_s^{(4)} + H_0\eta_s'' - H_0 y'' = P\delta\left(x-\frac{l}{4}\right) \tag{2-85}$$

和

$$H_0 = \frac{EF_c}{\rho L_e}\int_0^l \eta_s \mathrm{d}x \tag{2-86}$$

采用级数解法,令:

$$\eta_s(x) = \sum_{n=1}^{\infty} \alpha_n \sin\frac{n\pi x}{l}$$

这里仅取反对称振型一项，即：

$$\eta_s(x) = \alpha_2 \sin\frac{2\pi x}{l} \tag{2-87a}$$

代入式(2-85)并应用伽辽金法，有：

$$\int_0^l \left\{ \alpha_2 \left[EI\left(\frac{2\pi}{l}\right)^4 - H_0\left(\frac{2\pi}{l}\right)^2 \right] \sin\frac{2\pi x}{l} + H_0\frac{8f}{l^2} - P\delta\left(x - \frac{l}{4}\right) \right\} \sin\frac{2\pi x}{l} \mathrm{d}x = 0$$

积分整理得：

$$\alpha_2 = \frac{2P}{l\left[EI\left(\frac{2\pi}{l}\right)^4 - H_0\left(\frac{2\pi}{l}\right)^2 \right]} = \frac{\dfrac{2P}{ml}}{\underbrace{\left[EI\left(\frac{2\pi}{l}\right)^4 - H_0\left(\frac{2\pi}{l}\right)^2 \right]}_{m}} = \frac{2P}{ml} \cdot \frac{1}{\omega_2^2}$$

所以，有：

$$\eta_s\left(\frac{l}{4}\right) = \alpha_2 = \frac{2P}{ml} \cdot \frac{1}{\omega_2^2} \tag{2-87b}$$

又由式(2-84)，可得：

$$\eta_{\mathrm{dyn}}\left(\frac{l}{4}\right) = \eta_s\left(\frac{l}{4}\right) \cdot \frac{1}{4\zeta_2}$$

因此，可得此时的动力放大系数为：

$$\mu_{\mathrm{d}} = \frac{\eta_{\mathrm{dyn}}\left(\dfrac{l}{4}\right)}{\eta_s\left(\dfrac{l}{4}\right)} = \frac{1}{4\zeta_2} \tag{2-88}$$

由此可见，单跨两铰拱的基频振动动力放大系数与简支梁相同。

有些学者对方程(2-77)采用了伽辽金法求其前几阶振型的近似响应，结果与本节基本相当，不再赘述。

2.4.2 匀速移动的车辆荷载作用

如图 2-12 所示为抛物线两铰拱，受到一对匀速移动的弹簧-质量系统的作用，实际上它就是双轴车辆的简化模型。

1) 单轴车辆模型

由于弹簧系统的变形远远大于拱圈的挠度，车桥之间的作用采用简谐力形式：

$$F(t) = Mg + kA\cos(\Omega t + \theta) \tag{2-89}$$

式中，$\Omega = \sqrt{\dfrac{k}{M}}$ 为车辆弹簧—质量系统的固有频率；A 为车辆模型的竖向振幅；θ 为车辆模型的响应相位角，它们取决于车辆上桥时悬挂系统质量的竖向初始条件。

相应的激扰力为：

$$p(x,t) = F(t)\delta(x - vt) = [Mg + kA\cos(\Omega t + \theta)]\delta(x - vt)$$

式中，$\delta(x - vt)$ 为狄拉克函数。

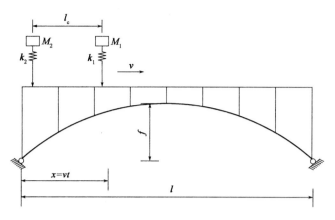

图 2-12 匀速移动的双轴车辆作用模型

采用级数解法,令:

$$\eta(x,t) = \sum_{n=1}^{\infty} q_n(t)\sin\frac{n\pi x}{l} \tag{2-90}$$

代入式(2-75),并注意到式(2-79),两边同乘 $\sin\dfrac{k\pi x}{l}$ 对 x 自 0 到 l 积分,得反对称振型相应的强迫振动方程为:

$$\ddot{q}_n(t) + 2\zeta_n\omega_n\dot{q}_n(t) + \omega_n^2 q_n(t) = \frac{2}{ml}[Mg + kA\cos(\Omega t + \theta)]\sin\Omega_n t$$

即

$$\begin{aligned}&\ddot{q}_n(t) + 2\zeta_n\omega_n\dot{q}_n(t) + \omega_n^2 q_n(t)\\&= \frac{2Mg}{ml}\sin\Omega_n t + \frac{kA}{ml}\sin[(\Omega_n - \Omega)t - \theta] + \frac{kA}{ml}\sin[(\Omega_n + \Omega)t + \theta] \quad (n=2,4,6,\cdots)\end{aligned} \tag{2-91}$$

式中,各量的含义同上一小节。

由单自由度振动理论容易写出上述方程的解,可参考梁的车辆振动一节。

2) 双轴车辆模型

对于双轴车辆匀速过桥的情况,可参照第 1.8.5 节梁桥双轴车桥耦合振动分析方法,分时段叠加求解拱的动力响应。

当然,这里忽略了拱上建筑的间接传力作用,而是假设移动的车辆荷载直接作用到拱圈上,与静活载内分析相似。

2.5 拱的侧向弯扭固有振动

2.5.1 拱的空间弯扭平衡方程

竖平面内的拱轴在侧倾后是一根空间的曲线,如图 2-13 所示,其位移和变形的几何关系宜用曲线坐标来描述(取右手系)。拱侧倾后,任意截面在 x 轴(垂直于拱平面,即侧向)、y 轴(指向拱微段 $\mathrm{d}s$ 的曲率中心,即径向)以及 z 轴(即切向)三个方向的线位移为 u、v、w。绕 x、y、

z 轴的角位移分别为 β、γ、θ。另外,再取一组局部坐标轴 ξ、η、ζ,其方向是相对于变形的拱而选定的,其中 ξ 与 η 的方向与横截面的两主轴重合,ζ 轴则为拱形心轴的切线。

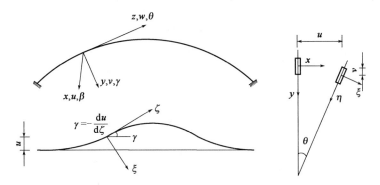

图 2-13 拱的侧倾示意

1) 侧向挠曲与扭转的微分方程

设作用在变形后拱微段 ds 上的内力矩 M_ξ、M_η 和 M_ζ 定义及正号方向,如图 2-14 所示。再假设材料服从胡克定律,变形保持微小,截面的几何形状不因变形而发生改变。

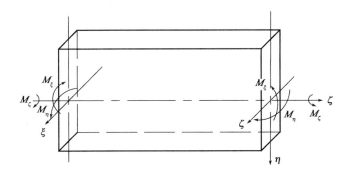

图 2-14 拱内力符号约定

根据材料力学可写出拱的侧向挠曲和扭转的微分方程具体如下:

$$\left.\begin{array}{l} EI_y\kappa_y = M_\eta \\ GI_d\kappa_z - \dfrac{d}{ds}\left(EI_\omega \dfrac{d\kappa_z}{ds}\right) = M_\zeta \end{array}\right\} \quad (2\text{-}92)$$

式中,I_y 为拱的横截面对于 y 轴(η 轴,竖向)的惯性矩;GI_d、EI_ω 分别为拱截面自由扭转刚度和翘曲刚度;κ_y、κ_z 分别为绕 y 轴的侧向挠曲率和绕 z 轴的扭曲率。

2) 变形几何关系

如图 2-15 所示,相距 ds 的两截面绕 y 轴的转角的增量为:

$$(\gamma + d\gamma)\cos(d\varphi) + (\theta + d\theta)\sin(d\varphi) - \gamma$$

在小变位条件下,有 $\cos(d\varphi) \approx 1$,$\sin(d\varphi) \approx d\varphi$,并略去高阶微量,则有:

$$(\gamma + d\gamma)\cos(d\varphi) + (\theta + d\theta)\sin(d\varphi) - \gamma \approx d\gamma + \theta d\varphi$$

因此,绕 y 轴的侧向挠曲率 κ_y 为:

$$\kappa_y = \frac{d\gamma + \theta d\varphi}{ds} = \frac{d\gamma}{ds} + \frac{\theta}{R} \quad (2\text{-}93)$$

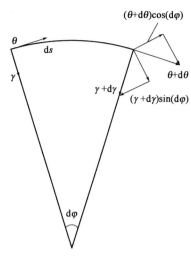

图2-15 角位移增量示意

式中,引入 $ds = Rd\varphi$。

相距 ds 的两截面绕 z 轴的扭转角的增量为:

$$(\theta + d\theta)\cos(d\varphi) - \theta - (\gamma + d\gamma)\sin(d\varphi)$$

略去高阶微量,则有:

$$(\theta + d\theta)\cos(d\varphi) - \theta - (\gamma + d\gamma)\sin(d\varphi) \approx d\theta - \gamma d\varphi$$

故绕 z 轴的扭曲率 κ_z 为:

$$\kappa_z = \frac{d\theta - \gamma d\varphi}{ds} = \frac{d\theta}{ds} - \frac{\gamma}{R} \tag{2-94}$$

因为 $\gamma = -\dfrac{du}{ds}$,则将式(2-93)和式(2-94)改写为:

$$\left.\begin{array}{l} \kappa_y = -\dfrac{d^2 u}{ds^2} + \dfrac{\theta}{R} \\ \kappa_z = \dfrac{d\theta}{ds} + \dfrac{1}{R}\dfrac{du}{ds} \end{array}\right\} \tag{2-95}$$

3) 基本平衡方程

图2-16 表示拱的微元在发生空间扭转变形后将受到截面内力(侧向弯矩 M_η,扭矩 M_ζ,侧向剪力 Q_ξ,轴力 N_ζ,以及外荷载 p_ξ、m_η、m_ζ)的作用。其中 m_η 和 m_ζ 分别为荷载对主轴 η、ζ 所形成的外力分布力矩,图中未示出。

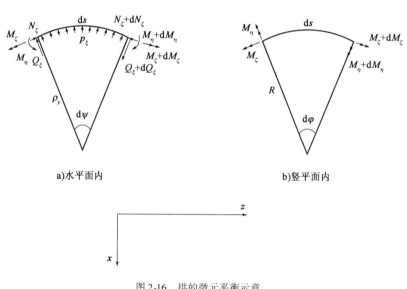

a) 水平面内   b) 竖平面内

图2-16 拱的微元平衡示意

下面利用微元体的平衡条件建立平衡方程。

由水平面内 $\sum F_\xi = 0$ 得:

$$Q_\xi + dQ_\xi - p_\xi ds - N_\zeta \sin(d\psi) - Q_\xi \cos(d\psi) = 0$$

并注意到 $\sin(d\psi) \approx d\psi = \dfrac{ds}{\rho_y} = \kappa_y ds$,则有:

$$dQ_\xi - N_\zeta \kappa_y ds - p_\xi ds = 0$$

即

$$\frac{\mathrm{d}Q_\xi}{\mathrm{d}s} - \kappa_y N_\zeta + p_\xi = 0 \tag{2-96}$$

在建立 $\sum M_\eta = 0$ 时，除考虑剪力 Q_ξ 的影响外，还应考虑微元 $\mathrm{d}s$ 上弯矩 M_η、扭矩 M_ζ 和荷载分布力矩 m_η 的影响。p_ξ 和 N_ζ 的影响均为二阶微量，可略去不计。由竖平面内

$$\sum M_\eta = 0$$

得

$$M_\eta + \mathrm{d}M_\eta - M_\eta \cos(\mathrm{d}\varphi) + M_\zeta \sin(\mathrm{d}\varphi) + m_\eta \mathrm{d}s + Q_\xi \mathrm{d}s = 0$$

引入 $\mathrm{d}s = R\mathrm{d}\varphi$，则有：

$$\frac{\mathrm{d}M_\eta}{\mathrm{d}s} + \frac{M_\zeta}{R} + Q_\xi + m_\eta = 0 \tag{2-97}$$

再由竖平面内

$$\sum M_\zeta = 0$$

得

$$M_\zeta + \mathrm{d}M_\zeta - M_\zeta \cos(\mathrm{d}\varphi) - M_\eta \sin(\mathrm{d}\varphi) + m_\zeta \mathrm{d}s = 0$$

即

$$\frac{\mathrm{d}M_\zeta}{\mathrm{d}s} - \frac{M_\eta}{R} + m_\zeta = 0 \tag{2-98}$$

式(2-96)和式(2-97)可合为一个式子。因为拱在侧倾时轴向力变化很小，故可取 $N_\zeta = N$。由式(2-96)得：

$$\frac{\mathrm{d}Q_\xi}{\mathrm{d}s} = \kappa_y N - p_\xi$$

在式(2-97)中略去侧向分布力矩 m_η，再求导一次，将上式代入后，则有：

$$\frac{\mathrm{d}^2 M_\eta}{\mathrm{d}s^2} + \frac{\mathrm{d}}{\mathrm{d}s}\left(\frac{M_\zeta}{R}\right) + \kappa_y N - p_\xi = 0 \tag{2-99}$$

将式(2-98)和式(2-99)两式联立，即得以内力描述的拱侧倾基本平衡方程。

将物理关系式(2-92)和几何关系式(2-95)代入式(2-98)和式(2-99)，即可得到以位移描述的拱空间侧向弯扭的弹性平衡方程：

$$\left.\begin{array}{l}-\left[EI_y\left(u'' - \dfrac{\theta}{R}\right)\right]'' + \left[\dfrac{GI_\mathrm{d}}{R}\left(\theta' + \dfrac{u'}{R}\right)\right]' - \left[\dfrac{EI_\omega}{R}\left(\theta' + \dfrac{u'}{R}\right)'\right]'' + N\left(-u'' + \dfrac{\theta}{R}\right) - p_\xi = 0 \\ \left[GI_\mathrm{d}\left(\theta' + \dfrac{u'}{R}\right)\right]' - \left[EI_\omega\left(\theta' + \dfrac{u'}{R}\right)'\right]'' + \dfrac{EI_y}{R}\left(u'' - \dfrac{\theta}{R}\right) + m_\zeta = 0\end{array}\right\} \tag{2-100}$$

对于等截面圆弧拱，上式可进一步简为：

$$\left.\begin{array}{l}\left(EI_y + \dfrac{EI_\omega}{R^2}\right)u^{(4)} + \left(N - \dfrac{GI_\mathrm{d}}{R^2}\right)u'' + \dfrac{EI_\omega}{R}\theta^{(4)} - \dfrac{EI_y + GI_\mathrm{d}}{R}\theta'' - \dfrac{N}{R}\theta = -p_\xi \\ EI_\omega \theta^{(4)} - GI_\mathrm{d}\theta'' + \dfrac{EI_y}{R^2}\theta + \dfrac{EI_\omega}{R}u^{(4)} - \dfrac{EI_y + GI_\mathrm{d}}{R}u'' = m_\xi\end{array}\right\} \tag{2-101}$$

上式即为用拱圈的侧向位移 u 和拱轴扭转角 θ 表示的等截面圆弧拱的侧向平衡方程。

2.5.2 拱的侧向弯扭固有振动

1) 固有振动方程

拱的侧向弯扭振动是一种空间振动现象。大跨径钢拱桥在重车尤其是拥挤的人群通过桥面上时所发生的强烈晃动,或者拱桥在横桥向的地震波作用下所发生的横向振动都是侧向弯扭振动。本节中将分析拱的侧向挠曲-扭转固有振动。

由等截面圆弧拱侧向挠曲-扭转的弹性平衡方程(2-101),计入保向的恒载 q 所产生的拱轴力二次影响后,由于保向的恒载 q 在拱扭转时的侧向分量 $q\sin\theta \approx q\theta = \dfrac{N\theta}{R}$,正好与原方程(2-101)中的轴力二次项 $N\dfrac{\theta}{R}$ 相抵消,得:

$$\left.\begin{aligned}\left(EI_y+\frac{EI_\omega}{R^2}\right)u^{(4)}+\left(N-\frac{GI_d}{R^2}\right)u''+\frac{EI_\omega}{R}\theta^{(4)}-\frac{EI_y+GI_d}{R}\theta''&=p_\xi\\EI_\omega\theta^{(4)}-GI_d\theta''+\frac{EI_y}{R^2}\theta+\frac{EI_\omega}{R}u^{(4)}-\frac{EI_y+GI_d}{R}u''&=m_\zeta\end{aligned}\right\} \quad (2\text{-}102)$$

式中, u 和 θ 分别为拱的侧向位移和扭转角;"'"表示关于曲线坐标 s 的导数; EI_y、EI_ω 和 GI_d 分别为拱截面的侧向抗弯刚度、翘曲刚度和自由扭转刚度; N 为拱轴向压力; p_ξ 和 m_ζ 分别为拱轴的侧向分布荷载和分布扭矩。

为了书写方便,引入以下符号:

$$B_y = EI_y; C = GI_d; D_\omega = EI_\omega$$

式(2-102)可改写成:

$$\left.\begin{aligned}\left(B_y+\frac{D_\omega}{R^2}\right)u^{(4)}+\left(N-\frac{C}{R^2}\right)u''+\frac{D_\omega}{R}\theta^{(4)}-\frac{B_y+C}{R}\theta''&=p_\xi\\D_\omega\theta^{(4)}-C\theta''+\frac{B_y}{R^2}\theta+\frac{D_\omega}{R}u^{(4)}-\frac{B_y+C}{R}u''&=m_\zeta\end{aligned}\right\} \quad (2\text{-}103)$$

假设拱桥的拱上建筑与拱圈联成整体,而且拱上建筑的刚度很小可忽略,或者附加于拱圈上,但在计算振动惯性力时必须包括桥面系等拱上建筑的质量。

图2-17表示以拱截面的扭转中心为原点,并与主轴平行的坐标系。拱轴的侧向位移 u、径向位移 v 和扭转角 θ,拱与桥面横截面上任一点 (x_1,y_1) 的水平和径向位移分别为:

$$\left.\begin{aligned}u_1 &= u - y_1\theta\\v_1 &= v + x_1\theta\end{aligned}\right\} \quad (2\text{-}104)$$

固有振动时,截面上所有质量的惯性力将形成水平的惯性力和绕截面扭转中心的惯性扭矩,分别如下:

$$\left.\begin{aligned}p_\xi &= -\int_F \ddot{u}_1 \mathrm{d}\rho = -\int_F(\ddot{u}-y_1\ddot{\theta})\mathrm{d}\rho = -\widetilde{M}\ddot{u}+S_x\ddot{\theta}\\m_\zeta &= -\int_F(x_1\ddot{v}_1 - y_1\ddot{u}_1)\mathrm{d}\rho = -\int_F[x_1(\ddot{v}+x_1\ddot{\theta})-y_1(\ddot{u}-y_1\ddot{\theta})]\mathrm{d}\rho\\&= -I_\rho\ddot{\theta}+S_x\ddot{u}-S_y\ddot{v}\end{aligned}\right\} \quad (2\text{-}105)$$

式中,$\widetilde{M} = \int_F \mathrm{d}\rho$ 为拱桥截面的质量和;$S_x = \int_F y_1 \mathrm{d}\rho$ 为拱桥截面质量对 x 轴的静力矩;$S_y = \int_F x_1 \mathrm{d}\rho$ 为拱桥截面质量对 y 轴的静力矩;$I_\rho = \int_F (x_1^2 + y_1^2) \mathrm{d}\rho$ 为拱桥截面质量对扭转中心的极惯性矩。

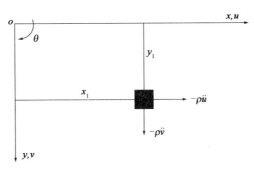

图 2-17　拱截面坐标示意

把上式的惯性力引入方程(2-103),并注意到对于一般截面左右对称的拱桥,质量分布也是左右对称的,此时有 $S_y = 0$,则得拱桥侧向挠曲-扭转的固有振动方程为:

$$\left.\begin{array}{l}\left(B_y + \dfrac{D_\omega}{R^2}\right) u^{(4)} + \left(N - \dfrac{C}{R^2}\right) u'' + \dfrac{D_\omega}{R}\theta^{(4)} - \dfrac{B_y + C}{R}\theta'' + \widetilde{M}\ddot{u} - S_x\ddot{\theta} = 0 \\ D_\omega \theta^{(4)} - C\theta'' + \dfrac{B_y}{R^2}\theta + \dfrac{D_\omega}{R} u^{(4)} - \dfrac{B_y + C}{R} u'' + I_\rho \ddot{\theta} - S_x \ddot{u} = 0 \end{array}\right\} \quad (2\text{-}106)$$

如果拱桥面的质量分布是左右不对称的,则 $S_y \neq 0$,此时即使拱结构是对称的,但惯性力项 $S_y \ddot{v}$ 的存在,将使得拱侧向弯扭振动和竖平面内的径向振动耦合,分析相对更加麻烦。

对于闭口截面的箱拱,约束扭转项的作用相对于自由扭转项是微小的,可忽略不计。令 $D_\omega = 0$,则上式可进一步简化为:

$$\left.\begin{array}{l} B_y u^{(4)} + \left(N - \dfrac{C}{R^2}\right) u'' + \dfrac{B_y + C}{R}\theta'' + \widetilde{M}\ddot{u} - S_x\ddot{\theta} = 0 \\ -C\theta'' + \dfrac{B_y}{R^2}\theta - \dfrac{B_y + C}{R} u'' + I_\rho \ddot{\theta} - S_x \ddot{u} = 0 \end{array}\right\} \quad (2\text{-}107)$$

上式中未计入阻尼项。由于拱上建筑的高度是沿拱轴变化的,因此,与质量分布有关的 $\widetilde{M}$、S_x 和 I_ρ 都是 s 的函数;与拱的刚度分布有关的 B_y 和 C 一般也是沿拱轴变化的。此外,拱的轴向力 N 也是 s 的函数。因此上式是一个变系数的微分方程组,只能用近似法求解,或用有限元法求数值解。

2) 能量法求解固有振动频率

下面介绍采用迦辽金法求解方程(2-106)的过程。

拱在发生侧向水平挠曲和扭转的面外振动时,不论拱在竖平面内的支承条件是两端嵌固还是铰支,拱桥在侧向总是可以看成两端嵌固的,同时两端绕拱轴线扭转角也等于零,因为两片拱肋总是和支承拱座保持接触。所以,边界条件为:

当 $s = 0$、$s = L$ 时,$u = 0$,$u' = 0$,$\theta = 0$。

首先,将 $S_x(s)$ 和 $I_s(s)$ 表达为多项圆函数的形式,令:

$$\left.\begin{aligned} S_c &= \widetilde{M} h_c \\ I_c &= \widetilde{M} h_c^2 \end{aligned}\right\} \tag{2-108}$$

式中，h_c 为选用的适当长度。

选用下列近似的无量纲多项式变化函数：

$$\left.\begin{aligned} \mu(s) &= \frac{s_x(s)}{S_c} = \mu_0 - \mu_1 \sin\pi\zeta - \mu_3 \sin 3\pi\zeta \\ \nu(s) &= \frac{I_\rho(s)}{I_c} = \nu_0 - \nu_1 \sin\pi\zeta - \nu_3 \sin 3\pi\zeta \end{aligned}\right\} \tag{2-109}$$

要求 $\zeta = \dfrac{s}{L}$ 在 0、0.25、0.5 这三点的近似函数所给出的值 μ 和 ν 分别与实际值相同，即可解得：

$$\left.\begin{aligned} \mu_0 &= \mu(0) \\ \mu_1 &= 1.207\mu(0) - 0.707\mu(0.25) - 0.5\mu(0.5) \\ \mu_3 &= 0.207\mu(0) - 0.707\mu(0.25) + 0.5\mu(0.5) \end{aligned}\right\} \tag{2-110}$$

同理，ν_0、ν_1、ν_3 与实际值 $\nu(0)$、$\nu(0.25)$、$\nu(0.5)$ 关系式系数与上式相同。

（1）对称固有振动。

满足边界条件的对称近似振型函数取为

$$\left.\begin{aligned} u(s,t) &= h_c \alpha_1 (1 - \cos 2\pi\zeta)(A\sin\omega t + B\cos\omega t) \\ \theta(s,t) &= \theta_1 \sin\pi\zeta (A\sin\omega t + B\cos\omega t) \end{aligned}\right\}$$

也可写成：

$$\left.\begin{aligned} u(s,t) &= U(\zeta)(A\sin\omega t + B\cos\omega t) \\ \theta(s,t) &= \Theta(\zeta)(A\sin\omega t + B\cos\omega t) \end{aligned}\right\} \tag{2-111}$$

式中：

$$\left.\begin{aligned} U(\zeta) &= h_c \alpha_1 (1 - \cos 2\pi\zeta) \\ \Theta(\zeta) &= \theta_1 \sin\pi\zeta \end{aligned}\right\}$$

其中，α_1 和 θ_1 为待定系数。

将上式代入固有振动方程(2-107)，约掉时间函数后，左边将不恒为零，即有：

$$\left.\begin{aligned} E_a &= B_y \frac{1}{L^4} U^{(4)}(\zeta) + \left(N - \frac{C}{R^2}\right) \frac{1}{L^2} U''(\zeta) + \frac{B_y + C}{R} \frac{1}{L^2} \Theta''(\zeta) - \omega^2 \widetilde{M} U(\zeta) - \omega^2 S_x \Theta(\zeta) \\ E_b &= -C \frac{1}{L^2} \Theta''(\zeta) + \frac{B_y}{R^2} \Theta(\zeta) - \frac{B_y + C}{R} \frac{1}{L^2} U''(\zeta) - \omega^2 I_\rho \Theta(\zeta) + \omega^2 S_x U(\zeta) \end{aligned}\right\} \tag{2-112}$$

由伽辽金法原理，使这两个方程左边的误差（残值）E_a 和 E_b（相当于 p_ξ 和 m_ζ）在以振型为可能位移：

$$\delta g_a = \delta U(s) = h_c (1 - \cos 2\pi\zeta) \delta \alpha_1$$

和

$$\delta g_b = \delta \Theta(s) = \sin\pi\zeta \, \delta\theta_1$$

以上所做的功在全拱上的总和等于零,即:

$$\left. \begin{array}{l} \int_0^L E_a \delta g_a \mathrm{d}s = 0 \rightarrow \int_0^l E_a (1 - \cos 2\pi\zeta) \mathrm{d}\zeta = 0 \\ \int_0^L E_b \delta g_b \mathrm{d}s = 0 \rightarrow \int_0^l E_b \sin \pi\zeta \mathrm{d}\zeta = 0 \end{array} \right\} \tag{2-113}$$

由此可得出关于系数 α_1 和 θ_1 的两个齐次方程组。如果取更多的近似函数来描述固有振型,则分别用各项近似函数作为可能位移,可得到与参数数目相同的齐次方程组。

将式(2-111)和式(2-112)代入式(2-113),得:

$$\begin{bmatrix} a_{11} - \Omega^2 b_{11} & a_{12} - \Omega^2 b_{12} \\ a_{21} - \Omega^2 b_{21} & a_{22} - \Omega^2 b_{22} \end{bmatrix} \begin{Bmatrix} \alpha_1 \\ \theta_1 \end{Bmatrix} = 0 \tag{2-114}$$

式中:

$$a_{11} = 1 - \frac{N_c L^2}{4\pi^2 B_y}, N_c = N - \frac{C}{R^2}$$

$$a_{12} = a_{12} = \frac{L^2}{3\pi^3 R h_c} \left(1 + \frac{C}{B_y}\right)$$

$$a_{22} = \frac{L^4}{16\pi^4 R^2 h_c^2} + \frac{L^2}{16\pi^2 h_c^2} \frac{C}{B_y}$$

$$b_{11} = 1$$

$$b_{12} = b_{21} = -\frac{16}{9\pi}\mu_0 + \frac{\mu_1}{2} - \frac{\mu_3}{6}$$

$$b_{22} = \frac{\nu_0}{3} - \frac{8}{9\pi}\nu_1 + \frac{8}{45\pi}\nu_3$$

$$\Omega^2 = \frac{\omega^2}{\omega_y^2}, \text{或 } \omega = \omega_y \Omega$$

其中,$\omega_y = \frac{4\pi^2}{\sqrt{3}L^2}\sqrt{\frac{B_y}{\widetilde{M}}}$,相当于两端嵌固梁的最低阶固有频率 ω_1,其中系数 $\frac{4\pi^2}{\sqrt{3}}$ 比精确值 $(4.730)^2$ 仅大1.6%,可见 $\alpha_1(1 - \cos 2\pi\zeta)$ 是一个良好的振型近似函数。

上式中的各系数都是无量纲的。

由式(2-114)的系数行列式等于零,可得频率方程:

$$C_2 \Omega^4 - C_1 \Omega^2 + C_0 = 0 \tag{2-115}$$

式中:

$$C_0 = a_{11} a_{22} - a_{12}^2$$
$$C_1 = a_{11} b_{22} + b_{11} a_{22} - 2 a_{12} b_{12}$$
$$C_2 = b_{11} b_{22} - b_{12}^2$$

这样求得的两个频率,较小的 Ω_1^2 是一个良好的近似值,较大的 Ω_3^2 误差大些。将 Ω_1^2 和 Ω_3^2 代回式(2-114),即得到相应的振型中两个参数 α_1 与 θ_1 的比例关系。

(2)反对称有振动。

满足边界条件的反对称近似固有振型函数可取幂函数形式:

$$u(s,t) = h_c\alpha_2(\zeta_1 - 8\zeta_1^3 + 16\zeta_1^5)(A\sin\omega t + B\cos\omega t)$$
$$\theta(s,t) = \theta_2\sin2\pi\zeta_1(A\sin\omega t + B\cos\omega t) \quad (2\text{-}116)$$

式中，$\zeta_1 = \zeta - \dfrac{1}{2}$；$\zeta = \dfrac{s}{L}$。

与对称固有振动方法相同，可求得关于 α_2 和 θ_2 的齐次方程和频率方程，形式与式 (2-114) 完全相同，仅其中的系数改为：

$$a_{11} = 1 - \frac{N_c L^2}{90 B_y}, \quad N_c = N - \frac{C}{R^2}$$

$$a_{12} = a_{21} = \frac{16L^2}{221 R h_c}\left(1 + \frac{C}{B_y}\right)$$

$$a_{22} = \frac{7L^4}{512 R^2 h_c^2} + \frac{7\pi^2 L^2}{128 h_c^2}\frac{C}{B_y}$$

$$b_{11} = 1$$

$$b_{12} = b_{21} = -\frac{22}{3}\mu_0 + \frac{94}{10}\mu_1 - \frac{51}{6}\mu_3$$

$$b_{22} = 54\nu_0 - 44\nu_1 - 41\nu_3$$

$$\Omega^2 = \frac{\omega^2}{\omega_y^2}$$

其中，$\bar\omega_y = \dfrac{62.93}{L^2}\sqrt{\dfrac{B_y}{\widetilde M}}$，相当于两端嵌固梁的反对称最低固有频率，这里的系数 62.93 比精确值大 2%。

由此可求得两阶固有频率及其相应的振型中 a_2 和 θ_2 的比例关系。

[**例 2.5.1**] 已知抛物线形固端钢拱桥如图 2-18 所示，求其侧向弯扭振动固有频率。

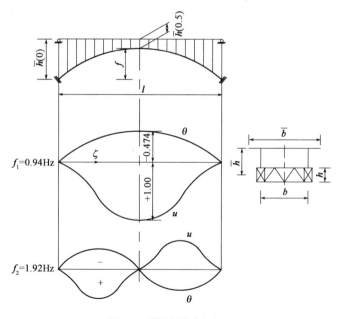

图 2-18 拱的侧向弯扭振型

其基本数据如下：

跨径 $l = 180\text{m}$；

矢高 $f = \dfrac{l}{8} = 22.5\text{m}$；

当量曲率半径 $R = \dfrac{1 + 4\left(\dfrac{f}{l}\right)^2}{8\dfrac{f}{l}} \cdot l = 191.25\text{m}$；

拱端立柱高度 $\bar{h}(0) = 23.45\text{m}$；
跨中立柱高度 $\bar{h}(0.5) = 1.85\text{m}$；
拱肋高度 $h = 2.7\text{m}$；
拱肋中心距 $b = 8\text{m}$；
桥面宽度 $\bar{b} = 11.5\text{m}$；
全桥分布恒载 $g = 90.45\text{kN/m}$；
全桥分布质量 $\widetilde{M} = 9220\text{kg/m}$；
拱肋竖向抗弯刚度 $B_x = 0.311(\text{m}^4) \cdot E$；
拱顶处的拱肋截面面积 $A_c = 0.272\text{m}^2$；
拱肋横向抗弯刚度 $B_y = 3.80(\text{m}^4) \cdot E$；
拱肋抗扭刚度 $C = 0.08(\text{m}^4) \cdot E$；
拱桥恒载水平推力 $H_g = 17118.5\text{kN}$；
选用比例高度 $h_c = \dfrac{R}{30} = 6.375\text{m}$。

由式(2-109)计算得到 $\mu(s)$ 和 $\nu(s)$，进而由式(2-110)得出：

$$\begin{bmatrix} \mu_0 & \mu_1 & \mu_3 \\ \nu_0 & \nu_1 & \nu_3 \end{bmatrix} = \begin{bmatrix} -2.900 & -2.745 & -0.074 \\ 10.950 & 12.048 & 1.477 \end{bmatrix}$$

根据已知抛物线拱圈设计参数计算式(2-114)中的系数 a_{ij} 和 $b_{ij}(i,j = 1,2)$。按式(2-114)的频率方程解出对称的侧向弯扭的固有频率和相应的振型。同理，可求得反对称的频率和振型，结果示于图 2-18 中。

2.6 拱桥地震振动分析

地震时一般影响最大的主要是水平方向的地面运动，由于拱圈的特殊结构形式，拱桥地震振动时的响应分为纵桥向和横桥向两个方向，其中纵桥向主要有水平和竖直两个方向的动位移分量；横桥向主要有水平方向的动位移分量和扭转分量。本节主要讨论拱桥的纵桥向地震动分析方法。

根据 20~100m 单孔拱桥基频的实测统计，基频均在 2.5~3.3Hz 以上，属于刚性结构。从单拱的振型序列看，第一振型是反对称的，第二、第三振型是对称的，第四振型是反对称的。

在纵向水平地震动作用下，对称的第二、第三振型对拱结构的地震响应贡献不显著。第四振型虽是反对称的，但频率已较高，对拱地震响应的贡献相对较小。因此，可仅用第一振型来近似表达拱结构的动力响应。分析表明这样做的误差不大，因此，主要问题是确定拱的反对称第一阶振型的固有频率。

除等截面圆弧拱外，拱振动问题的解析方法比较复杂，不便于应用。实践表明，对于中小跨径拱桥的地震反应分析，用矢跨比相同的圆弧拱代替是足够精确的。

2.6.1 拱圈的面内挠曲地震振动

图 2-19 所示为圆弧拱圈的面内挠曲振动位移示意图，这里暂且不考虑拱上建筑的影响。

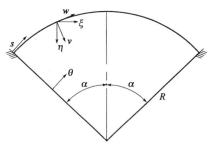

图 2-19 拱面内挠曲振动位移

拱在振动时的位能可用拱的切向和径向位移表示为：

$$V = \frac{1}{2}\int_0^L EI_z \left(\frac{\partial^2 v}{\partial s^2} + \frac{1}{R}\frac{\partial w}{\partial s}\right)^2 ds \quad (2\text{-}117)$$

式中，$v(s,t)$ 和 $w(s,t)$ 分别为拱的径向和切向动位移；EI_z 为拱圈截面绕水平轴 z 的挠曲刚度；L 为拱弧全长。

若忽略振动时拱轴线的伸缩变形，即令：

$$\varepsilon = \frac{\partial w}{\partial s} - \frac{v}{R} = 0$$

则位能改写为：

$$V = \frac{1}{2}\int_0^L EI_z \left(\frac{\partial^2 v}{\partial s^2} + \frac{v}{R^2}\right)^2 ds \quad (2\text{-}118)$$

为方便起见，拱在地震振动时的动能用拱的水平和竖向位移表示为：

$$T = \frac{1}{2}\int_0^L m[(\dot\xi + \dot\delta_g)^2 + \dot\eta^2] ds \quad (2\text{-}119)$$

式中，m 为拱圈沿拱弧单位长度质量；$\xi(s,t)$ 为拱的相对水平动位移；$\delta_g(t)$ 为地面纵向水平地震动位移；$\eta(s,t)$ 为拱的绝对竖向动位移。

将各动位移分别表示为广义坐标 $q_i(t)$ 和振型 $V_i(s)$、$\varphi_i(s)$ 和 $\psi_i(s)$ 乘积的线性叠加，即：

$$\left.\begin{array}{l} v(s,t) = \sum_{i=1}^{N} q_i(t) V_i(s) \\ \xi(s,t) = \sum_{i=1}^{N} q_i(t) \varphi_i(s) \\ \eta(s,t) = \sum_{i=1}^{N} q_i(t) \psi_i(s) \end{array}\right\} \quad (2\text{-}120)$$

将式(2-120)代入式(2-118)和式(2-119)，得：

$$\left.\begin{array}{l} V = \dfrac{1}{2}\int_0^L EI_z \left[\sum_{i=1}^{N} q_i V_i''(s) + \dfrac{1}{R^2}\sum_{i=1}^{N} q_i V_i(s)\right]^2 ds \\ T = \dfrac{1}{2}\int_0^L m\left\{\left[\dot\delta_g(t) + \sum_{i=1}^{N} \dot q_i \varphi_i(s)\right]^2 + \left[\sum_{i=1}^{N} \dot q_i \psi_i(s)\right]^2\right\} ds \end{array}\right\} \quad (2\text{-}121)$$

利用振型正交性,由上式分别求导得:

$$\frac{\partial V}{\partial q_n} = \int_0^L EI_z \Big[\sum_{i=1}^N q_i V_i''(s) + \frac{1}{R^2} \sum_{i=1}^N q_i V_i(s) \Big] \Big[V_n''(s) + \frac{1}{R^2} V_n(s) \Big] \mathrm{d}s q_n(t)$$

$$= \int_0^L EI_z \Big\{ [V_n''(s)]^2 + \frac{2}{R^2} V_n''(s) V_n(s) + \Big[\frac{1}{R} V_n(s)\Big]^2 \Big\} \mathrm{d}s q_n(t)$$

$$= \int_0^L EI_z \Big[V_n''(s) + \frac{1}{R^2} V_n(s) \Big]^2 \mathrm{d}s q_n(t) \tag{2-122a}$$

$$\frac{\partial T}{\partial \dot{q}_n} = \int_0^L m \Big\{ \Big[\dot{\delta}_g(t) + \sum_{i=1}^N \dot{q}_i \varphi_i(s) \Big] \varphi_n(s) + \Big[\sum_{i=1}^N \dot{q}_i \psi_i(s) \Big] \psi_n(s) \Big\} \mathrm{d}s$$

$$= \dot{\delta}_g(t) \int_0^L m \varphi_n(s) \mathrm{d}s + \int_0^L m \varphi_n^2(s) \mathrm{d}s \dot{q}_n(t) + \int_0^L m \psi_n^2(s) \mathrm{d}s \dot{q}_n(t) \tag{2-122b}$$

$$\frac{\mathrm{d}}{\mathrm{d}t} \frac{\partial T}{\partial \dot{q}_n} = \int_0^L m \Big\{ \Big[\ddot{\delta}_g(t) + \sum_{i=1}^N \ddot{q}_i \varphi_i(s) \Big] \varphi_n(s) + \Big[\sum_{i=1}^N \ddot{q}_i \psi_i(s) \Big] \psi_n(s) \Big\} \mathrm{d}s$$

$$= \ddot{\delta}_g(t) \int_0^L m \varphi_n(s) \mathrm{d}s + \int_0^L m \varphi_n^2(s) \mathrm{d}s \ddot{q}_n(t) + \int_0^L m \psi_n^2(s) \mathrm{d}s \ddot{q}_n(t)$$

$$= \ddot{\delta}_g(t) \int_0^L m \varphi_n(s) \mathrm{d}s + \Big[\int_0^L m \varphi_n^2(s) \mathrm{d}s + \int_0^L m \psi_n^2(s) \mathrm{d}s \Big] \ddot{q}_n(t) \tag{2-122c}$$

将式(2-122)代入拉格朗日方程:

$$\frac{\mathrm{d}}{\mathrm{d}t}\Big(\frac{\partial T}{\partial \dot{q}_n}\Big) - \frac{\partial T}{\partial q_n} + \frac{\partial V}{\partial q_n} = 0$$

得到无阻尼的拱圈竖平面内地震动方程为:

$$\ddot{\delta}_g(t) \int_0^L m \varphi_n(s) \mathrm{d}s + \Big[\int_0^L m \varphi_n^2(s) \mathrm{d}s + \int_0^L m \psi_n^2(s) \mathrm{d}s \Big] \ddot{q}_n(t) +$$

$$\int_0^L EI_z \Big[V_n''(s) + \frac{1}{R^2} V_n(s) \Big]^2 \mathrm{d}s q_n(t) = 0$$

或

$$M_{\mathrm{eqn}} \ddot{q}_n(t) + K_{\mathrm{eqn}} q_n(t) = -\Gamma_n \ddot{\delta}_g(t) \tag{2-123}$$

式中,等效质量:

$$M_{\mathrm{eqn}} = \int_0^L m [\varphi_n^2(s) + \psi_n^2(s)] \mathrm{d}s \tag{2-124a}$$

等效刚度:

$$K_{\mathrm{eqn}} = \int_0^L EI_z \Big[V_n''(s) + \frac{1}{R^2} V_n(s) \Big]^2 \mathrm{d}s \tag{2-124b}$$

振型参与质量:

$$\Gamma_n = \int_0^L m \varphi_n(s) \mathrm{d}s \tag{2-124c}$$

在计入阻尼后,整理式(2-123),得墩柱的地震动方程为拱圈竖平面内地震动方程为:

$$\ddot{q}_n(t) + 2\zeta_n \omega_n \dot{q}_n(t) + \omega_n^2 q_n(t) = -\gamma_n \ddot{\delta}_g(t) \quad (n = 1, 2, \cdots, N) \tag{2-125}$$

式中,ζ_n 为第 n 阶阻尼比。

圆弧拱第 n 阶竖平面挠曲振动固有频率为

$$\omega_n = \sqrt{\frac{K_{eqn}}{M_{eqn}}} = \sqrt{\frac{\int_0^L EI_z \left[V_n''(s) + \frac{1}{R^2}V_n(s)\right]^2 ds}{\int_0^L m[\varphi_n^2(s) + \psi_n^2(s)]ds}} \qquad (2\text{-}126)$$

第 n 阶振型参与系数：

$$\gamma_n = \frac{\Gamma_n}{M_{eqn}} = \frac{\int_0^L m\varphi_n(s)ds}{\int_0^L m[\varphi_n^2(s) + \psi_n^2(s)]ds} \qquad (2\text{-}127)$$

再由图 2-19 中的位移振型分量几何关系，有：

$$\left.\begin{array}{l}\varphi_n = V_n\sin(\alpha-\theta) + W_n\cos(\alpha-\theta)\\ \psi_n = V_n\cos(\alpha-\theta) - W_n\cos(\alpha-\theta)\end{array}\right\} \qquad (2\text{-}128)$$

式中，θ 为圆弧拱的角坐标，$\theta = s/R$；α 为圆弧拱的半圆心角，$\alpha = L/R$。

显然上式满足 $\varphi_n^2 + \psi_n^2 = V_n^2 + W_n^2$，则有以拱圈的径向和切向振型函数表示的第 n 振型的固有频率：

$$\omega_n = \sqrt{\frac{\int_0^L EI_z \left[V_n''(s) + \frac{1}{R^2}V_n(s)\right]^2 ds}{\int_0^L m[V_n^2(s) + W_n^2(s)]ds}} \qquad (2\text{-}129)$$

第 n 振型的参与系数：

$$\gamma_n = \frac{\int_0^L m\varphi_n(s)ds}{\int_0^L m[V_n^2(s) + W_n^2(s)ds]} \qquad (2\text{-}130)$$

上式即为熟知的圆弧拱振动固有频率和振型参与系数计算公式。

从理论上说，在获得地面激励 $\ddot{\delta}_g(t)$ 函数后，直接按照动力学方法求解方程(2-125)即可。方程(2-125)以杜哈美(Duhamal)积分表示的第 n 阶广义坐标响应的解，形式同第 1 章墩柱地震动分析式(1-271) ~ 式(1-273)。

实际上在方程(2-125)、式(2-126)、式(2-127)中，存在未知函数 $V_n(s)$、$\varphi_n(s)$ 和 $\psi_n(s)$，很难获得方程(2-125)的精确解，可以通过假设振型函数 $V_n(s)$、$\varphi_n(s)$ 和 $\psi_n(s)$ 后，求得圆弧拱地震动响应的近似解。

这里应该指出，完全可以利用式(2-126)或式(2-129)计算拱圈竖平面内挠曲振动固有频率，但要求假设的振型函数 $V_1(s)$、$\varphi_1(s)$ 和 $\psi_1(s)$ 必须满足全部几何边界条件，与瑞雷法的求解过程一致。对于等截面圆弧拱时，第 n 阶竖平面挠曲振动固有频率式(2-129)与瑞雷法的式(2-61)相同。

以上所讨论的内容均以拱圈为力学图式，假设不计拱上建筑的质量和刚度贡献。

2.6.2 考虑拱上建筑的拱桥面内挠曲地震振动

根据拱桥结构特点,拱上建筑作为拱圈的附加质量,在振动体系的动能表达式中,应考虑拱上建筑实际质量沿纵向水平振动的动能和竖向振动的动能贡献。

如图 2-20 所示,拱桥纵向振动的动能中,可将拱上建筑实际质量集中等效在拱顶处;竖向振动动能中,将拱上建筑实际质量分布于裸拱圈之上。因此,相应的动能可以表达成:

$$T = \frac{1}{2}\int_0^L \left[m(\dot{\xi}+\dot{\delta}_g)^2 + (m+m_s)\dot{\eta}^2 \right] ds + \frac{1}{2}M_s\left[\dot{\xi}(s,t)\Big|_{s=L/2} + \dot{\delta}_g(t) \right]^2 \quad (2\text{-}131)$$

式中,m 为拱圈的单位拱弧长度质量;m_s 为拱上建筑质量分布于拱圈的沿单位拱弧长度质量;M_s 为拱上建筑总质量;$\xi(s,t)$ 为拱的相对水平动位移;$\delta_g(t)$ 为地面纵向水平地震动位移;$\eta(s,t)$ 为拱的绝对竖向动位移;L 为拱弧全长。

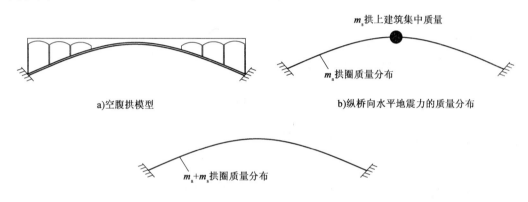

图 2-20 拱面内振动时的拱上建筑简化示意

拱在振动时的位能表达形式同式(2-118)。引入式(2-120)分别代入式(2-119)和式(2-131),得:

$$\begin{aligned} V &= \frac{EI_z}{2}\int_0^L \left[\sum_{i=1}^N q_i V_i''(s) + \frac{1}{R^2}\sum_{i=1}^N q_i V_i(s)\right]^2 ds \\ T &= \frac{1}{2}\int_0^L \left\{ m\left[\dot{\delta}_g(t) + \sum_{i=1}^N \dot{q}_i \varphi_i(s)\right]^2 + (m+m_s)\left[\sum_{i=1}^N \dot{q}_i \psi_i(s)\right]^2 \right\} ds + \\ &\quad \frac{1}{2}M_s\left[\sum_{i=1}^N \dot{q}_i \varphi_i\left(\frac{L}{2}\right) + \dot{\delta}_g(t)\right]^2 \end{aligned} \quad (2\text{-}132)$$

利用振型正交性,由上式分别求导得:

$$\begin{aligned} \frac{\partial V}{\partial q_n} &= \int_0^L EI_z\left[\sum_{i=1}^N q_i V_i''(s) + \frac{1}{R^2}\sum_{i=1}^N q_i V_i(s)\right]\left[V_n''(s) + \frac{1}{R^2}V_n(s)\right] ds\, q_n(t) \\ &= \int_0^L EI_z\left\{ [V_n''(s)]^2 + \frac{2}{R^2}V_n''(s)V_n(s) + \left[\frac{1}{R^2}V_n(s)\right]^2 \right\} ds\, q_n(t) \quad (2\text{-}133\text{a}) \\ &= \int_0^L EI_z\left[V_n''(s) + \frac{1}{R^2}V_n(s)\right]^2 ds\, q_n(t) \end{aligned}$$

$$\frac{\partial T}{\partial \dot{q}_n} = m\dot{\delta}_g(t)\int_0^L \varphi_n(s)\mathrm{d}s + \dot{q}_n(t)\int_0^L [m\varphi_n^2(s) + (m+m_s)\psi_n^2(s)]\mathrm{d}s +$$
$$M_s\varphi_n\left(\frac{L}{2}\right)\sum_{i=1}^N \dot{q}_i(t)\varphi_i\left(\frac{L}{2}\right) + M_s\dot{\delta}_g(t)\varphi_n\left(\frac{L}{2}\right) \tag{2-133b}$$

$$\frac{\mathrm{d}}{\mathrm{d}t}\frac{\partial T}{\partial \dot{q}_n} = m\ddot{\delta}_g(t)\int_0^L \varphi_n(s)\mathrm{d}s + \ddot{q}_n(t)\int_0^L [m\varphi_n^2(s) + (m+m_s)\psi_n^2(s)]\mathrm{d}s +$$
$$M_s\varphi_n\left(\frac{L}{2}\right)\sum_{i=1}^N \ddot{q}_i(t)\varphi_i\left(\frac{L}{2}\right) + M_s\ddot{\delta}_g(t)\varphi_n\left(\frac{L}{2}\right) \tag{2-133c}$$

将式(2-133)代入拉格朗日方程：
$$\frac{\mathrm{d}}{\mathrm{d}t}\left(\frac{\partial T}{\partial \dot{q}_n}\right) - \frac{\partial T}{\partial q_n} + \frac{\partial V}{\partial q_n} = 0$$

得拱圈地震振动方程为：
$$\ddot{q}_n(t)\int_0^L [m\varphi_n^2(s) + (m+m_s)\psi_n^2(s)]\mathrm{d}s + M_s\varphi_n\left(\frac{L}{2}\right)\sum_{i=1}^N \ddot{q}_i(t)\varphi_i\left(\frac{L}{2}\right) +$$
$$\int_0^L EI_z\left[V_n''(s) + \frac{V_n(s)}{R^2}\right]^2 \mathrm{d}s\, q_n(t) = -\ddot{\delta}_g(t)\left[m\int_0^L \varphi_n(s)\mathrm{d}s + M_s\varphi_n\left(\frac{L}{2}\right)\right] \tag{2-134}$$

上式是关于$q_n(t)(n=1,\cdots)$的二阶常系数微分方程组，求解相当复杂。当仅取第一阶振型函数时，式(2-134)可以简化为：
$$\ddot{q}_1(t)\left[\int_0^L [m\varphi_1^2(s) + (m+m_s)\psi_1^2(s)]\mathrm{d}s + M_s\varphi_1^2\left(\frac{L}{2}\right)\right] +$$
$$\int_0^L EI_z\left[V_1''(s) + \frac{V_1(s)}{R^2}\right]^2 \mathrm{d}s\, q_1(t) = -\ddot{\delta}_g(t)\left[m\int_0^L \varphi_1(s)\mathrm{d}s + M_s\varphi_1\left(\frac{L}{2}\right)\right] \tag{2-135}$$

考虑阻尼影响后得圆弧拱桥的第一阶振型地震振动方程：
$$\ddot{q}_1(t) + 2\zeta_1\omega_1\dot{q}_1(t) + \omega_1^2 q_1(t) = -\gamma_1\ddot{\delta}_g(t) \tag{2-136}$$

式中，圆弧拱桥第一阶振型的固有频率：
$$\omega_1 = \sqrt{\frac{EI_z\int_0^L \left[V_1''(s) + \frac{1}{R^2}V_1(s)\right]^2 \mathrm{d}s}{\int_0^L [m\varphi_1^2(s) + (m+m_s)\psi_1^2(s)]\mathrm{d}s + M_s\varphi_1^2\left(\frac{L}{2}\right)}} \tag{2-137}$$

第一阶振型的参与系数：
$$\gamma_1 = \frac{m\int_0^L \varphi_1(s)\mathrm{d}s + M_s\varphi_1\left(\frac{L}{2}\right)}{\int_0^L [m\varphi_1^2(s) + (m+m_s)\psi_1^2(s)]\mathrm{d}s + M_s\varphi_1^2\left(\frac{L}{2}\right)} \tag{2-138}$$

从理论上说，在获得地面激励$\ddot{\delta}_g(t)$函数后，直接按照动力学方法求解方程(2-136)即可。方程(2-136)以杜哈美(Duhamal)积分表示的第n阶广义坐标响应的解，形式同第1章墩柱地震动分析式(1-271)～式(1-273)。

实际上在方程(2-136)、式(2-137)、式(2-138)中，存在未知函数$V_1(s)$、$\varphi_1(s)$和$\psi_1(s)$，很

难获得方程(2-136)的精确解,可以通过假设振型函数 $V_1(s)$、$\varphi_1(s)$ 和 $\psi_1(s)$ 后,求得圆弧拱地震振动响应的近似解。

这里应该指出,完全可以利用式(2-137)计算拱桥竖平面内挠曲振动固有频率,但要求假设的振型函数 $V_1(s)$、$\varphi_1(s)$ 和 $\psi_1(s)$ 必须满足全部几何边界条件,与瑞雷法的求解结果一致。

本章参考文献

[1] 宋一凡.公路桥梁动力学[M].北京:人民交通出版社,2000.
[2] 李国豪.桥梁结构稳定与振动[M].2版.北京:中国铁道出版社,2002.
[3] 项海帆,刘光栋.拱结构的稳定与振动[M].北京:人民交通出版社,1991.
[4] 栾娟.基于吊拉协同主动加固方法的RC系杆拱桥加固效果评价[D].西安:长安大学,2018.

第 3 章
悬索桥振动

悬索桥(俗称吊桥)是以钢缆索作为主要承重构件的柔性悬吊结构体系,桥道加劲梁通过竖直或斜置的吊索挂在下垂的主索上。悬索桥的固有振动特性首先是指结构总体的动力特性,此时可把悬索(主索)和吊索视为一个受有轴向拉力的杆单元(或称为索单元)。其次是吊索还有一个自身的局部振动问题,这些将在第 4 章 4.1 节中介绍。

悬索桥和拱桥一样,都是有水平力的体系,它们的平衡方程和振动方程是相似的,区别只在于拱的水平力为压力,而悬索桥的水平力则为拉力,方程中含有水平力的项只相差一个符号。悬索桥的刚度较小,一般主要用于公路桥梁。由于汽车荷载与大跨度悬索桥的自重相比较轻,因此,悬索桥在移动汽车荷载作用下的强迫振动并不严重,冲击系数也较小。公铁两用的悬索桥则要考虑其强迫振动问题。

悬索桥在侧向风荷载作用下除了应保证足够的静力抗风强度外,还要特别注意像 1940 年 Tacoma 悬索桥风毁那样的弯扭耦合颤振现象。因此,悬索桥的扭转振动特性尤其重要。

本章首先从悬索桥的竖平面弯曲静平衡方程出发,主要介绍悬索桥的竖向弯曲固有振动解析法。其次,采用瑞雷(Rayleigh)法导出悬索桥的竖平面弯曲振动一阶对称和反对称固有频率、悬索桥扭转振动一阶对称和反对称固有频率计算原理,它们是《公路桥梁抗风设计规范》(JTG/T 3360-01—2018)的基础。

3.1 悬索桥的竖平面弯曲振动固有频率解析法

3.1.1 静力平衡方程

如图 3-1 所示为单跨悬索桥,建立如图所示的 xoy 坐标系。按照一般的设计、施工方法,可以假设加劲梁为等截面而且不承担恒载,全部恒载均由主索承担。在恒载 $m(x)g$ 作用下,主索在重力平衡位置的方程为:

$$H_g \frac{d^2 y}{d x^2} = -m(x) g \tag{3-1}$$

式中,H_g 为恒载下的主索水平拉力;$m(x)$ 为悬索桥单位跨径的质量;g 为重力加速度。

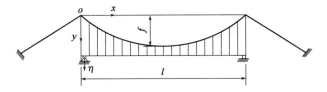

图 3-1 单跨悬索桥

此时,加劲梁不产生竖向弯曲变形。加劲梁连接成桥后,形成主缆、加劲梁的共同受力体系。当活载 $p(x)$ 作用于桥面上时,将由主索和加劲梁共同承受。

相应的加劲梁的弹性平衡方程为:

$$EI_b \frac{d^4 \eta}{d x^4} = p(x) - r(x) \tag{3-2}$$

式中,EI_b 为加劲梁竖向抗弯刚度;$r(x)$ 为在活载作用下主索和加劲梁之间经由吊索传递的相互作用力。

根据式(3-1),当活载 $p(x)$ 作用于桥面上时,主索的弹性平衡方程为:

$$(H_g + H_p)(y + \eta)'' = -m(x)g - r(x) \tag{3-3}$$

式中,H_p 为活载 $p(x)$ 作用后产生的主索中的水平拉力增量;$\eta(x)$ 为加劲梁挠度。

将式(3-3)中的 $-r(x)$ 写成:

$$-r(x) = (H_g + H_p)(y + \eta)'' + m(x)g$$

代入式(3-2),得:

$$EI_b \eta^{(4)} = p(x) + (H_g + H_p)(y'' + \eta'') + m(x)g$$

即

$$EI_b \eta^{(4)} = p(x) + H\eta'' + H_p y'' + H_g y'' + m(x)g \tag{3-4}$$

注意到式(3-1),上式可进一步简化为:

$$EI_b \frac{d^4 \eta}{d x^4} - H \frac{d^2 \eta}{d x^2} = p(x) + H_p \frac{d^2 y}{d x^2} \tag{3-5}$$

式中,$H = H_g + H_p$ 为恒载 $m(x)g$ 及活载 $p(x)$ 产生的主索中的水平总拉力;$H_p \dfrac{d^2 y}{d x^2}$ 一项

表示主索中的活载水平拉力增量 H_p 所产生的竖向分布荷载。

由式(3-5)可知,相当于把加劲梁看成是一根悬挂于主索的简支梁,同时承受着轴向拉力 H,竖向活载 $p(x)$ 和活载产生的竖向力 $H_p y''$ 的联合作用。

悬索桥一般恒载 $m(x)g$ 沿全桥跨接近均匀分布,即 mg。因此,由式(3-1)可知,在悬索常见矢跨比范围内,一般以二次抛物线作为主索线形,即:

$$y = \frac{4f}{l^2}x(l-x) \tag{3-6}$$

可得

$$H_g = -\frac{mg}{y''} = \frac{mgl^2}{8f} \tag{3-7}$$

式中,l 为悬索主跨的计算跨径;f 为悬索的跨中垂度。

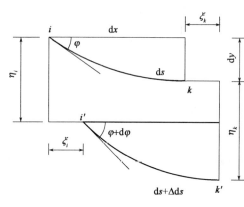

图 3-2 悬索微元段变位示意

式(3-5)是挠度理论的第一个基本方程,其中 $\eta(x)$ 是未知的挠度函数,H_p 是未知常数,必须再增加一个条件才能求解。这里一般可以有两种不同的方法:一是以能量守恒定律为基础,即外力所做的功应等于内力所做的功;二是以几何条件为基础,即缆索两端锚固点之间伸长的水平投影应等于零。计算表明,这两种方法结果相差甚微,这里仅介绍后一种方法。

图 3-2 表示一段主索 ds 的位移情况。设 ξ_i、ξ_k 分别表示 i 点和 k 点处水平变位,η_i、η_k 分别表示 i 点和 k 点竖向变位。可以建立以下的关系:

$$(ds)^2 = (dx)^2 + (dy)^2$$
$$(ds + \Delta ds)^2 = (dx + \xi_k - \xi_i)^2 + (dy + \eta_k - \eta_i)^2$$
$$= (dx + d\xi)^2 + (dy + d\eta)^2$$

以上两式相减,并略去高次微量 $(\Delta ds)^2$、$(d\xi)^2$,但保留 $(d\eta)^2$ 项,则得:

$$ds \cdot \Delta ds \approx dx d\xi + dy d\eta + \frac{1}{2}(d\eta)^2$$

由此可得:

$$d\xi = \Delta dl = \frac{ds}{dx}\Delta ds - \frac{dy}{dx}d\eta - \frac{1}{2}\frac{d\eta}{dx}d\eta \tag{3-8}$$

式中,Δds 为主索微段的切线伸长量;Δdl 为主索微段跨径方向的伸长量。

由活载产生的主索切向拉力:

$$T_p = \frac{H_p}{\cos\varphi}$$

式中,φ 为主索倾角。

计入温度变化 Δt 后主索所产生的总伸长为:

$$\Delta ds = \frac{T_p}{E_c A_c}ds + \alpha_t \Delta t ds = \frac{H_p}{E_c A_c \cos\varphi}ds + \alpha_t \Delta t ds \tag{3-9}$$

式中，E_cA_c 为主索截面的总抗拉刚度；α_t 为温度膨胀系数；升温时 Δt 为正。

将式(3-9)和 $\dfrac{\mathrm{d}x}{\mathrm{d}s} = \cos\varphi$ 代入式(3-8)，即：

$$\Delta \mathrm{d}l = \frac{H_p}{E_cA_c\cos^3\varphi}\mathrm{d}x + \frac{\alpha_t\Delta t}{\cos^2\varphi}\mathrm{d}x - \frac{\mathrm{d}y}{\mathrm{d}x}\frac{\mathrm{d}\eta}{\mathrm{d}x}\mathrm{d}x - \frac{1}{2}\left(\frac{\mathrm{d}\eta}{\mathrm{d}x}\right)^2\mathrm{d}x$$

对于地锚式悬索桥，主索在两端锚固点之间伸长的水平投影应等于零，可得主索的变形相容方程为：

$$\Delta l = \frac{H_p}{E_cA_c}\int\frac{\mathrm{d}x}{\cos^3\varphi} + \alpha_t\Delta t\int\frac{\mathrm{d}x}{\cos^2\varphi} - \int\frac{\mathrm{d}y}{\mathrm{d}x}\frac{\mathrm{d}\eta}{\mathrm{d}x}\mathrm{d}x - \frac{1}{2}\int\left(\frac{\mathrm{d}\eta}{\mathrm{d}x}\right)^2\mathrm{d}x \tag{3-10}$$

式中，各项积分应为沿全部主索水平投影长度积分。

为了简化分析，这里只对于中跨设置加劲梁相对应的主跨主索水平投影长度积分。对于地锚式悬索桥，不计主塔偏位影响有 $\Delta l = 0$ 条件成立。

(1) 可由分部积分法求式(3-10)右侧第三项，得：

$$-\int_0^l\frac{\mathrm{d}y}{\mathrm{d}x}\frac{\mathrm{d}\eta}{\mathrm{d}x}\mathrm{d}x = -[y'\eta]_0^l + \int_0^l y''\eta\mathrm{d}x = \int_0^l y''\eta\mathrm{d}x \tag{3-11a}$$

式中，l 为加劲梁跨径(这里近似取悬索主跨的计算跨径)，引用了加劲梁的边界条件 $\eta(0) = \eta(l) = 0$。

(2) 由分部积分法求式(3-10)右侧第四项，得：

$$-\frac{1}{2}\int_0^l\left(\frac{\mathrm{d}\eta}{\mathrm{d}x}\right)^2\mathrm{d}x = -\frac{1}{2}\left[\frac{\mathrm{d}\eta}{\mathrm{d}x}\eta\right]_0^l + \frac{1}{2}\int_0^l\frac{\mathrm{d}^2\eta}{\mathrm{d}x^2}\eta\mathrm{d}x = \frac{1}{2}\int_0^l\frac{\mathrm{d}^2\eta}{\mathrm{d}x^2}\eta\mathrm{d}x \tag{3-11b}$$

(3) 相容方程：

将式(3-11a)、式(3-11b)代入式(3-10)，求解 η 和 H_p 的第二个基本方程为：

$$\frac{H_p}{E_cA_c}L_v + \alpha_t\Delta t L_e + y''F_n + \frac{1}{2}\int_0^l\frac{\mathrm{d}^2\eta}{\mathrm{d}x^2}\eta\mathrm{d}x = 0 \tag{3-12}$$

式中，$L_v = \int\dfrac{\mathrm{d}x}{\cos^3\varphi}$ 为主索虚拟长度，当仅考虑中跨主索投影长度积分时

$$L_v = \int\frac{\mathrm{d}x}{\cos^3\varphi} = \int_0^l[1 + (y')^2]^{\frac{3}{2}}\mathrm{d}x = l\left[1 + 8\left(\frac{f}{l}\right)^2 + 19.2\left(\frac{f}{l}\right)^4\right] \tag{3-13a}$$

$L_e = \int\dfrac{\mathrm{d}x}{\cos^2\varphi}$ 为主索等效长度，即

$$L_e = \int\frac{\mathrm{d}x}{\cos^2\varphi} = \int_0^l[1 + (y')^2]\mathrm{d}x = l\left[1 + \frac{16}{3}\left(\frac{f}{l}\right)^2\right] \tag{3-13b}$$

$F_n = \int_0^l\eta\mathrm{d}x$ 为加劲梁在主跨内的挠度面积。

如略去温度变化的影响和高阶微量 $\dfrac{1}{2}\int_0^l\dfrac{\mathrm{d}^2\eta}{\mathrm{d}x^2}\eta\mathrm{d}x$ 项，并代入 $y'' = -\dfrac{8f}{l^2}$，则式(3-12)可简化为：

$$H_p = -\frac{E_cA_c}{L_v}\int_0^l y''\eta\mathrm{d}x = \frac{E_cA_c}{L_v}\frac{8f}{l^2}\int_0^l\eta\mathrm{d}x \tag{3-14a}$$

当不考虑温度变化的影响和主索伸长影响时，有 $H_p = 0$，由式(3-12)得：

$$y''F_n + \frac{1}{2}\int_0^l \frac{d^2\eta}{dx^2}\eta dx = 0$$

即

$$y''F_n = -\frac{1}{2}\int_0^l \frac{d^2\eta}{dx^2}\eta dx = \frac{1}{2}\int_0^l \left(\frac{d\eta}{dx}\right)^2 dx \tag{3-14b}$$

式(3-5)和式(3-12)或式(3-14a)、式(3-14b)组成了悬索桥的静力平衡基本方程组。由于 H_p 中包含加劲梁挠度 $\eta(x)$，因此，式(3-5)中的 $-H\eta''$ 是一个非线性项，必须通过反复迭代求解。

3.1.2 振动方程

将式(3-5)对应的静力平衡位置时的荷载、挠度和主索水平拉力分别记为 p_0、η_0 和 $H_0 = H_{g0} + H_{p0}$。其中，H_{g0} 为恒载下的主索水平拉力；H_{p0} 为桥面二期荷载下的主索水平拉力。随时间 t 变化的动力荷载 $p(x,t)$ 所产生的振动挠度增量为 $\eta(x,t)$，主索水平拉力增量为 $H_p(t)$，相应的主索水平总拉力：

$$H(t) = H_0 + H_p(t) = H_{g0} + H_{p0} + H_p(t)$$

振动时，考虑阻尼影响的加劲梁竖向弯曲振动平衡方程为：

$$EI_b(\eta_0 + \eta)^{(4)} - (H_0 + H_p)(\eta_0'' + \eta'')$$
$$= p_0 + p(x,t) + (H_{p0} + H_p)(y'' + \eta'') - C\dot{\eta} - m\ddot{\eta} \tag{3-15}$$

将上式减去式(3-5)，并略去高阶微量 $H_{p0}\eta''$ 和 $H_p(\eta_0'' + \eta'')$ 项，得到悬索桥加劲梁竖向振动方程的一般形式为：

$$EI_b\eta^{(4)} - H_0\eta'' - H_p(t)y'' + C\dot{\eta} + m\ddot{\eta} = p(x,t) \tag{3-16}$$

式中，m 为单位桥跨长度的质量(含主索、吊杆及索夹和加劲梁全部构造的质量)；C 为阻尼系数；$H_p(t)$ 为

$$H_p(t) = -\frac{E_c A_c}{L_v}\int_0^l y''\eta(x,t)dx \tag{3-17}$$

这里式(3-16)和式(3-17)与抛物线拱振动方程(2-38)和式(2-39)很相似，仅仅 H_0 的符号相反。

实际上，一般跨径的悬索桥振动产生的索力水平方向增量 $H_p(t)$ 是很微小的，可以近似地忽略 $H_p(t)$，取：

$$H(t) = H_{g0} + H_{p0} = H_0 = 常数$$

于是振动方程(3-16)也就简化成线性方程：

$$EI_b\eta^{(4)} - H_0\eta'' + C\dot{\eta} + m\ddot{\eta} = p(x,t) \tag{3-18}$$

这就是悬索桥线性化的竖向弯曲振动平衡方程，形式上与轴向受拉梁竖向弯曲振动方程类似。

3.1.3 固有振动方程解法

当不计二期恒载影响时，有 $p_0 = 0$、$\eta_0(x) = 0$ 和 $H_{p0} = 0$，如不考虑阻尼项，并令 $p(x,t) = 0$，可得悬索桥的固有振动方程为：

$$EI_b\eta^{(4)} - H_0\eta'' - H_p y'' + m\ddot{\eta} = 0 \atop H_p = -\frac{E_c A_c}{L_v}y''\int_0^l \eta \mathrm{d}x \Bigg\}\quad (3\text{-}19)$$

式中，$H_0 = H_g$；$H_p(t)$ 是由振动时的惯性力项所引起的附加水平拉力。与拱桥固有振动平衡方程(2-38)相比，仅 $H_0\eta''$ 项改为负号而已，因而求解方法也相同。设悬索桥加劲梁竖向弯曲振动是简谐的，即有分离变量后的动挠度函数为：

$$\eta(x,t) = \psi(x)\sin\omega t$$

即

$$\ddot{\eta} = -\omega^2\psi(x)\sin\omega t$$

以及

$$H_p(t) = H_p^*\sin\omega t$$

将以上各式分别代入式(3-19)后，得到悬索桥加劲梁的固有振动基本方程为：

$$EI_b\psi^{(4)} - H_0\psi'' - H_p^* y'' - m\omega^2\psi = 0 \quad (3\text{-}20)$$

水平力增量为：

$$H_p^* = -\frac{E_c A_c y''}{L_v}\int_0^l \psi(x)\mathrm{d}x \quad (3\text{-}21)$$

由此可见，由于 H_p^* 要从 $\psi(x)$ 积分得出，上两式是一个关于 $\psi(x)$ 的微分-积分方程。设加劲梁的两端为铰支边界约束条件，则加劲梁的振型函数可表示为：

$$\psi(x) = \sum_{n=1}^{N} C_n\psi_n(x) = \sum_{n=1}^{N} C_n\sin\frac{n\pi x}{l} \quad (3\text{-}22)$$

它满足加劲梁端的简支边界条件 $\psi = \psi'' = 0$。

将上式代入式(3-21)，得：

$$H_p^* = -\frac{E_c A_c y''}{L_v}\int_0^l \sum_{n=1}^{N} C_n\sin\frac{n\pi x}{l} = -\frac{E_c A_c y''}{L_v}\frac{l}{\pi}\sum_{n=1}^{N} C_n\frac{1}{n}(1-\cos n\pi) \quad (3\text{-}23)$$

将式(3-22)和式(3-23)一并代入固有振动方程(3-20)，运用伽辽金法，由

$$\int_0^l (EI_b\psi^{(4)} - H_0\psi'' - H_p^* y'' - m\omega^2\psi)\delta\psi(x)\mathrm{d}x = 0$$

得：

$$\int_0^l \left[EI_b\sum_{n=1}^{N} C_n\psi_n^{(4)}(x) - H_0\sum_{n=1}^{N} C_n\psi_n''(x) - H_p^* y'' - m\omega^2\sum_{n=1}^{N} C_n\psi_n(x)\right]\psi_k(x)\mathrm{d}x\delta C_k = 0$$
$$(k = 1,2,3,\cdots)$$
$$(3\text{-}24\mathrm{a})$$

简化后为：

$$\int_0^l \left[EI_b\sum_{n=1}^{N} C_n\left(\frac{n\pi}{l}\right)^4\sin\frac{n\pi x}{l} + H_0\sum_{n=1}^{N} C_n\left(\frac{n\pi}{l}\right)^2\sin\frac{n\pi x}{l} - H_p^* y'' - m\omega^2\sum_{n=1}^{N} C_n\sin\frac{n\pi x}{l}\right]\sin\frac{k\pi x}{l}\mathrm{d}x = 0 \quad (3\text{-}24\mathrm{b})$$

$$\int_0^l \sum_{n=1}^{N} C_n\left[EI_b\left(\frac{n\pi}{l}\right)^4\sin\frac{n\pi x}{l} + H_0\left(\frac{n\pi}{l}\right)^2\sin\frac{n\pi x}{l} - m\omega^2\sin\frac{n\pi x}{l}\right]\sin\frac{k\pi x}{l}\mathrm{d}x$$
$$= H_p^* y''\int_0^l \sin\frac{k\pi x}{l}\mathrm{d}x \quad (3\text{-}24\mathrm{c})$$

由此可得到两组求系数列向量 $\boldsymbol{C} = \{C_1 \quad C_2 \quad C_3 \quad \cdots \quad C_N\}^{\mathrm{T}}$ 的方程。

(1) 反对称的振动形式 ($k = 2,4,\cdots$)。

由式 (3-23) 可知，当 n 取偶数时，$H_p^* = 0$，积分式 (3-24c) 得：

$$\left[EI_b \left(\frac{k\pi}{l}\right)^4 + H_0 \left(\frac{k\pi}{l}\right)^2 - m\omega^2 \right] C_k = 0$$

简写成：

$$(\varepsilon_k^2 - \omega^2) C_k = 0 \tag{3-25}$$

从而得：

$$\begin{aligned}
\omega_k = \varepsilon_k &= \sqrt{\frac{EI_b \left(\frac{k\pi}{l}\right)^4 + H_0 \left(\frac{k\pi}{l}\right)^2}{m}} \\
&= \left(\frac{k\pi}{l}\right)^2 \sqrt{\frac{EI_b + H_0 \left(\frac{k\pi}{l}\right)^{-2}}{m}} \\
&= \left(\frac{k\pi}{l}\right)^2 \sqrt{\frac{EI_b \left[1 + \frac{H_0}{EI_c}\left(\frac{l}{k\pi}\right)^2\right]}{m}} \\
&= \left(\frac{k\pi}{l}\right)^2 \sqrt{\frac{EI_b v_k}{m}} \quad (k = 2,4,6,\cdots)
\end{aligned} \tag{3-26}$$

式中，$v_k = 1 + \frac{H_0}{EI_b}\left(\frac{l}{k\pi}\right)^2 = 1 + \frac{H_0}{k^2}\frac{l^2}{EI_b \pi^2}$ 为二阶理论的影响系数，与式 (2-46) 比较可以看出第二项前变号了，反映出主索张力对悬索桥加劲梁刚度的增大作用。

由此可见，悬索桥的反对称振动各阶振型是相互独立的。$k = 2$ 时为最低的一阶反对称振型，即

$$\psi_2(x) = \sin \frac{2\pi x}{l}$$

是反对称两个正弦半波形式的振型，相应的频率为：

$$\omega_{2b} = \left(\frac{2\pi}{l}\right)^2 \sqrt{\frac{EI_b v_2}{m}} \tag{3-27a}$$

式中，$v_2 = 1 + \frac{H_0}{EI_b}\left(\frac{l}{2\pi}\right)^2 = 1 + \frac{H_0}{4}\frac{l^2}{EI_b \pi^2}$。

若将式 (3-27a) 写成如下的单自由度体系的频率公式：

$$\omega_{b2} = \sqrt{\frac{K_b}{m}} \tag{3-27b}$$

则悬索桥反对称振动 ($k = 2$) 时的等效刚度为：

$$K_b = \left(\frac{2\pi}{l}\right)^4 EI_b v_2 = \left(\frac{2\pi}{l}\right)^4 EI_b + \left(\frac{2\pi}{l}\right)^2 H_0$$

因大跨径悬索桥的主缆索力很大，而加劲梁的高度相对则较小，一般的 $\frac{\pi^2 EI_b}{H_0 l^2} < 0.05$。因此，上式中的第一项与第二项相比是次要的，这意味着悬索桥的总体刚度主要由主索提供，而不是依靠加劲梁的刚度。如果近似略去第一项，并引入 $H_0 = H_g = \frac{mgl^2}{8f}$，得：

$$K_b = \frac{\pi^2 mg}{2f}$$

于是,悬索桥的一阶竖向反对称弯曲固有频率可按下列近似公式计算:

$$f_{b2} = \frac{\omega_{b2}}{2\pi} = \frac{1}{2\pi}\sqrt{\frac{K_b}{m}} = \sqrt{\frac{g}{8f}} = \frac{1.107}{\sqrt{f}} \tag{3-28}$$

式中,f 为主索跨中垂度。

应该注意,对于跨径 $l < 500\text{m}$ 或加劲梁较强大的悬索桥,应按式(3-27a)来近似计算固有频率,可以获得较高的计算精度。

(2) 对称的振动形式($k = 1,3,5,\cdots$)。

由式(3-23)可知,此时 $H_p^* \neq 0$,积分式(3-24c)得:

$$\left[EI_b\left(\frac{k\pi}{l}\right)^4 + H_0\left(\frac{k\pi}{l}\right)^2 - m\omega^2\right]\frac{l}{2}C_k$$

$$= \frac{EA_c l}{\rho L_v \pi}\left(-\frac{1}{\rho}\right)\sum_{n=1}^{N} C_n \frac{1}{n}(1-\cos n\pi)\frac{l}{k\pi}(1-\cos k\pi)$$

即

$$\left[EI_b\left(\frac{k\pi}{l}\right)^4 + H_0\left(\frac{k\pi}{l}\right)^2 - m\omega^2\right]\frac{l}{2}C_k = -\frac{4EF_c l}{\rho^2 L_v \pi}\frac{l}{k\pi}\sum_{\substack{n=1,3,\\5,\cdots}}^{N} C_n\frac{1}{n} \quad (k=1,3,5,\cdots)$$

整理后得:

$$(\varepsilon_k^2 - \omega^2)C_k + \frac{\alpha^2}{k}\sum_{n=1}^{N}\frac{C_n}{n} = 0 \quad \begin{pmatrix} k = 1,3,5,\cdots \\ n = 1,3,5,\cdots \end{pmatrix} \tag{3-29}$$

式中:

$$\alpha^2 = \frac{8EA_c l}{m\pi^2 \rho^2 L_v}$$

$$\varepsilon_k = \left(\frac{k\pi}{l}\right)^2 \sqrt{\frac{EI_b v_k}{m}}$$

$$\rho = \frac{l^2}{8f}$$

$$L_v = \int\frac{dx}{\cos^3\varphi} = \int_0^l [1+(y')^2]^{\frac{3}{2}}dx = l\left[1 + 8\left(\frac{f}{l}\right)^2 + 19.2\left(\frac{f}{l}\right)^4\right]$$

$v_k = 1 + \frac{H_0}{EI_b}\left(\frac{l}{k\pi}\right)^2 = 1 + \frac{H_0}{k^2}\frac{l^2}{EI_b\pi^2}$ 为二阶理论的影响系数。

由此可见,对称振动的各阶振型和相应的频率必须从上面的联立方程组中解出。由系数行列式等于零的条件即可得出关于 ω 的频率方程。方程(3-29)不同于方程(3-25),它是不能解耦的多元一次齐次方程组。

为了简化分析过程,这里取 $k = 1,3$ 和 $n = 1,3$ 两项计算,由式(3-29)计算求得的 ω_1 和 ω_3 已足够精确,高阶振型的影响很小可以忽略。此时,由

$$\left.\begin{aligned}(\varepsilon_1^2 - \omega^2)C_1 + \alpha^2\left(C_1 + \frac{C_3}{3}\right) = 0 \\ (\varepsilon_3^2 - \omega^2)C_3 + \frac{\alpha^2}{3}\left(C_1 + \frac{C_3}{3}\right) = 0\end{aligned}\right\} \tag{3-30}$$

得频率方程为：

$$\omega^4 - \left(\varepsilon_1^2 + \varepsilon_3^2 + \frac{10}{9}\alpha^2\right)\omega^2 + \left[\varepsilon_1^2 \varepsilon_3^2 + \alpha^2\left(\frac{\varepsilon_1^2}{9} + \varepsilon_3^2\right)\right] = 0 \tag{3-31}$$

求解上式，即可得两个对称振动的圆频率 ω_1 和 ω_3。将 ω_1 和 ω_3 分别代入式(3-30)，即可分别得出 C_3 和 C_1 的对比值，即 $\omega_1 \to \left(\dfrac{C_3}{C_1}\right)_1$；$\omega_3 \to \left(\dfrac{C_3}{C_1}\right)_3$。最后可得对应于 ω_1 的振型为：

$$\psi_1(x) = \sin\frac{\pi x}{l} + \left(\frac{C_3}{C_1}\right)_1 \sin\frac{3\pi x}{l}$$

对应于 ω_3 的振型为：

$$\psi_3(x) = \sin\frac{\pi x}{l} + \left(\frac{C_3}{C_1}\right)_3 \sin\frac{3\pi x}{l}$$

一般的，在常用的矢跨比范围内，悬索桥的最低阶固有频率是反对称两个半波形式，与拱桥相似。

[**例 3.1.1**] 悬索桥的竖向弯曲固有振动分析示例。

如图 3-3 所示，已知：

计算跨径 $l = 750\text{m}$，$f = 87.3\text{m}$；

恒载 $m_g = 500\text{kN/m}$；

主索 $E_c = 1600\text{ kN/cm}^2$，$A_c = 1.15\text{m}^2$；

加劲梁 $E = 2100\text{ kN/cm}^2$，$I_b = 13.5\text{m}^4$。

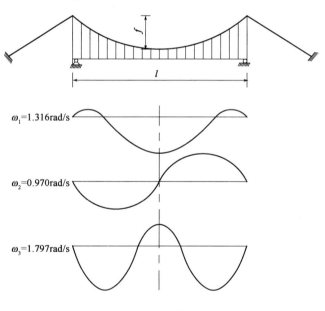

图 3-3 悬索桥的振型

将上述参数分别代入式(3-27a)和方程(3-31)，解之得空桥时的前三阶频率分别为：

$\omega_1 = 1.316\text{rad/s}$；

$\omega_2 = 0.970\text{rad/s}$；

$\omega_3 = 1.797\text{rad/s}$。

由式(3-30)得 $\omega_1 \rightarrow \left(\dfrac{C_3}{C_1}\right)_1 = -\dfrac{1}{1.786}$;$\omega_3 \rightarrow \left(\dfrac{C_3}{C_1}\right)_3 = 1.786$,相应的振型函数:

$\eta_1(x) = \sin\dfrac{\pi x}{l} - \dfrac{1}{1.782}\sin\dfrac{3\pi x}{l}$;

$\eta_2(x) = \sin\dfrac{2\pi x}{l}$;

$\eta_3(x) = \sin\dfrac{\pi x}{l} + 1.728\sin\dfrac{3\pi x}{l}$。

与有限元法计算结果的对比列于表 3-1。

前三阶振动圆频率(rad/s)　　　　　　　表 3-1

阶数	1	2	3
解析解	1.316	0.970	1.797
有限元解	1.364	0.912	1.817

由上表可见,悬索桥因其刚度较小的特性,其前几阶的频率极小,工程实测时应充分重视数据采集方法和分析处理过程。

3.2 悬索桥的竖平面弯曲振动固有频率能量法

悬索桥的主索、吊杆和加劲梁共同参与竖平面内的桥梁结构整体振动,这里不考虑各个构件自身的局部振动。悬索桥竖平面内发生的整体振动,主要表现为关于中跨跨中的对称振型和反对称振型,前几阶的振型及频率对悬索桥抗风设计非常重要。

下面用瑞雷(Rayleigh)法来导引图 3-1 所示悬索桥的竖平面内的低阶振动频率估算方法。

3.2.1 悬索桥的位能和动能表达

1)加劲梁位能

加劲梁位能主要呈现在弯曲应变能上,略去剪应力影响,不计吊杆的伸长,由结构力学可得:

$$V_b = \dfrac{1}{2}\int_0^l EI_b \left(\dfrac{\partial^2 \eta}{\partial x^2}\right)^2 dx \tag{3-32}$$

式中,$\eta = \eta(x,t)$ 为加劲梁挠度,等于主索的竖向变位;EI_b 为加劲梁的竖向弯曲刚度。

2)主索应变能

因为主索是在做微小振动,主索的位能由拉力变化产生的主索应变能和恒载作用点变化产生的重力位能组成。

振动引起的主索应变能为:

$$\begin{aligned} V_{ce} &= \dfrac{1}{2}\int_L \left[\int_{A_c} \sigma\varepsilon\, dA\right] ds \\ &= \dfrac{1}{2E_c}\int_L \left[\int_{A_c} \sigma^2\, dA\right] ds \\ &= \dfrac{1}{2E_c}\int_L \dfrac{T_p^{\,2}}{A_c}\, ds \end{aligned}$$

引入 $T_p = \dfrac{H_p}{\cos\varphi}$ 后，上式可写成：

$$\begin{aligned} V_{ce} &= \frac{H_p^2}{2E_cA_c}\int_L \frac{1}{\cos^2\alpha}ds \\ &= \frac{H_p^2}{2E_cA_c}\int_l \frac{1}{\cos^3\alpha}dx \\ &= \frac{H_p^2 L_v}{2E_cA_c} \end{aligned} \quad (3\text{-}33)$$

式中，$T_p = \dfrac{H_p}{\cos\varphi}$ 为振动时相应的主索中的总拉力增量；H_p 为振动时相应的主索中的总水平拉力增量；A_c 为主索总截面面积；E_c 为主索的受拉弹性模量；α 为主索任意截面处的倾角；L 为主索的总长度；L_v 为主索的虚拟长度，即 $L_v = \int \dfrac{dx}{\cos^3\varphi}$。

当只考虑中跨主索影响的相容方程：

$$H_p = -\frac{E_cA_c}{L_v}\int_0^l y''\eta dx = -\frac{E_cA_c}{L_v}y''\int_0^l \eta dx = \frac{E_cA_c}{L_v}\frac{8f}{l^2}\int_0^l \eta dx \quad (3\text{-}34)$$

式中，$L_v = \int \dfrac{dx}{\cos^3\varphi} = \int_0^l [1+(y')^2]^{\frac{3}{2}}dx = l\left[1+8\left(\dfrac{f}{l}\right)^2+19.2\left(\dfrac{f}{l}\right)^4\right]$。

简化形式的主索应变能为：

$$V_{ce} = \frac{4H_p f}{l^2}\int_0^l \eta dx \quad (3\text{-}35)$$

式中，$\eta = \eta(x,t)$ 为主索竖向变位；f 为主索的跨中垂度。

主索恒载作用点变化产生的重力位能，并由式(3-1)可得：

$$V_{cg} = -\int_0^l mg\eta dx = -mg\int_0^l \eta dx = H_g y''\int_0^l \eta dx \quad (3\text{-}36)$$

式中，mg 为主索及加劲梁单位跨径恒载集度；H_g 为恒载下静止状态相应的主索中的总水平拉力。

当不考虑温度变化的影响，仅在恒载下主索竖向变位而不计相应的主索伸长时，悬索桥的相容方程为：

$$y''\int_0^l \eta dx = -\int_0^l \frac{dy}{dx}\frac{\partial\eta}{\partial x}dx = \frac{1}{2}\int_0^l \left(\frac{\partial\eta}{\partial x}\right)^2 dx = -\frac{1}{2}\int_0^l \frac{\partial^2\eta}{\partial x^2}\eta dx$$

代入式(3-36)，得：

$$V_{cg} = \frac{H_g}{2}\int_0^l \left(\frac{\partial\eta}{\partial x}\right)^2 dx \quad (3\text{-}37)$$

3）加劲梁动能

加劲梁的动能为：

$$T_b = \frac{1}{2}\int_0^l m_b \dot\eta^2 dx \quad (3\text{-}38)$$

式中，m_b 为加劲梁的分布质量。

4）主索动能

主索的动能为：

$$T_c = \frac{1}{2}\int_0^l m_c \dot{\eta}^2 \mathrm{d}x \tag{3-39}$$

式中，m_c 为主索的总分布质量。

5）吊杆动能

$$T_h = \frac{1}{2}\sum_{i=1}^n M_{hi}\dot{\eta}_i^2 \tag{3-40}$$

式中，M_{hi} 为吊杆及索夹的桥梁两侧合质量；η_i 为吊杆处主索竖向位移。

6）悬索桥总位能

悬索桥总位能为：

$$V = V_b + V_{ce} + V_{cg} = \frac{1}{2}\int_0^l EI_b\left(\frac{\partial^2\eta}{\partial x^2}\right)^2\mathrm{d}x + \frac{4H_p f}{l^2}\int_0^l \eta \mathrm{d}x + \frac{H_g}{2}\int_0^l \left(\frac{\partial \eta}{\partial x}\right)^2\mathrm{d}x \tag{3-41}$$

7）悬索桥总动能

$$T = T_b + T_c + T_h = \frac{1}{2}\int_0^l m_b\dot{\eta}^2\mathrm{d}x + \frac{1}{2}\int_0^l m_c\dot{\eta}^2\mathrm{d}x + \frac{1}{2}\sum_{i=1}^n M_{hi}\dot{\eta}_i^2 \tag{3-42}$$

3.2.2 悬索桥的一阶对称竖向弯曲基频估算

对于悬索桥的一阶对称竖向弯曲自由振动，设满足加劲梁边界条件的振型试函数为：

$$\eta(x) = A\sin\frac{\pi x}{l}\sin\omega t \tag{3-43}$$

式中，A 为振幅；ω 为悬索桥体系振动固有频率。

由式(3-34)得：

$$H_p = \frac{E_c A_c}{L_v}\frac{8f}{l^2}\int_0^l \eta \mathrm{d}x = \frac{E_c A_c}{L_v}\frac{8f}{l^2}\times 2A\left(\frac{l}{\pi}\right)\sin\omega t \tag{3-44}$$

将式(3-43)和式(3-44)分别代入式(3-41)和式(3-42)，在 $\sin\omega t = 1$ 时得体系最大位能为：

$$\begin{aligned}
V_{\max} &= \frac{1}{2}\left[A^2 EI_b\left(\frac{\pi}{l}\right)^4\frac{l}{2} + \frac{8H_p f}{l^2}\times 2A\left(\frac{l}{\pi}\right) + H_g A^2\left(\frac{\pi}{l}\right)^2\frac{l}{2}\right] \\
&= \frac{1}{2}\left[A^2 EI_b\left(\frac{\pi}{l}\right)^4\frac{l}{2} + \frac{E_c A_c}{L_v}\left(\frac{8f}{l^2}\right)^2\times 4A^2\left(\frac{l}{\pi}\right)^2 + H_g A^2\left(\frac{\pi}{l}\right)^2\frac{l}{2}\right] \\
&= \frac{A^2}{2}\left[EI_b\left(\frac{\pi}{l}\right)^4\frac{l}{2} + \frac{256 E_c A_c}{L_v \pi^2}\left(\frac{f}{l}\right)^2 + H_g\left(\frac{\pi}{l}\right)^2\frac{l}{2}\right]
\end{aligned} \tag{3-45}$$

在 $\cos\omega t = 1$ 时得体系最大动能为：

$$T_{\max} = \frac{1}{2}A^2\omega^2\left[\frac{l}{2}(m_b + m_c) + \sum_{i=1}^n M_{hi}\sin^2\frac{\pi x_i}{l}\right] \tag{3-46}$$

由瑞雷(Rayleigh)法可得悬索桥对称一阶竖向弯曲振动固有频率为：

$$\omega^2 = \frac{EI_b\left(\frac{\pi}{l}\right)^4\frac{l}{2} + \frac{256 E_c A_c}{L_v \pi^2}\left(\frac{f}{l}\right)^2 + H_g\left(\frac{\pi}{l}\right)^2\frac{l}{2}}{\frac{l}{2}(m_b + m_c) + \sum_{i=1}^n M_{hi}\sin^2\frac{\pi x_i}{l}} \tag{3-47a}$$

简化后可得悬索桥对称一阶竖向弯曲振动固有频率为：

$$\omega_{b1} = \sqrt{\frac{EI_b\left(\frac{\pi}{l}\right)^4 + \frac{256E_cA_c}{L_v\pi^2}\left(\frac{f}{l}\right)^2 \times \frac{2}{l} + H_g\left(\frac{\pi}{l}\right)^2}{m_b + m_c + \frac{2}{l}\sum_{i=1}^{n}M_{hi}\sin^2\frac{\pi x_i}{l}}} = \sqrt{\frac{K_{b1}}{\overline{m}_{b1}}} \quad (3\text{-}47\text{b})$$

式中：

$$K_{b1} = EI_b\left(\frac{\pi}{l}\right)^4 + \frac{256E_cA_c}{L_v\pi^2}\left(\frac{f}{l}\right)^2 \times \frac{2}{l} + H_g\left(\frac{\pi}{l}\right)^2$$

$$\overline{m}_{b1} = m_b + m_c + \frac{2}{l}\sum_{i=1}^{n}M_{hi}\sin^2\frac{\pi x_i}{l}$$

或

$$f_{b1} = \frac{1}{2\pi}\sqrt{\frac{EI_b\left(\frac{\pi}{l}\right)^4 + \frac{256E_cA_c}{L_v\pi^2}\left(\frac{f}{l}\right)^2 \times \frac{2}{l} + H_g\left(\frac{\pi}{l}\right)^2}{m_b + m_c + \frac{2}{l}\sum_{i=1}^{n}M_{hi}\sin^2\frac{\pi x_i}{l}}} \quad (3\text{-}48\text{a})$$

一般的，式(3-47)分子中 $EI_b\left(\frac{\pi}{l}\right)^4 + H_g\left(\frac{\pi}{l}\right)^2$ 小于 $\frac{256E_cA_c}{L_v\pi^2}\left(\frac{f}{l}\right)^2 \times \frac{2}{l}$ 大约 1~2 个数量级，近似计算时可以忽略它们的影响，同样也可以忽略索塔的弯曲影响。简化后式(3-48a)变为：

$$f_{b1} = \frac{1}{2\pi}\omega_{b1}$$

$$= \frac{1}{2\pi}\sqrt{\frac{\frac{256E_cA_c}{L_v\pi^2}\left(\frac{f}{l}\right)^2\frac{2}{l}}{\overline{m}_{b1}}} \quad (3\text{-}48\text{b})$$

$$= \frac{8\sqrt{2}}{\pi^2}\frac{f}{l}\sqrt{\frac{E_cA_c}{lL_v\overline{m}_{b1}}}$$

式中，$\overline{m}_{b1}$ 为悬索桥一阶对称竖向弯曲自由振动等效单位跨径长度总质量；f_{b1} 单位为 Hz。

实际工程中一般有 $\frac{f}{l} = 0.1$。对于三跨悬索桥，通常情况下两边跨跨径之和几乎等于中跨长度，由式(3-13a)可得：

$$L_v = \int_L\frac{\mathrm{d}x}{\cos^3\alpha} \approx 2\int_0^l\frac{\mathrm{d}x}{\cos^3\alpha} = 2 \times 1.082l \approx 2l$$

代入式(3-48b)得：

$$f_{b1} = 1.146 \frac{f}{l} \sqrt{\frac{E_c A_c}{L_v l \overline{m}_{b1}}}$$

$$= \frac{0.1146}{l} \sqrt{\frac{2E_c A_{c1}}{2 \overline{m}_{b1}}} \tag{3-49a}$$

$$= \frac{0.1146}{l} \sqrt{\frac{E_c A_{c1}}{\overline{m}_{b1}}}$$

式中,A_{c1} 为单侧主索截面面积。

为了简化计算,在忽略了边跨主索的变形能影响以后,仅考虑中跨主索的变形能,由式(3-13a)可得 $L_v = \int_0^l \frac{\mathrm{d}x}{\cos^3\alpha} = 1.082l$,代入式(3-48b)得:

$$f_{b1} = 1.146 \frac{f}{l} \sqrt{\frac{E_c A_c}{L_v l \overline{m}_{b1}}}$$

$$= \frac{0.1146}{l \sqrt{1.082}} \sqrt{\frac{E_c A_c}{\overline{m}_{b1}}}$$

$$= \frac{0.1102}{l} \sqrt{\frac{E_c A_c}{\overline{m}_{b1}}} \tag{3-49b}$$

式中,A_c 为主索截面总面积。

对于精确要求较高时,可以采用有限元等数值方法按照非线性理论计算。

以上分析表明,悬索桥对称一阶竖向弯曲振动固有频率主要依赖于主索截面抗拉刚度和矢跨比,它反映此时的振动呈现出主索的索力增量位能贡献。

3.2.3 悬索桥的一阶反对称竖向弯曲基频估算

对于悬索桥的一阶反对称竖向弯曲自由振动,设满足加劲梁边界条件的振型试函数为:

$$\eta(x) = A\sin\frac{2\pi x}{l}\sin\omega t \tag{3-50}$$

式中,A 为振幅;ω 为悬索桥体系振动固有频率。

由式(3-34)得 $H_p = \frac{E_c A_c}{L_v} \frac{8f}{l^2} \int_0^l \eta \mathrm{d}x = 0$,并将式(3-50)分别代入式(3-41)和式(3-42),在 $\sin\omega t = 1$ 时得到体系最大位能为:

$$V_{\max} = \frac{1}{2}\left[A^2 EI_b \left(\frac{2\pi}{l}\right)^4 \frac{l}{2} + H_g A^2 \left(\frac{2\pi}{l}\right)^2 \frac{l}{2}\right]$$

$$= \frac{A^2}{2}\left[EI_b \left(\frac{2\pi}{l}\right)^4 \frac{l}{2} + H_g \left(\frac{2\pi}{l}\right)^2 \frac{l}{2}\right] \tag{3-51}$$

在 $\cos\omega t = 1$ 时得到体系最大动能为:

$$T_{\max} = \frac{1}{2}A^2\omega^2\left[\frac{l}{2}(m_b + m_c) + \sum_{i=1}^n M_{hi}\sin^2\frac{2\pi x_i}{l}\right] \tag{3-52}$$

由瑞雷(Rayleigh)法可得：

$$\omega^2 = \frac{EI_b \left(\frac{2\pi}{l}\right)^4 \frac{l}{2} + H_g \left(\frac{2\pi}{l}\right)^2 \frac{l}{2}}{\frac{l}{2}(m_b + m_c) + \sum_{i=1}^{n} M_{hi} \sin^2 \frac{2\pi x_i}{l}} \tag{3-53a}$$

简化后可得到悬索桥反对称一阶竖向振动固有频率为：

$$\omega_{b2} = \frac{2\pi}{l} \sqrt{\frac{EI_b \left(\frac{2\pi}{l}\right)^2 + H_g}{m_b + m_c + \frac{2}{l}\sum_{i=1}^{n} M_{hi} \sin^2 \frac{2\pi x_i}{l}}} = \frac{2\pi}{l} \sqrt{\frac{K_{b2}}{\overline{m}_{b2}}} \tag{3-53b}$$

式中：

$$\overline{m}_{b2} = m_b + m_c + \frac{2}{l}\sum_{i=1}^{n} M_{hi} \sin^2 \frac{2\pi x_i}{l}$$

$$K_{b2} = EI_b \left(\frac{2\pi}{l}\right)^2 + H_g$$

其中，$\overline{m}_{b2}$ 为悬索桥一阶反对称竖向弯曲自由振动的等效单位跨径长度总质量；其余各符号含义同前。

实际工程中 $EI_b \left(\frac{2\pi}{l}\right)^2$ 往往比 H_g 小一个数量级，一般可近似取：

$$EI_b \left(\frac{2\pi}{l}\right)^2 \approx \frac{1}{10} H_g$$

则

$$\omega_{b2} = \frac{2\pi}{l} \sqrt{\frac{EI_b \left(\frac{2\pi}{l}\right)^2 + H_g}{m_b + m_c + \frac{2}{l}\sum_{i=1}^{n} M_{hi} \sin^2 \frac{2\pi x_i}{l}}}$$

$$= \frac{2\pi}{l} \sqrt{\frac{EI_b \left(\frac{2\pi}{l}\right)^2 + H_g}{\overline{m}_{b2}}}$$

$$= \frac{2\pi}{l} \sqrt{\frac{\left(1 + \frac{1}{10}\right) H_g}{\overline{m}_{b2}}} \tag{3-54}$$

或

$$f_{b2} = \frac{1}{l}\sqrt{\frac{EI_b\left(\frac{2\pi}{l}\right)^2 + H_g}{\overline{m}_{b2}}}$$

$$\approx \frac{1}{l}\sqrt{(1+0.1)g\frac{H_g}{m_{b2}g}}$$

$$= \frac{1}{l}\sqrt{(1+0.1)g\frac{l^2}{8f}}$$

$$= \frac{1.16}{\sqrt{f}} \tag{3-55}$$

式中，f 为主索的垂度。

因为考虑了加劲梁的刚度影响，此式的计算结果比式(3-28)的计算结果约大5%。

以上分析表明，悬索桥反对称一阶竖向弯曲振动固有频率主要依赖于主索跨中垂度。

当然，满足加劲梁两端边界条件的振动挠度试函数有多种，这里主要从简便计算角度设为正弦函数形式，读者可以自行假设其他振型试函数进行练习。

3.3 悬索桥的扭转固有振动能量法

悬索桥加劲梁的扭转振动实际上和横桥向挠曲振动耦合在一起，同时还伴随着微小的竖向挠曲振动。由于耦合项都是非线性的，分析难度很大，如果只考虑微小的振动而忽略非线性项，则线性的固有振动方程将可分离，即扭转固有振动可以作为一种单独的振动体系来处理。

下面用瑞雷(Rayleigh)法来导引图3-1所示悬索桥的扭转振动的低阶固有频率。本节假设加劲梁截面的扭转中心与加劲梁形心相同。

3.3.1 悬索桥的扭转振动位能和动能

1) 主索应变能

因为主索是在作微小振动，主索的位能由因拉力变化产生的主索应变能和恒载作用点变化产生的重力位能组成。假设主索空间扭转角与加劲梁扭转角 $\varphi = \varphi(x,t)$ 相同，忽略吊杆产生的影响，于是，单侧主索竖向变位：

$$\eta = \eta(x,t) = \frac{B}{2}\varphi(x,t) \tag{3-56}$$

式中，B 为两主索间的距离；φ 为加劲梁扭转角。

振动引起的主索应变能由式(3-35)可得：

$$V_{ce} = \frac{4H_p f}{l^2}\int_0^l \eta dx = \frac{2H_p fB}{l^2}\int_0^l \varphi dx = \frac{4H_{p1} fB}{l^2}\int_0^l \varphi dx \tag{3-57}$$

式中，H_{p1} 为振动时相应的半侧主索中的水平拉力增量。

主索恒载作用点变化产生的重力位能，由式(3-37)可得：

$$V_{cg} = \frac{H_g}{2}\int_0^l \left(\frac{\partial \eta}{\partial x}\right)^2 dx = \frac{H_g B^2}{8}\int_0^l \left(\frac{\partial \varphi}{\partial x}\right)^2 dx = \frac{H_{g1} B^2}{4}\int_0^l \left(\frac{\partial \varphi}{\partial x}\right)^2 dx \quad (3\text{-}58)$$

式中，H_{g1} 为恒载下静止状态相应的半侧主索中的水平拉力。

2）加劲梁应变能

加劲梁在扭转时的应变能包括两部分：自由扭转的应变能和约束扭转应变能。

其中一部分为约束扭转的应变能，对应于沿壁厚均匀分布的正应变和剪应变，相应的应变能为：

$$V_{T\omega} = \frac{1}{2}\int_0^l \left[\int_{A_c}(E\varepsilon_x^2 + G\gamma_{sx}^2)dA\right]dx \quad (3\text{-}59)$$

式中，$\varepsilon_x = -\bar{\omega}\beta''(x,t)$ 为加劲梁约束扭转产生的截面翘曲正应变；其中，$\bar{\omega}$ 为加劲梁截面广义扇形面积坐标；$\beta'(x) = \dfrac{\partial \varphi}{\partial x} - \dfrac{M_T}{\mu GI_\rho}$ 为表示加劲梁截面翘曲程度的函数；$\varphi = \varphi(x,t)$ 为扭转角；M_T 为扭转力矩；I_ρ 为加劲梁截面极惯性矩；μ 为加劲梁截面约束系数；γ_{sx} 为加劲梁约束扭转产生的截面剪应变。

为了简化分析，略去剪应变的影响，以截面翘曲正应变为主的加劲梁应变能由式(3-59)积分后变成：

$$\begin{aligned}V_{T\omega} &= \frac{1}{2}\int_0^l EI_{\bar{\omega}}\left(\frac{\partial^2 \beta}{\partial x^2}\right)^2 dx \\ &= \frac{1}{2}\int_0^l EI_{\bar{\omega}}\left(\frac{\partial^2 \varphi}{\partial x^2} - \frac{M'_T}{\mu GI_\rho}\right)^2 dx \\ &= \frac{1}{2}\int_0^l EI_{\bar{\omega}}\left(\frac{\partial^2 \varphi}{\partial x^2}\right)^2 dx \end{aligned} \quad (3\text{-}60)$$

式中，假设 $M'_T(x) = 0$；$EI_{\bar{\omega}} = E\int_{A_c}\bar{\omega}^2 dA$ 为加劲梁约束扭转的截面翘曲刚度。

此外，还有一部分对应于自由扭转的应变能，对应于沿壁厚线性分布的剪应变，即圣维南剪应力对应的那部分剪应变，相应的应变能为：

$$V_T = \frac{1}{2}\int_0^l GI_d\left(\frac{\partial \varphi}{\partial x}\right)^2 dx \quad (3\text{-}61)$$

式中，GI_d 为加劲梁的自由扭转刚度。

3）加劲梁动能

加劲梁的动能为：

$$T_b = \frac{1}{2}\int_0^l m_b r^2 \dot{\varphi}^2 dx \quad (3\text{-}62)$$

式中，r 为加劲梁的惯性回转半径；m_b 为加劲梁沿跨径的分布质量。

4）主索动能

主索的动能为：

$$T_c = \frac{1}{2}\int_L m_c\left(\frac{B}{2}\dot{\varphi}\right)^2 dx = \frac{B^2}{2\times 4}\int_L m_c \dot{\varphi}^2 dx \quad (3\text{-}63)$$

式中，m_c 为主索的总分布质量。

5）吊杆动能

$$T_{\mathrm{h}} = \frac{1}{2}\sum_{i=1}^{n}M_{\mathrm{hi}}\dot{\eta}_{i}^{2} = \frac{1}{2}\frac{B^{2}}{4}\sum_{i=1}^{n}M_{\mathrm{hi}}\dot{\varphi}_{i}^{2} \tag{3-64}$$

式中，M_{hi} 为吊杆及索夹的桥梁两侧合质量；φ_i 为吊杆处加劲梁扭转角。

6）悬索桥总位能

悬索桥总位能为：

$$V = \frac{1}{2}\int_{0}^{l}EI_{\bar{\omega}}\left(\frac{\partial^{2}\varphi}{\partial x^{2}}\right)^{2}\mathrm{d}x + \frac{1}{2}\int_{0}^{l}GI_{\mathrm{d}}\left(\frac{\partial\varphi}{\partial x}\right)^{2}\mathrm{d}x + \frac{H_{\mathrm{gl}}B^{2}}{4}\int_{0}^{l}\left(\frac{\partial\varphi}{\partial x}\right)^{2}\mathrm{d}x + \frac{4fB}{l^{2}}H_{\mathrm{pl}}\int_{0}^{l}\varphi\mathrm{d}x \tag{3-65}$$

7）悬索桥总动能

悬索桥总动能为：

$$T = \frac{1}{2}\int_{0}^{l}\left(m_{\mathrm{b}}r^{2} + \frac{B^{2}}{4}m_{\mathrm{c}}\right)\dot{\varphi}^{2}\mathrm{d}x + \frac{1}{2}\frac{B^{2}}{4}\sum_{i=1}^{n}M_{\mathrm{hi}}\dot{\varphi}_{i}^{2} \tag{3-66}$$

3.3.2 悬索桥的一阶对称扭转基频估算

对于悬索桥的一阶对称扭转自由振动，设满足加劲梁边界条件的振型试函数为：

$$\varphi(x) = A\sin\frac{\pi x}{l}\sin\omega t \tag{3-67}$$

式中，A 为振幅；ω 为悬索桥振动固有频率。

由式（3-34）得：

$$H_{\mathrm{pl}} = \frac{E_{\mathrm{c}}A_{\mathrm{c1}}}{L_{\mathrm{v}}}\frac{8f}{l^{2}}\frac{B}{2}\int_{0}^{l}\varphi\mathrm{d}x = \frac{E_{\mathrm{c}}A_{\mathrm{c1}}}{L_{\mathrm{v}}}\frac{8fB}{l^{2}}\times A\left(\frac{l}{\pi}\right)\sin\omega t \tag{3-68}$$

式中，A_{c1} 为单侧主索截面面积。

将式（3-67）和式（3-68）分别代入式（3-65）和式（3-66），在 $\sin\omega t = 1$ 时得到体系最大位能为：

$$\begin{aligned}V_{\max} &= \frac{1}{2}\left[A^{2}EI_{\bar{\omega}}\left(\frac{\pi}{l}\right)^{4}\frac{l}{2} + \left(GI_{\mathrm{d}} + \frac{H_{\mathrm{gl}}B^{2}}{2}\right)A^{2}\left(\frac{\pi}{l}\right)^{2}\frac{l}{2} + \frac{8fBH_{\mathrm{pl}}}{l^{2}}\times 2A\left(\frac{l}{\pi}\right)\right] \\ &= \frac{1}{2}\left[A^{2}EI_{\bar{\omega}}\left(\frac{\pi}{l}\right)^{4}\frac{l}{2} + \left(GI_{\mathrm{d}} + \frac{H_{\mathrm{gl}}B^{2}}{2}\right)A^{2}\left(\frac{\pi}{l}\right)^{2}\frac{l}{2} + \right. \\ &\quad \left. \frac{8fB}{l^{2}}\frac{E_{\mathrm{c}}A_{\mathrm{c1}}}{L_{\mathrm{v}}}\frac{8fB}{l^{2}}\times 2A^{2}\left(\frac{\pi}{l}\right)^{2}\right] \\ &= \frac{A^{2}}{2}\left[EI_{\bar{\omega}}\left(\frac{\pi}{l}\right)^{4}\frac{l}{2} + \left(GI_{\mathrm{d}} + \frac{H_{\mathrm{gl}}B^{2}}{2}\right)\left(\frac{\pi}{l}\right)^{2}\frac{l}{2} + \frac{128E_{\mathrm{c}}A_{\mathrm{c1}}B^{2}}{\pi^{2}L_{\mathrm{v}}}\left(\frac{f}{l}\right)^{2}\right]\end{aligned} \tag{3-69}$$

在 $\cos\omega t = 1$ 时得体系最大动能为：

$$T_{\max} = \frac{1}{2}A^{2}\omega^{2}\left[\frac{l}{2}\left(m_{\mathrm{b}}r^{2} + \frac{B^{2}}{4}m_{\mathrm{c}}\right) + \frac{B^{2}}{4}\sum_{i=1}^{n}M_{\mathrm{hi}}\sin^{2}\frac{\pi x_{i}}{l}\right] \tag{3-70}$$

由瑞雷（Rayleigh）法可得悬索桥对称一阶自由扭转振动固有频率为：

$$\omega^2 = \frac{EI_{\bar{\omega}}\left(\frac{\pi}{l}\right)^4 \frac{l}{2} + \left(GI_d + \frac{H_{gl}B^2}{2}\right)\left(\frac{\pi}{l}\right)^2 \frac{l}{2} + \frac{128E_cA_{cl}B^2}{\pi^2 L_v}\left(\frac{f}{l}\right)^2}{\frac{l}{2}\left(m_b r^2 + \frac{B^2}{4}m_c\right) + \frac{B^2}{4}\sum_{i=1}^{n} M_{hi}\sin^2\frac{\pi x_i}{l}} \quad (3\text{-}71\text{a})$$

整理后

$$\omega_{T1} = \frac{\pi}{l}\sqrt{\frac{EI_{\bar{\omega}}\left(\frac{\pi}{l}\right)^2 + \left(GI_d + \frac{H_{gl}B^2}{2}\right) + \frac{128E_cA_{cl}B^2}{\pi^2 L_v}\left(\frac{f}{l}\right)^2 \frac{2}{l}\left(\frac{l}{\pi}\right)^2}{m_b r^2 + \frac{B^2}{4}m_c + \frac{B^2}{2l}\sum_{i=1}^{n} M_{hi}\sin^2\frac{\pi x_i}{l}}} \quad (3\text{-}71\text{b})$$

或

$$f_{T1} = \frac{1}{2l}\sqrt{\frac{EI_{\bar{\omega}}\left(\frac{\pi}{l}\right)^2 + \left(GI_d + \frac{H_{gl}B^2}{2}\right) + \frac{256E_cA_{cl}B^2}{\pi^2 L_v l}\left(\frac{f}{l}\right)^2\left(\frac{l}{\pi}\right)^2}{m_{T1}}} \quad (3\text{-}72\text{a})$$

式中：

$$\overline{m}_{T1} = m_b r^2 + \frac{B^2}{4}m_c + \frac{B^2}{2l}\sum_{i=1}^{n} M_{hi}\sin^2\frac{\pi x_i}{l}$$

其中，$\overline{m}_{T1}$ 为悬索桥对称一阶自由扭转振动的等效单位跨径质量。

悬索桥一般跨径较大，实际工程中加劲梁的 $EI_{\bar{\omega}}\left(\frac{\pi}{l}\right)^2$ 相对于其余项可以忽略不计。如取 $\frac{f}{l} = 0.1$，同样认为三跨悬索桥的两边跨跨径之和几乎等于中跨长度，由式(3-13a)可得：

$$L_v = \int_L \frac{dx}{\cos^3\alpha} \approx 2\int_0^l \frac{dx}{\cos^3\alpha} = 2 \times 1.082l \approx 2l$$

代入式(3-72a)得悬索桥对称一阶自由扭转振动固有频率：

$$f_{T1} = \frac{1}{2l}\sqrt{\frac{GI_d + \frac{H_{gl}B^2}{2} + \frac{256E_cA_{cl}B^2 l}{\pi^4 L_v}\left(\frac{f}{l}\right)^2}{m_{T1}}}$$

$$= \frac{1}{2l}\sqrt{\frac{GI_d + \frac{H_{gl}B^2}{2} + \frac{256E_cA_{cl}B^2}{2\pi^4}\left(\frac{f}{l}\right)^2}{m_{T1}}}$$

$$= \frac{1}{2l}\sqrt{\frac{GI_d + \frac{H_{gl}B^2}{2} + 0.052E_cA_{cl}\left(\frac{B}{2}\right)^2}{m_{T1}}} \quad (3\text{-}72\text{b})$$

式中，f_{T1} 单位为 Hz；A_{cl} 为单侧主索截面面积。

其中，$H_{gl}\frac{B^2}{2}$ 相对于其余两项小约一个数量级，可略去不计，得：

$$f_{T1} = \frac{1}{2l}\sqrt{\frac{GI_d + 0.052E_cA_{cl}\left(\frac{B}{2}\right)^2}{m_{T1}}} \quad (3\text{-}73\text{a})$$

当仅考虑中跨主索影响时,由式(3-13a)可得 $L_v = \int_0^l \frac{dx}{\cos^3\alpha} = 1.082l$,代入式(3-72a)得悬索桥对称一阶自由扭转振动固有频率:

$$f_{T1} = \frac{1}{2l}\sqrt{\frac{GI_d + \frac{H_{g1}B^2}{2} + \frac{256E_cA_{c1}B^2l}{\pi^4 L_v}\left(\frac{f}{l}\right)^2}{m_{T1}}}$$

$$= \frac{1}{2l}\sqrt{\frac{GI_d + \frac{H_{g1}B^2}{2} + \frac{256E_cA_{c1}B^2}{1.082\pi^4}\left(\frac{f}{l}\right)^2}{m_{T1}}}$$

$$= \frac{1}{2l}\sqrt{\frac{GI_d + \frac{H_{g1}B^2}{2} + 0.097E_cA_{c1}\left(\frac{B}{2}\right)^2}{m_{T1}}}$$

$$\approx \frac{1}{2l}\sqrt{\frac{GI_d + 0.097E_cA_{c1}\left(\frac{B}{2}\right)^2}{m_{T1}}} \tag{3-73b}$$

显然,是否考虑边跨主索影响,直接影响固有频率的计算精度。同上,精确要求较高时,可以采用有限元等数值方法按照非线性理论计算。

3.3.3 悬索桥的一阶反对称扭转基频估算

对于悬索桥的一阶反对称扭转自由振动,设满足加劲梁边界条件的振型试函数为:

$$\varphi(x) = A\sin\frac{2\pi x}{l}\sin\omega t \tag{3-74}$$

式中,A 为振幅;ω 为悬索桥振动固有频率。

由式(3-34)得:

$$H_{p1} = \frac{E_cA_{c1}}{L_v}\frac{8f}{l^2}\frac{B}{2}\int_0^l \varphi dx = 0$$

并将式(3-74)代入式(3-65)和式(3-66),在 $\sin\omega t = 1$ 时得到体系最大位能为:

$$V_{max} = \frac{1}{2}\left[A^2 EI_{\bar{\omega}}\left(\frac{2\pi}{l}\right)^4 \frac{l}{2} + \left(GI_d + \frac{H_{g1}B^2}{2}\right)A^2\left(\frac{2\pi}{l}\right)^2 \frac{l}{2}\right]$$

$$= \frac{A^2}{2}\left[EI_{\bar{\omega}}\left(\frac{2\pi}{l}\right)^4 \frac{l}{2} + \left(GI_d + \frac{H_{g1}B^2}{2}\right)\left(\frac{2\pi}{l}\right)^2 \frac{l}{2}\right] \tag{3-75}$$

在 $\cos\omega t = 1$ 时得到体系最大动能为:

$$T_{max} = \frac{1}{2}A^2\omega^2\left[\frac{l}{2}\left(m_b r^2 + \frac{B^2}{4}m_c\right) + \frac{B^2}{4}\sum_{i=1}^n M_{hi}\sin^2\frac{2\pi x_i}{l}\right] \tag{3-76}$$

由瑞雷(Rayleigh)法可得悬索桥反对称一阶自由扭转振动固有频率为:

$$\omega^2 = \frac{EI_{\bar{\omega}}\left(\frac{2\pi}{l}\right)^4 \frac{l}{2} + \left(GI_d + \frac{H_{g1}B^2}{2}\right)\left(\frac{2\pi}{l}\right)^2 \frac{l}{2}}{\frac{l}{2}\left(m_b r^2 + \frac{B^2}{4}m_c\right) + \frac{B^2}{4}\sum_{i=1}^n M_{hi}\sin^2\frac{2\pi x_i}{l}} \tag{3-77}$$

整理后得:

$$\omega_{\text{T2}} = \frac{2\pi}{l} \sqrt{\frac{EI_{\bar{\omega}}\left(\frac{2\pi}{l}\right)^2 + \left(GI_{\text{d}} + \frac{H_{\text{g1}}B^2}{2}\right)}{m_{\text{b}}r^2 + \frac{B^2}{4}m_{\text{c}} + \frac{B^2}{4}\frac{2}{l}\sum_{i=1}^{n}M_{\text{hi}}\sin^2\frac{2\pi x_i}{l}}} \tag{3-78}$$

或

$$f_{\text{T2}} = \frac{1}{l} \sqrt{\frac{EI_{\bar{\omega}}\left(\frac{2\pi}{l}\right)^2 + \left(GI_{\text{d}} + \frac{H_{\text{g1}}B^2}{2}\right)}{m_{\text{b}}r^2 + \frac{B^2}{4}m_{\text{c}} + \frac{B^2}{4}\frac{2}{l}\sum_{i=1}^{n}M_{\text{hi}}\sin^2\frac{2\pi x_i}{l}}} \tag{3-79}$$

1）开口截面加劲梁

对于开口截面的加劲梁，GI_{d} 一般较小可以忽略不计，而 $EI_{\bar{\omega}} = EI_{\omega} \approx I_{\text{b}}\frac{B^2}{4}$，代入式(3-79) 可以进一步简化为：

$$f_{\text{T2}} = \frac{1}{l} \sqrt{\frac{EI_{\text{b}}\frac{B^2}{4}\left(\frac{2\pi}{l}\right)^2 + \frac{H_{\text{g1}}B^2}{2}}{m_{\text{b}}r^2 + \frac{B^2}{4}m_{\text{c}} + \frac{B^2}{4}\frac{2}{l}\sum_{i=1}^{n}M_{\text{hi}}\sin^2\frac{2\pi x_i}{l}}}$$

$$= \frac{1}{l} \sqrt{\frac{EI_{\text{b}}\left(\frac{2\pi}{l}\right)^2 + 2H_{\text{g1}}}{m_{\text{b}}\left(\frac{2r}{B}\right)^2 + m_{\text{c}} + \frac{2}{l}\sum_{i=1}^{n}M_{\text{hi}}\sin^2\frac{2\pi x_i}{l}}} \tag{3-80}$$

2）闭口截面加劲梁

对于闭口截面的加劲梁，GI_{d} 一般较大，$EI_{\bar{\omega}}\left(\frac{\pi}{l}\right)^2$ 可以忽略不计，代入式(3-79)，得悬索桥反对称一阶自由扭转振动固有频率：

$$f_{\text{T2}} = \frac{1}{2\pi}\omega_{\text{T2}} = \frac{1}{2\pi}\sqrt{\frac{\left(GI_{\text{d}} + \frac{H_{\text{g1}}B^2}{2}\right)\left(\frac{2\pi}{l}\right)^2}{\overline{m}_{\text{T}}}} = \frac{1}{l}\sqrt{\frac{GI_{\text{d}} + \frac{H_{\text{g1}}B^2}{2}}{\overline{m}_{\text{T2}}}} \tag{3-81}$$

式中：

$$\overline{m}_{\text{T2}} = m_{\text{b}}r^2 + \frac{B^2}{4}m_{\text{c}} + \frac{B^2}{2l}\sum_{i=1}^{n}M_{\text{hi}}\sin^2\frac{2\pi x_i}{l} \tag{3-82}$$

其余符号含义同前。

3.3.4 悬索桥的一阶固有振动扭弯基频比

1）悬索桥的一阶对称固有振动扭弯基频比

令 $B = 2b$，将吊杆及索夹质量全部分摊于主索，由式(3-73)和式(3-49)，如只考虑振动时主索的张力增量贡献，扭弯基频比可简化为：

$$\varepsilon_{\text{T1}} = \frac{\omega_{\text{T1}}}{\omega_{\text{b1}}} = \sqrt{\frac{b^2(m_{\text{b}} + m_{\text{c}})}{m_{\text{b}}r^2 + m_{\text{c}}b^2}} = \sqrt{\frac{m_{\text{b}} + m_{\text{c}}}{m_{\text{b}}\left(\dfrac{r}{b}\right)^2 + m_{\text{c}}}} \quad (3\text{-}83)$$

如忽略主索质量影响，则：

$$\varepsilon_{\text{T1}} = \frac{b}{r} \quad (3\text{-}84)$$

2）悬索桥的一阶反对称固有振动扭弯基频比

工程上一般需要初估悬索桥的固有振动扭弯基频比。为了便于说明，这里对上述推导得到的一阶对称与反对称基频估算公式进行再进一步简化。

对于开口截面的加劲梁，有 $\nu_{\text{T2}} = \nu_{\text{b2}}$。令 $B = 2b$，将吊杆及索夹质量全部分摊于主索，由式（3-80）和式（3-54）得：

$$\varepsilon_{\text{T2}} = \frac{\omega_{\text{T2}}}{\omega_{\text{b2}}} = \sqrt{\frac{b^2 \nu_{\text{T2}} \overline{m_{\text{b2}}}}{\nu_{\text{b2}} \overline{m_{\text{T2}}}}} = \sqrt{\frac{b^2(m_{\text{b}} + m_{\text{c}})}{m_{\text{b}}r^2 + m_{\text{c}}b^2}} = \sqrt{\frac{m_{\text{b}} + m_{\text{c}}}{m_{\text{b}}\left(\dfrac{r}{b}\right)^2 + m_{\text{c}}}} \quad (3\text{-}85)$$

如忽略主索质量影响，则：

$$\varepsilon_{\text{T2}} = \frac{b}{r} \quad (3\text{-}86)$$

根据统计，开口截面的加劲梁 $\varepsilon_{\text{T2}} \approx 1.3$。

对于闭口截面的加劲梁，有：

$$\varepsilon_{\text{T2}} = \frac{\omega_{\text{T2}}}{\omega_{\text{b2}}} = \frac{l}{2\pi}\sqrt{\frac{(GI_{\text{d}} + H_{\text{g}}b^2)(m_{\text{b}} + m_{\text{c}})}{EI_{\text{b}} + H_{\text{g}}\left(\dfrac{l}{2\pi}\right)^2 (m_{\text{b}}r^2 + m_{\text{c}}b^2)}} \quad (3\text{-}87)$$

根据统计，闭口截面的加劲梁 $\varepsilon_{\text{T2}} \approx 1.5$，比开口截面的加劲梁 ε_{T2} 增大约15%。

3.4 悬索桥施工猫道的固有振动能量法

猫道是悬索桥主索施工过程中作为施工人员工作平台和通道的一种临时性结构，其本身是一种柔性结构。研究猫道的固有振动特性，对确保主索施工过程中猫道的抗风安全和进行抗风稳定性研究具有重要意义。

根据猫道结构的自身特点，将其作为带有预张力的索桁架结构。由于塔相对于猫道为刚性体，因此仅研究猫道中跨，而忽略边跨和塔的影响。

由于猫道没有加劲梁构造，本节可以在3.1节和3.2节基础上，令加劲梁的弯曲刚度 EI_{b} 和约束扭转截面翘曲刚度 EI_{ω} 为零，即可获得相应的解答。

3.4.1 猫道的固有振动

1）竖向固有振动

猫道在铅垂方向的固有振动方程可从式（3-19）推导得到。因为猫道结构中的平台 $EI \approx 0$，并令竖向位移为 $\eta(x,t)$，则：

$$H_{pu}y''_u + H_{pd}y''_d + (H_{ou} + H_{od})\frac{\partial^2 \eta}{\partial x^2} = m\ddot{\eta} \tag{3-88}$$

式中，y_u 和 y_d 分别为猫道上、下弦的原有线形；H_{ou} 和 H_{od} 分别为猫道上、下弦的恒载水平张力；m 为猫道体单位跨径长度的质量；H_{pu} 和 H_{pd} 分别为猫道上、下弦张力在水平方向因振动而引起的增量，即：

$$H_{pu} = -\frac{E_c A_{cu}}{L_{vu}}\int \eta(x,t) y''_u \mathrm{d}x \tag{3-89}$$

$$H_{pd} = -\frac{E_c A_{cd}}{L_{vd}}\int \eta(x,t) y''_d \mathrm{d}x \tag{3-90}$$

式中：

$$\left.\begin{aligned} L_{vu} &= \int \frac{\mathrm{d}x}{\cos^3\varphi_u} = \int_0^{l_u}[1+(y'_u)^2]^{\frac{3}{2}}\mathrm{d}x \\ L_{vd} &= \int \frac{\mathrm{d}x}{\cos^3\varphi_d} = \int_0^{l_d}[1+(y'_d)^2]^{\frac{3}{2}}\mathrm{d}x \end{aligned}\right\} \tag{3-91}$$

式中，l_u 和 l_d 分别为猫道上、下弦的计算跨径；$E_c A_{cu}$、$E_c A_{cd}$ 分别为猫道上、下弦的轴向刚度。

引入符号：

$$\alpha = \frac{y''_d}{y''_u} \tag{3-92}$$

和

$$\zeta = \frac{E_c A_{cd}}{E_c A_{cu}} \tag{3-93}$$

同时假设猫道上、下弦均为二次抛物线型，且具有相同的矢跨比，则有：

$$L_{vu} = L_{vd} = L_v$$

振动是简谐，即有 $\eta(x,t) = W(x)\sin\omega_V t$，于是：

$$\ddot{\eta}(x,t) = -\omega_V^2 W(x)\sin\omega_V t \tag{3-94}$$

将以上各量代入式(3-88)，得：

$$(y''_u)^2 \frac{E_c A_{cu}}{L_v}(1+\zeta\alpha^2)\int_0^l W(x)\mathrm{d}x - (H_{ou}+H_{od})W''(x) = m\omega_V^2 W(x) \tag{3-95}$$

式中，ω_V 为猫道竖向振动固有频率。

用伽辽金法求解式(3-95)。利用边界条件，假设 $W(x) = \sum_{i=1}^{N} C_i \sin\frac{i\pi x}{l}$，可分别求得一阶对称竖向振动频率和一阶反对称竖向振动频率。

这里取 $N=2$，即：

$$W(x) = C_1\sin\frac{\pi x}{l} + C_2\sin\frac{2\pi x}{l} \tag{3-96}$$

其中，$\int_0^l W(x)\mathrm{d}x = \int_0^l \left(C_1\sin\frac{\pi x}{l} + C_2\sin\frac{2\pi x}{l}\right)\mathrm{d}x = 2\left(\frac{l}{\pi}\right)C_1$。由伽辽金法写出方程组：

$$\left.\begin{aligned}&\int_0^l \left\{2\frac{l}{\pi}(y_u'')^2\frac{E_cA_{cu}}{L_v}(1+\zeta\alpha^2)C_1 + (H_{ou}+H_{od})\left[C_1\left(\frac{\pi}{l}\right)^2\sin\frac{\pi x}{l} + C_2\left(\frac{2\pi}{l}\right)^2\sin\frac{2\pi x}{l}\right]\right\}\sin\frac{\pi x}{l}dx \\ &=\int_0^l m\omega_V^2\left(C_1\sin\frac{\pi x}{l} + C_2\sin\frac{2\pi x}{l}\right)\sin\frac{\pi x}{l}dx \\ \\ &\int_0^l \left\{2\frac{l}{\pi}(y_u'')^2\frac{E_cA_{cu}}{L_v}(1+\zeta\alpha^2)C_1 + (H_{ou}+H_{od})\left[C_1\left(\frac{\pi}{l}\right)^2\sin\frac{\pi x}{l} + C_2\left(\frac{2\pi}{l}\right)^2\sin\frac{2\pi x}{l}\right]\right\}\sin\frac{2\pi x}{l}dx \\ &=\int_0^l m\omega_V^2\left(C_1\sin\frac{\pi x}{l} + C_2\sin\frac{2\pi x}{l}\right)\sin\frac{2\pi x}{l}dx\end{aligned}\right\} \quad (3\text{-}97)$$

积分后可得：

$$\left.\begin{aligned}&4\left(\frac{l}{\pi}\right)^2(y_u'')^2\frac{E_cA_{cu}}{L_v}(1+\zeta\alpha^2)C_1 + (H_{ou}+H_{od})\left(\frac{\pi}{l}\right)^2\frac{l}{2}C_1 - m\omega_V^2\frac{l}{2}C_1 = 0 \\ &4\frac{l}{\pi}\frac{l}{2\pi}(y_u'')^2\frac{E_cA_{cu}}{L_v}(1+\zeta\alpha^2)C_1 + (H_{ou}+H_{od})\left(\frac{2\pi}{l}\right)^2\frac{l}{2}C_2 - m\omega_V^2\frac{l}{2}C_2 = 0\end{aligned}\right\} \quad (3\text{-}98)$$

由上述齐次方程组的非零解条件，可得频率特征方程：

$$\begin{vmatrix} 4\left(\frac{l}{\pi}\right)^2(y_u'')^2\frac{E_cA_{cu}}{L_v}(1+\zeta\alpha^2) + (H_{ou}+H_{od})\left(\frac{\pi}{l}\right)^2\frac{l}{2} - m\omega_V^2\frac{l}{2} & 0 \\ 4\frac{l}{\pi}\frac{l}{2\pi}(y_u'')^2\frac{E_cA_{cu}}{L_v}(1+\zeta\alpha^2) & (H_{ou}+H_{od})\left(\frac{2\pi}{l}\right)^2\frac{l}{2} - m\omega_V^2\frac{l}{2} \end{vmatrix} = 0$$

(3-99)

展开后即得：

$$4\left(\frac{l}{\pi}\right)^2(y_u'')^2\frac{E_cA_{cu}}{L_v}(1+\zeta\alpha^2) + (H_{ou}+H_{od})\left(\frac{\pi}{l}\right)^2\frac{l}{2} - m\omega_V^2\frac{l}{2} = 0 \quad (3\text{-}100\text{a})$$

$$(H_{ou}+H_{od})\left(\frac{2\pi}{l}\right)^2\frac{l}{2} - m\omega_V^2\frac{l}{2} = 0 \quad (3\text{-}100\text{b})$$

对于一阶对称竖向振动，其边界条件为 $W(0) = W(l) = 0$，则有：

$$\omega_{V1} = \frac{\pi}{l}\sqrt{\frac{H_{ou}+H_{od}}{m} + \frac{8(y_u'')^2E_cA_{cu}(1+\zeta\alpha^2)l^3}{\pi^4 L_v m}} \quad (3\text{-}101)$$

对于一阶反对称竖向振动，其边界条件为 $W(0) = W(l/2) = 0$，则有：

$$\omega_{V2} = \frac{2\pi}{l}\sqrt{\frac{H_{ou}+H_{od}}{m}} \quad (3\text{-}102)$$

2）侧向固有振动

仿照式(3-88)，铅垂猫道侧向悬索呈平面，猫道侧向振动方程可描述为：

$$(H_{ou}+H_{od})\frac{\partial^2\xi}{\partial x^2} = m\ddot{\xi} \quad (3\text{-}103)$$

式中，$\xi(x,t)$ 为猫道的侧向位移；其余各量意义同前。

设振动是简谐的，即由 $\xi(x,t) = V(x)\sin\omega_H t$，得：

$$\ddot{\xi}(x,t) = -\omega_H^2 V(x)\sin\omega_H t \quad (3\text{-}104)$$

式中，ω_H 为猫道侧向振动固有频率。将式(3-104)代入式(3-103)，则有：

$$(H_{ou} + H_{od})V''(x) + m\omega_H^2 V(x) = 0 \qquad (3\text{-}105)$$

根据边界条件 $V(0) = V(l) = 0$，可求得振型函数为 $V(x) = \sum_{i=1}^{\infty} C_i \sin\dfrac{i\pi x}{l}$，相应的第 n 阶侧向振动固有频率为：

$$\omega_{Hn} = \frac{n\pi}{l}\sqrt{\frac{H_{ou} + H_{ol}}{m}} \qquad (n = 1,2,3,\cdots) \qquad (3\text{-}106)$$

3) 扭转固有振动

对于一阶对称扭转振动，由式(3-72)，令 $EI_{\bar{\omega}} = GI_d = 0$，$m_s r^2 = 0$。同时假设猫道上、下弦均为二次抛物线形，且具有相同的矢跨比，则有：

有 $H_{ou} = H_{od}\dfrac{f_d}{f_u} = H_{od}$，$H_0 = H_g = 2H_{gl} = H_{ou} + H_{od} = 2H_{ou}$，$\dfrac{f_d}{l} = \dfrac{f_u}{l}$，则猫道扭转固有振动为：

$$\begin{aligned}
\omega_{T1} &= \sqrt{\dfrac{\dfrac{H_{gl}B^2}{2}\left(\dfrac{\pi}{l}\right)^2 + \dfrac{128E_c A_{c1}B^2}{\pi^2 L_v}\left(\dfrac{f}{l}\right)^2 \dfrac{2}{l}}{\dfrac{B^2}{4}m_c}} \\
&= \sqrt{\dfrac{\dfrac{H_0 B^2}{4}\left(\dfrac{\pi}{l}\right)^2 + \dfrac{128E_c A_c B^2}{4\pi^2 L_v}\left(\dfrac{f}{l}\right)^2 \dfrac{4}{l}}{\dfrac{B^2}{4}m_c}} \\
&= \sqrt{\dfrac{H_0\left(\dfrac{\pi}{l}\right)^2 + \dfrac{128E_c A_c}{\pi^2 L_v}\left(\dfrac{f}{l}\right)^2 \dfrac{4}{l}}{m_c}}
\end{aligned} \qquad (3\text{-}107)$$

式中，H_0 为全部猫道主索的索力水平分量之和，$H_0 = H_g = 2H_{gl} = H_{ou} + H_{od} = 2H_{ou}$；$A_c$ 为全部猫道主索的截面面积之和，$A_c = 2A_{c1} = A_{cu} + A_{cd}$。

对于一阶反对称扭转振动，由式(3-78)同理可得：

$$\omega_{T2} = \frac{2\pi}{l}\sqrt{\dfrac{\dfrac{H_{gl}B^2}{2}}{\dfrac{B^2}{4}m_c}} = \frac{2\pi}{l}\sqrt{\dfrac{\dfrac{H_g B^2}{4}}{\dfrac{B^2}{4}m_c}} = \frac{2\pi}{l}\sqrt{\dfrac{H_0}{m_c}} \qquad (3\text{-}108)$$

式中符号意义同前。

3.4.2 抗风缆张力影响

以猫道的一阶反对称竖向振动固有频率计算为例，给出抗风缆张力影响的频率近似计算公式。

抗风缆张力对猫道振动频率产生的影响主要表现在两个方面：

(1) 抗风缆张力自身对频率的贡献，体现在公式的 H_{od} 中；

(2) 增设抗风缆使得承重缆索张力增加。

抗风缆相当于猫道的下弦缆的一部分功能,其跨中垂度为 f_d。设猫道承重缆和抗风缆的矢高分别为 f_u 和 f_d,则可得到由于抗风缆张力引起的承重缆张力的变化为:

$$H_{ou2} = H_{od} \frac{f_d}{f_u} \tag{3-109}$$

在增设抗风缆后,引起猫道承重缆的张力增量为:

$$H_{ou} = H_{ou1} + H_{ou2} = H_{ou1} + H_{od} \frac{f_d}{f_u} \tag{3-110}$$

式中,H_{od} 为抗风缆水平张力;$H_{ou1} = \frac{mgl^2}{8f_u}$,为由猫道总质量引起的承重缆的水平张力。

将式(3-110)的 H_{ou} 和 H_{od} 代入式(3-102),可得一阶反对称竖向振动固有频率:

$$\begin{aligned}
\omega_V &= \frac{2\pi}{l} \sqrt{\frac{H_{ou} + H_{od}}{m}} \\
&= \frac{2\pi}{l} \sqrt{\frac{H_{ou1} + H_{od}\lambda + H_{od}}{m}} \\
&= \frac{2\pi}{l} \sqrt{\frac{H_{ou1} + (1+\lambda)H_{od}}{m}} \\
&= \frac{2\pi}{l} \sqrt{\frac{H_{ou1}}{m}} \sqrt{1 + (1+\lambda)\mu}
\end{aligned} \tag{3-111}$$

式中,$\lambda = f_d/f_u$ 为猫道的抗风缆垂度和承重缆垂度之比;$\mu = H_{od}/H_{ou1}$ 为抗风缆水平张力与承重缆恒载水平张力之比。

对 $[1 + (1+\lambda)\mu]^{\frac{1}{2}}$ 在 $\mu = 0$ 时展开为泰勒级数,取其前两项,则得:

$$\begin{aligned}
\omega_V &= \frac{2\pi}{l} \sqrt{\frac{mgl^2}{8mf_u}} \left[1 + \frac{(1+\lambda)\mu}{2}\right] \\
&= 6.9542 \times \frac{1 + \frac{(1+\lambda)\mu}{2}}{\sqrt{f_u}}
\end{aligned} \tag{3-112}$$

运用同样的方法可以得到考虑抗风缆影响的一阶对称侧向振动和一阶反对称扭转振动的固有频率近似计算公式,请读者自行练习。

在计算机和有限元法的应用已经十分普及的今天,应用有限元程序按精确的力学模型来计算猫道的自振特性,可考虑质量沿跨长方向的不均匀分布,以及吊杆、横向天桥等因素的影响。

[**例 3.4.1**] 已知虎门大桥猫道设计参数为:跨径 $l = 888m$,沿跨长单位长度质量 $m = 193.55kg/m$,承重缆垂度 $f_u = 72.854m$,抗风缆垂度 $f_d = 68.706m$,抗风缆张力 $H_{od} = 0.3804MN$,承重缆张力 $H_{ou1} = 2.984MN$。

利用理论公式、近似计算公式和有限元法分别对猫道固有频率进行计算,结果列于表 3-2。

猫道固有频率(Hz)　　　　　　　　　　　表3-2

序　号	固有振动特点	理论公式	近似公式	有　限　元
1	一阶对称侧向振动	0.0742	0.0733	0.0734
2	一阶反对称侧向振动	0.1485	0.1466	0.1449
3	一阶反对称竖向振动	0.1485	0.1466	0.1454

由此可见,本小节的近似计算公式是可靠的,也很简单,便于工程应用。

3.5　悬索桥的车辆强迫振动

同梁桥的车辆强迫振动相似,采用模态分析法求解悬索桥的车辆强迫振动问题。

3.5.1　悬索桥的车辆强迫振动方程

为简化分析,不计车辆强迫振动引起的主索张力增量影响,同时假设阻尼系数 c 为常数。由方程式(3-18)可设悬索桥挠曲振动的动挠度为:

$$\eta(x,t) = \sum_{n=1}^{\infty} \varphi_n(x) q_n(t) \tag{3-113}$$

代入式(3-18),并在两边同乘以 $\varphi_k(x)$,并对 x 在 0 到 l 范围内积分,利用振型的正效性,有:

$$\ddot{q}_n(t) + 2\zeta_n \omega_n \dot{q}_n + \omega_n^2 q_n(t) = Q_n(t) \quad (n = 1,2,3,\cdots) \tag{3-114}$$

式中:

$$\omega_n^2 = \frac{EI\int_0^l \varphi_n^{(4)} \varphi_n \mathrm{d}x - H_0\int_0^l \varphi_n'' \varphi_n \mathrm{d}x}{m\int_0^l \varphi_n^2(x)\mathrm{d}x} \tag{3-115}$$

$$\zeta_n = \frac{1}{2\omega_n} \frac{C\int_0^l \varphi_n^2(x)\mathrm{d}x}{m\int_0^l \varphi_n^2(x)\mathrm{d}x} = \frac{1}{2\omega_n}\frac{C}{m} \tag{3-116}$$

其余符号意义同前。

在悬索桥上行驶的典型作用力有以下两种。

(1)匀速移动的集中荷载 $P(t)$:

$$Q_n(t) = \frac{\int_0^l P(t)\delta(x-vt)\varphi_n(x)\mathrm{d}x}{m\int_0^l \varphi_n^2(x)\mathrm{d}x} = \frac{P(t)\varphi_n(vt)}{m\int_0^l \varphi_n^2(x)\mathrm{d}x} \tag{3-117}$$

(2)匀速移动的简谐力 $P_0\cos\Omega_p t$:

$$Q_n(t) = \frac{P_0\cos\Omega_p t \varphi_n(vt)}{m\int_0^l \varphi_n^2(x)\mathrm{d}x} \tag{3-118}$$

方程(3-114)的解可写成:

$$q_n(t) = \exp(-\zeta_n\omega_n t)[C_{n1}\sin\omega_{nd}t + C_{n2}\cos\omega_{nd}t] + \frac{1}{\omega_{nd}}\int_0^t Q_n(\tau)\exp[-\zeta_n\omega_n(t-\tau)]\sin\omega_{nd}(t-\tau)d\tau \quad (3\text{-}119)$$

当不计阻尼影响时,上式简化为:

$$q_n(t) = C_{n1}\cos\omega_n t + C_{n2}\sin\omega_n t + \frac{1}{\omega_n}\int_0^t Q_n(\tau)\sin\omega_n(t-\tau)d\tau \quad (3\text{-}120)$$

式中,C_{n1}、C_{n2} 为第 n 阶振动的待定系数,取决于初始条件。

3.5.2 悬索桥车辆强迫振动响应求解的能量法

如图 3-4 所示为三跨悬索桥,受到匀速移动的常量为 P_0 的作用。

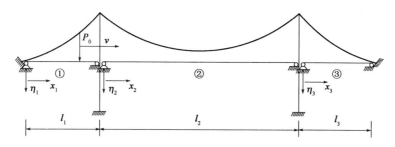

图 3-4 三跨悬索桥

设三跨加劲梁均为简单铰支,$x_n(n=1,2,3)$ 分别为三跨跨径局部坐标,并将主索、吊杆及索夹质量合并到加劲梁。每跨动挠度设为:

$$\eta_n(x,t) = \sum_{k=1}^{\infty}q_{nk}(t)\sin\frac{k\pi x_n}{l_n} \quad (n=1,2,3) \quad (3\text{-}121)$$

相应的,由式(3-42)可得:

$$T = T_b + T_c + T_h = \frac{1}{2}\int_0^l m_b\dot{\eta}^2 dx + \frac{1}{2}\int_0^l m_c\dot{\eta}^2 dx + \frac{1}{2}\sum_{i=1}^n M_{hi}\dot{\eta}_i^2 = \frac{1}{2}\int_0^l \overline{m}_b\dot{\eta}^2 dx$$

三跨悬索桥的系统动能表示为:

$$T = \frac{1}{2}\sum_{n=1}^{3}\int_0^{l_n} m_n\dot{\eta}_n^2 dx_n = \frac{1}{4}\sum_{n=1}^{3}m_n l_n\sum_{k=1}^{\infty}\dot{q}_{nk}^2(t) \quad (3\text{-}122)$$

式中,m_n 为每跨加劲梁每延米质量。

系统应变能由加劲梁弯曲应变能、主索恒载水平力 H_g 产生的应变能和索力增量产生的拉伸应变能等组成,由式(3-33)和式(3-41)并注意三角函数的正交性质,即:

$$V = V_b + V_{cg} + V_{ce}$$
$$= \frac{1}{2}\sum_{n=1}^{3}\int_0^{l_n}EI_{bn}\left(\frac{\partial^2\eta_n}{\partial x_n^2}\right)^2 dx_n + \frac{1}{2}\sum_{n=1}^{3}H_g\int_0^{l_n}\left(\frac{\partial\eta_n}{\partial x_n}\right)^2 dx_n + \sum_{n=1}^{3}\frac{H_p^2 L_v}{2E_c A_c} \quad (3\text{-}123)$$

其中,加劲梁弯曲应变能为:

$$V_b = \frac{1}{2}\sum_{n=1}^{3}\int_0^{l_n}EI_{bn}(\eta_n'')^2 dx_n = \frac{1}{4}\sum_{n=1}^{3}EI_{bn}l_n\sum_{k=1}^{\infty}\left(\frac{k\pi}{l_n}\right)^4 q_{nk}^2(t) \quad (3\text{-}124)$$

主索恒载水平力 H_g 产生的应变能为:

$$V_{eg} = \frac{1}{2}\sum_{n=1}^{3}\int_0^{l_n} H_g(\eta'_n)^2 dx_n = \frac{1}{4}\sum_{n=1}^{3} H_g l_n \sum_{k=1}^{\infty}\left(\frac{k\pi}{l_n}\right)^2 q_{nk}^2(t) \tag{3-125}$$

由式(3-34)可得:

$$H_p = -\sum_{n=1}^{3}\frac{E_c A_c}{L_v}\int_0^{l_n} y''_n \eta_n dx_n = -\frac{E_c A_c}{L_v}\sum_{n=1}^{3} y''_n \int_0^{l_n}\eta_n dx_n = \frac{2E_c A_c}{L_v \pi}\sum_{n=1}^{3}\frac{l_n}{\rho_n}\sum_{k=1,3,5,\cdots}^{\infty}\frac{1}{k}q_{nk}(t) \tag{3-126}$$

索力增量产生的拉伸应变能:

$$V_{ce} = \frac{H_p^2 L_v}{2E_c A_c} = \left[\frac{2E_c A_c}{L_v \pi}\sum_{n=1}^{3}\frac{l_n}{\rho_n}\sum_{k=1,3,5,\cdots}^{\infty}\frac{1}{k}q_{nk}(t)\right]^2 \frac{L_v}{2E_c A_c}$$

$$= \frac{2E_c A_c}{L_v \pi}\left[\sum_{n=1}^{3}\frac{l_n}{\rho_n}\sum_{k=1,3,5,\cdots}^{\infty}\frac{1}{k}q_{nk}(t)\right]^2 \tag{3-127}$$

上式中,$\eta_n(x,t)$为第n跨的挠度函数;l_n为加劲梁的计算跨径;EI_{bn}为加劲梁的弯曲刚度;H_g为主索的恒载水平拉力;$E_c A_c$为主索的拉伸刚度;$L_v = \int\frac{dx}{\cos^3\varphi}$为沿全索长积分;$\rho_n = \frac{l_n^2}{8f_n}$为主索在第$n$跨的曲率半径;$f_n$为主索的垂度。

拉格朗日方程

$$\frac{d}{dt}\left(\frac{\partial T}{\partial \dot{q}_{nk}}\right) - \frac{\partial T}{\partial q_{nk}} + \frac{\partial V}{\partial q_{nk}} = F_{nk} \tag{3-128}$$

式中的广义力F_{nk}由移动荷载在广义坐标上所作的虚功求出,即:

$$\delta W_n = \int_0^{l_n} p(x,t)\delta\eta_n(x,t)dx_n = \int_0^{l_n} p(x,t)\sum_{k=1}^{\infty}\delta q_{nk}\sin\frac{k\pi x_n}{l_n}dx_n \quad (n=1,2,3) \tag{3-129}$$

当P_0在第一跨加劲梁上匀速移动时,即:

$$\delta W_1 = \int_0^{l_1} P_0 \delta(x_1 - vt)\sum_{k=1}^{\infty}\delta q_{1k}\sin\frac{k\pi x_1}{l_1}dx_1$$

$$= \sum_{k=1}^{\infty} P_0 \sin\frac{k\pi vt}{l_1}\delta q_{1k}$$

$$= \sum_{k=1}^{\infty} F_{1k}(t)\delta q_{1k} \quad \left(0 \leq t \leq \frac{l_1}{v}\right) \tag{3-130}$$

当P_0在第二跨加劲梁上匀速移动时,即:

$$\delta W_2 = \int_0^{l_2} P_0 \delta[x_2 - (vt - l_1)]\sum_{k=1}^{\infty}\delta q_{2k}\sin\frac{k\pi x_2}{l_2}dx_2$$

$$= \sum_{k=1}^{\infty} P_0 \sin\frac{k\pi}{l_2}(vt - l_1)\delta q_{2k}$$

$$= \sum_{k=1}^{\infty} F_{2k}(t)\delta q_{2k} \quad \left(\frac{l_1}{v} < t \leq \frac{l_1+l_2}{v}\right) \tag{3-131}$$

当 P_0 在第三跨加劲梁上匀速移动时,即:

$$\begin{aligned}
\delta W_3 &= \int_0^{l_3} P_0 \delta[x_3 - (vt - l_1 - l_2)] \sum_{k=1}^{\infty} \delta q_{3k} \sin \frac{k\pi x_3}{l_3} dx_3 \\
&= \sum_{k=1}^{\infty} P_0 \sin \frac{k\pi}{l_3}(vt - l_1 - l_2) \delta q_{3k} \\
&= \sum_{k=1}^{\infty} F_{3k}(t) \delta q_{3k} \qquad \left(\frac{l_1+l_2}{v} < t \leqslant \frac{l_1+l_2+l_3}{v}\right)
\end{aligned} \qquad (3\text{-}132)$$

因此,可分别求得相应于 δq_{1k}、δq_{2k} 和 δq_{3k} 的广义力分别为:

$$\left.\begin{aligned}
F_{1k}(t) &= P_0 \sin \frac{k\pi vt}{l_1} \\
F_{2k}(t) &= P_0 \sin \left(\frac{k\pi vt}{l_2} - \frac{k\pi l_1}{l_2}\right) \\
F_{3k}(t) &= P_0 \sin \left[\frac{k\pi vt}{l_3} - \frac{k\pi(l_1+l_2)}{l_3}\right]
\end{aligned}\right\} \qquad (3\text{-}133)$$

再令

$$Q_{nk}(t) = \frac{2F_{nk}(t)}{m_n l_n} \qquad (3\text{-}134)$$

并将式(3-122)、式(3-123)~式(3-127)代入式(3-128),得广义坐标描述的匀速移动常量力作用下的悬索桥无阻尼强迫振动方程如下:

$$\ddot{q}_{nk}(t) + \left[\frac{EI_{bn}}{m_n}\left(\frac{k\pi}{l_n}\right)^4 + \frac{H_g}{m_n}\left(\frac{k\pi}{l_n}\right)^2\right] q_{nk}(t) = Q_{nk}(t) \qquad (k=2,4,6,\cdots) \qquad (3\text{-}135)$$

$$\ddot{q}_{nk}(t) + \left[\frac{EI_{bn}}{m_n}\left(\frac{k\pi}{l_n}\right)^4 + \frac{H_g}{m_n}\left(\frac{k\pi}{l_n}\right)^2\right] q_{nk}(t) + \\
\frac{8E_c A_c}{\pi^2 m_n l_n L_v k}\left(\sum_{n=1}^{3}\frac{l_n}{\rho_n}\sum_{k=1,3,5,\cdots}^{\infty}\frac{q_{nk}(t)}{k}\right) = Q_{nk}(t) \qquad (k=1,3,5,\cdots) \qquad (3\text{-}136)$$

考虑到两边跨一般对称设计,上式可写成如下形式。
当 k 为偶数时,有:

$$\left.\begin{aligned}
\ddot{q}_{1k}(t) + \varepsilon_{1k}^2 q_{1k}(t) &= Q_{1k}(t) \\
\ddot{q}_{2k}(t) + \varepsilon_{2k}^2 q_{2k}(t) &= Q_{2k}(t) \\
\ddot{q}_{3k}(t) + \varepsilon_{3k}^2 q_{3k}(t) &= Q_{3k}(t)
\end{aligned}\right\} \qquad (3\text{-}137)$$

三个方程对应着三跨,彼此不耦合。
当 k 为奇数时,有:

$$\left.\begin{aligned}
\ddot{q}_{1k}(t) + \varepsilon_{1k}^2 q_{1k}(t) + \frac{\alpha_2^2 \gamma}{k}\sum_{j=1,3,5,\cdots}^{\infty}\frac{q_{2j}(t)}{j} + \frac{\alpha_1^2}{k}\sum_{j=1,3,5,\cdots}^{\infty}\frac{q_{1j}(t)+q_{3j}(t)}{j} &= Q_{1k}(t) \\
\ddot{q}_{2k}(t) + \varepsilon_{2k}^2 q_{2k}(t) + \frac{\alpha_2^2}{k}\sum_{j=1,3,5,\cdots}^{\infty}\frac{q_{2j}(t)}{j} + \frac{\alpha_1^2}{k\gamma}\sum_{j=1,3,5,\cdots}^{\infty}\frac{q_{1j}(t)+q_{3j}(t)}{j} &= Q_{2k}(t) \\
\ddot{q}_{3k}(t) + \varepsilon_{3k}^2 q_{3k}(t) + \frac{\alpha_2^2 \gamma}{k}\sum_{j=1,3,5,\cdots}^{\infty}\frac{q_{2j}(t)}{j} + \frac{\alpha_1^2}{k}\sum_{j=1,3,5,\cdots}^{\infty}\frac{q_{1j}(t)+q_{3j}(t)}{j} &= Q_{3k}(t)
\end{aligned}\right\} \qquad (3\text{-}138)$$

以上各式中:

$$\left.\begin{aligned}\varepsilon_{1k}^2 &= \varepsilon_{3k}^2 = \frac{EI_{b1}}{m_1}\left(\frac{k\pi}{l_1}\right)^4 + \frac{H_g}{m_2}\left(\frac{k\pi}{l_1}\right)^2 \\ \varepsilon_{2k}^2 &= \frac{EI_{b2}}{m_2}\left(\frac{k\pi}{l_2}\right)^4 + \frac{H_g}{m_2}\left(\frac{k\pi}{l_2}\right)^2 \\ \alpha_n^2 &= \frac{8E_cA_c}{\pi^2 L_v m_n \rho_n} \\ \gamma &= \frac{m_2 l_2}{m_1 l_1}\end{aligned}\right\} \quad (3\text{-}139)$$

当研究悬索桥低阶振动响应时,可以取式(3-121)中的有限项,即有关于 $k \leqslant N$ 分别为偶数和奇数的线性微分方程组,应用数值积分法,借助于电子计算机即可完成求解。如果再计入阻尼的影响,在方程(3-137)和方程(3-138)中将相应地增加阻尼力项即可。

本章参考文献

[1] 宋一凡.公路桥梁动力学[M].北京:人民交通出版社,2000.
[2] 李国豪.桥梁结构稳定与振动[M].2版.北京:中国铁道出版社,2002.
[3] 谢官模,王超.大跨度悬索桥竖向振动基频的实用近似计算公式[J].固体力学学报,2008,29(12):200-203.
[4] 杨国俊,李子青,郝宪武,等.非对称悬索桥对称竖弯基频的实用计算公式[J].武汉大学学报(工学版),2016,49(2):247-253.
[5] 杨国俊,郝宪武,宋涛,等.基于非对称悬索桥的振动基频估算公式[J].合肥工业大学学报(自然科学版),2016,39(11):1536-1542.
[6] 杨国俊.非对称悬索桥静力性能及动力特性分析[D].西安:长安大学,2016.
[7] 中华人民共和国推荐性行业标准.公路桥梁抗风设计规范:JTG/T D60-01—2018[S].北京:人民交通出版社股份有限公司,2018.

第4章
斜拉桥振动

20世纪40年代后出现的现代斜拉桥是不同于悬索桥的另一种索支承桥梁结构。由于斜拉桥具有可悬臂施工、造价适宜和外形美观等突出优点,因而在跨径200～1000m范围内获得了巨大的成功,并正在向更大的跨径发展。近年来部分斜拉桥(也称为矮塔斜拉桥)应用较多,且逐渐取代小跨径的斜拉桥趋势明显。

斜拉桥的自振特性首先是指结构整体的动力特性,将斜拉索处理为一个受轴向拉力的杆单元(或索单元),其弹性模量取为考虑垂度影响的修正值;另一部分则是指斜拉索的自身局部振动问题,作为斜拉索支承点的结构整体的振动将会使斜拉索中的轴向拉力发生周期性变化,当结构的整体频率和某一斜拉索的横向局部振动频率呈倍数关系时,将会引发斜拉索的自激性参数共振,造成斜拉索大振幅的局部振动。

作为斜拉索振动有利的一方面就是利用其动力特性来估算斜拉索中的索力,这种由实测斜拉索固有频率估算索力的方法已广泛应用于工程实践。本章将重点讨论斜拉索的局部振动特性。

4.1 斜拉索的振动特性

4.1.1 水平张紧弦索的横向固有振动

作为斜拉索局部振动分析的基础,先讨论一根水平放置的张紧弦索的横向固有振动特性。

1) 水平张紧弦索的静力平衡方程

如图 4-1a)表示的一根水平放置的张紧弦索,在自重作用下将使其产生一定的垂度 $y = y(x)$,设弦索的弦长为 l,单位索长分布质量为 m,不计索的弯曲刚度 $E_c I_c$ 的影响。

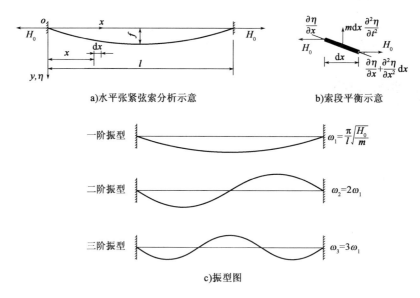

a)水平张紧弦索分析示意　　b)索段平衡示意

c)振型图

图 4-1　水平张紧弦索的横向振动

(1)悬链线方程。

由于弦索的自重 mg 是沿弧长均匀分布的,小变形时在自重下的静力平衡方程可写成:

$$H_0\left(\frac{dy}{dx} + \frac{d^2 y}{dx^2}dx\right) - H_0 \frac{dy}{dx} + mg ds = 0$$

简化后得:

$$H_0 y'' dx + mg ds = 0$$

或

$$H_0 y'' + mg \frac{ds}{dx} = 0 \tag{4-1}$$

式中,H_0 为弦索拉力的水平分量;$q_s = mg$ 为沿弦索弧长单位长度分布的自重;ds 为弦索的微段弧长;y 为弦索静态的索形函数。

由几何关系 $ds = \sqrt{(dx)^2 + (dy)^2}$,则 $\frac{ds}{dx} = \frac{\sqrt{(dx)^2 + (dy)^2}}{dx} = \sqrt{1 + (y')^2}$。令 $y' = \frac{dy}{dx}$ 代入式(4-1),得:

$$H_0 \frac{dy'}{dx} + mg \sqrt{1 + (y')^2} = 0$$

即

$$\frac{dy'}{\sqrt{1 + (y')^2}} = -\frac{mg}{H_0} dx \tag{4-2}$$

令 $y' = \sinh z$，有 $z = \text{arcsinh}y'$，又 $\cosh^2 z - \sinh^2 z = 1$，得：
$$\sqrt{1 + (y')^2} = \sqrt{1 + \sinh^2 z} = \cosh z$$
$$dy' = d(\sinh z) = \cosh z dz$$

式(4-2)左边变为：
$$\frac{dy'}{\sqrt{1 + (y')^2}} = \frac{\cosh z}{\cosh z} dz = dz$$

于是式(4-2)简化成：
$$dz = -\frac{mg}{H_0} dx \tag{4-3}$$

两边积分，得：
$$z = -\frac{mg}{H_0} x + C_1$$

即
$$\text{arcsinh} y' = -\frac{mg}{H_0} x + C_1$$

或
$$y' = \sinh\left(-\frac{mg}{H_0} x + C_1\right) \tag{4-4}$$

两边再积分，得：
$$y = -\frac{H_0}{mg} \cosh\left(-\frac{mg}{H_0} x + C_1\right) + C_2 \tag{4-5}$$

由弦索的边界条件：
$$\left. \begin{array}{l} x = 0, y = 0 \\ x = l, y = 0 \end{array} \right\}$$

代入式(4-5)，得：
$$\left. \begin{array}{l} \cosh\left(-\dfrac{mgl}{H_0} + C_1\right) = \cosh C_1 \\ C_2 = \dfrac{H_0}{mg} \cosh C_1 \end{array} \right\} \tag{4-6}$$

令 $\alpha = \dfrac{mgl}{2H_0}$，解之得：
$$\left. \begin{array}{l} C_1 = \dfrac{mgl}{2H_0} = \alpha \\ C_2 = \dfrac{H_0}{mg} \cosh \alpha \end{array} \right\} \tag{4-7}$$

则式(4-5)可写成：
$$y = \frac{H_0}{mg}\left[\cosh \alpha - \cosh\left(-\frac{2\alpha x}{l} + \alpha\right)\right] \tag{4-8}$$

或
$$y = \frac{H_0}{mg}\left[\cosh \alpha - \cosh\left(\frac{2\alpha x}{l} - \alpha\right)\right] \tag{4-9}$$

式(4-9)即为自重作用下的悬链线方程。

相应的跨中垂度为：

$$f = \frac{H_0}{mg}(\cosh\alpha - 1) \tag{4-10a}$$

相应的弦索弧长为：

$$L = \int_L \mathrm{d}s = \int_0^l \sqrt{1 + (y')^2}\,\mathrm{d}x = \frac{2H_0}{mg}\sinh\alpha \tag{4-10b}$$

如果已知弦索的水平分力 H_0，根据弦索对称性由式(4-4)可得弦索两端的竖向反力，其可表示为：

$$V_A = V_B = H_0\sinh\alpha \tag{4-11}$$

则弦索两端的切线方向拉力为：

$$T_A = T_B = H_0\cosh\alpha \tag{4-12}$$

(2) 抛物线方程。

假定张紧的弦索在自重作用下沿水平跨长的分布重量为 $q_x \approx mg$，小变形时弦索的静平衡方程为：

$$H_0\left(\frac{\mathrm{d}y}{\mathrm{d}x} + \frac{\mathrm{d}^2 y}{\mathrm{d}x^2}\mathrm{d}x\right) - H_0\frac{\mathrm{d}y}{\mathrm{d}x} + mg\mathrm{d}x = 0$$

简化后得：

$$H_0\frac{\mathrm{d}^2 y}{\mathrm{d}x^2} + mg = 0 \tag{4-13}$$

式中，H_0 为静态弦索索力的水平分量；y 为弦索静态的垂度函数。

对式(4-13)积分两次，可得：

$$y = -\frac{mg}{2H_0}x^2 + C_1 x + C_2 \tag{4-14}$$

由弦索的边界条件：

$$\left.\begin{array}{l} x = 0, y = 0 \\ x = l, y = 0 \end{array}\right\}$$

可得

$$\left.\begin{array}{l} C_1 = \dfrac{mgl}{2H_0} \\ C_2 = 0 \end{array}\right\} \tag{4-15}$$

代入式(4-13)，得：

$$y = \frac{mg}{2H_0}x(l - x)$$

当 $x = \dfrac{l}{2}$ 时，$y\left(\dfrac{l}{2}\right) = \dfrac{mgl^2}{8H_0} = f$，代入上式整理得：

$$y = \frac{4f}{l^2}x(l - x) \tag{4-16}$$

式中，f 为弦索的跨中垂度。

相应的弦索弧长为：

$$L = \int_L \mathrm{d}s = \int_0^l \sqrt{1+(y')^2}\,\mathrm{d}x = \left[1 + \frac{8}{3}\left(\frac{f}{l}\right)^2 - \frac{32}{5}\left(\frac{f}{l}\right)^4\right]l \tag{4-17}$$

式(4-16)即是抛物线形的弦索线形，分析问题时比式(4-9)的悬链线形函数显然简单很多。因桥梁中弦索正常使用中均为张紧的，其跨中弦索垂度一般较小，为简化分析，本节假设张紧的弦索索形为二次抛物线。

2) 水平张紧弦索的横向振动方程

假定张紧弦索在自重作用下沿水平跨长的分布重量为 $q_x \approx mg$。在弦索作微小横向振动时，弦索在作横向微小振动时，其动力平衡方程可表示为：

$$(H_0 + H_p)\left(\frac{\mathrm{d}^2 y}{\mathrm{d}x^2} + \frac{\partial^2 \eta}{\partial x^2}\right) + mg - m\ddot{\eta} = 0 \tag{4-18}$$

引入式(4-13)，略去高阶小量 $H_p \dfrac{\partial^2 \eta}{\partial x^2}$ 项，上式简化为：

$$H_0 \frac{\partial^2 \eta}{\partial x^2} + H_p \frac{\mathrm{d}^2 y}{\mathrm{d}x^2} - m\ddot{\eta} = 0 \tag{4-19}$$

式中，$\eta(x,t)$ 为弦索的横向振动位移函数；H_0 为弦索静止状态下的水平索力；$H_p(t)$ 为振动时水平拉力增值。

由于式(4-19)中 H_p 和 η 均为未知函数，必须再补充一个方程。

已知弦索在静力 mg 和 H_0 作用下的弦索弧长为：

$$L = \int_0^l \sqrt{1+(y')^2}\,\mathrm{d}x \tag{4-20}$$

受到扰动后作横向振动，索长改变为：

$$L + \Delta L = \int_0^l \sqrt{1+(y'+\eta')^2}\,\mathrm{d}x \tag{4-21}$$

即

$$\begin{aligned}
\Delta L &= \int_0^l \left[\sqrt{1+(y'+\eta')^2} - \sqrt{1+(y')^2}\right]\mathrm{d}x \\
&= \int_0^l \frac{1+(y'+\eta')^2 - [1+(y')^2]}{\sqrt{1+(y'+\eta')^2} + \sqrt{1+(y')^2}}\mathrm{d}x \\
&= \int_0^l \frac{2y'\eta' + (\eta')^2}{\sqrt{1+(y'+\eta')^2} + \sqrt{1+(y')^2}}\mathrm{d}x \\
&\approx \int_0^l \frac{\mathrm{d}y}{\mathrm{d}x}\frac{\mathrm{d}\eta}{\mathrm{d}x}\mathrm{d}x
\end{aligned} \tag{4-22}$$

上式中忽略了 $(\eta')^2$ 项，并令 $\dfrac{1}{\sqrt{1+(y'+\eta')^2} + \sqrt{1+(y')^2}} \approx \dfrac{1}{2}$。

引用弦索两端竖向变位为零的边界条件，分部积分后，得：

$$\Delta L = y'\eta\Big|_0^l - \int_0^l \eta y''\,\mathrm{d}x = -y''\int_0^l \eta\,\mathrm{d}x = \frac{mg}{H_0}\int_0^l \eta\,\mathrm{d}x \tag{4-23}$$

弦索弧长伸长量可以近似表示为：

$$\Delta L = \int_L \frac{T_p \mathrm{d}s}{E_c A_c} = \frac{H_p}{E_c A_c} \int_L \frac{\mathrm{d}s}{\cos\varphi}$$

$$= \frac{H_p}{E_c A_c} \int_0^l \frac{1}{\cos\varphi} \frac{\mathrm{d}s}{\mathrm{d}x} \mathrm{d}x = \frac{H_p}{E_c A_c} \int_0^l \frac{1}{\cos^2\varphi} \mathrm{d}x$$

$$= \frac{H_p L_e}{E_c A_c}$$

式中，T_p 为弦索切向索力增量；$L_e = \int_0^l \frac{\mathrm{d}x}{\cos^2\theta}$ 为主索等效长度。

$$H_p = \frac{E_c A_c}{L_e \rho} \int_0^l \eta \mathrm{d}x = \frac{E_c A_c}{L_e} \frac{8f}{l^2} \int_0^l \eta \mathrm{d}x \tag{4-24}$$

式中，$E_c A_c$ 为弦索的有效抗拉刚度；$\rho = -\frac{1}{y''} = \frac{l^2}{8f}$，为弦索静力作用下垂线的曲率半径。显然，当取偶数阶次振型函数时由 $H_p = 0$，即张紧弦索偶数阶次对应的自由振动不产生索力变化。

一般张紧弦索的垂跨比 $\frac{f}{l}$ 很小，主索等效长度为：

$$L_e = \int_0^l \frac{\mathrm{d}x}{\cos^2\theta} = \int_0^l [1 + (y')^2] \mathrm{d}x = l \left[1 + \frac{16}{3} \left(\frac{f}{l} \right)^2 \right] \approx l \tag{4-25}$$

同样也可按照式(3-14a)假定弦索伸长量在水平跨径上投影为零，可得：

$$H_p = -\frac{E_c A_c}{L_v} \int_0^l y'' \eta \mathrm{d}x = \frac{E_c A_c}{L_v} \frac{8f}{l^2} \int_0^l \eta \mathrm{d}x$$

这时因仅为单跨弦索，式中的弦索虚拟长度 $L_v = \int \frac{\mathrm{d}x}{\cos^3\alpha} = 1.082l \approx l$。由此可以看出，张紧的弦索振动产生的索力增量 $H_p(t)$ 计算方法不同但结果一致。

将式(4-19)和式(4-24)联立就组成了张紧索的横向固有振动方程组。显然，式(4-23)具有能量守恒的含义，即在初始荷载作用下，弦索上的横向荷载 mg 在弦索横向变位增加值 η 上做的功等于弦索的全部平拉力 H_0 在相应弦索拉长值 ΔL 上所做的功。由于在弦索横向变位中高于一次项所供给的那部分功略去不计，所以这两部分功必须相等。

一般情况下，张紧弦索在横向振动过程中其拉力增量 H_p 不大，可略去其影响。式(4-19)可简化为：

$$\ddot{\eta} = c^2 \frac{\partial^2 \eta}{\partial x^2} \tag{4-26}$$

式中，$c = \sqrt{\frac{H_0}{m}}$。

可见，上式与一维波动方程相似，这里的 c 相当于波动方程中的波速。

由于线性方程中的变量可分离，且振动是简谐的。因此，方程(4-26)的解可写成：

$$\eta(x,t) = \varphi(x) \sin\omega t \tag{4-27}$$

式中，ω 为固有频率；$\varphi(x)$ 为振型函数。

将式(4-27)代入方程(4-26)，得到振型方程为：

$$\frac{d^2\varphi(x)}{dx^2} + \frac{\omega^2}{c^2}\varphi(x) = 0$$

解为

$$\varphi(x) = A\sin\frac{\omega x}{c} + B\cos\frac{\omega x}{c}$$

若弦索的两端是固定不动的,有:

$$\varphi(0) = \varphi(l) = 0$$

于是有:

$$A\sin\frac{\omega l}{c} = 0, B = 0 \text{。要} A \neq 0 \text{,则必须} \sin\frac{\omega l}{c} = 0$$

或

$$\frac{\omega l}{c} = n\pi \quad (n = 1,2,3\cdots)$$

由此可得,弦索横向振动的固有频率

$$\omega_n = \frac{cn\pi}{l} = \frac{n\pi}{l}\sqrt{\frac{H_0}{m}} \quad (n = 1,2,3\cdots) \quad (4\text{-}28)$$

相应的振型可以取为:

$$\varphi_n(x) = \sin\frac{n\pi x}{l} \quad (n = 1,2,3\cdots) \quad (4\text{-}29)$$

前三阶振型如图 4-1c)所示。

由式(4-29),张紧弦索的水平拉力:

$$H_0 = \frac{ml^2}{\pi^2 n^2}\omega_n^2 = \frac{4ml^2}{n^2}f_n^2 \quad (n = 1,2,3\cdots) \quad (4\text{-}30)$$

式中,$f_n = \frac{\omega_n}{2\pi}$ 为各阶固有频率(Hz),可实测得到。这就是工程中常用的弦振索力仪测力原理。

4.1.2 水平拉索的横向固有振动

为了消除斜拉索倾角等构造因素影响,本小节先讨论水平张紧拉索的横向振动问题。

如图 4-1b)所示为水平张紧拉索横向振动模型。在水平张紧拉索横向固有振动分析中,由于存在拉索弯曲刚度 EI_c 的影响,振动方程类似于 1.2.2 节中的式(1-39),仅将轴向压力换成张紧拉索水平分力,令 $N = -H$,即:

$$EI_c\eta^{(4)}(x,t) - H_0\eta''(x,t) + m\ddot{\eta}(x,t) = 0 \quad (4\text{-}31)$$

式中,EI_c 为张紧拉索的弯曲刚度;$\eta(x,t)$ 为由振动引起的 y 方向上的动挠度;H_0 为张紧拉索在水平方向上的拉力;m 为单位索长的质量。

(1)两端铰支。

这是一种理想化的拉索两端支承假设,振动特性类似于受轴向拉力为 H_0 作用的简支梁弯曲振动情况。两端铰支拉索振动相应的频率方程为:

$$\sin\beta l = 0 \quad (4\text{-}32)$$

式中，$\beta = \sqrt{\dfrac{\sqrt{b^2 + 4a\omega_n^2} - b}{2a}}$；其中，$a = \dfrac{EI_c}{m}, b = \dfrac{H_0}{m}$。

由式(4-32)可得：

$$(\beta l)^2 = \sqrt{\dfrac{\sqrt{b^2 + 4a\omega_n^2} - b}{2a}} l^2 = (n\pi)^2$$

化简后可得：

$$\omega_n^2 = a\left(\dfrac{n\pi}{l}\right)^4 + b\left(\dfrac{n\pi}{l}\right)^2 = \dfrac{EI_c}{m}\left(\dfrac{n\pi}{l}\right)^4 + \dfrac{H_0}{m}\left(\dfrac{n\pi}{l}\right)^2 \quad (4\text{-}33)$$

由此可得拉索索力估算公式为：

$$H_0 = \dfrac{m\omega_n^2 l^2}{(n\pi)^2} - EI_c\left(\dfrac{n\pi}{l}\right)^2 = \dfrac{4mf_n^2 l^2}{n^2} - EI_c\left(\dfrac{n\pi}{l}\right)^2 \quad (n = 1,2,3,\cdots) \quad (4\text{-}34)$$

式中，$f_n = \dfrac{\omega_n}{2\pi}$ 为各阶固有振动频率(Hz)，可实测得到。

显然，在计算拉索横向固有频率时，当 H_0 很大或拉索跨径 l 很大时可以忽略 EI_c 的影响。

(2)两端固结。

这是一种与工程实际比较接近的振动模型，类似于受轴向拉力 H_0 作用的固端梁弯曲振动情况。两端固结拉索振动的频率方程为：

$$2\alpha\beta(1 - \cos\beta l \cosh\alpha l) + (\alpha^2 - \beta^2)\sin\beta l \sinh\alpha l = 0 \quad (4\text{-}35)$$

式中：

$$\left.\begin{array}{l} \alpha = \sqrt{\dfrac{\sqrt{b^2 + 4a\omega_n^2} + b}{2a}} \\ \beta = \sqrt{\dfrac{\sqrt{b^2 + 4a\omega_n^2} - b}{2a}} \end{array}\right\} \quad (4\text{-}36)$$

$$a = \dfrac{EI_c}{m}, b = \dfrac{H_0}{m}$$

求解超越方程(4-35)，可得相应的固有频率，但式(4-35)无法给出求解固有频率的显式解答，只能借助于数学近似方法迭代求解。

(3)一端固结一端铰接。

这是一种一端固定锚固一端锚拉板式锚固模型。类似于受轴向拉力 H_0 作用的一端固结一端铰接梁的弯曲振动情况。一端固结一端铰接拉索振动相应的频率方程为：

$$\alpha\tan\beta l = \beta\tanh\alpha l \quad (4\text{-}37)$$

式中，α 和 β 由式(4-36)求得。

求解超越方程(4-37)可得相应的固有频率。同样，式(4-37)无法给出求解固有频率的显式解答，只能借助于数学近似方法迭代求解。

实际工程中，拉索一般是由平行钢丝编成的，因而拉索的弯曲刚度较小；当索力较大时尤其是张紧的索长较大的情况，弯曲刚度对固有频率的影响相对较小，可以近似采用式(4-30)求得拉索索力。

4.1.3 斜拉索的横向固有振动

作为斜拉索横向振动的基础,前一小节讨论了水平放置的张紧拉索的静力特性和横向振动特性。

实际斜拉桥中的拉索具有一定的自重和刚度,并斜置成一定倾角 θ,如图 4-2 所示。在分析其横向固有振动前,有必要先研究斜拉索的静力特性。

1) 斜拉索的静力分析

斜拉索的自重将使其产生一定的垂度。同时,当斜拉索的弦和水平线成一定倾角 θ 时,斜拉索两端切线方向的拉力 T_A 和 T_B 将有差异。

设斜拉索的两端点之间的弦长为 l_c,水平投影长度 $l = l_c\cos\theta$,斜拉索两端的高差 $h = l_c\sin\theta$。

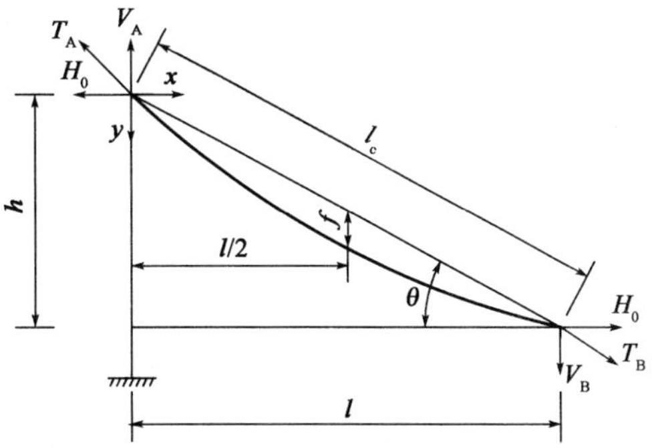

图 4-2 斜置拉索静力分析

(1) 悬链线方程。

由于拉索的自重 mg 是沿弧长均匀分布的,小变形时在自重下的静力平衡方程可写成:

$$H_0\left(\frac{\mathrm{d}y}{\mathrm{d}x} + \frac{\mathrm{d}^2y}{\mathrm{d}x^2}\mathrm{d}x\right) - H_0\frac{\mathrm{d}y}{\mathrm{d}x} + mg\mathrm{d}s = 0$$

简化后得:

$$H_0 y''\mathrm{d}x + mg\mathrm{d}s = 0$$

或

$$H_0 y'' + mg\frac{\mathrm{d}s}{\mathrm{d}x} = 0 \tag{4-38}$$

式中, H_0 为拉索拉力的水平分量; $q_s = mg$ 为沿拉索弧长单位长度分布的自重; $\mathrm{d}s$ 为拉索的微段弧长; y 为拉索静态的索形函数。

式(4-38)的解答可仿照式(4-2)~式(4-4),得到:

$$y' = \sinh\left(-\frac{mg}{H_0}x + C_1\right)$$

积分得:

$$y = -\frac{H}{mg}\cosh\left(-\frac{mg}{H_0}x + C_1\right) + C_2 \tag{4-39}$$

由拉索的边界条件:

$$\left.\begin{array}{l} x = 0, y = 0 \\ x = l, y = h \end{array}\right\}$$

代入式(4-39),得:

$$\left.\begin{array}{l} -\dfrac{H_0}{mg}\cosh C_1 + C_2 = 0 \\ -\dfrac{H_0}{mg}\cosh\left(-\dfrac{mgl}{H_0} + C_1\right) + C_2 = h \end{array}\right\}$$

令 $\beta = \dfrac{mgl}{2H_0}$,$C_1 = \alpha$,则 $C_2 = \dfrac{H_0}{mg}\cosh\alpha$。由双曲函数性质 $\cosh z_1 - \cosh z_2 = 2\sinh\dfrac{z_1 + z_2}{2}$

$\sinh\frac{z_1-z_2}{2}$,解之得:

$$\left.\begin{array}{r}\sinh\beta\sinh(\alpha-\beta)=\beta\left(\dfrac{h}{l}\right)\\ \alpha=\operatorname{arcsinh}\left[\dfrac{\beta\left(\dfrac{h}{l}\right)}{\sinh\beta}\right]+\beta\end{array}\right\} \quad (4\text{-}40)$$

则式(4-39)可写成:

$$y=\frac{H_0}{mg}\left[\cosh\alpha-\cosh\left(-\frac{2\beta x}{l}+\alpha\right)\right]$$

或

$$y=\frac{H_0}{mg}\left[\cosh\alpha-\cosh\left(\frac{2\beta x}{l}-\alpha\right)\right] \quad (4\text{-}41)$$

式(4-41)即为自重作用下斜拉索的悬链线方程。

若将斜拉索的垂度 f 定义为斜拉索的中点离开弦线 AB 的铅垂距离,相应的跨中垂度则为:

$$f=\frac{H_0}{mg}\left\{\cosh\alpha-\sqrt{1+\left[\frac{\beta\left(\dfrac{h}{l}\right)}{\sinh\beta}\right]^2}\right\}-\frac{h}{2} \quad (4\text{-}42)$$

如果已知斜拉索的水平分力 H_0,由式(4-17)可得斜拉索两端的竖向反力,其可表示为:

$$\left.\begin{array}{l}V_A=H_0\sinh\alpha\\ V_B=H_0\sinh(\alpha-2\beta)\end{array}\right\} \quad (4\text{-}43)$$

则斜拉索两端的切线方向拉力为:

$$\left.\begin{array}{l}T_A=H_0\cosh\alpha\\ T_B=H_0\cosh(\alpha-2\beta)\end{array}\right\} \quad (4\text{-}44)$$

斜拉索的弧长为:

$$L_c=\frac{H_0}{mg}\left[\sinh\alpha-\sinh(\alpha-2\beta)\right]=\frac{2H_0}{mg}\sinh\beta\cosh(\alpha-\beta) \quad (4\text{-}45)$$

显然,斜拉索两端的索力竖向分力相差弧长自重。

当斜拉索两端位于同一高度时,$h=0$,变为水平拉索,有 $\alpha=\beta=\dfrac{mgl}{2H_0}$,于是可得水平拉索的悬链线方程(4-9)。

(2)抛物线方程。

实际斜拉桥中的斜拉索垂度很小,因而可以近似地假定拉索重量沿水平方向是均布的。此时,斜拉索的静力平衡方程可简化为:

$$H_0\frac{\mathrm{d}^2y}{\mathrm{d}x^2}+q_x=0 \quad (4\text{-}46)$$

式中,H_0 为斜拉索两端的水平拉力;q_x 为斜拉索沿水平跨长的分布重量,$q_x\approx\dfrac{mg}{\cos\theta}=mg\dfrac{l_c}{l}$ 可假定为常数。

将式(4-46)积分两次,并引入边界条件,可得斜拉索的几何形状为二次抛物线:

$$y = \frac{q_x}{2H_0}(l-x)x + \frac{h}{l}x \tag{4-47}$$

将斜拉索的垂度 f 定义为斜拉索的中点离开弦线 AB 的铅垂距离,则同上式可得:

$$\frac{h}{2} + f = \frac{q_x l^2}{8H_0} + \frac{h}{2}$$

即

$$H_0 = \frac{q_x l^2}{8f} = \frac{l^2}{8f}\frac{mg}{\cos\theta} \tag{4-48}$$

将上式代入式(4-47),得:

$$y = \frac{4f}{l^2}x(l-x) + \frac{h}{l}x \tag{4-49}$$

这是一条斜置的二次抛物线。

在略去高阶微量后得斜拉索的曲线弧长:

$$L_c = \int_0^l \sqrt{1+(y')^2}\,dx = l\left[1 + \frac{8}{3}\left(\frac{f}{l}\right)^2 + \frac{1}{2}\left(\frac{h}{l}\right)^2\right] \tag{4-50}$$

斜拉索两端的竖向反力分别为:

$$\left.\begin{array}{l} V_A = \dfrac{q_x l}{2} + H_0\dfrac{h}{l} \\ V_B = -\dfrac{q_x l}{2} + H_0\dfrac{h}{l} \end{array}\right\} \tag{4-51}$$

左右两端竖向力相差一条拉索自重。

切线方向的拉力分别为:

$$\left.\begin{array}{l} T_A = \sqrt{H_0^2 + V_A^2} > T_B \\ T_B = \sqrt{H_0^2 + V_B^2} \end{array}\right\} \tag{4-52}$$

斜拉索索力沿索长的变化规律为:

$$T(x) = H_0\sqrt{1+(y')^2} = H_0\sqrt{1+\left(\frac{4f+h}{l} - \frac{8fx}{l^2}\right)^2} \tag{4-53}$$

当拉索的两个支点在同一水平线上时,$h=0$,$\cos\theta=1$,上列各项可简化为大家所熟知的形式:

$$\left.\begin{array}{l} H_0 = \dfrac{mgl^2}{8f} \\ y = \dfrac{4fx(l-x)}{l^2} \\ L_c = l\left[1 + \dfrac{8}{3}\left(\dfrac{f}{l}\right)^2\right] \\ T(x) = H_0\sqrt{1+\left(\dfrac{4f}{l} - \dfrac{8fx}{l^2}\right)^2} \\ T_{\max} = T_A = T_B = H_0\sqrt{1+16\left(\dfrac{f}{l}\right)^2} \end{array}\right\} \tag{4-54}$$

当拉索呈铅垂放置时,$l = 0$,垂度消失。于是$f = 0$和$\cos\theta = 0$,如图4-2所示,此时:

$$\left.\begin{array}{l} T_A = V_A \\ T_B = V_B = V_A - mgh \end{array}\right\} \quad (4\text{-}55)$$

由此可见,由于斜拉索重量和垂度的影响,斜拉索的拉力沿索长是变化的。

实际斜拉桥中的斜拉索在张拉至初始索力后,其垂度是很小的,拉力比拉索自重大很多。因此,忽略垂度所引起的非线性影响,按抛物线形张紧拉索的固有频率方程来计算拉索振动特性已足够精确。

2)斜拉索的横向固有振动

图4-3所示为一倾斜的拉索及其坐标系,坐标原点设在左支承点O,而x轴取OP方向,其法向作为y轴且朝斜下方为正,θ和l分别为斜拉索的倾角和弦长。

分析时作以下几点假设:

(1)垂跨比$\delta = f/l_0$很小;

(2)拉索只在xy平面内振动,在x方向的运动很小可忽略不计;

(3)拉索的几何形状可用抛物线表示;

(4)拉索自重在y方向的分量为常量$q_x = mg\cos\theta$;

(5)斜拉索在弦OP方向上的拉力近似取常值T_0,以简化平衡方程的求解。

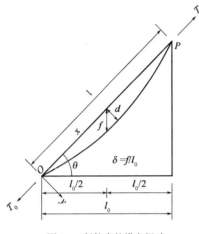

图4-3 斜拉索的横向振动

斜拉索在恒载作用下的静平衡方程为:

$$EI_c v^{(4)} - T_0 v'' - q_x = 0 \quad (4\text{-}56)$$

斜拉索作横向固有振动时,其动力平衡方程为:

$$EI_c(v^{(4)} + \eta^{(4)}) - (T_0 + T_p)(v'' + \eta'') - q_x + m\ddot{\eta} = 0$$

利用式(4-56),并略去高阶微量项$T_p \eta''$,得:

$$EI_c \eta^{(4)} - T_0 \eta'' - T_p v'' + m\ddot{\eta} = 0 \quad (4\text{-}57)$$

式中,EI_c为斜拉索的弯曲刚度;$v(x)$为y方向上的静挠度;$\eta(x,t)$为由振动引起的y方向上的动挠度;T_0为斜拉索在弦OP方向上的拉力;$T_p(t)$为振动而引起的斜拉索拉力增量;m为单位索长的质量。

根据前述假设(2)和(3),自重下斜拉索的几何形状可近似表示为:

$$v = \frac{4d}{l^2} x(l - x) \quad (4\text{-}58)$$

式中,d为斜拉索在xy坐标系下定义的斜向垂度;l为拉索的弦长。

将式(4-58)代入方程(4-57),可得:

$$EI_c \frac{\partial^4 \eta(x,t)}{\partial x^4} - T_0 \frac{\partial^2 \eta(x,t)}{\partial x^2} + m\ddot{\eta}(x,t) = -\frac{8d}{l^2} T_p(t) \quad (4\text{-}59)$$

一般张紧的斜拉索拉力T_0很大,$T_p(t)$的相对影响很小,可以略去不计。因此略去$T_p(t)$的影响项,式(4-59)变为:

$$EI_c\eta^{(4)}(x,t) - T_0\eta''(x,t) + m\ddot{\eta}(x,t) = 0 \tag{4-60}$$

上式与式(4-31)的水平张紧拉索横向振动方程完全相同,说明斜拉索横向振动时,不考虑附加索力影响的固有频率是确定的,与其在空间中所处的方位无关。工程中正是基于这一特点,给出了用振动法估算斜拉索拉力的测力方法。

可以仿照前述水平张紧拉索横向振动分析方法,给出不同边界条件下的张紧拉索的频率方程。

4.2 用振动法估测拉索索力的实用公式

斜拉桥或带吊杆(索)的拱桥、悬索桥等在建造过程中,必须对拉索索力进行测试并调整,以便对主梁结构内力(应力)和桥梁几何形态进行优化。工程中最常用的方法是从测得的固有频率估算拉索索力的振动方法,具有简单、快速等特点。由于拉索的固有频率不仅受拉索索力的影响,而且还受到拉索弯曲刚度、垂跨比和边界约束等多种因素影响,因此估算拉索索力时必须考虑这些因素。

工程中的拉索两端一般采用专用锚具进行锚固,锚固面和拉索中心线处于垂直状态,拉索两端更接近于固结状态。目前,也有采用一端锚固、另一端带耳板等铰接的拉索构造。但更为常见的是两端固结锚固形式。

显然,要从超越方程式(4-35)或方程(4-37)中直接求解出拉索的固有频率与索力的关系并非易事。为了满足工程需要,工程上往往将斜拉索简化成两端铰支的简单结构形式,直接按照式(4-34)解析求得。对于长度或索力很大的情形可以给出精度较好的结果,但对于长度相对较短或张拉初期索力较小时,式(4-34)的计算结果偏差较大。

本节着重介绍估算两端固结形式的斜拉索索力的实用公式。

4.2.1 频率方程的近似解

如图4-3所示的两端固结斜拉索,引入无量纲参数:

$$\xi = l\sqrt{\frac{T_0}{EI_c}} \tag{4-61}$$

式中,l为斜拉索的弦长;EI_c为斜拉索的弯曲刚度;T_0为斜拉索在弦OP方向上的拉力。

1) 柔性拉索

当ξ很大时,即张紧索的索力T_0相对于弯曲刚度EI_c很大,或斜拉索的弦长l很大时,拉索振动特性更接近于张紧弦的振动形式,于是引入下列无量纲参数:

$$\eta_n = \frac{f_n}{f_n^s} \tag{4-62}$$

$$f_n^s = \frac{n}{2l}\sqrt{\frac{T_0}{m}} \tag{4-63}$$

式中,$f_n = \omega_n/2\pi$为拉索的第n阶固有频率计算值;f_n^s为弦的第n阶固有频率理论值。

将上述两式代入式(4-36),得:

$$\alpha l = \frac{\xi}{\sqrt{2}}\sqrt{\sqrt{1+\left(\frac{2n\pi\eta_n}{\xi}\right)^2}+1} \qquad (4\text{-}64)$$

$$\beta l = \frac{\xi}{\sqrt{2}}\sqrt{\sqrt{1+\left(\frac{2n\pi\eta_n}{\xi}\right)^2}-1} \qquad (4\text{-}65)$$

再将式(4-64)、式(4-65)代入式(4-35),即:

$$2(\alpha l)(\beta l)(1-\cos\beta l\cosh\alpha l)+[(\alpha l)^2-(\beta l)^2]\sin\beta l\sinh\alpha l=0 \qquad (4\text{-}66)$$

经无量纲化处理后,得:

$$2n\pi\eta_n(1-\cos\beta l\cosh\alpha l)+\xi\sin\beta l\sinh\alpha l=0 \qquad (4\text{-}67)$$

虽然式(4-67)仍是超越方程,但对于给定的 ξ 值,可用迭代法求得 η_n。利用牛顿-雷夫宋法(Newton-Raphson),推导方程(4-67)的近似解。

对于一阶或二阶振型,超越方程(4-67)的近似解可表示如下:

$$\eta_1 = \frac{\xi}{\xi-2.2} \qquad (\xi\geqslant 17) \qquad (4\text{-}68)$$

$$\eta_1 = 1.075\sqrt{1+\left(\frac{6.8}{\xi}\right)^2} \qquad (6\leqslant\xi\leqslant 17) \qquad (4\text{-}69)$$

$$\eta_2 = \frac{\xi}{\xi-2.2} \qquad (\xi\geqslant 60) \qquad (4\text{-}70)$$

$$\eta_2 = \frac{0.985\xi}{\xi-3.1} \qquad (17\leqslant\xi\leqslant 60) \qquad (4\text{-}71)$$

式中,η_1 为对一阶振型的近似公式;η_2 为对二阶振型的近似公式。

ξ 较大时,式(4-67)的解 η_n 近似等于1,可令 $\eta_n=1+\Delta$,代入式(4-67)并注意到 $2n\pi\eta_n/\xi\ll 1$,$\sinh\beta l\approx\cosh\beta l\gg 1$,可得式(4-68)和式(4-70)。而式(4-71)则是通过调整系数使理论解和近似解之间相差最小得到的。

当 ξ 较小时,η_n 与轴向受拉梁类似。采用轴向受拉梁的静力等效抗弯刚度:

$$EI' = EI_c(1+\xi^2/4\pi^2)$$

并用上述调整系数的方法,就可得到式(4-69)。图 4-4 所示为式(4-67)的精确解与近似解之间的比较,两者非常一致,其误差在 0.4% 范围内。

当 ξ 变小时,式(4-67)的解 η_n 迅速增大,很难获得其精确解。上述的近似公式不适应于很小 ξ 的情况。

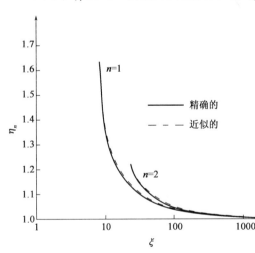

图 4-4 η_n 的精确解和近似解与 ξ 的关系

2) 刚性拉索

当 ξ 很小时,拉索的特性与梁的特性相似,可引入另一无量纲参数:

$$\varphi_n = \frac{f_n}{f_n^B} \tag{4-72}$$

$$f_n^B = \frac{\alpha_n^2}{2\pi l^2}\sqrt{\frac{EI_c}{m}} \tag{4-73}$$

式中，f_n^B 为两端固定梁的第 n 阶固有频率理论值，其中，$\alpha_1 = 4.730, \alpha_2 = 7.853$。当斜拉索索力接近于零($\xi=0$)时，$\varphi_n=1$。把这些公式代入式(4-36)，则：

$$\alpha l = \frac{\xi}{\sqrt{2}}\sqrt{\sqrt{1+\left(\frac{2\alpha_n^2}{\xi^2}\varphi_n\right)^2}+1} \tag{4-74}$$

$$\beta l = \frac{\xi}{\sqrt{2}}\sqrt{\sqrt{1+\left(\frac{2\alpha_n^2}{\xi^2}\varphi_n\right)^2}-1} \tag{4-75}$$

再将上两式代入式(4-67)，得无量纲方程为：

$$2\alpha_n^2\varphi_n(1-\cos\beta l\cosh\alpha l)+\xi^2\sin\beta l\sinh\alpha l=0 \tag{4-76}$$

对给定的 ξ 和 φ_n，可用牛顿-雷夫宋法(Newton-Raphson)迭代求解。其近似解可表示为：

$$\varphi_1 = \sqrt{1+\frac{\xi^2}{42}} \quad (0 \leqslant \xi \leqslant 8) \tag{4-77}$$

$$\varphi_2 = \sqrt{1+\frac{\xi^2}{85}} \quad (0 \leqslant \xi \leqslant 18) \tag{4-78}$$

式中，φ_1 为对一阶振型的近似公式；φ_2 为对二阶振型的近似公式。

通过用轴向受拉梁的静力等效抗弯刚度和调整系数建立的式(4-77)和式(4-78)与精确解误差最小，如图4-5所示。从图可见，对于一阶振型，当 $0 \leqslant \xi \leqslant 8$ 时；对二阶振型，当 $0 \leqslant \xi \leqslant 18$ 时，近似解与精确解吻合很好，其误差均在0.4%范围以内。

3) 超长拉索

当拉索很长时，用人工激励来获得一阶或二阶振型就比较困难，此时必须使用稳态微振。在稳态微振中，高阶振型通常起主要作用，因而实际上要求的是相应于高阶振型的近似解。在这种情况下，ξ 取值很大，通常认为 $\xi \geqslant 200$。因此，可采用与式(4-70)相同但有足够精度的近似解：

$$\eta_n = \frac{\xi}{\xi-2.2} \quad (\xi \geqslant 200) \tag{4-79}$$

4) 大垂度拉索

当拉索的垂度较大时，就必须检验近似解的精

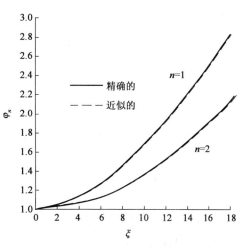

图4-5　φ_n 的精确解和近似解与 ξ 的关系

度及其适应性,特别是对一阶振型,Irvine 和 Caughey(1974)通过考虑由振动引起的拉索索力变化的影响,对垂度较大的拉索,给出如下固有频率的理论计算公式(不计拉索的抗弯刚度):

$$f_n^c = \frac{\lambda}{2\pi}\sqrt{\frac{g}{8f}} \tag{4-80}$$

式中,选用反对称振型时 $\lambda = n\pi(n = 2,4,6,\cdots)$;选用对称振型时,通过求解下面方程获得 λ:

$$\frac{\lambda - \tan\lambda}{\lambda^3} = \frac{mgl}{128EA_c\delta^3\cos^5\theta} = \Gamma_0 \tag{4-81}$$

式中,$\delta = f/l_0$ 为垂跨比。

这些公式表明,对于反对称振型,拉索不发生伸缩,而只是改变形状,且其解与弦的解一致;对于对称振型,大垂度拉索伸缩的影响很显著,因而振动引起的拉索索力的变化不能忽略。对称振型的固有频率与拉索的长度、垂度、重量、拉伸刚度及其倾角相关。

为检验考虑弯曲刚度时拉索的这些特性,用有限元法对计及弯曲刚度影响的情况进行了参数计算,所得结果列于表 4-1 中。

斜拉索固有振动的有限元分析　　表 4-1

$l(m)$	$\theta(°)$	$EI_c(kN)$	$m(\times 10^3 kg/m)$	$EI(kN\cdot m^2)$	$T_0(kN)$	δ	η_1	η_2	φ_1	φ_2
10.0	0	1.58×10^5	0.008	7.223	28.89	0.0034	1.252	1.164	1.113	1.000
10.0	0	1.568×10^5	0.016	11.47	45.85	0.0043	1.252	1.164	1.113	1.000
10.0	0	3.136×10^5	0.016	9.096	36.39	0.0027	1.252	1.115	1.113	1.000
10.0	30	1.568×10^5	0.016	6.557	26.25	0.0043	1.255	1.165	1.116	1.000
10.0	45	1.568×10^5	0.016	5.734	22.93	0.0060	1.253	1.165	1.114	1.000
10.0	60	1.568×10^5	0.016	4.548	18.19	0.0107	1.248	1.165	1.110	1.000
20.0	0	1.568×10^5	0.016	42.50	42.48	0.0043	1.252	1.164	1.113	1.000
30.0	0	1.568×10^5	0.016	125.20	60.09	0.0049	1.252	1.164	1.113	1.000

注:$\xi = 20.0, \Gamma' = 1.00, \Gamma = 1.175$。

在表 4-1 中,$\Gamma' = \sqrt{\Gamma_0}$ 及 ξ 均为常数,即 $\Gamma' = 1.0, \xi = 20.0$,而拉索的长度、垂跨比及其倾角则是变化的。$\eta_n$ 和 φ_n 的意义同前,计算结果表明,其解具有下述特性:

(1) 只要 Γ' 和 ξ 为常数,则 η_n 和 φ_n 的值也几乎为常数,与拉索的长度、垂跨比及其倾角几乎无关;

(2) 反对称振型的所有 φ_n 恒为 1,这表明对反对称振型而言,拉索的垂跨比和倾角的影响可忽略不计。

因此,反对称振型的近似解 η_2 和 φ_2 对任一垂度和倾角的拉索都是适应的。

关于对称振型的解,η_1 和 φ_1 的适应范围可由参数 Γ' 和 ξ 来确定。

引入

$$\Gamma = \frac{0.31\xi + 0.5}{0.31\xi - 0.5}\Gamma' = \frac{0.31\xi + 0.5}{0.31\xi - 0.5}\sqrt{\Gamma_0} = \frac{0.31\xi + 0.5}{0.31\xi - 0.5}\sqrt{\frac{mgl}{128EA_c\delta^3\cos^5\theta}} \quad (4-82)$$

则由上式可把 Irvine 式转换成：

$$\frac{\dfrac{\pi\varphi_1}{2} - \tan\left(\dfrac{\pi\varphi_1}{2}\right)}{\left(\dfrac{\pi\varphi_1}{2}\right)^3} = \Gamma^2 = \left(\sqrt{\frac{mgl}{128EA_c\delta^3\cos^5\theta}}\frac{0.31\xi + 0.5}{0.31\xi - 0.5}\right)^2 \quad (4-83)$$

图 4-6 示出了 φ_1 和 Γ 之间的关系。其中，实线代表式(4-83)的解。由图可见，对不同的 ξ，它与计算结果吻合很好。这表明，对不同的 ξ 和 Γ 值，拉索索力与固有频率之间的关系可由式(4-83)准确地反映出来。

注意到式(4-83)是非线性的，而且拉索的两个索力值将给出相同的一阶(对称振型)固有频率(图 4-7)。因此，在 $\Gamma < 3$ 区域中，拉索垂度和拉索索力变化的影响较大，拉索索力对一阶固有频率特别敏感。这意味着固有频率微小的测量误差都会导致拉索索力的较大偏差。

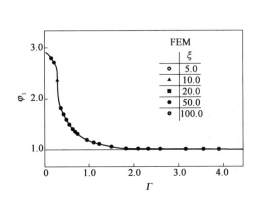

图 4-6 φ_1 与 Γ 的关系

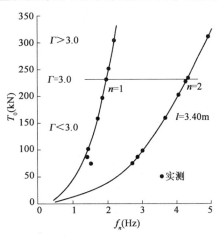

图 4-7 T_0 与 f_n 的关系(中等 ξ)

对于二阶振型(一阶反对称振型)，即使在 $\Gamma < 3$ 时，拉索垂度和由振动引起的拉索拉力改变对拉索拉力的影响也是很小的，可略去不计，也就是说，拉索索力对二阶固有振动频率的变化不那么敏感(图 4-7)。当拉索垂度的影响较大即 Γ 值较小时，用二阶振型估算拉索索力就较为理想。

实用时对一阶振型的公式还必须限定其适用范围，这里设定为 $\Gamma \geq 3$。因为在此范围内，拉索垂度和倾角的影响即使对一阶振型也是小到可以忽略不计，而且用人工对拉索以一阶振型激励比以二阶振型激励更容易些。

辛克等人做的实验值及有限元法计算值与本节近似方法计算结果比较，如图 4-7～图 4-9 所示。

从以上三个图示的结果可见，用二阶振型或更高阶振型估算拉索索力更有效、更准确。因此，振动法估测斜拉索索力尽可能采用二阶固有振动频率来计算。

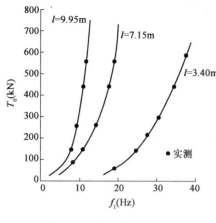
图 4-8 T_0 与 f_1 的关系(小 ξ)

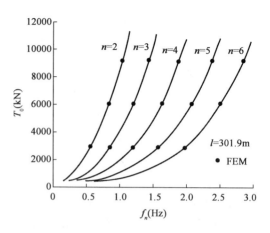
图 4-9 超长索 T_0 与 f_n 的关系(大 ξ)

4.2.2 斜拉索索力的实用估算公式

首先采用拉索特性和设计条件计算参数 ξ 和 Γ。当 $\Gamma > 3$ 时,用一阶振型的公式;当 $\Gamma < 3$ 时,用二阶振型的公式。若拉索很长,如大跨径斜拉桥上边的长拉索,用人工激励使其产生低阶振型比较困难,即使能用人工激励产生,也因振动周期长,测定其固有频率要花费很多时间。因此,对于这种拉索,用高频稳态微振模态较为理想。

考虑到上述条件,由式(4-68)~式(4-71)和式(4-77)~式(4-79)可推导出下列用于估算斜拉索索力的实用计算公式。

(1) 用一阶振型的固有频率时(垂度比较小的拉索, $\Gamma \geqslant 3$):

$$T_0 = 4m\,(f_1 l)^2 \left[1 - 2.20\frac{c}{f_1} - 0.550\left(\frac{c}{f_1}\right)^2\right] \quad (\xi \geqslant 17) \tag{4-84}$$

$$T_0 = 4m\,(f_1 l)^2 \left[0.865 - 11.6\left(\frac{c}{f_1}\right)^2\right] \quad (6 \leqslant \xi < 17) \tag{4-85}$$

$$T_0 = 4m\,(f_1 l)^2 \left[0.828 - 10.5\left(\frac{c}{f_1}\right)^2\right] \quad (0 \leqslant \xi < 6) \tag{4-86}$$

(2) 用二阶振型的固有频率时(垂度比较小的拉索, $\Gamma < 3$):

$$T_0 = m\,(f_2 l)^2 \left[1 - 4.40\frac{c}{f_2} - 1.10\left(\frac{c}{f_2}\right)^2\right] \quad (\xi \geqslant 60) \tag{4-87}$$

$$T_0 = m\,(f_2 l)^2 \left[1.03 - 6.33\frac{c}{f_2} - 1.58\left(\frac{c}{f_2}\right)^2\right] \quad (17 \leqslant \xi < 60) \tag{4-88}$$

$$T_0 = m\,(f_2 l)^2 \left[0.882 - 85.0\left(\frac{c}{f_2}\right)^2\right] \quad (0 \leqslant \xi < 17) \tag{4-89}$$

(3) 用高阶振型的固有频率时(很长的拉索, $n \geqslant 2$):

$$T_0 = \frac{4m}{n^2}(f_n l)^2 \left(1 - 2.20\frac{nc}{f_n}\right) \quad (\xi \geqslant 200) \tag{4-90}$$

式中, f_1、f_2、f_n 分别为斜拉索测量获得的一阶、二阶和 n 阶振型的固有频率(Hz);

其中，

$$\xi = \sqrt{\frac{T_0}{EI_c}} l$$

$$c = \sqrt{\frac{EI_c}{ml^4}} = \frac{1}{l^2}\sqrt{\frac{EI_c}{m}}$$

$$\Gamma = \frac{0.31\xi + 0.5}{0.31\xi - 0.5}\sqrt{\frac{mgl}{128EA_c\delta^3\cos^5\theta}}$$

式中，EA_c 为拉索的拉伸刚度；$\delta = f/l_o$ 为斜拉索竖向垂度与拉索长度水平投影之比；l 为斜拉索的弦长；θ 为斜拉索的倾角。

根据测量获得的拉索一阶、二阶和 n 阶振型的固有频率计算拉索索力，可以采用迭代法。根据设计或以往积累的资料假设拉索初索力 T_0，计算 ξ 和 Γ，选择应用合适的公式估算拉索索力 $T_{0(1)}$，再以此拉索索力估算值计算 $\xi_{(1)}$ 和 $\Gamma_{(1)}$，判断相对偏差 $\frac{|T_{0(1)} - T_0|}{T_0} \times 100\% \leqslant \varepsilon$ 是否符合要求，决定是否进行新一轮迭代计算。

虽然原则上可推导出 $\xi \leqslant 200$ 时的高阶振型的实用公式，但是，当拉索很长而几乎不可能用人工激励得其低阶振型时，ξ 很少低于 200。此外 $\xi \leqslant 200$ 时，推导高阶振型的实用公式将变得很复杂，原因是不可避免要根据 ξ 和 n（振型阶数）的值划分公式的适用范围。$\xi \geqslant 200$ 时，则对任何 ξ 和 n 值，都可用式(4-90)来计算。

以上分析表明，由实用计算公式得出的结果与用拉索振动理论公式求得的结果非常一致，其误差在 0.4% 的范围内。

4.2.3 基于斜拉索动力长度的索力计算

用振动法测估斜拉索索力的主要问题在于对斜拉索有效计算长度的合理取值，工程上往往是凭经验估计索长，对测估索力有较大偏差。根据斜拉索的锚固支承条件，这里引用动力计算长度概念，将复杂的两端固结支承的拉索振动模型等效成两端铰接支承的拉索振动模型，从而方便估算索力。斜拉索第二阶振型为反对称形式，前几节已经证明，此时索力增量为0，因此本节将以第二阶振型为主，导出索力估算公式。

如图 4-10 所示为斜拉索空间布置示意图，θ 为斜拉索的倾角，l 为斜拉索的弦长，T_0 为斜拉索在弦 OP 方向上的拉力。

1) 基于第二阶固有频率的斜拉索索力估算方法

(1) 对于两端铰接斜拉索，可由式(4-34)得斜拉索索力估算公式为：

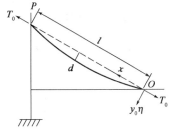

图 4-10 斜拉索的振动模型

$$T_0 = \frac{m\omega_2^2 l^2}{(2\pi)^2} - EI_c\left(\frac{2\pi}{l}\right)^2 = \frac{4mf_2^2 l^2}{2^2} - EI_c\left(\frac{2\pi}{l}\right)^2 = m(f_2 l)^2\left[1 - 4\pi^2\left(\frac{c}{f_2}\right)^2\right] \quad (4-91)$$

(2) 对于垂度比较小的拉索两端固结斜拉索，可由式(4-87)~式(4-89)求斜拉索索力。

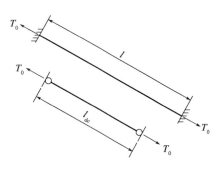

图 4-11 斜拉索的动力等效模型

2）基于动力等效长度的斜拉索索力估算方法

如图 4-11 所示，将两端固结的斜拉索振动模型动力等效成两端铰接的斜拉索振动模型。

基本假定：

（1）假设等效前后斜拉索的索力 T_0 与斜拉索的物理参数保持不变；

（2）等效前后斜拉索的第二阶固有频率相同。

用斜拉索的第二阶动力计算长度 l_e 描述动力等效振动模型的索力为：

$$T_0 = m(f_2 l_e)^2 \left[1 - 4\pi^2 \left(\frac{c}{f_2}\right)^2 \left(\frac{l}{l_e}\right)^4\right] \tag{4-92}$$

由基本假设，分别按 ξ 区间联立式(4-87)~式(4-89)，得关于 $\left(\dfrac{l}{l_e}\right)^2$ 的二次方程，求解得

$$\frac{l}{l_e} = \sqrt{\frac{-B + \sqrt{B^2 + 4A}}{2A}}$$

由此可解得等效铰接斜拉索的第二阶动力计算长度为：

$$l_e = \sqrt{\frac{2A}{-B + \sqrt{B^2 + 4A}}}\, l \tag{4-93}$$

式中，

$$A = 4\pi^2 \left(\frac{c}{f_2}\right)^2 \tag{4-94}$$

$$B = \begin{cases} 1 - 4.40\dfrac{c}{f_2} - 1.10\left(\dfrac{c}{f_2}\right)^2 & (\xi \geqslant 60) \\ 1.03 - 6.33\dfrac{c}{f_2} - 1.58\left(\dfrac{c}{f_2}\right)^2 & (17 \leqslant \xi < 60) \\ 0.882 - 85.0\left(\dfrac{c}{f_2}\right)^2 & (0 \leqslant \xi < 17) \end{cases} \tag{4-95}$$

由此可知，斜拉索的动力计算长度与其第二阶固有频率有关。

为了便于工程应用，这里给出斜拉索的第二阶动力计算长度 l_e 的实用计算公式。

根据式(4-70)、式(4-71)和式(4-78)，可分别写出 $\dfrac{c}{f_2}$ 与 ξ 之间的关系：

$$\frac{c}{f_2} = \begin{cases} \dfrac{\xi - 2.2}{\xi^2} & (\xi \geqslant 60) \\ \dfrac{\xi - 3.1}{0.985\xi^2} & (17 \leqslant \xi < 60) \\ \dfrac{2\pi}{7.853^2}\dfrac{1}{\sqrt{1 + \dfrac{\xi^2}{85}}} & (0 \leqslant \xi < 17) \end{cases} \tag{4-96}$$

由上述关系式,可得 $\frac{c}{f_2}$ 的变化范围为:

当 $\xi \geq 60$ 时,$0 < \frac{c}{f_2} < 0.0161$;

当 $17 \leq \xi < 60$ 时,$0.0160 \leq \frac{c}{f_2} < 0.0488$;

当 $0 \leq \xi < 17$ 时,$0.0486 \leq \frac{c}{f_2} < 0.1019$。

由此可见,参数 ξ 在不同范围内,相应的 $\frac{c}{f_2}$ 除在 $\xi = 17$ 和 $\xi = 60$ 两交点处有很小范围的重叠区外,其余是一一对应关系。如忽略这两点处的小范围重叠区,$\frac{c}{f_2}$ 在 $0 \sim 0.1019$ 范围内按式(4-98)求数值解,并用曲线回归分析,得到斜拉索的 2 阶动力计算长度实用计算公式

$$l_e = \frac{z}{4.8267 \times 10^{-5} + 0.9851z + 2.6167z^2} l \qquad (4\text{-}97)$$

式中,$z = \frac{c}{f_2}$。

将式(4-97)代入式(4-92)即可通过斜拉索 2 阶动力长度求得斜拉索的索力。

[**例 4.2.1**] 为了分析斜拉索索力 2 阶动力计算长度方法的估算精度,分别按式(4-91)和式(4-92)两种方法计算 5 种斜拉索的索力值并与实际张拉力对比分析,结果一并列于表 4-2 中。

5 种斜拉索索力估算及比较 表 4-2

序号	索长 l(m)	索每延长米质量 m (kg/m)	抗弯刚度 EI_c (kN·m²)	有限元计算 2 阶频率 f_2(Hz)	索实际张拉力 T_s(kN)	$z = \frac{c}{f_2}$ ($\times 10^{-2}$)	式(4-92)等效模型			式(4-91)	
							l_e(m)	T_0(kN)	$\frac{T_0 - T_s}{T_s}$ (%)	T_0'(kN)	$\frac{T_0' - T_s}{T_s}$ (%)
1	10.00	16.02	4.548	3.922	18.190	4.296	9.00	18.238	0.26	22.850	25.62
2	10.00	16.02	11.470	6.277	45.850	4.297	9.10	45.975	0.27	57.590	25.61
3	20.00	16.02	42.500	2.997	42.480	4.297	18.20	42.596	0.27	53.362	25.62
4	30.00	16.02	125.200	2.376	60.090	4.134	27.41	61.386	2.17	75.923	26.35
5	117.77	63.57	1136.000	2.007	3475.800	0.4802	116.87	3494.178	0.53	3548.303	2.1

由表 4-2 可见,无量纲参数 $z = \frac{c}{f_2} \in (0, 0.1019]$ 内取较大值时,式(4-91)中拉索的计算长度取值对索力的正确估算影响极大,与实际张拉力误差均在 25% 以上,因此这类拉索不能采用式(4-91)计算。当 $z = \frac{c}{f_2}$ 趋于很小时,$l_e \approx l$,式(4-91)可以继续使用。

采用动力计算长度方法,在计算索力之前,应先测量斜拉索的第二阶固有频率 f_2,再由式(4-97)求其动力计算长度 l_e 后,直接代入式(4-92)计算索力,不必预先假定索力 T_0 值来反复迭代,应用很方便。

4.2.4 刚性短索索力近似计算

对于斜拉索索力不大或索长较短的拉索振动,因为 EI_c 的影响比较突出,必须计入其对振动特性的影响,即可视为刚性拉索。由于两端固结刚性拉索的固有频率特征方程为超越方程,无法给出其索力 T_0 与固有频率 f_n 的显式关系。

本小节引用压杆屈曲函数来构造刚性拉索的振型函数,从而由里兹(Ritz)法导出拉索索力 T_0 与固有频率 f_n 之间的近似关系式,从而导出刚性拉索索力的近似估算公式。

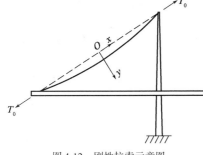

图 4-12 刚性拉索示意图

1) 刚性拉索横向固有振动的里兹(Ritz)法

建立坐标系,如图 4-12 所示。对无阻尼自由振动,均匀等截面刚性拉索的横向弹性位移由下式给出:

$$w(x,t) = \varphi(x)\sin(\omega t + \theta) \tag{4-98}$$

式中,$\varphi(x)$ 为满足刚性拉索的位移边界条件的近似振型函数。

刚性拉索的动能:

$$T = \frac{1}{2}\int_{-\frac{l}{2}}^{\frac{l}{2}} m\dot{w}^2 dx$$

$$= \frac{1}{2}\cos^2(\omega t + \theta)\omega^2 m \int_{-\frac{l}{2}}^{\frac{l}{2}} \varphi^2(x) dx \tag{4-99}$$

由式(1-7a)可知,由于 T_0 与 $d\Delta$ 的方向相反,轴向拉力 T_0 在刚性拉索上所做的功为:

$$W_{T_0} = -\int_{-\frac{l}{2}}^{\frac{l}{2}} T_0 d\Delta = -\frac{1}{2}\int_{-\frac{l}{2}}^{\frac{l}{2}} T_0 \left(\frac{dw}{dx}\right)^2 dx \tag{4-100}$$

相应的索力位能即为 $V_{T_0} = -W_{T_0} = \frac{1}{2}\int_{-\frac{l}{2}}^{\frac{l}{2}} T_0 \left(\frac{dw}{dx}\right)^2 dx$,于是得:

刚性拉索的位能:

$$V = \frac{1}{2}\int_{-\frac{l}{2}}^{\frac{l}{2}} EI_c \left(\frac{\partial^2 w}{\partial x^2}\right)^2 dx + \frac{1}{2}\int_{-\frac{l}{2}}^{\frac{l}{2}} T_0 \left(\frac{\partial w}{\partial x}\right)^2 dx$$

$$= \frac{1}{2}\sin^2(\omega t + \theta)\left\{EI_c \int_{-\frac{l}{2}}^{\frac{l}{2}} \left[\frac{d^2\varphi(x)}{dx^2}\right]^2 dx + T_0 \int_{-\frac{l}{2}}^{\frac{l}{2}} \left(\frac{d\varphi}{dx}\right)^2 dx\right\}$$

因为 $T + V = 常数 = T_{\max} = V_{\max}$,所以有:

$$\frac{1}{2}\omega^2 \left[m\int_{-\frac{l}{2}}^{\frac{l}{2}} \varphi^2(x) dx\right] = \frac{1}{2}\left\{EI_c \int_{-\frac{l}{2}}^{\frac{l}{2}} \left[\frac{d^2\varphi(x)}{dx^2}\right]^2 dx + T_0 \int_{-\frac{l}{2}}^{\frac{l}{2}} \left(\frac{d\varphi}{dx}\right)^2 dx\right\}$$

即刚性拉索振动的固有频率为:

$$\omega^2 = \frac{K_{eq}}{M_{eq}} = \frac{EI_c \int_{-\frac{l}{2}}^{\frac{l}{2}} \left[\frac{d^2\varphi(x)}{dx^2}\right]^2 dx + T_0 \int_{-\frac{l}{2}}^{\frac{l}{2}} \left(\frac{d\varphi}{dx}\right)^2 dx}{m\int_{-\frac{l}{2}}^{\frac{l}{2}} \varphi^2(x) dx} \tag{4-101}$$

式中,K_{eq}、M_{eq}分别为刚性拉索的等效刚度和等效质量,即:

$$K_{eq} = EI_c \int_{-\frac{l}{2}}^{\frac{l}{2}} \left[\frac{d^2\varphi(x)}{dx^2}\right]^2 dx + T_0 \int_{-\frac{l}{2}}^{\frac{l}{2}} \left(\frac{d\varphi}{dx}\right)^2 dx \quad (4-102)$$

$$M_{eq} = m \int_{-\frac{l}{2}}^{\frac{l}{2}} \varphi^2(x) dx \quad (4-103)$$

把刚性拉索的横向振型函数$\varphi(x)$假设为一个级数:

$$\varphi(x) = \sum_{n=1}^{N} C_n \varphi_n(x) \quad (4-104)$$

式中,C_n是任意的待定系数;$\varphi_n(x)(n=1,2,3,\cdots,N)$为假设的$N$个满足几何边界条件的任意振型试函数,同时,各$\varphi_n$之间还必须是线性无关的。

为了尽可能减少附加约束的影响,按照式(1-100)参数C_n的选择应使按式(4-101)所确定的频率为极小值,于是数学上就形成了一个极值条件:

$$\frac{\partial(\omega)^2}{\partial C_n} = 0 \quad (n = 1, 2, 3, \cdots, N) \quad (4-105)$$

考虑到式(4-101),则上式变成:

$$\sum_{k=1}^{N} k_{nk} C_k - \omega^2 \sum_{k=1}^{N} m_{nk} C_k = 0 \quad (n = 1, 2, 3, \cdots, N) \quad (4-106)$$

式中:

$$k_{kn} = k_{nk} = EI_c \int_{-\frac{l}{2}}^{\frac{l}{2}} \varphi''_k(x) \varphi''_n(x) dx + T_0 \int_{-\frac{l}{2}}^{\frac{l}{2}} \varphi'_k(x) \varphi'_n(x) dx \quad (4-107)$$

$$m_{kn} = m_{nk} = m \int_{-\frac{l}{2}}^{\frac{l}{2}} \varphi_n(x) \varphi_k(x) dx \quad (4-108)$$

或写成矩阵形式为:

$$(\boldsymbol{K} - \omega^2 \boldsymbol{M}) \boldsymbol{C} = 0 \quad (4-109)$$

式中,$\boldsymbol{C} = [C_1 \quad C_2 \quad C_3 \cdots C_n]^T$为待定系数列向量;$\boldsymbol{K}$为等效刚度矩阵;$\boldsymbol{M}$为等效质量矩阵。上式实际上就是关于列向量$\boldsymbol{C}$的齐次线性方程组,相应的系数行列式必为零,从而可得频率方程。

2)固端刚性拉索固有频率的近似解

在图4-12所示的坐标系下,取两固端压杆屈曲函数为一阶振型的近似函数,即:

$$\varphi_1(x) = 1 + \cos\frac{2\pi x}{l} \quad (4-110)$$

利用一端固结另一端铰支的压杆屈曲函数,由反对称性构造出二阶振型的近似函数,即:

$$\varphi_2(x) = \begin{cases} \dfrac{\sin k\left(x + \dfrac{l}{2}\right)}{\dfrac{kl}{2}} - \cos k\left(x + \dfrac{l}{2}\right) - \dfrac{2x}{l} & \left(-\dfrac{l}{2} \leq x \leq 0\right) \\ \\ -\dfrac{\sin k\left(\dfrac{l}{2} - x\right)}{\dfrac{kl}{2}} + \cos k\left(\dfrac{l}{2} - x\right) - \dfrac{2x}{l} & \left(0 < x \leq \dfrac{l}{2}\right) \end{cases} \quad (4-111)$$

式中,$\dfrac{kl}{2} = 4.4934$,近似振型如图 4-13 所示。

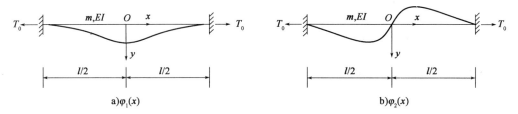

图 4-13 近似振型

将上述近似振型函数式(4-110)及式(4-111)代入式(4-107)和式(4-108)分别积分,得:

$$\left.\begin{aligned}
k_{11} &= \frac{8\pi^4 EI_c}{l^3} + \frac{2\pi^2}{l} T_0 \\
k_{12} &= k_{21} = 0 \\
k_{22} &= \frac{EI_c}{l^3}\left\{ 8\left(\frac{kl}{2}\right)^4 + 2kl\left[\left(\frac{kl}{2}\right)^2 - 1\right]\sin kl + 8\left(\frac{kl}{2}\right)^2 \cos kl\right\} + \\
&\quad \frac{T_0}{l}\left\{ 2\left(\frac{kl}{2}\right)^2 + \frac{kl}{2}\left[\frac{1}{(kl/2)^2} - 1\right]\sin kl - 2\cos kl - \frac{8}{kl/2}\sin\frac{kl}{2} + 8\cos\frac{kl}{2}\right\}
\end{aligned}\right\} \quad (4\text{-}112)$$

$$\left.\begin{aligned}
m_{11} &= \frac{3}{2}lm \\
m_{12} &= m_{21} = 0 \\
m_{22} &= ml\left\{ \frac{5}{6} + \frac{1}{4}\frac{1}{kl/2}\left[1 - \frac{1}{(kl/2)^2}\right]\sin kl + \frac{1}{2}\frac{1}{(kl/2)^2}\cos kl + \right. \\
&\quad \left. \frac{2}{(kl/2)^2}\cos\frac{kl}{2} - \frac{2}{(kl/2)^3}\sin\frac{kl}{2}\right\} \approx \frac{5}{6}ml
\end{aligned}\right\} \quad (4\text{-}113)$$

将 $\dfrac{kl}{2} = 4.4934$ 代入上述各式,并代入式(4-109),得到频率方程的解分别为:

$$\left.\begin{aligned}
\omega_1^2 &= \frac{16\pi^4}{3l^4}\frac{EI_c}{m} + \frac{4\pi^2}{3l^2}\frac{T_0}{m} \\
\omega_2^2 &= \frac{3913.5904}{l^4}\frac{EI_c}{m} + \frac{48.4578}{l^2}\frac{T_0}{m}
\end{aligned}\right\} \quad (4\text{-}114)$$

显然,上式中固有频率 ω_1^2 和 ω_2^2 与刚性拉索索力 T_0 呈显式关系,可方便地写出刚性拉索索力与其实测频率值之间的关系式,分别为:

当采用一阶固有频率实测值时,有

$$T_0 = 3m(lf_1)^2 - \frac{4\pi^2 EI_c}{l^2} \tag{4-115}$$

当采用二阶固有频率实测值时,有

$$T_0 = 0.8147m(lf_2)^2 - 80.7629\frac{EI_c}{l^2} \tag{4-116}$$

实践表明,刚性拉索的垂度、倾角和拉索索力增量对二阶振型影响极小,即使索力较小时也近似如此。因此,式(4-116)是近似估测索力的较好方法。

[**例 4.2.2**] 为了分析里兹(Ritz)法的精度,分别按里兹(Ritz)法的式(4-114)和两端铰接法的式(4-33)计算了 5 种拉索的一阶和二阶固有振动频率,并与表 4-1 的有限元解做了比较分析,结果一并列于表 4-3 中。

由表 4-3 可见,式(4-114)计算的二阶固有频率数值误差,对于刚性拉索 $\left(\xi = \sqrt{\frac{T_0}{EI_c}}l \approx 20\right)$ 不超过 5%(见序号 1~4),同时,刚性拉索的倾角并不影响计算公式的精度;但对于柔性拉索 $\left(\xi = \sqrt{\frac{T_0}{EI_c}}l = 206\right)$,则出现较大的误差,这是因为此时实际拉索的 EI_c 影响极弱,如仍引用压杆屈曲函数做近似振型,对拉索过于刚化;对于柔性拉索,按式(4-33)方法计算固有频率是合适的。式(4-114)对于一阶固有频率计算的数值误差表明,刚性拉索计算精度较高,在 4% 以下;但对于柔性拉索则出现较大的误差,达到 14%。式(4-33)对于刚性拉索计算精度很差,达 20%;对于柔性拉索精度很高。

由以上分析可见,本节的里兹(Ritz)法更适用于刚性拉索,式(4-33)更适用于柔性拉索。

刚性拉索与两端固定并受有轴向拉力梁的动力学特性相似,即拉索呈现刚性的特征,而且 ξ 越小,其特征越显著。因此,当 $\xi = \sqrt{\frac{T_0}{EI_c}}l \leq 20$ 时,式(4-115)及式(4-116)适应于刚性短斜拉索和吊杆(索)的索力估算。

4.2.5 几种常用的斜拉索索力计算方法一览

综上所述,传统的斜拉索索力计算主要有弦振动理论以及梁振动理论等,由于计算过程简单,在实际工程中可用于估算实际索力。但弦振动理论没有考虑拉索刚度,梁振动理论没有考虑拉索垂度的影响,故计算结果有一定的误差。基于不同的假定和分析,学者们提出了多种考虑拉索刚度和垂度的修正方法,通常与刚度和垂度相关的无量纲参数体现在计算公式中,常见的斜拉索索力主要计算方法列于表 4-4,供读者参考。

5 种拉索前二阶固有频率计算比较

表 4-3

序号	索长 (m)	倾角 θ (°)	索每延米质量 m (kg·m^{-1})	抗弯刚度 EI_c (kN·m^2)	索实际拉力 T_0 (kN)	一阶频率有限元解 f_{01} (Hz)	无量纲参数 ξ	式(4-114) f_1^R (Hz)	式(4-114) $\dfrac{f_1^R - f_{01}}{f_{01}}$ (%)	式(4-33) f_1^j (Hz)	式(4-33) $\dfrac{f_1^j - f_{01}}{f_{01}}$ (%)	二阶频率有限元解 f_{02} (Hz)	式(4-114) f_2^R (Hz)	式(4-114) $\dfrac{f_2^R - f_{02}}{f_{02}}$ (%)	式(4-33) f_2^j (Hz)	式(4-33) $\dfrac{f_2^j - f_{02}}{f_{02}}$ (%)
1	10.00	60	16.02	4.548	18.190	2.103	20.0	2.039	3.04	1.705	18.90	3.922	4.093	4.36	3.532	9.94
2	10.00	0	16.02	11.470	45.850	3.249	20.0	3.238	3.32	2.708	19.15	6.227	6.498	4.35	5.608	9.94
3	20.00	0	16.02	42.500	42.480	1.612	20.0	1.558	3.33	1.303	19.16	2.997	3.127	4.34	2.689	9.05
4	30.00	0	16.02	125.200	60.090	1.278	20.8	1.310	3.65	1.032	19.22	2.736	2.464	3.70	2.133	10.24
5	117.77	38	63.57	1136.000	3475.800	1.003	206.0	1.147	14.00	0.993	1.00	2.007	2.202	9.72	1.986	1.05

常见的几种主要索力计算方法　　　　　　　　　表 4-4

编号	计算公式	备注
公式 1	$T = 4ml^2 f_1^2$	弦理论
公式 2	$T = 4ml^2 f_1^2 - \pi^2 EI_c / l^2$	梁理论
公式 3	(a) $T = \begin{cases} 4ml^2 f_1^2 & (\lambda^2 < 0.17, \lambda^2 > 4\pi^2) \\ \sqrt[3]{ml^2(4f_1^2 T^2 - 7.569 mEA_c)} & (0.17 \leq \lambda^2 \leq 4\pi^2) \end{cases}$	考虑垂度
	(b) $T = \begin{cases} 3.432 ml^2 f_1^2 - 45.191 EI_c / l^2 & (0 < \xi < 18) \\ m(2lf_1 - 2.363\sqrt{EI_c/m}/l)^2 & (18 \leq \xi \leq 210) \\ 4ml^2 f_1^2 & (210 < \xi) \end{cases}$	考虑抗弯刚度
公式 4	$T = \begin{cases} 0.98 ml^2 f_2^2 - 75.23 EI_c / l^2 & (0 < \xi < 80) \\ 0.96 ml^2 f_2^2 - 111 EI_c / l^2 & (80 \leq \xi \leq 200) \\ 4m^2 f_2^2 & (200 < \xi) \end{cases}$	偶数阶频率，忽略垂度的影响
公式 5	$T = \begin{cases} 4ml^2 f_1^2 [0.828 - 10.05(c/f_1)^2] & (0 \leq \xi < 6) \\ 4ml^2 f_1^2 [0.865 - 11.6(c/f_1)^2] & (6 \leq \xi \leq 17) \\ 4ml^2 f_1^2 [1 - 2.2 c/f_1 - 0.55(c/f_1)^2] & (\xi > 17) \end{cases}$	边界固支，考虑抗弯刚度及较小垂度
公式 6	$T = ml_{eq}^2 f_2^2 - 4\pi^2 EI_c / l_{eq}^2 = ml_{eq}^2 f_2^2 [1 - 4\pi^2(c/f_2)^2(l/l_{eq})^2]$ $l_{eq} = l \times (c/f_2)/[4.8267 \times 10^{-5} + 0.9851(c/f_2) + 26167(c/f_2)^2]$	考虑抗弯刚度的第 2 阶振动
公式 7	$T = 0.8147 ml^2 f_2^2 - 80.7629 EI_c / l^2$	刚性短拉索

注：1. T 为斜拉索索力；m 为索的线密度；l 为拉索的长度。
　　2. f_1 为拉索的第一阶频率，即基频；f_2 为拉索的第二阶频率。
　　3. EI_c 为拉索的抗弯刚度；EA_c 为拉索的轴向刚度；c 为系数，$c = \sqrt{EI_c/(ml^4)}$。
　　4. ξ 为反映抗弯刚度的无量纲量，$\xi = \sqrt{\dfrac{T}{EI_c}} l$；$\lambda$ 为反映垂度的无量纲量，$\lambda^2 = \left[\dfrac{mgl}{T}\right]^2 \dfrac{EA_c l}{TL_V}$。其中，对于抛物线形的斜拉索，有

$$L_V \int \frac{dx}{\cos^2 \varphi} = \int_0^l [1 + (y')^2]^{\frac{3}{2}} dx = l\left[1 + 8\left(\frac{f}{l}\right)^2 + 19.2\left(\frac{f}{l}\right)^4\right]$$

4.3 斜拉索的自激共振

在工程实际中，对已建和在建的斜拉桥的观测表明，在无风或风速很小的情况下，个别拉索有时会发生十分剧烈的横向振动，工程案例表明这种振动非常有害，可能会造成拉索根部的疲劳破坏，甚至会出现断索现象。研究表明，由于主梁振动而激发的斜拉索横向振动的频率接近于主梁某一阶自振频率的一半时，斜拉索将可能发生自激共振现象。斜拉桥

的拉索和主梁之间的这种耦合振动特性,显然是线性振动理论无法解释的,它涉及非线性振动理论。

本节首先从两自由度非线性简化分析模型入手,研究斜拉索与主梁之间的自激共振机理,然后介绍斜拉索自激共振的分析方法。

4.3.1 两自由度自激共振模型

将斜拉桥的拉索与主梁耦合振动问题简化为一个两自由度的非线性振动体系,如图4-14所示。

设斜拉索质量聚集为一集中质量 M_1,在初始索力 T_0 作用下,其长度为 $2l$,拉索的抗拉刚度为 EA_c,不计弯刚度 EI_c 的影响。主梁简化为另一较大的集中质量 M_2,并限制 M_2 只可以发生竖向振动,并不计主梁的抗弯作用。空气的阻尼假设为黏性阻尼 c。

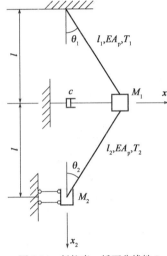

图4-14 斜拉索—桥面非线性2自由度振动模型

尽管这一模型显得十分粗糙,但是它有助于揭示斜拉索与主梁耦合振动的一些特性。

1) 非线性振动方程

设 x_1 和 x_2 均取 M_1 和 M_2 的静平衡位置为坐标原点,由达朗伯原理,可写出该体系的固有振动方程为:

$$\left.\begin{array}{l} T_1\sin\theta_1 + T_2\sin\theta_2 + M_1\ddot{x}_1 + c\dot{x}_1 = 0 \\ T_2\cos\theta_2 + M_2\ddot{x}_2 - M_2 g = 0 \end{array}\right\} \quad (4\text{-}117)$$

由几何关系,显然有:

$$\left.\begin{array}{l} l^2 + x_1^2 = (l + \Delta l_1)^2 \\ (l + x_2)^2 + x_1^2 = (l + \Delta l_2)^2 \end{array}\right\} \quad (4\text{-}118)$$

整理上式,并略去高阶微量 $(\Delta l_1)^2$ 和 $(\Delta l_2)^2$ 项,得两段拉索分别伸长:

$$\left.\begin{array}{l} \Delta l_1 = \dfrac{x_1^2}{2l} \\ \Delta l_2 = x_2 + \dfrac{x_1^2 + x_2^2}{2l} \end{array}\right\} \quad (4\text{-}119)$$

令 $l_1 = l + \Delta l_1$,$l_2 = l + \Delta l_2$。考虑到振动是小位移的,有:

$$\sin\theta_1 = \frac{x_1}{l_1} \approx \frac{x_1}{l}$$

$$\cos\theta_1 \approx 1$$

$$\sin\theta_2 = \frac{x_1}{l_2} \approx \frac{x_1}{l}$$

$$\cos\theta_2 \approx 1$$

振动后,索力也发生了变化,分别为:

$$\left.\begin{aligned}T_1 &= T_0 + \Delta T_1 = T_0 + \frac{EA_c \Delta l_1}{l} \\ T_2 &= T_0 + \Delta T_2 = T_0 + \frac{EA_c \Delta l_2}{l}\end{aligned}\right\} \quad (4\text{-}120)$$

将以上各式分别代入方程(4-117)，整理得拉索两自由度非线性固有振动方程为：

$$\left.\begin{aligned}&M_1 \ddot{x}_1 + c\dot{x}_1 + 2T_0 \frac{x_1}{l} + \frac{EA_c x_1^3}{l^3} + \frac{EA_c x_1 x_2}{l^2} + \frac{EA_c x_2^2 x_1}{2l^3} = 0 \\ &M_2 \ddot{x}_2 + EA_c \left(\frac{x_2}{l} + \frac{x_1^2 + x_2^2}{2l^2}\right) = 0\end{aligned}\right\} \quad (4\text{-}121)$$

上述式中，假设索力初始值 $T_0 = M_2 g$，处于初始静平衡状态。

2) 非线性振动方程的近似解

在方程(4-121)中，若不考虑非线性项，则其解 $x_1(t)$ 和 $x_2(t)$ 是独立的两种单自由度线性振动体系，各自有其自己的固有频率 ω_1 和 ω_2 及相应的振型。然而，$x_1(t)$ 和 $x_2(t)$ 的二阶项和三阶项的存在决定了该体系的非线性性质。虽然体系的结构参数并未隐含时间 t，但由于 M_2 的振动将导致拉索的索力随时间变化，即拉索相当于受到了刚度不断变化的回复力作用。因此，M_1 相当于受到某特定参数引起的自激激励。正是 M_1 在水平方向上所承受的回复力的刚度变化，使得 M_1 的横向振动和 M_2 的竖向振动发生耦合。根据二阶非线性系统的内共振性质可以预料，当 M_1 的局部振动频率 ω_1 接近 M_2 的局部振动频 ω_2 而达到某种关系时，M_2 的竖向振动将激发 M_1 在水平方向上的更大幅度振动。

为了简化分析过程，引入以下参数：

$$\omega_1^2 = \frac{2T_0}{M_1 l}, \zeta = \frac{c}{2M_1 \omega_1}, \alpha_1 = \frac{EA_c}{M_1 l^2}, \beta_1 = \frac{EA_c}{M_1 l^3};$$

$$\omega_2^2 = \frac{EA_c}{M_2 l}, \alpha_2 = \frac{EA_c}{2M_2 l^2}$$

方程(4-121)变换成为：

$$\left.\begin{aligned}&\ddot{x}_1 + 2\zeta \omega_1 \dot{x}_1 + \omega_1^2 x_1 + \alpha_1 x_1 x_2 + \beta_1 x_1^3 + 0.5 \beta_1 x_1 x_2^2 = 0 \\ &\ddot{x}_2 + \omega_2^2 x_2 + \alpha_2 (x_1^2 + x_2^2) = 0\end{aligned}\right\} \quad (4\text{-}122)$$

上述式中，若认为 x_2 与 x_1 相比是较小量，可以略去 x_2^2 项，使方程进一步简化为：

$$\left.\begin{aligned}&\ddot{x}_1 + 2\zeta \omega_1 \dot{x}_1 + \omega_1^2 x_1 + \alpha_1 x_1 x_2 + \beta_1 x_1^3 = 0 \\ &\ddot{x}_2 + \omega_2^2 x_2 + \alpha_2 x_1^2 = 0\end{aligned}\right\} \quad (4\text{-}123)$$

对方程(4-123)数值求解结果表明，当 $\omega_1 \approx 0.5\omega_2$ 时，M_1 和 M_2 的振动发生强烈耦合。当给 M_1 一个初始小扰动后，则 M_1 的振动受 M_2 振动的激励而加剧，以至于 M_1 的最大振幅远远高于其所受到的初始扰动。在无阻尼的情况下，M_1 和 M_2 的振动具有"拍"的特征，即其振幅分别随时间呈周期性变化，此消彼长，表明能量在两个自由度之间发生转移，但系统的总能量并不改变。同时数值解也表明了被激励的自由度 x_1 所达到的最大振幅与其初始扰动基本无关，但受 M_2 的初始扰动耦合影响较大。由于上述原因，将 M_1 看作是承受自激激励的振子，将 M_1 和 M_2 在 $\omega_1 \approx 0.5\omega_2$ 时所发生的共振看作自激共振。

实际上,斜拉桥的拉索与空气间存在着一定的阻尼,而阻尼对系统的动力特性影响较大。数值计算表明,在有阻尼系统中不但存在两个自由度间能量的转移,也同时存在能量的耗散。虽然很小的阻尼未必能显著减小被激励自由度 M_1 的最大振幅,但能使被激励振子的振动很快衰减。值得重视的是,M_1 振子由于阻尼作用而消耗的能量包括从 M_2 处所吸收的能量。

4.3.2 斜拉索的自激共振分析

1982 年,Kovacs 第一次用自激共振来说明拉索振动的机理。

压杆在受到周期性变化的轴向动荷载作用下的动力失稳就是一种自激共振现象。在斜拉桥中,拉索的上端锚固在索塔上,下端则与主梁相连接,当主梁以主梁整体竖向弯曲一阶频率 f_b 作简谐振动时,斜拉索横向振动一阶频率如满足 $f_c = 0.5f_b$,则其横向振动将与主梁竖向振动相适应,会发生索梁耦合振动,如图 4-15 所示。这里假设拉索两端为铰接,不计拉索的抗弯刚度 EI_c 的影响。

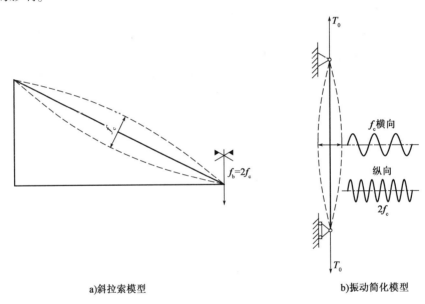

a) 斜拉索模型　　　　　　　　　　b) 振动简化模型

图 4-15 斜拉索的自激共振

1) 自激共振 $f_c = 0.5f_b$

若忽略斜拉索的微小垂度和阻尼的影响,拉索的一阶横向振动可表示为:

$$w(x,t) = W_0 \sin\frac{\pi x}{l}\sin(2\pi f_c t) \tag{4-124}$$

自激共振时,斜拉索纵向振动频率与主梁竖向振动频率 f_b 相同,索力将以频率为 $2f_c = f_b$ 发生周期性的变化,其增量为:

$$\Delta T(t) = \Delta T_{max}\sin(4\pi f_c t)$$

在图示坐标系中,这一索力变化相当于在斜拉索中引起随时间变化的横向荷载增量:

$$\Delta q(x,t) = -\Delta T(t)w''(x,t) \tag{4-125}$$

将式(4-124)代入上式,得:

$$\Delta q(x,t) = \Delta T_{\max}\sin(4\pi f_c t)\left(\frac{\pi}{l}\right)^2 W_0 \sin\frac{\pi x}{l}\sin(2\pi f_c t)$$

$$= \left(\frac{\pi}{l}\right)^2 W_0 \Delta T_{\max}\frac{1}{2}[\cos(2\pi f_c t) - \cos(6\pi f_c t)]\sin\frac{\pi x}{l}$$

式中,括号中的第一项相当于一个与速度成正比的负阻尼项,因为:

$$\dot{w} = (2\pi f_c)W_0\cos(2\pi f_c t)\sin\frac{\pi x}{l}$$

括号中的第二项只是一个修正项,可略去不计。于是,斜拉索振动方程可近似地写成:

$$m\ddot{w} - T_0 w'' = \left(\frac{\pi}{l}\right)^2 \frac{\Delta T_{\max}}{4\pi f_c}\dot{w}$$

即

$$m\ddot{w} - \left(\frac{\pi}{l}\right)^2 \frac{\Delta T_{\max}}{4\pi f_c}\dot{w} - T_0 w'' = 0 \tag{4-126}$$

将上式与带阻尼的斜拉索振动方程 $m\ddot{w} + c\dot{w} - T_0 w'' = 0$ 比较后,得负阻尼系数:

$$c^* = -\left(\frac{\pi}{l}\right)^2 \frac{\Delta T_{\max}}{4\pi f_c} \tag{4-127}$$

注意到拉索的基频:

$$f_c = \frac{1}{2l}\sqrt{\frac{T_0}{m}}$$

相应的阻尼比:

$$\zeta = \frac{c^*}{2m\omega_c} = \frac{c^*}{4\pi m f_c} = -\frac{1}{4}\left(\frac{\Delta T_{\max}}{T_0}\right) \tag{4-128}$$

由式(4-128)可见,$\frac{\Delta T_{\max}}{T_0}$ 值越大,等效的负阻尼也越大。

当 $f_b = 2f_c$ 时,发生自激共振时的解将取决于拉索本身的初始阻尼是否能够消耗由主梁支承点所输入的负阻尼能量。

求解方程(4-126)可得拉索横向动位移为:

$$w = W_0\sin\frac{\pi x}{l}\left[\exp\left(\frac{\pi}{2}\frac{\Delta T_{\max}}{T_0}f_c t\right)\cdot\sin(2\pi f_c t) + \cdots\right] \tag{4-129}$$

此式表示一个发散的不稳定自激振动响应。

2) 不稳定自激振动 $f_c \to 0.5 f_b$

当主梁的激励频率 f_b 并不正好是 $2f_c$ 时,也会出现不稳定现象,其不稳定区随 $\frac{\Delta T_{\max}}{T_0}$ 的增加而扩大。因斜拉索中实际存在着阻尼,相应的有阻尼强迫振动方程为:

$$m\ddot{w} + c\dot{w} - T_0 w'' = \Delta q_m \sin\frac{\pi x}{l}\cos(2\pi f_b t) \tag{4-130}$$

式中,右端激励力项是由式(4-125)决定的横向荷载增量。

按照强迫振动原理,可解得共振时最大振幅值为:

$$W_0 < \sqrt{\frac{1}{\left(1-\frac{f_b^2}{f_c^2}\right)^2 + 4\zeta^2\frac{f_b^2}{f_c^2}}}\frac{\Delta q_m}{T_0}\left(\frac{l}{\pi}\right)^2 \tag{4-131}$$

式中,ζ 为斜拉索的阻尼比;f_b 为主梁激励频率。

由式(4-125)可知:

$$\Delta q_m = \left(\frac{\pi}{l}\right)^2 W_0 \frac{\Delta T_{max}}{2}$$

于是,共振区的判别条件为(图4-16):

$$\frac{\Delta T_{max}}{T_0} > \sqrt{\left(1 - \frac{f_b^2}{f_c^2}\right)^2 + 4\zeta^2 \frac{f_b^2}{f_c^2}} \tag{4-132}$$

然而,在实际斜拉桥中的斜拉索并不像上面所简化的那样受到一个周期变化索力 $\Delta T(t)$ 的作用,而是一种支承激励。斜拉索的振动和作为支承点的索塔和主梁的振动是相互牵制的。如果结构振动不发散,斜拉索的横向振动也不可能出现一般自激共振所具有的发散现象,而是一种限幅的自激共振。在共振区内,斜拉索将发生较大振幅的横向振动。

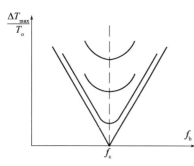

图4-16 拉索自激共振的判别

拉索的横向振幅和其支承端点的纵向振幅之间存在下列关系:

$$\Delta l = 2A_b = \frac{1}{2}\int_0^l (y')^2 dx = \frac{1}{2}\left(\frac{\pi}{l}\right)^2 W_o^2 \cdot \frac{l}{2}$$

式中,W_o^2 为拉索的横向振幅;A_b 为拉索两端即桥面和桥塔之间沿拉索方向的相对纵向振幅。于是,有:

$$W_o^2 = \frac{2}{\pi}\sqrt{2A_b l} \tag{4-133}$$

或写成无量纲形式

$$\frac{A_b}{l} = \frac{\pi^2}{8}\left(\frac{W_o^2}{l}\right)^2 \tag{4-134}$$

[**例4.3.1**] 某斜拉桥的主跨径 $L = 400m$,最长的外索 $l \approx 200m$,如果主梁在任意动荷载下发生振动,使斜拉索两端的相对纵向振动具有2mm的振幅,即:

$$\frac{A_b}{l} = \frac{0.002}{200} = 0.00001$$

由式(4-134),得:

$$\frac{W_o^2}{l} = \sqrt{\frac{8}{\pi^2}\left(\frac{A_b}{l}\right)} = 0.0028$$

即

$$W_o^2 = 0.0028 \times 200 = 0.57(m)$$

这表明斜拉索横向振动的双振幅将有1.14m,这是不容忽视的强烈振动。当相邻两根拉索正好发生反向振动时,就有可能发生相邻斜拉索相碰现象,如法国布鲁东桥出现过的现象。

4.4 斜拉索的减振

在结构动力学中已经明确,单自由度系统振动的动力放大系数受黏性阻尼的影响极大,因此,消除或减小斜拉索振动的最主要方法是在拉索和主梁的连接端安装减振阻尼器,如图 4-17 所示。

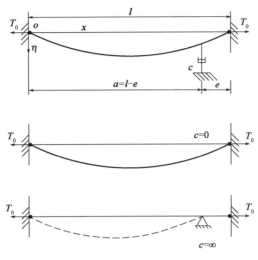

图 4-17 拉索的减振阻尼器

为了分析问题方便,假设斜拉索两端为铰接,同时略去拉索垂度的影响,并不计斜拉索自身阻尼。在距桥面 $e = \varepsilon l$ 处设置一附加黏性阻尼器,阻尼系数为 c,拉索的抗弯刚度为 EI_c,单位长度的质量为 m。在拉索的跨中受有一简谐激振力 $P\cos\Omega t$ 作用。

斜拉索的横向振动方程为:

$$EI_c\eta^{(4)} - T_0\eta'' + m\ddot\eta + c\dot\eta\delta(x-a) = P\delta\left(x - \frac{l}{2}\right)\cos\Omega t \qquad (4\text{-}135)$$

式中,T_0 为拉索初始索力值,$a = l - e = l - \varepsilon l = (1-\varepsilon)l$,一般情况下 $\varepsilon \ll 1$。

设横向振动位移 $\eta(x,t) = \sum\limits_{n=1}^{N} q_n(t)\sin\dfrac{n\pi x}{l}$,代入式(4-135),得:

$$\sum_{n=1}^{N}\left[EI_c\left(\frac{n\pi}{l}\right)^4 q_n\sin\frac{n\pi x}{l} + T_0\left(\frac{n\pi}{l}\right)^2 q_n\sin\frac{n\pi x}{l} + m\ddot q_n\sin\frac{n\pi x}{l} + c\dot q_n\sin\frac{n\pi x}{l}\delta(x-a)\right]$$
$$= P\delta\left(x - \frac{l}{2}\right)\cos\Omega t$$

将上式两边同时乘以 $\sin\dfrac{k\pi x}{l}$ 并对 x 自 0 至 l 积分,整理得:

$$\ddot q_k(t) + \frac{2c}{ml}\sum_{n=1}^{N}\dot q_n(t)\sin\frac{n\pi a}{l}\sin\frac{k\pi a}{l} + \omega_k^2 q_k(t) = Q_k(t) \qquad (k=1,2,3,\cdots,N) \qquad (4\text{-}136)$$

式中:

$$\omega_k^2 = \frac{EI_c\left(\frac{k\pi}{l}\right)^4 + T_0\left(\frac{k\pi}{l}\right)^2}{m}$$

$$Q_k(t) = \frac{2P\sin\frac{k\pi}{2}}{ml}\cos\Omega t \tag{4-137}$$

式(4-136)为 N 阶常系数线性微分方程组,可借助于计算机求其数值解。当只取一阶振型分析时,式(4-136)简化为:

$$\ddot{q}_1 + 2\zeta_1\omega_1\dot{q}_1 + \omega_1^2 q_1 = Q_1(t) \tag{4-138}$$

式中,等效阻尼比 ζ_1 为:

$$\zeta_1 = \frac{c}{ml\omega_1}\sin^2\frac{\pi a}{l} \tag{4-139}$$

因而可得拉索的动力放大系数为:

$$\mu_d = \frac{1}{\sqrt{\left(1 - \frac{\Omega^2}{\omega_1^2}\right)^2 + 4\zeta_1^2\frac{\Omega^2}{\omega_1^2}}} \tag{4-140}$$

当 $c = 0$ 时,即不存在阻尼,上式变为:

$$\mu_d(c = 0) = \left|\frac{1}{1 - \frac{\Omega^2}{\omega_1^2}}\right| \tag{4-141}$$

当 $c \to \infty$ 时,说明附加阻尼器相当于固定支座,即相当于将索长缩短。此时,有固有频率:

$$\hat{\omega}_1^2 = \frac{\left(\frac{\pi}{a}\right)^4 EI_c + T_0\left(\frac{\pi}{a}\right)^2}{m} \tag{4-142}$$

如假设 EI_c 的影响略去不计,则:

$$\hat{\omega}_1^2 = \frac{T_0}{m}\left(\frac{\pi}{a}\right)^2 = \frac{T_0}{m}\left(\frac{\pi}{l - \varepsilon l}\right)^2 = \frac{T_0}{m}\left(\frac{\pi}{l}\right)^2\left(\frac{1}{1 - \varepsilon}\right)^2 = \omega_1^2\left(\frac{1}{1 - \varepsilon}\right)^2 \tag{4-143}$$

式中,$\omega_1 = \frac{\pi}{l}\sqrt{\frac{T_0}{m}}$ 为原索长时的固有频率。

相应的放大系数为:

$$\mu_d(c \to \infty) = \left|\frac{1}{1 - (1 - \varepsilon)^2\frac{\Omega^2}{\omega_1^2}}\right| \tag{4-144}$$

最优化的 c 将使动力放大系数的峰值位于 $c = 0$ 和 $c \to \infty$ 两组曲线的交点上,如图4-18所示。为此,联立式(4-141)和式(4-144),显然有一组方程:

$$\frac{1}{1 - \frac{\Omega^2}{\omega_1^2}} = \frac{1}{(1 - \varepsilon)^2\frac{\Omega^2}{\omega_1^2} - 1}$$

解之得:

$$\frac{\Omega^2}{\omega_1^2} = \frac{2}{2 - 2\varepsilon + \varepsilon^2} \approx \frac{1}{1 - \varepsilon}$$

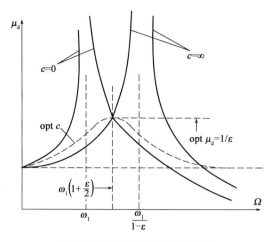

图 4-18 优化的拉索动力放大系数
opt 表示最优,余同

即

$$\frac{\Omega}{\omega_1} = \sqrt{\frac{1}{1-\varepsilon}} \approx 1 + \frac{1}{2}\varepsilon \tag{4-145}$$

将上式代入式(4-141)或式(4-144),得:

$$\mu_d = \left|\frac{2-2\varepsilon+\varepsilon^2}{\varepsilon^2-2\varepsilon}\right| \approx \frac{1}{\varepsilon} \tag{4-146}$$

实际上在桥面附近处设置阻尼器后,其阻尼系数一般既不为零也不会是无穷大。此时,假设外激励力的频率 Ω 接近于拉索的一阶固有频率时,由式(4-140)有:

$$\mu_d = \frac{1}{2\zeta_1}$$

因而得:

$$\zeta_1 = \frac{\varepsilon}{2} \tag{4-147}$$

相应的对数衰减率:

$$\delta = 2\pi\zeta_1 = \pi\varepsilon \tag{4-148}$$

阻尼器的阻尼系数可写成:

$$c = \omega_1 m l \zeta_1 \frac{1}{\sin^2\frac{\pi a}{l}} \tag{4-149}$$

注意到

$$\sin^2\frac{\pi a}{l} = \sin^2\pi(1-\varepsilon) = \sin^2\varepsilon\pi \approx (\varepsilon\pi)^2$$

和

$$m = \frac{T_0\pi^2}{l^2\omega_1^2}$$

分别代入式(4-149),得:

$$c = \frac{T_0}{2\varepsilon\omega_1 l} \tag{4-150}$$

因此，可根据拉索力 T_0、一阶振动固有频率 ω_1 和近桥面的阻尼器相对位置 εl，来确定阻尼器的阻尼系数，实现对斜拉索的减振。

对安装阻尼器的位置和阻尼值进行优化设计比较，列于表4-5中。

阻尼值优化设计　　　　　　　　　　　　　　　表4-5

ε	1/10	1/20	1/50
opt.δ	$\dfrac{\pi}{10}$	$\dfrac{\pi}{20}$	$\dfrac{\pi}{50}$
opt.ζ	0.05	0.025	0.01

注：opt. 表示最优的。

可见，阻尼器的位置越靠近端部(即 ε 越小)，所需的阻尼比越小，但共振动力放大倍数较大，即减振效果越差。

在实际工程中还有把拉索从外索到内索相互连接起来，如图4-19所示，通过连接件的伸缩来消能。同时，利用各根拉索固有频率不同所产生的干扰效应来传递能量，以达到抑制斜拉索横向振幅的目的，但因其影响大桥景观，一般较少使用。

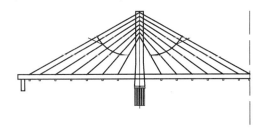

图4-19　斜拉索的串联减振

此外，对斜拉索在阵雨条件下发生比晴天时更大的风致振动现象，研究认为，是由于雨水沿斜拉索下流时的水道改变了斜拉索原有的圆形截面，造成一种类似结冰电缆驰振的机制。构造上可通过在拉索表面加上平行的突出条等措施将水道隐蔽起来，以使振动受到抑制。这方面的问题有待于更深入地开展风雨振风洞试验研究。

4.5　斜拉桥的固有振动能量法

斜拉桥的力学本质是利用斜拉索作为主梁的弹性支承。随着跨径的增大，斜拉桥的拉索布置从最初的少数几根稀索发展成目前普遍使用、便于施工的密索体系，其力学性能也从以受弯为主的多跨弹性支承连续梁演变成一种拟桁架体系。斜拉桥的支承方式有许多种形式，不同的支承方式和索型布置都会对其动力特性带来影响。用有限元法编制的空间动力分析程序，可以方便和足够精确地模拟计算出所需的桥梁各阶固有频率和相应的振型。由于桥梁一般都具有竖向对称面，面内和面外的振型通常可以拆开分析。

下面以常用的对称飘浮体系为对象来介绍斜拉桥的基本动力特性。如图4-20所示为一座飘浮体系斜拉桥的前几阶振型图。

对于斜拉桥的动力分析，最重要的是三个振型：①反对称飘浮振型；②一阶对称竖向弯曲振型；③一阶对称扭转为主振型。其中①、②是风振中主要考虑的振型；对于车辆振动响应来说，一阶弯曲振型是基本的。

斜拉桥整体固有振型的序列视桥宽而不同。在按固有频率大小所排的序列中，宽度较小的斜拉桥,以侧向弯曲为主的振型将提前。扭转为主的对称振型一般要出现在二阶甚至在三阶侧向弯曲振型之后,视抗扭刚度的大小而定。

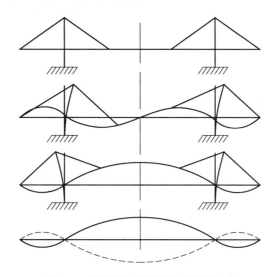

图 4-20 某飘浮体系斜拉桥的前几阶振型

4.5.1 飘浮体系固有振动频率的近似计算

飘浮体系斜拉桥的第一阶反对称振型(面内)具有长周期的隔震性能。这一振型的特点是:主梁在纵向水平方向作稍有反对称弯曲的刚体运动,并带动索塔的纵桥向弯曲振动。主梁的水平振动位移与塔顶的水平位移相近,其相应的周期要比一阶弯曲振动的周期大好多倍,反映出这种体系的"飘浮"振动特性。在纵向水平地震力的作用下,这一振型的贡献占绝对优势。从水平地震力的传力途径来看,主梁地震力的大部分将主要通过最外几对倾角最小的拉索传入塔内,并由此引起索塔中特别是索塔根部控制截面的强大弯矩地震反应。

由于塔顶纵向振动位移与主梁纵向刚体位移相近,可把主梁的质量集中堆聚于塔顶、塔身分段集中质量而形成一个如图 4-21b)所示的等效模型,能够近似地反映出作为飘浮体系的主要控制部分——索塔的振动特性。如果进一步将索塔的自身分段集中质量也按常规的方法换算成等效质量堆聚到塔顶,就可用一个简单的单质点振子模型来代替,如图 4-21c)所示。等效集中质量一般通过同一种位移假设下,原结构的分布质量体系动能与简化集中质量体系动能相等而得到。于是,飘浮体系的基本振动周期可写成:

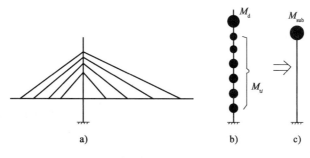

图 4-21 飘浮体系斜拉桥的简化模型

$$T = 2\pi \sqrt{\frac{M_{sub}}{K_t}} \qquad (4\text{-}151)$$

式中，M_{sub} 为塔顶处的全桥集中等效质量；K_t 为塔顶处的抗推刚度，可考虑索塔变截面的影响。

表 4-6 中列出天津永和斜拉桥不同计算模型的飘浮体系振动周期，可见，简化模型具有很好的精度。

飘浮体系斜拉桥（天津永和斜拉桥）振动周期计算值比较　　表 4-6

模型种类	实桥体系有限元	等效多质量模型	单质点振子
振动周期(s)	5.86	5.71	5.78

4.5.2 铅垂面内弯曲基频的近似计算

1) 变形能

考察图 4-22 所示的斜拉桥的一阶铅垂面内的弯曲振型，振动时的变形能系由主梁和索塔的弯曲变形和拉索的伸缩变形所组成。

(1) 主梁的弯曲变形能。

$$V_b = \frac{1}{2}\int_l EI_b \left(\frac{\partial^2 w}{\partial x^2}\right)^2 dx \qquad (4\text{-}152)$$

式中，$w(x,t)$ 为主梁的竖向弯曲动挠度；EI_b 为主梁的抗弯刚度。

(2) 索塔的弯曲变形能。

$$V_t = \frac{1}{2}\int_h EI_t \left(\frac{\partial^2 u}{\partial z^2}\right)^2 dz \qquad (4\text{-}153)$$

式中，$u(z,t)$ 为索塔的纵桥向水平弯曲动位移；EI_t 为索塔的纵桥方向抗弯刚度。

(3) 拉索的变形能。

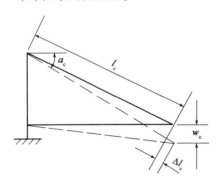

图 4-22 斜拉索的变形示意

考察图 4-22 所示的一根斜拉索，其伸长可表示为：

$$\Delta l_c = \frac{\Delta T l_c}{EA_c} = w_c \sin\alpha_c \qquad (4\text{-}154)$$

式中，ΔT 为斜拉索的索力增量；$w_c(x_n,t)$ 为斜拉索在索梁锚固点处的竖向动变位；l_c 为斜拉索的弦长，约等于斜拉索总长；α_c 为斜拉索的倾角；EA_c 为斜拉索的拉伸刚度。于是有：

$$\Delta T = \frac{EA_c w_c}{l_c}\sin\alpha_c$$

相应的 N 根斜拉索变形能：

$$V_{c1} = \frac{1}{2}\sum_{n=1}^{N}\Delta T_n \Delta l_{cn} = \frac{1}{2}\sum_{n=1}^{N}\frac{EA_{cn}w_{cn}^2}{l_{cn}}\sin^2\alpha_{cn} \qquad (4\text{-}155)$$

由于体系的振动，使斜拉索的倾角发生变化 $\Delta\alpha$，索力也相应地发生变化，索力的垂直分量的变化可表示为：

$$\Delta T_v = \Delta T \sin(\alpha_c + \Delta\alpha) - \Delta T \sin\alpha_c \approx \Delta T \cos\alpha_c \Delta\alpha$$

由图4-22中索梁锚固点处的变位几何关系：

$$\frac{w_c \cos\alpha_c}{l_c} = \sin\Delta\alpha \approx \Delta\alpha$$

于是

$$\Delta T_v = \Delta T \frac{\cos^2\alpha_c}{l_c} w_c$$

斜拉索二次变形所产生的变形能为：

$$V_{c2} = \sum_{n=1}^{N} \int_0^{w_c} \Delta T_v \mathrm{d}w = \frac{1}{2}\sum_{n=1}^{N} \Delta T \frac{\cos^2\alpha_{cn}}{l_{cn}} w_{cn}^2 \tag{4-156}$$

2) 动能

斜拉桥在发生一阶铅垂平面内的弯曲振动时，其动能为主梁、索塔和斜拉索的动能之和。

(1) 主梁的动能：

$$T_b = \frac{1}{2}\int_l m_b \dot{w}^2 \mathrm{d}x \tag{4-157}$$

式中，m_b 为主梁单位跨长的质量。

(2) 索塔的动能：

$$T_t = \frac{1}{2}\int_h m_t \dot{u}^2 \mathrm{d}z \tag{4-158}$$

式中，m_t 为索塔单位长度的质量。

(3) 拉索的动能：

斜拉索的动能由竖向振动和水平振动两个方向的速度产生。设斜拉索在索塔锚固点处 ($s=0$) 的竖向速度为零，在主梁处 ($s=l_c$) 的竖向速度为 $v_{cv} = \dot{w}_c$，则斜拉索上任一点处的竖向速度为：

$$v_{cv}(s) = \frac{s}{l_c}\dot{w}_c$$

相应的动能为

$$T_{c1} = \frac{1}{2}\int_0^{l_c} m_c v_{cv}^2 \mathrm{d}s = \frac{1}{2}\left(\frac{1}{3}m_c \dot{w}_c^2 l_c\right) \tag{4-159}$$

同理，斜拉索在主梁处 ($s=0$) 的水平速度为零，在索塔锚固点处 ($s=l_c$) 的水平速度为 $v_{ch} = \dot{u}_c$。其中，$u_c = u(z_c,t)$ 为索塔锚固点处 ($z=z_c$) 的塔身水平位移，则拉索上任一点处的水平速度为：

$$v_{ch}(s) = \frac{s}{l_c} v_{ch} = \frac{s}{l_c}\dot{u}_c$$

相应的动能为：

$$T_{c2} = \frac{1}{2}\int_0^{l_c} m_c v_{ch}^2 \mathrm{d}s = \frac{1}{2}\left(\frac{1}{3}m_c \dot{u}_c^2 l_c\right) \tag{4-160}$$

对于斜拉桥的竖向弯曲自由振动，设满足主梁边界条件的振动响应为：

$$w(x,t) = \eta(x)\sin\omega_b t \tag{4-161a}$$

再设满足索塔边界条件的振动响应为：

$$u(z,t) = \xi(z)\sin\omega_b t \tag{4-161b}$$

式中，$\eta(x)$、$\xi(z)$ 分别为主梁和索塔弯曲振动振型函数；ω_b 为斜拉桥体系的竖向弯曲固有频率。

将式(4-161)代入式(4-152)~式(4-160)各项中，在 $\sin\omega_b t = 1$ 时得体系最大位能为：

$$V_{\max} = \frac{1}{2}\left[\int_l EI_b(\eta'')^2 dx + \int_h EI_t(\xi'')^2 dz + \sum_{n=1}^N \frac{EA_{cn}\sin^2\alpha_{cn}}{l_{cn}}\eta_{cn}^2 + \sum_{n=1}^N \Delta T_n \frac{\cos^2\alpha_{cn}}{l_{cn}}\eta_{cn}^2\right] \tag{4-162}$$

在 $\cos\omega_b t = 1$ 时得体系最大动能为：

$$T_{\max} = \frac{1}{2}\left[\int_l m_b\eta^2 dx + \int_h m_t\xi^2 dz + \frac{1}{3}\sum_{n=1}^N m_{cn}l_{cn}(\eta_{cn}^2 + \xi_{cn}^2)\right]\omega_b^2 \tag{4-163}$$

根据瑞雷(Rayleigh)法，斜拉桥主梁竖向挠曲频率的近似计算公式可写成：

$$\omega_b^2 = \frac{\left[\int_l EI_b(\eta'')^2 dx + \int_h EI_t(\xi'')^2 dz + \sum_{n=1}^N \frac{EA_{cn}\sin^2\alpha_{cn}}{l_{cn}}\eta_{cn}^2 + \sum_{n=1}^N \Delta T_n \frac{\cos^2\alpha_{cn}}{l_{cn}}\eta_{cn}^2\right]}{\int_l m_b\eta^2 dx + \int_h m_t\xi^2 dz + \frac{1}{3}\sum_{n=1}^N m_{cn}l_{cn}(\eta_{cn}^2 + \xi_{cn}^2)} \tag{4-164}$$

式中，各符号意义同前。

只要根据斜拉桥主梁和主塔及斜拉索的设计参数及约束条件，就可以假设满足几何边界条件的振型函数，直接代入式(4-164)求解即可。

使用上式比较麻烦，通常根据斜拉桥的受力特点可以进一步简化近似计算方法。

在上式对应的各部分变形能中，斜拉索的变形能是最主要的，主梁和索塔的弯曲变形能相对较小，索力的二次影响也很小，可以忽略不计。在动能中，斜拉索的质量 m_{cn} 相对于主梁 m_b 是一个微小量，可以合并到主梁中去考虑，并近似地记作常数 m。因为索塔水平弯曲振动速度较小，其动能也是个小量，可略去不计。如果仅取主要的项，则主梁竖向挠曲固有频率公式可简化为：

$$\omega_b^2 = \frac{\sum_{n=1}^N K_{cn}\eta_{cn}^2}{m\int_l \eta^2(x) dx} \tag{4-165}$$

式中，$K_{cn} = \dfrac{EA_{cn}\sin^2\alpha_{cn}}{l_{cn}}$，为第 n 根斜拉索的弹性常数。

假设主梁振型函数为 $\eta(x) = \eta_0 \sin\dfrac{\pi x}{l}$，并且将 K_{cn} 公摊到主梁索距 λ_{cn} 范围内形成一个沿跨长变化的弹性基床系数：

$$\beta_c(x_n) = \frac{K_{cn}}{\lambda_{cn}}$$

此时，式(4-165)可改写为：

$$\omega_b^2 = \frac{\sum_{n=1}^N \dfrac{K_{cn}}{\lambda_{cn}}\eta_{cn}^2\lambda_{cn}}{m\int_l \eta^2(x) dx} = \frac{\sum_{n=1}^N \beta_c(x_n)\eta^2(x_n)\lambda_{cn}}{m\int_l \eta^2(x) dx} = \frac{\int_l \beta_c(x)\eta^2(x) dx}{m\int_l \eta^2(x) dx} \tag{4-166}$$

注意到主梁和斜拉索的自重 mg 与斜拉索的恒载应力 σ_{gc} 之间的近似关系为：

$$\sigma_{gc} = \frac{T_g}{A_c} = \frac{mg\lambda_c}{A_c \sin\alpha_c}$$

或

$$A_c = \frac{mg\lambda_c}{\sigma_{gc} \sin\alpha_c}$$

于是,式(4-166)可改写为:

$$\omega_b^2 = \frac{\int_l \frac{E_c g \sin[\alpha_c(x)]}{\sigma_{gc}(x) l_c(x)} \eta^2(x) \mathrm{d}x}{\int_l \eta^2(x) \mathrm{d}x} \tag{4-167}$$

式中,$\sigma_{gc}(x)$ 和 $l_c(x)$ 表示不同位置的拉索恒载应力和索长,均和跨径 l 成正比。因此,斜拉桥的面内竖向弯曲基频可近似地表示成中跨跨径的函数,即:

$$f_b = \frac{\omega_b}{2\pi} \approx \frac{k}{l} \tag{4-168}$$

式中,k 值代表斜拉桥总体结构刚度的含义;l 为主跨径。

表4-7中列出了国内外一些斜拉桥用有限元法算得的一阶对称弯曲频率及相应的 k 值。其中 k 平均值对预应力混凝土斜拉桥约为105,而对于钢斜拉桥约为110。

斜拉桥一阶对称弯曲频率   表4-7

斜 拉 桥	桥 名	l(m)	f_b(Hz)	$k=lf_b$	k 平 均 值
预应力混凝土斜拉桥	上海泖港桥	200	0.531	106.2	105
	天津永和桥	260	0.407	105.8	
	美国 P-K 桥	299	0.34	101.7	
	广州海印桥	175	0.646	113	
叠合梁斜拉桥	加拿大 Annacis 桥	456	0.242	112.5	109
	上海南浦大桥方案	400	0.271	108.1	
	美国 Sunshine 桥	366	0.29	106.14	

对于边孔设有辅助墩的斜拉桥,k 值将可能提高到150左右。

4.5.3 扭转固有振动频率的近似计算

1) 变形能

类似于悬索桥扭转固有振动分析,对于斜拉桥的一阶扭转振型,振动时的变形能系由主梁扭转变形和拉索的伸缩变形所组成,主塔相应的变形能可以忽略不计。

(1) 主梁的扭转变形能:

主梁在扭转时的应变能包括两部分,其中一部分对应于约束扭转的应变能:

$$V_{T\omega} = \frac{1}{2} \int_l EI_\omega \left(\frac{\partial^2 \varphi}{\partial x^2}\right)^2 \mathrm{d}x \tag{4-169}$$

式中,$\varphi = \varphi(x,t)$ 为主梁扭转角;$EI_\omega = \int_{A_b} \omega^2 \mathrm{d}A$ 为主梁的约束扭转刚度。

此外,还有一部分对应于约束扭转的应变能沿壁厚线性分布的剪应变,即圣维南剪应力对应的那部分剪应变,相应的应变能为:

$$V_{\mathrm{T}} = \frac{1}{2}\int_l GI_{\mathrm{d}}\left(\frac{\partial \varphi}{\partial x}\right)^2 \mathrm{d}x \tag{4-170}$$

式中，GI_{d} 为主梁的自由扭转刚度。

(2) 斜拉索的变形能：

对于常见的双索面斜拉桥，由几何关系可知索梁锚固处变位：

$$w_{\mathrm{c}} = b_{\mathrm{c}}\varphi_{\mathrm{bc}}$$

式中，b_{c} 为两索面距的一半，通常为常量；φ_{bc} 为索梁锚固点处的主梁扭转角。

相应的斜拉索变形能为：

$$V_{\mathrm{c1}} = \frac{1}{2}\sum_{n=1}^{N}\frac{EA_{\mathrm{c}n}\sin^2\alpha_{\mathrm{c}n}}{l_{\mathrm{c}n}}w_{\mathrm{c}n}^2 = \frac{b_{\mathrm{c}}^2}{2}\sum_{n=1}^{N}\frac{EA_{\mathrm{c}n}\sin^2\alpha_{\mathrm{c}n}}{l_{\mathrm{c}n}}\varphi_{\mathrm{bc}n}^2 \tag{4-171}$$

索力发生变化产生的斜拉索二次变形所做的功为：

$$V_{\mathrm{c2}} = \frac{1}{2}\sum_{n=1}^{N}\Delta T_n\frac{\cos^2\alpha_{\mathrm{c}n}}{l_{\mathrm{c}n}}w_{\mathrm{c}n}^2 = \frac{b_{\mathrm{c}}^2}{2}\sum_{n=1}^{N}\Delta T_n\frac{\cos^2\alpha_{\mathrm{c}n}}{l_{\mathrm{c}n}}\varphi_{\mathrm{bc}n}^2 \tag{4-172}$$

2) 动能

斜拉桥在发生扭转振动时，其动能为主梁和斜拉索的动能之和。

(1) 主梁的动能：

$$T_{\mathrm{b}} = \frac{1}{2}\int_l m_{\mathrm{b}} r^2 \dot{\varphi}^2 \mathrm{d}x \tag{4-173}$$

式中，m_{b} 为主梁单位跨长的质量；r 为主梁截面的惯性回转半径。

(2) 斜拉索的动能：

斜拉桥扭转时，可以认为索塔不发生变形，斜拉索的动能仅由竖向振动的速度产生。设斜拉索在索塔锚固点处（$s=0$）的竖向速度为零，在索梁锚固点（$s=l_{\mathrm{c}}$）的竖向速度为 $v_{\mathrm{cv}} = \dot{w}_{\mathrm{c}} = b_{\mathrm{c}}\dot{\varphi}_{\mathrm{bc}}$，则斜拉索上任一点处的竖向速度为：

$$v_{\mathrm{cv}}(s) = \frac{s}{l_{\mathrm{c}}}\dot{w}_{\mathrm{c}} = \frac{s}{l_{\mathrm{c}}}b_{\mathrm{c}}\dot{\varphi}_{\mathrm{bc}}$$

相应的动能为：

$$T_{\mathrm{c}} = \frac{1}{2}\int_0^{l_{\mathrm{c}}} m_{\mathrm{c}} v_{\mathrm{cv}}^2 \mathrm{d}s = \frac{1}{2}\left(\frac{1}{3}m_{\mathrm{c}}\dot{w}_{\mathrm{c}}^2 l_{\mathrm{c}}\right) = \frac{1}{2}\left(\frac{1}{3}m_{\mathrm{c}} b_{\mathrm{c}}^2 \dot{\varphi}_{\mathrm{bc}}^2 l_{\mathrm{c}}\right) \tag{4-174}$$

对于斜拉桥的扭转自由振动，设满足主梁扭转边界条件的振动响应为：

$$\varphi(x,t) = \varphi(x)\sin\omega_{\mathrm{T}}t \tag{4-175}$$

式中，$\varphi(x)$ 为主梁扭转振动振型函数；ω_{T} 为斜拉桥体系的扭转固有振动圆频率。

将式(4-175)代入式(4-169)~式(4-174)相关项中，在 $\sin\omega_{\mathrm{T}}t = 1$ 时得体系最大位能为：

$$V_{\max} = \frac{1}{2}\left[\int_l EI_\omega(\varphi'')^2\mathrm{d}x + \int_l GI_{\mathrm{d}}(\varphi')^2\mathrm{d}x + b_{\mathrm{c}}^2\sum_{n=1}^{N}\frac{EA_{\mathrm{c}n}\sin^2\alpha_{\mathrm{c}n}}{l_{\mathrm{c}n}}\varphi_{\mathrm{c}n}^2 + b_{\mathrm{c}}^2\sum_{n=1}^{N}\Delta T_n\frac{\cos^2\alpha_{\mathrm{c}n}}{l_{\mathrm{c}n}}\varphi_{\mathrm{c}n}^2\right]$$

$$\tag{4-176}$$

在 $\cos\omega_{\mathrm{T}}t = 1$ 时得到体系最大动能为：

$$T_{\max} = \frac{1}{2}\left(\int_l m_{\mathrm{b}} r^2 \varphi^2 \mathrm{d}x + \frac{b_{\mathrm{c}}^2}{3}\sum_{n=1}^{N} m_{\mathrm{c}} \varphi_{\mathrm{c}n}^2 l_{\mathrm{c}}\right)\omega_{\mathrm{T}}^2 \tag{4-177}$$

用上节同样的方法,不难写出斜拉桥主梁扭转为主的振动频率近似公式:

$$\omega_T^2 = \frac{\int_l EI_\omega (\varphi'')^2 dx + \int_l GI_d (\varphi')^2 dx + b_c^2 \sum_{n=1}^{N} \frac{EA_{cn} \sin^2 \alpha_{cn}}{l_{cn}} \varphi_{cn}^2 + b_c^2 \sum_{n=1}^{N} \Delta T_n \frac{\cos^2 \alpha_{cn}}{l_{cn}} \varphi_{cn}^2}{\int_l m_b r^2 \varphi^2 dx + \frac{b_c^2}{3} \sum_{n=1}^{N} m_c \varphi_c^2 l_c}$$

(4-178)

式中,φ 为主梁扭转角;b_c 为索面距的一半;r 为主梁截面回转半径;EI_ω 和 GI_d 分别为主梁的约束扭转刚度和自由扭转刚度。

同样可忽略索力的二次影响。同时,将动能中拉索的质量并入主梁,并假定为常数。

对于开口截面(如Ⅱ)的主梁,上式分子中的前二项相对于双索面所提供的抗扭刚度要小得多,可以忽略,此时:

$$\omega_T^2 = \frac{b_c^2 \sum_{n=1}^{N} \frac{EA_{cn} \sin^2 \alpha_{cn}}{l_{cn}} \varphi_{cn}^2}{r^2 m \int_l \varphi^2 dx} = \frac{b_c^2 \sum_{n=1}^{N} K_{cn} \varphi_{cn}^2}{r^2 m \int_l \varphi^2 dx} \tag{4-179}$$

同理,引入弹性基床系数:

$$\beta_c(x_n) = \frac{K_{cn}}{\lambda_{cn}}$$

得

$$\omega_T^2 = \frac{b_c^2 \int_l \beta(x) \varphi^2(x) dx}{r^2 \int_l m_b \varphi^2 dx} \approx \left(\frac{b_c}{r}\right)^2 \omega_b^2$$

或

$$f_T = \frac{b_c}{r} f_b \tag{4-180}$$

因此,斜拉桥的扭弯振动频率比为:

$$\varepsilon = \frac{f_T}{f_b} = \frac{b_c}{r} \tag{4-181}$$

对于采用单索面的箱形截面主梁,$b_c = 0$,斜拉索将不能提供抗扭刚度的能量,与自由扭转刚度的能量相比也较小,此时,扭转振动频率简化为:

$$\omega_T^2 = \frac{\int_l GI_d (\varphi')^2 dx}{mr^2 \int_l \varphi^2 dx} \tag{4-182}$$

令扭转振型 $\varphi(x) = A \sin \frac{\pi x}{l_T}$;$l_T$ 为扭转振型的半波长,相当于两个反扭点之间的距离。则由对 x 在 $0 \sim l_T$ 内积分,可得:

$$f_T = \frac{\omega_T}{2\pi} = \frac{1}{2\pi} \left(\frac{\pi}{l_T}\right) \sqrt{\frac{GI_d}{mr^2}} = \frac{1}{2l_T} \sqrt{\frac{GI_d}{mr^2}} \tag{4-183}$$

可见,扭弯振动频率比主要取决于主梁截面的抗扭刚度和索面布置。此外,塔梁固结或边跨是否设置辅助墩对扭转振型的半波长 l_T 也有较大的影响。根据资料统计,对于边跨无辅助墩的对称双塔斜拉桥,扭弯振动频率比的变化范围为:

开口截面(双索面) $\varepsilon = 1.4 \sim 1.6$;
分离箱截面(双索面) $\varepsilon = 1.7 \sim 1.8$;
单箱(单索面) $\varepsilon = 1.8 \sim 2.0$;
多箱(双索面) $\varepsilon > 2.0$。

以上讨论的主要是常规形式的斜拉桥扭转振动频率的近似计算方法,对于索面倾斜、异形索塔、多跨布置的复杂形式斜拉桥的振动特性分析,需要借助于有限元等数值方法建立合理的结构振动模型,根据需要进行前若干阶振型分析。

采用斜索面的布置(配以 A 型索塔或宝石型索塔)将提高斜拉桥的扭转振动频率,这是因为倾斜的索面将使主梁在扭转时伴随着更大侧向弯曲刚度。

最后,应当指出的是,斜拉桥两端锚墩的侧向刚度(或侧向支承条件)对于斜拉桥平面外的空间弯扭动力特性有较大影响,当采用有限元法进行动力分析时,要慎重对待力学模型的侧向支承条件。由于斜拉桥的侧向弯曲变形和扭转变形强烈耦合,侧向弯曲的支承条件将会影响其扭转振动频率。其次,当采用开口截面的主梁时,必须考虑约束扭转刚度的有利作用。而对于闭口箱形截面的主梁,则可忽略约束扭转刚度的影响。

4.6 矮塔斜拉桥的固有振动能量法

矮塔斜拉桥是近年来发展迅速的一种新型组合桥型,其力学性能介于连续体系梁桥和常规斜拉桥之间,具有良好的经济性能和美学效果,受到工程界高度重视。本节以双塔三跨支承体系和高墩固结体系的矮塔斜拉桥为例,从能量法(Rayleigh)角度出发,分别推导出一阶正对称竖弯和一阶反对称竖弯固有频率及高墩一阶纵向漂浮固有频率近似计算表达式。

4.6.1 支承体系矮塔斜拉桥竖向弯曲频率近似计算

同斜拉桥结构体系一样,由瑞雷(Rayleigh)法推导的式(4-164)可应用于矮塔斜拉桥在铅垂平面内发生一阶弯曲振动固有频率的求解,即:

$$\omega_b^2 = \frac{\left[\int_l EI_b (\eta'')^2 dx + \int_h EI_t (\xi'')^2 dz + \sum_{n=1}^{N} \frac{EA_{cn} \sin^2\alpha_{cn}}{l_{cn}} \eta_{cn}^2 + \sum_{n=1}^{N} \Delta T_n \frac{\cos^2\alpha_{cn}}{l_{cn}} \eta_{cn}^2 \right]}{\int_l m_b \eta^2 dx + \int_h m_t \xi^2 dz + \frac{1}{3} \sum_{n=1}^{N} m_{cn} l_{cn} (\eta_{cn}^2 + \xi_{cn}^2)}$$

(4-184)

在上式对应的各部分变形能中,主梁的变形能是最主要的,斜拉索和索塔的变形能相对较小,索力的二次影响也很小,可以忽略不计。在动能中,斜拉索的质量 m_{cn} 相对于主梁 m_b 是一个微小量,可以合并到主梁中去考虑,并近似地记作常数 m。因为索塔水平弯曲振动速度较小,塔高较低,其动能也是个小量,可略去不计。如果仅取主要的项,则主梁竖向挠曲固有频率公式可简化为:

$$\omega_b^2 = \frac{\sum_{n=1}^{N}\int_{l_n} EI_b (\eta''_n)^2 \mathrm{d}x}{\sum_{n=1}^{N}\int_{l_n} m\eta_n^2(x)\mathrm{d}x} \tag{4-185}$$

式中,EI_b 为主梁的抗弯刚度;m 为斜拉索质量 m_{cn} 和主梁质量 m_b 的和;N 为斜拉桥主梁跨数。

1)矮塔斜拉桥竖弯基本振型

工程实践表明,双塔塔梁固结、墩支承的矮塔斜拉桥的一阶正对称和反对称的竖弯振型函数 $\eta(x)$ 与三跨连续梁竖向自由振动的振型函数类似,如图 4-23、图 4-24 所示。

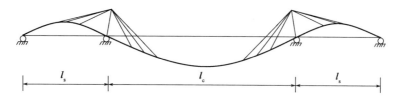

图 4-23 矮塔斜拉桥一阶正对称竖弯振型

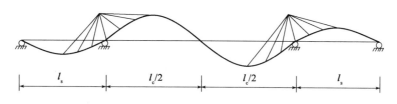

图 4-24 矮塔斜拉桥一阶反对称竖弯振型

2)一阶对称竖向弯曲固有频率

主梁一阶正对称竖弯振型关于中跨跨中对称,如图 4-25 所示。分别按跨假设满足边界条件的边、中跨主梁振型函数。

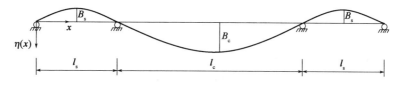

图 4-25 主梁一阶对称竖弯振型

边跨主梁振型函数设为:

$$\eta_s = -B_s \sin\frac{\pi x_s}{l_s} \qquad (0 \leq x_s \leq l_s) \tag{4-186}$$

中跨主梁振型函数设为:

$$\eta_c = B_c \sin\frac{\pi x_c}{l_c} \qquad (0 \leq x_c \leq l_c) \tag{4-187}$$

由边、中跨主梁振型函数在桥塔中心处连续变形协调条件(位移及转角相等),可得:

$$\eta'_s \big|_{x=l_s} = \eta'_c \big|_{x_c=0}$$

即
$$B_s \frac{\pi}{l_s} = B_c \frac{\pi}{l_c} \qquad (4\text{-}188)$$

于是,得:
$$B_s = B_c \frac{l_s}{l_c} = \gamma B_c \qquad (4\text{-}189)$$

式中,$\gamma = \dfrac{l_s}{l_c}$ 为边中跨比;B_s 为边跨跨中振型幅值;B_c 为中跨跨中振型幅值。

近似假定主梁各跨分别简化为跨内等截面,将上述各量代入(4-185),得到分子和分母分别为:

$$\sum_{n=1}^{N}\int_{l_n} EI_b (\eta_n'')^2 dx = 2\int_0^{l_s} EI_{bs}(\eta_s'')^2 dx_s + \int_0^{l_c} EI_{bc}(\eta_c'')^2 dx_c$$
$$= \frac{\pi^4 B_c^2}{l_c^3}\left(\frac{EI_{bs}}{\gamma} + \frac{EI_{bc}}{2}\right) \qquad (4\text{-}190)$$

$$\sum_{n=1}^{N}\int_{l_n} m\eta^2(x)dx = \left[2m_s\int_0^{l_s}\eta_s^2(x_s)dx_s + m_c\int_0^{l_c}\eta_c^2(x_c)dx_c\right]$$
$$= B_c^2 l_c\left(\gamma^3 m_s + \frac{1}{2}m_c\right) \qquad (4\text{-}191)$$

则有
$$\omega_b^2 = \frac{\sum_{n=1}^{N}\int_{l_n} EI_b(\eta_n'')^2 dx}{\sum_{n=1}^{N}\int_{l_n} m\eta^2(x)dx} = \frac{\pi^4\left(\dfrac{EI_{bs}}{\gamma} + \dfrac{EI_{bc}}{2}\right)}{l_c^4\left(\gamma^3 m_s + \dfrac{1}{2}m_c\right)} \qquad (4\text{-}192)$$

当主梁三跨为同一等截面时,上式简化为:
$$\omega_b^2 = \frac{\sum_{n=1}^{N}\int_{l_n} EI_b(\eta_n'')^2 dx}{\sum_{n=1}^{N}\int_{l_n} m\eta^2(x)dx} = \frac{\pi^4 EI_b\left(\dfrac{1}{\gamma} + \dfrac{1}{2}\right)}{ml_c^4\left(\gamma^3 + \dfrac{1}{2}\right)} \qquad (4\text{-}193)$$

式中,EI_{bs} 为边跨主梁的抗弯刚度;EI_{bc} 为中跨主梁的抗弯刚度;EI_b 为等截面主梁的抗弯刚度;m_s 为边跨主梁的分布质量;m_c 为中跨主梁的分布质量;m 为等截面主梁的分布质量;N 为斜拉桥主梁跨数;其余符号意义同前。

3)一阶反对称竖向弯曲

主梁一阶反对称的振型关于中跨跨中反对称,如图4-26所示。分别按跨假设满足边界条件的边、中跨主梁振型函数。

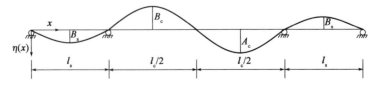

图4-26 主梁一阶反对称竖弯振型

边跨主梁振型函数设为：

$$\eta_s = B_s \sin\frac{\pi x_s}{l_s} \quad (0 \leqslant x_s \leqslant l_s) \tag{4-194}$$

中跨主梁振型函数设为：

$$\eta_c = -B_c \sin\frac{2\pi x_c}{l_c} \quad (0 \leqslant x_c \leqslant l_c) \tag{4-195}$$

由边、中跨主梁振型函数在桥塔中心处连续变形协调条件（位移及转角相等），可得：

$$\eta'_s|_{x=l_s} = \eta'_c|_{x_c=0}$$

即

$$B_s \frac{\pi}{l_s} = B_c \frac{2\pi}{l_c} \tag{4-196}$$

于是，得：

$$B_s = 2B_c \frac{l_s}{l_c} = 2\gamma B_c \tag{4-197}$$

式中，$\gamma = \dfrac{l_s}{l_c}$ 为边中跨比；B_s 为边跨跨中振型幅值；B_c 为中跨四分点处振型幅值。

将上述各量代入（4-185）得分子和分母分别为：

$$\sum_{n=1}^{N}\int_{l_n}EI_b(\eta''_n)^2 dx = 2\int_0^{l_s}EI_{bs}(\eta''_s)^2 dx_s + \int_0^{l_c}EI_{bc}(\eta''_c)^2 dx_c$$
$$= \frac{\pi^4 B_c^2}{l_c^3}\left(\frac{4EI_{bs}}{\gamma} + 8EI_{bc}\right) \tag{4-198}$$

$$\sum_{n=1}^{N}\int_{l_n}m\eta^2(x)dx = \left[2m_s\int_0^{l_s}\eta_s^2(x_s)dx_s + m_c\int_0^{l_c}\eta_c^2(x_c)dx_c\right]$$
$$= B_c^2 l_c\left(4\gamma^3 m_s + \frac{1}{2}m_c\right) \tag{4-199}$$

将式（4-198）、式（4-199）代入式（4-185），可得：

$$\omega_b^2 = \frac{\sum_{n=1}^{N}\int_{l_n}EI_b(\eta''_n)^2 dx}{\sum_{n=1}^{N}\int_{l_n}m\eta^2(x)dx} = \frac{\pi^4\left(\dfrac{4EI_{bs}}{\gamma} + 8EI_{bc}\right)}{l_c^4\left(4\gamma^3 m_s + \dfrac{1}{2}m_c\right)} \tag{4-200}$$

当主梁三跨为同一等截面时，上式简化为：

$$\omega_b^2 = \frac{\sum_{n=1}^{N}\int_{l_n}EI_b(\eta''_n)^2 dx}{\sum_{n=1}^{N}\int_{l_n}m\eta^2(x)dx} = \frac{\pi^4 EI_b\left(\dfrac{4}{\gamma} + 8\right)}{ml_c^4\left(4\gamma^3 + \dfrac{1}{2}\right)} \tag{4-201}$$

式中，各符号意义同前。

4.6.2 高墩固结体系矮塔斜拉桥纵飘基频估算

高墩（墩高大于50m）固结矮塔斜拉桥既有连续刚构桥的特征，也有斜拉桥的一些特性，结构受力相对比较复杂。目前工程中已经建成多座同类桥梁。

在高墩固结矮塔斜拉桥体系中，主梁、索塔及斜拉索的变形能和动能的表达形式与斜拉桥完全相同,类似于 4.5.2 节的铅垂面内弯曲固有基频的近似计算推导过程,不再赘述。这里仅给出高墩变形能及动能的近似计算方法。

1)高墩变形能

高墩的变形能为:

$$V_\mathrm{p} = \sum_{i=1}^{N_1} \frac{1}{2} \int_0^{h_{\mathrm{p}i}} E_{\mathrm{p}i} I_{\mathrm{p}i} \left(\frac{\mathrm{d}^2 v}{\mathrm{d}z^2}\right)^2 \mathrm{d}z \tag{4-202}$$

式中,$EI_{\mathrm{p}i}$ 桥墩的抗弯刚度;v 桥墩的振型函数;N_1 为高墩个数。

2)高墩动能

高墩的动能为:

$$T_\mathrm{p} = \frac{\omega_\mathrm{b}^2}{2} \sum_{i=1}^{N} \int_0^{h_{\mathrm{p}i}} m_{\mathrm{p}i} v^2 \mathrm{d}z \tag{4-203}$$

式中,$m_{\mathrm{p}i}$ 桥墩的线均布质量,其余同前。

在式(4-162)和式(4-163)中,分别在计入高墩的变形能和动能,即:

$$V_{\max} = \frac{1}{2}\left[\int_l EI_\mathrm{b}(\eta'')^2 \mathrm{d}x + \int_h EI_\mathrm{t}(\xi'')^2 \mathrm{d}z + \sum_{n=1}^{N} \frac{EA_{\mathrm{c}n} \sin^2 \alpha_{\mathrm{c}n}}{l_{\mathrm{c}n}}\eta_{\mathrm{c}n}^2 + \sum_{n=1}^{N} \Delta T_n \frac{\cos^2 \alpha_{\mathrm{c}n}}{l_{\mathrm{c}n}}\eta_{\mathrm{c}n}^2 + \sum_{i=1}^{N_1} \int_0^{h_{\mathrm{p}i}} E_{\mathrm{p}i} I_{\mathrm{p}i} \left(\frac{\mathrm{d}^2 v}{\mathrm{d}z^2}\right)^2 \mathrm{d}z\right] \tag{4-204}$$

$$T_{\max} = \frac{1}{2}\left[\int_l m_\mathrm{b} \eta^2 \mathrm{d}x + \int_h m_\mathrm{t} \xi^2 \mathrm{d}z + \frac{1}{3}\sum_{n=1}^{N} m_{\mathrm{c}n} l_{\mathrm{c}n}(\eta_{\mathrm{c}n}^2 + \xi_{\mathrm{c}n}^2) + \sum_{i=1}^{N_1} \int_0^{h_{\mathrm{p}i}} m_{\mathrm{p}i} v^2 \mathrm{d}z\right] \omega_\mathrm{b}^2 \tag{4-205}$$

根据瑞雷(Rayleigh)法,可得到高墩矮塔斜拉体系的纵飘基频的近似计算公式为:

$$\omega_\mathrm{b}^2 = \frac{\int_l EI_\mathrm{b}(\eta'')^2 \mathrm{d}x + \int_h EI_\mathrm{t}(\xi'')^2 \mathrm{d}z + \sum_{n=1}^{N} \dfrac{EA_{\mathrm{c}n} \sin^2 \alpha_{\mathrm{c}n}}{l_{\mathrm{c}n}}\eta_{\mathrm{c}n}^2 + \sum_{n=1}^{N} \Delta T_n \dfrac{\cos^2 \alpha_{\mathrm{c}n}}{l_{\mathrm{c}n}}\eta_{\mathrm{c}n}^2 + \sum_{i=1}^{N_1} \int_0^{h_{\mathrm{p}i}} E_{\mathrm{p}i} I_{\mathrm{p}i} \left(\dfrac{\mathrm{d}^2 v}{\mathrm{d}z^2}\right)^2 \mathrm{d}z}{\int_l m_\mathrm{b} \eta^2 \mathrm{d}x + \int_h m_\mathrm{t} \xi^2 \mathrm{d}z + \dfrac{1}{3}\sum_{n=1}^{N} m_{\mathrm{c}n} l_{\mathrm{c}n}(\eta_{\mathrm{c}n}^2 + \xi_{\mathrm{c}n}^2) + \sum_{i=1}^{N_1} \int_0^{h_{\mathrm{p}i}} m_{\mathrm{p}i} v^2 \mathrm{d}z} \tag{4-206}$$

研究表明,斜拉索对矮塔斜拉桥纵向基频的影响可以忽略不计,因此,在结构的变形能中,拉索、拉索二次变形能可忽略不计。主梁、主塔的位能相对较小亦可以忽略不计,桥墩的位能是最主要的。在结构的动能中,主塔动能在结构总动能的比例很小可忽略。同时,由于拉索的质量 $m_{\mathrm{c}i}$ 相对于主梁 m_b 来说是一个微小量,因此结构的动能中仅需计入主梁的动能 T_b 及桥墩的动能 T_p。从而可得,高墩固结体系矮塔斜拉结构的纵飘基频的近似计算公式为:

$$\omega_\mathrm{b}^2 = \frac{\sum_{i=1}^{N_1} \int_0^{h_{\mathrm{p}i}} EI_{\mathrm{p}i} \left(\dfrac{\mathrm{d}^2 v}{\mathrm{d}z^2}\right)^2 \mathrm{d}z}{\int_0^l m_\mathrm{b} \eta^2 \mathrm{d}x + \sum_{i=1}^{N_1} \int_0^{h_{\mathrm{p}i}} m_{\mathrm{p}i} v^2 \mathrm{d}z} \tag{4-207}$$

用能量法求解高墩固结体系矮塔斜拉桥的纵飘基频,在概念设计阶段工程技术人员可迅速判断结构的自振特性。

3）三跨高墩矮塔斜拉桥纵飘基频

以工程中最常用的三跨高墩固结体系矮塔斜拉桥为例，说明其纵飘的基本振型。结合高墩固结体系矮塔斜拉桥的结构特点，可得到其纵飘的振型如图4-27所示。

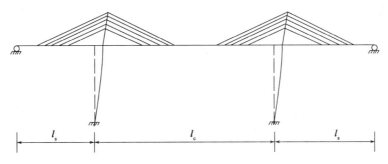

图4-27 高墩固结体系矮塔斜拉桥的纵飘振型

由图4-27可知，高墩固结体系矮塔斜拉桥的第一阶振型多为桥墩的纵向弯曲振动，主梁竖向弯曲振型可以忽略不计。矮塔斜拉桥主梁和桥塔做水平向刚体运动，高墩发生纵向弯曲振动，因此其振型函数 $v(z)$ 与高墩连续刚构桥纵飘的振型函数类似，此时主梁的动能转化为随高墩顶水平运动动能。由于墩梁固结，桥墩和主梁满足变形协调条件，故只需确定满足其边界条件的桥墩振型函数 $v(z)$ 即可，于是式（4-207）简化为：

$$\omega_b^2 = \frac{\sum_{i=1}^{2} EI_{pi} \int_0^{h_{pi}} \left(\frac{\mathrm{d}^2 v}{\mathrm{d}z^2}\right)^2 \mathrm{d}z}{m_b \int_0^l v^2(h) \mathrm{d}x + \sum_{i=1}^{2} m_{pi} \int_0^{h_{pi}} v^2 \mathrm{d}z} \tag{4-208}$$

对于等截面桥墩的三跨高墩固结体系矮塔斜拉桥，其振型函数取为单位集中力作用于墩顶的水平挠曲线，则振型函数为：

$$v(z) = \frac{3z^2 h_i - 2z^3}{h_i^3} \quad (0 \leqslant z \leqslant h_i) \tag{4-209}$$

则有

$$\omega_b^2 = \frac{\sum_{i=1}^{2} EI_{pi} \int_0^{h_{pi}} \left(\frac{\mathrm{d}^2 v}{\mathrm{d}z^2}\right)^2 \mathrm{d}z}{M_b v^2(h) + \sum_{i=1}^{2} m_{pi} \int_0^{h_{pi}} v^2 \mathrm{d}z} = \frac{\sum_{i=1}^{2} (12 EI_{pi}/h_{pi}^3)}{M_b + \sum_{i=1}^{2} (13 m_{pi} h_{pi}/35)} \tag{4-210}$$

式中，EI_{pi}、m_{pi}、h_{pi} 分别为第 i 个桥墩的抗弯刚度、均布质量、墩高；M_b 为主梁的总质量；$v(h)$ 表示墩梁固结处的水平振型值，一般可以取单位1。

4.7 斜拉桥的车辆强迫振动

以往公路桥梁的车辆振动理论研究主要是针对梁式桥，而对于斜拉桥在汽车荷载下的动力作用研究得非常少。

斜拉桥主梁的静力特性表现为拉索弹性支承的连续梁，各截面内力影响线具有局部性，其峰值在靠近锚墩和跨中附近较大，加载长度也较大，这就使主梁的内力包络图呈哑铃状，如图 4-28 所示，图中恒载弯矩 M_g 和活载弯矩 M_p 单位为 kN·m，恒载轴力 N_g 和活载轴力 N_p 单位为 kN。

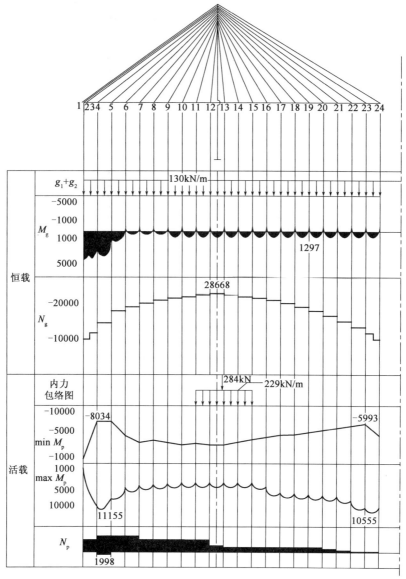

图 4-28　双塔斜拉桥的内力包络图示意

斜拉桥的动力特性则表现为整体性，如 4.5 节中所介绍的。在常用跨径 200~500m 的范围内，斜拉桥的一阶弯曲振动固有频率（基频）约在 0.2~0.5Hz 之间，远低于载重汽车 2~5Hz 的固有频率。因此，斜拉桥很难像简支梁那样在临界速度下形成共振条件，荷载的动力效应主要是载重汽车在行驶过桥并遇到桥面不平时的局部冲击作用。

将图 4-29a) 所示的斜拉桥理想化为弹性支承上的连续梁模型，如图 4-29b) 所示。用车桥耦合振动的分析方法可以计算出一辆 STEYR-1491 型载重汽车匀速过桥时在跨中受到高

70mm 的半正弦波形凸块的冲击(模拟路面不平时的情况)时,斜拉桥跨中截面弯矩反应的时程曲线,如图 4-30a)所示,其中纵坐标表示动态弯矩与静态弯矩的比值。弯矩的动态增量为 $\mu_M = 0.29$。分析表明:车辆的行驶速度影响很小,计算时取与实测相同的车速 10km/h。图 4-30b)则表示实测的应变时程曲线,其中纵坐标表示动应变电位,动态增量为 0.33。理论计算结果与实测结果两者是相近的。这表明理论分析的方法具有足够的精度,是可靠的。

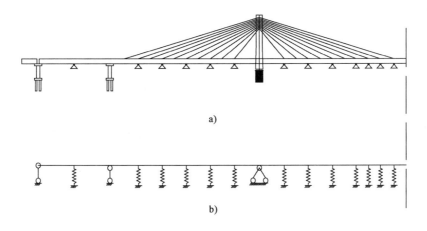

图 4-29 双塔斜拉桥的力学模型示意

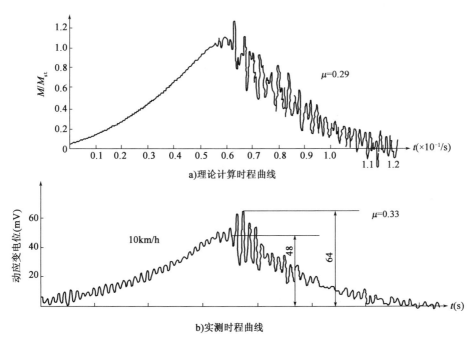

图 4-30 双塔斜拉桥的主跨跨中弯矩时程曲线示意

此图取自:李国豪.桥梁结构稳定与振动[M].2 版.北京:中国铁道出版社,2002

理论分析还表明,桥头受 10mm 高的 45°斜坡冲击时能够激起对靠近端支座附近截面的高阶振型,并使该截面的弯矩反应中发生较大的动态增量($\mu_M = 0.35$),也是不可忽视的。

总之,斜拉桥的车辆振动有其特殊的规律,需要借助于现代计算技术进行车桥耦合振动模拟分析,求解桥梁控制截面主要内力的动态增量。

本章参考文献

[1] 宋一凡.公路桥梁动力学[M].北京:人民交通出版社,2000.

[2] 李国豪.桥梁结构稳定与振动[M].2版.北京:中国铁道出版社,2002.

[3] Zui H, Shinke T, Namita Y. Practical Formulas for Estimation of Cable Tension by Vibration Method. Journal of Structural Engineering, 1996,122(6):651-656.

[4] 宋一凡,贺拴海.斜拉索的动力计算长度研究[J].中国公路学报,2001,14(3):70-72.

[5] 宋一凡,贺拴海,吴小平.固端刚性拉索索力分析能量法[J].西安公路交通大学学报,2001,21(1):55-57.

[6] 任伟新,陈刚.由基频计算拉索索力的实用公式[J].土木工程学报,2005,38(11):26-31.

[7] 徐宏,黄平明,韩万水.刚性短索索力计算及边界条件分析[J].长安大学学报,2008,28(2):21-23.

[8] 李国强,魏金波,张开莹.考虑边界弹性约束的索力动力检测理论与试验研究[J].建筑结构学报,2009,30(5):220-226.

[9] 宋涛.矮塔斜拉桥近似分析方法研究[D].西安:长安大学,2016.

第5章
梁桥整体水平向振动分析

工程中简支梁和连续梁桥应用极为广泛。第1章主要给出了简支梁和连续梁的主梁竖向平面弯曲振动分析方法,解决了单梁的竖向弯曲振动问题。简支梁和连续梁桥整体(考虑梁桥上、下部结构完整体系)水平向振动相对复杂,包括了基础工程、墩柱和主梁及支座系统,理论解析比较困难。基于能量原理推导的简支梁和连续梁桥整体水平向振动特性的半解析法,仍然具有很重要的理论意义和工程实用价值。梁桥结构能量法简化模型抓住了一些控制梁桥结构动力作用的主要因素,其相应的近似解析方法较为完整,为桥梁结构工程师们所熟悉,是一种概念明确、方法简单、精度较高的简化计算方法。本章根据拉格朗日(Lagrange)方程导出简支梁和连续梁桥整体水平向振动的实用简化分析方法,为梁桥整体水平向抗震分析奠定理论依据。

这里假设梁桥址处存在地面水平激励位移 $y_g(t)$ 及速度 $\dot{y}_g(t)$,当无地面水平激励时,就简化成相应的梁桥或墩柱整体水平自由振动状态,可以运用能量方法求梁桥结构振动体系的固有振型和固有频率的近似解。

5.1 柔性墩柱水平向振动分析

简支梁和连续梁桥中的柔性墩柱占据较大比例,其墩柱构造型式大致可分为单柱式(包括带墩帽)、多柱式(带盖梁)两大类。基础与墩柱有多种构造组合形式,本节给出常见的单墩柱、分离式基础和整体式基础的框架墩柱三种类型柔性墩柱振动分析模型。

5.1.1 墩柱振动简化分析

如图 5-1 所示,建立平面坐标系 xoy,墩柱发生水平方向(顺桥向或横桥向)振动。盖梁上的橡胶支座水平方向刚度用 k 表示,当墩顶设置横向限位构造时,$k \to \infty$。当设有固定支座时,可将与固定支座相关联的一联梁的自重叠加到墩顶盖梁中。

1) 盖梁横向无限位约束

系统的动能:

$$T = \frac{1}{2}\int_0^h m_{\mathrm{p}}(\dot{y} + \dot{y}_{\mathrm{g}})^2 \mathrm{d}x + \frac{1}{2}M_{\mathrm{s}}(\dot{y} + \dot{y}_{\mathrm{g}})^2 \big|_{x=h} +$$
$$\frac{1}{2}M_{\mathrm{B}}(\dot{u} + \dot{y}_{\mathrm{g}})^2 + \frac{1}{2}M_{\mathrm{f}}(\dot{y} + \dot{y}_{\mathrm{g}})^2 \big|_{x=0} \tag{5-1}$$

系统的位能:

$$V = \frac{1}{2}\int_0^h EI_{\mathrm{p}}(y'')^2 \mathrm{d}x + \frac{1}{2}\{y \quad y'\}\begin{bmatrix} k_{\mathrm{QQ}} & k_{\mathrm{QM}} \\ k_{\mathrm{QM}} & k_{\mathrm{MM}} \end{bmatrix}\begin{Bmatrix} y \\ y' \end{Bmatrix}\big|_{x=0} +$$
$$\frac{1}{2}k(u-y)^2 \big|_{x=h} - \frac{1}{2}\int_0^h (M_{\mathrm{B}} + M_{\mathrm{s}})g(y')^2 \mathrm{d}x \tag{5-2}$$

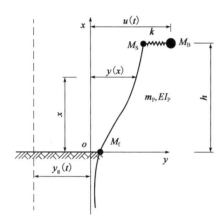

图 5-1 柔性墩柱振动简化模型

式中,$y_{\mathrm{g}}(t)$、$\dot{y}_{\mathrm{g}}(t)$ 为地面水平激励位移、速度;$y(x,t)$ 为墩柱的相对水平位移;$u(t)$ 为墩柱相关联的上部结构相对于地面的水平位移;M_{B} 为相关联桥跨结构的集中质量;M_{s} 为盖梁的集中质量;M_{f} 为承台或扩大基础的集中质量;EI_{p} 为墩身各柱抗弯刚度之和;m_{p} 为墩柱每延米高度的质量之和;k 为橡胶支座水平方向剪切刚度;$k_{ij}(i, j = \mathrm{Q}, \mathrm{M})$ 为地基与基础平动、转动和平转动耦合相应的弹簧常数,分别为:

$$\begin{bmatrix} k_{\mathrm{QQ}} & k_{\mathrm{QM}} \\ k_{\mathrm{QM}} & k_{\mathrm{MM}} \end{bmatrix} = \frac{1}{\delta_{\mathrm{QQ}}\delta_{\mathrm{MM}} - \delta_{\mathrm{QM}}^2}\begin{bmatrix} \delta_{\mathrm{MM}} & -\delta_{\mathrm{QM}} \\ -\delta_{\mathrm{QM}} & \delta_{\mathrm{QQ}} \end{bmatrix} \tag{5-3}$$

其中,$\delta_{ij}(i, j = \mathrm{Q}, \mathrm{M})$ 分别为地基柔度系数,由《公路桥涵地基与基础设计规范》(JTG D63—2007)确定。

由分离变量法,设 $y(x,t) = \varphi(x)q(t)$,则式(5-1)和式(5-2)可分别写成:

$$T = \frac{1}{2}\int_0^h m_{\mathrm{p}}[\varphi(x)\dot{q} + \dot{y}_{\mathrm{g}}]^2 \mathrm{d}x + \frac{1}{2}M_{\mathrm{s}}[\varphi(h)\dot{q} + \dot{y}_{\mathrm{g}}]^2 +$$
$$\frac{1}{2}M_{\mathrm{f}}[\varphi(0)\dot{q} + \dot{y}_{\mathrm{g}}]^2 + \frac{1}{2}M_{\mathrm{B}}(\dot{u} + \dot{y}_{\mathrm{g}})^2 \tag{5-4}$$

$$V = \frac{1}{2}\int_0^h EI_{\mathrm{p}}[\varphi''(x)q]^2 \mathrm{d}x + \frac{1}{2}\{\varphi(0) \quad \varphi'(0)\}\begin{bmatrix} k_{\mathrm{QQ}} & k_{\mathrm{QM}} \\ k_{\mathrm{QM}} & k_{\mathrm{MM}} \end{bmatrix}\begin{Bmatrix} \varphi(0) \\ \varphi'(0) \end{Bmatrix}q^2 +$$
$$\frac{1}{2}k[u - \varphi(h)q]^2 - \frac{1}{2}\int_0^h (M_{\mathrm{B}} + M_{\mathrm{s}})g[\varphi'(x)]^2 q^2 \mathrm{d}x \tag{5-5}$$

由拉格朗日(Lagrange)方程,不计阻尼时有:

$$\frac{\mathrm{d}}{\mathrm{d}t}\left(\frac{\partial T}{\partial \dot{q}_i}\right) - \frac{\partial T}{\partial q_i} + \frac{\partial V}{\partial q_i} = 0 \quad (i = 1, 2) \tag{5-6}$$

可得墩柱横向振动方程为:

$$\begin{cases} M_e \ddot{q} + K_e q - k\varphi(h)u = -\Gamma_e \ddot{y}_g(t) \\ M_B \ddot{u} + ku - k\varphi(h)q = -M_B \ddot{y}_g(t) \end{cases} \tag{5-7}$$

式中,M_e 为墩柱等效质量,即:

$$M_e = \int_0^h m_p \varphi^2(x)\mathrm{d}x + M_s \varphi^2(h) + M_f \varphi^2(0) \tag{5-8}$$

K_e 为墩柱等效刚度,即:

$$K_e = \int_0^h EI_p [\varphi''(x)]^2 \mathrm{d}x + k_{QQ}\varphi^2(0) + 2k_{QM}\varphi(0)\varphi'(0) + k_{MM}[\varphi'(0)]^2 +$$

$$k\varphi^2(h) - \int_0^h (M_B + M_S)g[\varphi'(x)]^2 \mathrm{d}x \tag{5-9}$$

Γ_e 为墩柱振型影响参数,即:

$$\Gamma_e = \int_0^h m_p \varphi(x)\mathrm{d}x + M_s \varphi(h) + M_f \varphi(0) \tag{5-10}$$

方程组(5-7)就是地震动 $\ddot{y}_g(t)$ 作用下柔性墩柱简化模型的振动方程组。

考虑柔性墩柱简化模型的自由振动情形,相应的齐次微分方程为:

$$\begin{cases} M_e \ddot{q} + K_e q - k\varphi(h)u = 0 \\ M_B \ddot{u} + ku - k\varphi(h)q = 0 \end{cases} \tag{5-11}$$

令其齐次解为 $q = Q\cos\omega t, u = U\cos\omega t$,则有:

$$\begin{bmatrix} K_e - \omega^2 M_e & -k\varphi(h) \\ -k\varphi(h) & k - \omega^2 M_B \end{bmatrix} \begin{Bmatrix} Q \\ U \end{Bmatrix} = 0 \tag{5-12}$$

使 Q 与 U 不全为零的条件是其系数行列式为零,从而得频率方程:

$$M_e M_B \omega^4 - (K_e M_B + kM_e)\omega^2 + k[K_e - k\varphi^2(h)] = 0$$

其固有频率解为:

$$\omega_{1,2}^2 = \frac{K_e M_B + kM_e \mp \sqrt{(K_e M_B + kM_e)^2 - 4M_e M_B k[K_e - k\varphi^2(h)]}}{2M_e M_B} \tag{5-13}$$

将式(5-13)代入式(5-12)求解振型矩阵后,按照振型正交性可以得到计入阻尼比 ζ_i 后的振动方程为:

$$\ddot{q}_i(t) + 2\zeta_i \omega_i \dot{q}_i(t) + \omega_i^2 q_i(t) = -\gamma_i \ddot{y}_g(t) \quad (i = 1, 2) \tag{5-14}$$

式中,$q_1 = q(t)$ 为墩柱振动广义坐标;$q_2 = u(t)$ 为桥跨结构水平振动位移;ζ_i 可用瑞雷(Rayleigh)法求得。

通过求解方程(5-14),得:

墩柱横向水平振动位移

$$y(x,t) = \varphi(x)q_1(t) \tag{5-15a}$$

桥跨结构水平振动位移

$$u(t) = q_2(t) \tag{5-15b}$$

方程(5-14)一般采用杜哈美积分法求解,可以参考第 1.9 节有关内容,以后各节不再赘述。

2)横向设置限位约束

因上部结构横向振动与墩顶盖梁振动同步,所以在式(5-1)和式(5-2)中令 $u = y(h,t)$,消去 $k(u - y)|_{x=h}$ 项。令 $y = \varphi(x)q(t)$,则由拉格朗日(Lagrange)方程可导得计入阻尼比 ζ 后墩柱横向振动方程为:

$$\ddot{q}(t) + 2\zeta\omega\dot{q}(t) + \omega^2 q(t) = -\gamma\ddot{y}_g(t) \tag{5-16}$$

式中,$\omega^2 = \dfrac{K_{eq}}{M_{eq}}$;$\gamma = \dfrac{\Gamma_{eq}}{M_{eq}}$。

其中,M_{eq} 为等效质量,即:

$$M_{eq} = \int_0^h m_p \varphi^2(x) \mathrm{d}x + (M_s + M_B)\varphi^2(h) + M_f \varphi^2(0) \tag{5-17}$$

K_{eq} 为等效刚度,即:

$$K_{eq} = \int_0^h EI_p [\varphi''(x)]^2 \mathrm{d}x + k_{QQ}\varphi^2(0) + 2k_{QM}\varphi(0)\varphi'(0) +$$
$$k_{MM}[\varphi'(0)]^2 - \int_0^h (M_B + M_s)g[\varphi'(x)]^2 \mathrm{d}x \tag{5-18}$$

Γ_{eq} 为振型影响参数,即:

$$\Gamma_{eq} = \int_0^h m_p \varphi(x) \mathrm{d}x + (M_s + M_B)\varphi(h) + M_f \varphi(0) \tag{5-19}$$

5.1.2 墩柱等效模型振动方程

为了突出梁桥整体水平向振动特性,本节仅给出墩柱横向一阶弯曲振型相应的求解过程。结合墩柱结构变形特征,采用分解成简单形式的墩柱弯曲变形叠加,导出墩柱横向一阶弯曲振型试函数。

1)单墩柱

单墩柱包括单排式桩基础墩柱,墩顶既有水平移动(包括顺桥向和横桥向),又有转动变形,如图 5-2 所示,故设其一阶弯曲振型函数为:

$$\varphi(x) = \frac{1}{\alpha}\left[\frac{3y_1}{h^3}\left(\frac{hx^2}{2} - \frac{x^3}{6}\right) + y_2 \frac{x}{h} + y_3\right] \tag{5-20}$$

式中,y_1、y_2、y_3 分别为在墩柱顶作用单位水平力所引起的基础固结时产生的墩顶弹性挠曲位移、基础转动时产生的墩顶刚体转动位移和墩顶刚体平动位移,即:

$$\left.\begin{array}{l} y_1 = \dfrac{h^3}{3EI_p} \\ y_2 = h^2 \delta_{MM} + h\delta_{QM} \\ y_3 = \delta_{QQ} + h\delta_{QM} \\ \alpha = y_1 + y_2 + y_3 \end{array}\right\} \tag{5-21}$$

式中,EI_p 为单柱截面抗弯刚度或单排墩柱各柱截面抗弯刚度之和,即 $EI_p = \sum\limits_{n=1}^{N} EI_{pi}$;$N$ 为为单排墩柱数量。

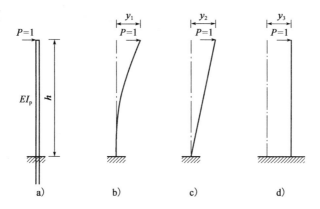

图 5-2 单排柱式墩柱变形分析

(1) 横向无限位约束。

由式(5-8)~式(5-10)可得墩柱等效计算参数为：

$$M_e = \frac{M_p}{\alpha^2}\left(\frac{33}{140}y_1^2 + \frac{1}{3}y_2^2 + y_3^2 + \frac{11}{20}y_1y_2 + \frac{3}{4}y_1y_3 + y_2y_3\right) + M_s + M_f y_3^2/\alpha^2 \quad (5\text{-}22)$$

$$K_e = \frac{y_1 + y_2 + y_3}{\alpha^2} + k - \frac{(M_B + M_s)g}{\alpha^2 h}\left(\frac{6}{5}y_1^2 + 2y_1y_2 + y_2^2\right) \quad (5\text{-}23)$$

$$\Gamma_e = \frac{M_p}{\alpha}\left(\frac{3}{8}y_1 + \frac{y_2}{2} + y_3\right) + M_s + M_f y_3/\alpha \quad (5\text{-}24)$$

式中，$M_p = m_p h$ 为墩身的总质量；其余符号意义同前。

(2) 横向设限位约束。

由式(5-17)~式(5-19)可得墩柱等效计算参数：

$$\begin{aligned}M_{eq} = &\frac{M_p}{\alpha^2}\left(\frac{33}{140}y_1^2 + \frac{1}{3}y_2^2 + y_3^2 + \frac{11}{20}y_1y_2 + \frac{3}{4}y_1y_3 + y_2y_3\right) + \\ & M_B + M_s + M_f y_3^2/\alpha^2\end{aligned} \quad (5\text{-}25)$$

$$K_{eq} = \frac{y_1 + y_2 + y_3}{\alpha^2} - \frac{(M_B + M_s)g}{\alpha^2 h}\left(\frac{6}{5}y_1^2 + 2y_1y_2 + y_2^2\right) \quad (5\text{-}26)$$

$$\Gamma_{eq} = \frac{M_p}{\alpha}\left(\frac{3}{8}y_1 + \frac{y_2}{2} + y_3\right) + M_s + M_B + M_f y_3/\alpha \quad (5\text{-}27)$$

式中，各符号意义同前。

2) 分离式基础框架墩柱

因刚度相对较大的盖梁使框架式墩柱顶仅允许横桥向水平移动而不允许转动，如图 5-3 所示，其中 M_a 为墩顶作用一单位水平力时的赘余弯矩，可由墩顶转角为零条件求得。

由静力平衡条件，有

$$\left.\begin{aligned}M_a + M_0 - h &= 0 \\ Q_0 &= 1\end{aligned}\right\} \quad (5\text{-}28)$$

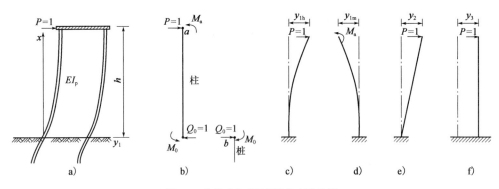

图 5-3 分离式基础框架墩柱变形分析

及变形协调条件

$$\theta_a = \theta_0 + \theta_{aF} - \theta_{aM} = 0 \tag{5-29}$$

式中,桩顶转角 θ_0、墩顶单位水平力产生的墩顶转角 θ_{aF} 和墩顶弯矩产生的墩顶转角 θ_{aM} 分别为:

$$\left.\begin{array}{l}\theta_0 = Q_0 \delta_{QM} + M_0 \delta_{MM} \\ \theta_{aF} = \dfrac{h^2}{2EI_p} \\ \theta_{aM} = \dfrac{h}{EI_p} M_a\end{array}\right\} \tag{5-30}$$

式中,EI_p 为单柱截面抗弯刚度或单排墩柱各柱截面抗弯刚度之和,即 $EI_p = \sum_{n=1}^{N} EI_{pi}$;$N$ 为单排墩柱数量。

由式(5-28)和式(5-29)可解得:

$$M_0 = \frac{h^2/2EI_p - \delta_{QM}}{h/EI_p + \delta_{MM}} \tag{5-31}$$

$$M_a = h - M_0 \tag{5-32}$$

对于图 5-3 所示的基本结构体系,解除墩顶赘余约束后变为悬臂墩柱,故设其一阶弯曲振型函数为:

$$\varphi(x) = \frac{1}{\alpha} \left[\frac{3y_{1h}}{h^3}\left(\frac{hx^2}{2} - \frac{x^3}{6}\right) - y_{1m}\frac{x^2}{h^2} + y_2\frac{x}{h} + y_3 \right] \tag{5-33}$$

式中,y_{1h}、y_{1m} 分别为墩柱基础固结时墩顶作用单位水平力所产生的墩顶弹性挠曲位移和约束力矩所产生的墩顶弹性挠曲位移;y_2、y_3 分别为相应的基础转动时产生的墩顶水平位移和墩顶刚体平动位移,即:

$$\left.\begin{array}{l}y_{1h} = \dfrac{h^3}{3EI_p} \\ y_{1m} = \dfrac{h^2}{2EI_p} M_a \\ y_2 = h(M_0 \delta_{MM} + \delta_{QM}) \\ y_3 = \delta_{QQ} + M_0 \delta_{QM} \\ \alpha = y_{1h} - y_{1m} + y_2 + y_3\end{array}\right\} \tag{5-34}$$

式中,各符号意义同前。式(5-33)满足墩柱顶横桥向转角为零的条件。

(1)横向无限位约束。

由式(5-8)~式(5-10)可得墩柱等效计算参数为：

$$\left.\begin{aligned}
M_e &= \frac{1}{\alpha^2} M_p \left(\frac{33}{140} y_{1h}^2 + \frac{1}{5} y_{1m}^2 + \frac{1}{3} y_2^2 + y_3^2 - \frac{13}{30} y_{1h} y_{1m} + \frac{11}{20} y_{1h} y_2 + \right.\\
&\quad \left. \frac{3}{4} y_{1h} y_3 - \frac{1}{2} y_{1m} y_2 - \frac{2}{3} y_{1m} y_3 + y_2 y_3 \right) + M_f y_3^2 / \alpha^2 + M_s \\
K_e &= \frac{1}{\alpha^2} \left[y_{1h} + \frac{4}{3} \frac{y_{1m}^2}{y_{1h}} - 2 y_{1m} + M_0 \frac{y_2}{h} + y_3 - \frac{(M_B + M_s) g}{h} \cdot \right. \\
&\quad \left. \left(\frac{6}{5} y_{1h}^2 + \frac{4}{3} y_{1m}^2 + y_2^2 - \frac{5}{2} y_{1h} y_{1m} + 2 y_{1h} y_2 - 2 y_{1m} y_2 \right) \right] + k \\
\varGamma_e &= \frac{1}{\alpha} \left[M_p \left(\frac{3}{8} y_{1h} - \frac{1}{3} y_{1m} + \frac{1}{2} y_2 + y_3 \right) + M_f y_3 \right] + M_s
\end{aligned}\right\} \quad (5\text{-}35)$$

式中,各符号意义同前。

(2)横向设限位约束。

由式(5-17)~式(5-19)可得墩柱等效计算参数为：

$$\left.\begin{aligned}
M_{eq} &= \frac{1}{\alpha^2} M_p \left(\frac{33}{140} y_{1h}^2 + \frac{1}{5} y_{1m}^2 + \frac{1}{3} y_2^2 + y_3^2 - \frac{13}{30} y_{1h} y_{1m} + \frac{11}{20} y_{1h} y_2 + \right.\\
&\quad \left. \frac{3}{4} y_{1h} y_3 - \frac{1}{2} y_{1m} y_2 - \frac{2}{3} y_{1m} y_3 + y_2 y_3 \right) + \\
&\quad M_f y_3^2 / \alpha^2 + M_s + M_B \\
K_{eq} &= \frac{1}{\alpha^2} \left[y_{1h} + \frac{4}{3} \frac{y_{1m}^2}{y_{1h}} - 2 y_{1m} + M_0 \frac{y_2}{h} + y_3 - \frac{(M_B + M_s) g}{h} \cdot \right. \\
&\quad \left. \left(\frac{6}{5} y_{1h}^2 + \frac{4}{3} y_{1m}^2 + y_2^2 - \frac{5}{2} y_{1h} y_{1m} + 2 y_{1h} y_2 - 2 y_{1m} y_2 \right) \right] \\
\varGamma_{eq} &= \frac{1}{\alpha} \left[M_p \left(\frac{3}{8} y_{1h} - \frac{1}{3} y_{1m} + \frac{1}{2} y_2 + y_3 \right) + M_f y_3 \right] + M_s + M_B
\end{aligned}\right\} \quad (5\text{-}36)$$

式中,各符号意义同前。

3)整体式基础框架墩柱

根据盖梁的约束及框架墩柱的横桥向变形特点,如图5-4所示,整体式基础框架墩柱的横桥向一阶弯曲振型函数可以写成：

$$\varphi(x) = \frac{1}{\alpha} \left[\frac{3 y_1}{h^3} \left(h x^2 - \frac{2}{3} x^3 \right) + y_3 \right] \quad (5\text{-}37)$$

式中,y_1、y_3 分别为基础固结时在墩柱墩顶作用单位水平力所产生的墩顶弹性挠曲位移和墩顶刚体平动位移,即：

$$\left.\begin{aligned} y_1 &= \frac{h^3}{12EI_p} \\ y_3 &= \delta_{MM} + \delta_{QM}h \\ \alpha &= y_1 + y_3 \end{aligned}\right\} \quad (5\text{-}38)$$

式中，$EI_p = \sum_{n=1}^{N} EI_{pi}$ 为各墩柱截面抗弯刚度之和；其余符号意义同前。

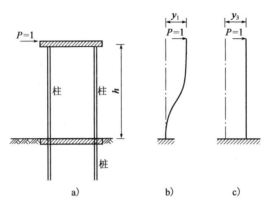

图 5-4　整体式基础框架墩柱变形分析

(1) 横向无限位约束。

由式(5-8)~式(5-10)可得墩柱等效计算参数为：

$$\left.\begin{aligned} M_e &= \frac{1}{\alpha^2} M_p \left(\frac{13}{35}y_1^2 + y_3^2 + y_1 y_3\right) + M_s + M_f y_3^2/\alpha^2 \\ K_e &= \frac{y_1 + y_3}{\alpha^2} + k - \frac{(M_B + M_s)g}{\alpha^2 h}\frac{6}{5}y_1^2 \\ \varGamma_e &= \frac{M_p}{\alpha}\left(\frac{1}{2}y_1 + y_3\right) + M_s + M_f y_3/\alpha \end{aligned}\right\} \quad (5\text{-}39)$$

式中，各符号意义同前。

(2) 横向设限位约束。

由式(5-17)~式(5-19)可得墩柱等效计算参数为：

$$\left.\begin{aligned} M_{eq} &= \frac{1}{\alpha^2} M_p \left(\frac{13}{35}y_1^2 + y_3^2 + y_1 y_3\right) + M_s + M_B + M_f y_3^2/\alpha^2 \\ K_{eq} &= \frac{1}{\alpha^2}(y_1 + y_3) - \frac{(M_B + M_s)g}{\alpha^2 h}\frac{6}{5}y_1^2 \\ \varGamma_{eq} &= \frac{M_p}{\alpha}\left(\frac{1}{2}y_1 + y_3\right) + M_s + M_B + M_f y_3/\alpha \end{aligned}\right\} \quad (5\text{-}40)$$

式中，各符号意义同前。

在求得墩柱等效计算参数(等效质量、等效刚度和振型影响参数)后，即可求解柔性墩柱水平向固有振动特性参数及地震动响应。

5.2 简支梁桥顺桥向振动分析

5.2.1 支座简化模型

对于简支梁桥,其支座类型较为复杂,有传统形式的主梁一端固定铰支另一端活动铰链支承,有两端弹性橡胶支座,也有主梁结构简支桥面连续的桥联端部支座设为滑板型而其余用板式橡胶支座等多种形式。因此,简支梁桥顺桥向作用下的计算可以采用两类简化计算简图分析。

1) 单墩柱模型

单墩柱模型适合于顺桥向具有铰支座类型的简支梁。每个独立振动体系中包括一个墩柱和固定支承于该墩上的上部结构集中质量。不难看出,简支梁桥顺桥向振动中有以下几种独立模型:

(1) 中墩柱连同一孔固定支承着的上部结构质量,如图 5-5a) 所示;
(2) 中墩柱连同两孔固定支承着的上部结构质量,如图 5-5b) 所示;
(3) 中墩柱不带上部结构,上部结构质量归于邻墩柱,如图 5-5c) 所示。

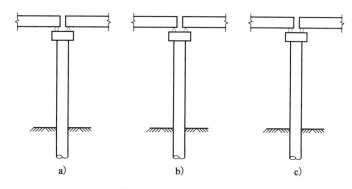

图 5-5 简支梁的顺桥向独立振动部分图式

在相应的墩柱水平纵桥向振动计算图式中,可以将盖梁质量与相关联的桥跨上部结构质量叠加。

2) 板式橡胶支座剪切变形模型

体现上部结构的集中质量置于两个墩柱之上,用模拟橡胶支座弹性变形的弹簧同墩柱联结,板式橡胶支座形成了上部结构同它所赖以支承的墩柱顶部之间的弹性联系。

采用板式橡胶支座的纵向变形模型如图 5-6 所示。

在水平力作用下,其变形为:

$$\Delta = h_\mathrm{p}\tan\gamma \approx h_\mathrm{p}\gamma = h_\mathrm{p}\frac{P}{GA} = \frac{P}{k} \qquad (5\text{-}41)$$

式中,P 为作用在橡胶支座的水平力;A、G 分别为板式橡胶支座平面面积、剪切模量;$h_\mathrm{p} = h - n \times t$ 橡胶层总厚度,其中 h 为板式橡胶支座总厚度,n 表示层数,t 为钢板厚;$k = \dfrac{GA}{h_\mathrm{p}}$ 为橡胶支座的水平刚度系数;γ为支座顺桥向的剪切角。

对于滑板式橡胶支座,类同于铰链支座的处理方法。

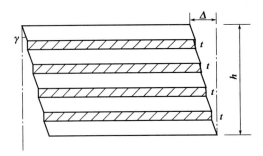

图 5-6 板式橡胶支座的纵向变形模型

5.2.2 纵桥向振动分析

根据简支梁桥结构特点,在各支承处采用板式橡胶等弹性性质的支座时,其结构体系顺桥向振动可简化为如图 5-7 所示。在各墩柱基础受到同步激励 $y_g(t)$ 时,结构体系的动能为:

$$T = \frac{1}{2}\sum_{i=1}^{n-1}\int_0^{h_i} m_{pi}(\dot{y}_i + \dot{y}_g)^2 dx_i + \frac{1}{2}\sum_{i=1}^{n-1} M_{fi}(\dot{y}_i + \dot{y}_g)^2 \Big|_{x_i=0} +$$

$$\frac{1}{2}\sum_{i=1}^{n-1} M_{si}(\dot{y}_i + \dot{y}_g)^2 \Big|_{x_i=h_i} + \frac{1}{2}\sum_{i=1}^{n} M_{Bi}(\dot{u}_i + \dot{y}_g)^2 \tag{5-42}$$

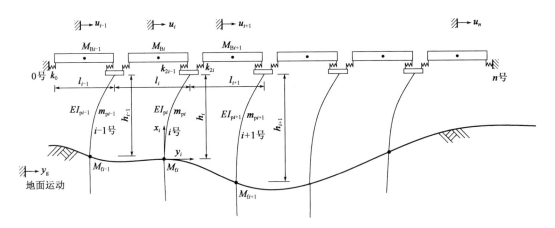

图 5-7 简支梁桥顺桥向振动简化图式

结构体系的位能为:

$$V = \frac{1}{2}\sum_{i=1}^{n-1}\int_0^{h_i} EI_{pzi}(y_i'')^2 dx_i + \frac{1}{2}\sum_{i=1}^{n-1}\{y_i \quad y_i'\}\begin{bmatrix} k_{QQi} & k_{QMi} \\ k_{QMi} & k_{MMi} \end{bmatrix}\begin{Bmatrix} y_i' \\ y_i' \end{Bmatrix}\Big|_{x_i=0} +$$

$$\frac{1}{2}\sum_{i=1}^{n-1}\left[k_{2i-1}(u_i - y_i)^2\big|_{x_i=h_i} + k_{2i}(u_{i+1} - y_i)^2\big|_{x_i=h_i}\right] + \frac{1}{2}k_0 u_1^2 + \frac{1}{2}k_{2n-1} u_n^2 -$$

$$\frac{1}{2}\sum_{i=1}^{n-1}\int_0^{h_i}\left(\frac{M_{Bi} + M_{Bi+1}}{2} + M_{si}\right)g(y_i')^2 dx_i \tag{5-43}$$

上述式中，$y_g(t)$、$\dot{y}_g(t)$ 为地面顺桥向水平激励位移和速度；y_i 为第 i 号墩柱顺桥向相对水平变位；m_{pi} 为第 i 号墩柱单位高度质量；M_{fi} 为第 i 号墩柱承台或横系梁集中质量；M_{si} 为第 i 号墩柱盖梁或墩帽集中质量；M_{Bi} 为第 i 号桥跨结构集中质量；k_{2i-1}、k_{2i} 为第 i 号墩柱左侧、右侧支座顺桥向水平弹簧刚度；k_0、k_{2n-1} 分别为 0 号桥台、n 号桥台支座水平弹簧刚度；h_i 为第 i 号墩柱高度；EI_{pzi} 为第 i 号墩柱各柱顺桥向抗弯刚度之和，即 $EI_{pzi}=\sum_{j=1}^{N}EI_{pzij}$，其中，$N$ 为第 i 号墩的相关联柱数；其余符号均为横桥向参数，含义同前。

对于各墩柱，由分离变量法设 $y_i(x_i,t)=\varphi_i(x_i)q_i(t)$，分别代入式(5-42)和式(5-43)，得：

$$T=\frac{1}{2}\sum_{i=1}^{n-1}\int_0^{h_i}m_i[\varphi_i(x_i)\dot{q}_i(t)+\dot{y}_g(t)]^2 dx_i+\frac{1}{2}\sum_{i=1}^{n-1}M_{fi}[\varphi_i(0)\dot{q}_i(t)+\dot{y}_g(t)]^2+$$
$$\frac{1}{2}\sum_{i=1}^{n-1}M_{si}[\varphi_i(h_i)\dot{q}_i(t)+\dot{y}_g(t)]^2+\frac{1}{2}\sum_{i=1}^{n}M_{Bi}[\dot{u}_i(t)+\dot{y}_g(t)]^2 \tag{5-44}$$

$$V=\frac{1}{2}\sum_{i=1}^{n-1}\int_0^{h_i}EI_{pzi}[\varphi_i''(x_i)\dot{q}_i(t)]^2 dx_i+\frac{1}{2}\sum_{i=1}^{n-1}\{\varphi_i(0)\quad\varphi_i'(0)\}\begin{bmatrix}k_{QQi} & k_{QMi}\\ k_{QMi} & k_{MMi}\end{bmatrix}\begin{Bmatrix}\varphi_i(0)\\ \varphi_i'(0)\end{Bmatrix}q_i^2(t)+$$
$$\frac{1}{2}\sum_{i=1}^{n-1}\{k_{2i-1}[u_i-\varphi_i(h_i)q_i(t)]^2+k_{2i}[u_{i+1}-\varphi_i(h_i)q_i(t)]^2\}+$$
$$\frac{1}{2}k_0 u_1^2+\frac{1}{2}k_{2n-1}u_n^2-\frac{1}{2}\sum_{i=1}^{n-1}\left(\frac{M_{Bi}+M_{Bi+1}}{2}+M_{si}\right)g\int_0^{h_i}[\varphi_i'(x_i)q_i(t)]^2 dx_i \tag{5-45}$$

由拉格朗日(Lagrange)方程 $\frac{d}{dt}\left(\frac{\partial T}{\partial \dot{q}_i}\right)-\frac{\partial T}{\partial q_i}+\frac{\partial V}{\partial q_i}=0$，得：

$$\left.\begin{array}{l}M_{ei}\ddot{q}_i+K_{ei}q_i-k_{2i-1}\varphi_i(h_i)u_i-k_{2i}\varphi_i(h_i)u_{i+1}=-\Gamma_{ei}\ddot{y}_g \quad (i=1,2,\cdots,n-1)\\ M_{B1}\ddot{u}_1+k_0 u_1+k_1 u_1-k_1\varphi_1(h_1)q_1=-M_{B1}\ddot{y}_g\\ M_{Bn}\ddot{u}_n+k_{2n-2}u_n+k_{2n-1}u_n-k_{2n-2}\varphi_{n-1}(h_{n-1})q_{n-1}=-M_{Bn}\ddot{y}_g\\ M_{Bi}\ddot{u}_i+k_{2i-1}u_i+k_{2i-2}u_i-k_{2i-1}\varphi_i(h_i)q_i-k_{2n-2}\varphi_{i-1}(h_{i-1})q_{i-1}=-M_{Bi}\ddot{y}_g \quad (i=2,3,\cdots,n-1)\end{array}\right\}$$
$$\tag{5-46}$$

式中，M_{ei} 为第 i 号墩柱等效质量，即：

$$M_{ei}=\int_0^{h_i}m_{pi}\varphi_i^2(x_i)dx_i+M_{fi}\varphi_i^2(0)+M_{si}\varphi_i^2(h_i) \tag{5-47}$$

K_{ei} 为第 i 号墩柱等效水平推抗刚度，即：

$$K_{ei}=\int_0^{h_i}EI_{pzi}[\varphi_i''(x_i)]^2 dx_i+k_{QQi}\varphi_i^2(0)+2k_{QMi}\varphi_i(0)\varphi_i'(0)+k_{MMi}[\varphi_i'(0)]^2+$$
$$(k_{2i-1}+k_{2i})\varphi_i^2(h_i)-\left(\frac{M_{Bi}+M_{Bi+1}}{2}+M_{si}\right)g\int_0^{h_i}[\varphi_i'(x_i)]^2 dx_i \tag{5-48}$$

Γ_{ei} 为第 i 号墩柱振型影响参数，即：

$$\Gamma_{ei}=\int_0^{h_i}m_{pi}\varphi_i(x_i)dx_i+M_{fi}\varphi_i(0)+M_{si}\varphi_i(h_i) \tag{5-49}$$

其中，$\varphi_i(x_i)$ 为第 i 号墩柱顺桥向的一阶弯曲振型函数。

写成矩阵形式，有：

$$\boldsymbol{M}\ddot{\boldsymbol{q}}+\boldsymbol{K}\boldsymbol{q}=-\boldsymbol{\Gamma}\ddot{y}_g(t) \tag{5-50}$$

式中，等效质量矩阵为：

$$M = \begin{bmatrix} M_{B1} & & & & & & & & & \\ & M_{e1} & & & & & & & & \\ & & M_{B2} & & & & & & & \\ & & & M_{e2} & & & & & & \\ & & & & \ddots & & & & & \\ & & & & & M_{Bi} & & & & \\ & & & & & & M_{ei} & & & \\ & & & & & & & \ddots & & \\ & & & & & & & & M_{en-1} & \\ & & & & & & & & & M_{Bn} \end{bmatrix} \quad (5\text{-}51)$$

等效刚度矩阵为：

$$K = \begin{Bmatrix} k_0+k_1 & -k_1\varphi_1(h_1) & & & & & & & \\ -k_1\varphi_1(h_1) & K_{e1} & -k_2\varphi_1(h_1) & & & & & & \\ & -k_2\varphi_1(h_1) & k_2+k_3 & -k_3\varphi_2(h_2) & & & & & \\ & & -k_3\varphi_2(h_2) & K_{e2} & -k_4\varphi_2(h_2) & & & & \\ & & & & \ddots & & & & \\ & & & & -k_{2i-2}\varphi_{i-1}(h_{i-1}) & k_{2i-2}+k_{2i-1} & -k_{2i-1}\varphi_i(h_i) & & \\ & & & & & -k_{2i-1}\varphi_{i-1}(h_i) & K_{ei} & -k_{2i}\varphi_i(h_i) & \\ & & & & & & \ddots & & \\ & & & & & & -k_{2n-3}\varphi_{n-1}(h_{n-1}) & K_{en-1} & -k_{2n-2}\varphi_{n-1}(h_{n-1}) \\ & & & & & & & -k_{2n-2}\varphi_{n-1}(h_{n-1}) & k_{2n-2}+k_{2n-1} \end{Bmatrix}$$

(5-52)

等效振型影响参数列向量为：

$$\boldsymbol{\Gamma} = \{M_{B1}\Gamma_{e1} \quad M_{B2}\Gamma_{e2} \quad \cdots \quad M_{Bi}\Gamma_{ei} \quad \cdots \quad M_{Bn}\Gamma_{en-1}\}^T \quad (5\text{-}53)$$

广义自由度列向量为：

$$\boldsymbol{q} = \{u_1 q_1 \quad u_2 q_2 \quad \cdots \quad u_i q_i \quad \cdots \quad u_n q_{n-1}\}^T \quad (5\text{-}54)$$

其中，各矩阵中未列出的元素为 0。

对于桥面连续的多跨简支梁桥，如忽略桥跨结构自身顺桥向弹性变形，则可简化为连续梁桥顺桥向振动模型，将在 5.4 节介绍相应的分析方法。

5.3 简支梁桥横桥向振动分析

工程上简支梁桥一般有按跨设置伸缩缝和按联设置伸缩缝（桥面连续）两种形式。板式橡胶支座的横向抗剪变形能力用水平弹簧代替。

5.3.1 多跨简支梁桥横桥向振动分析

按跨设置伸缩缝的多跨简支梁桥横桥向振动简化模型如图 5-8 所示。

在各墩柱基础承受同步激励时，结构体系的动能为：

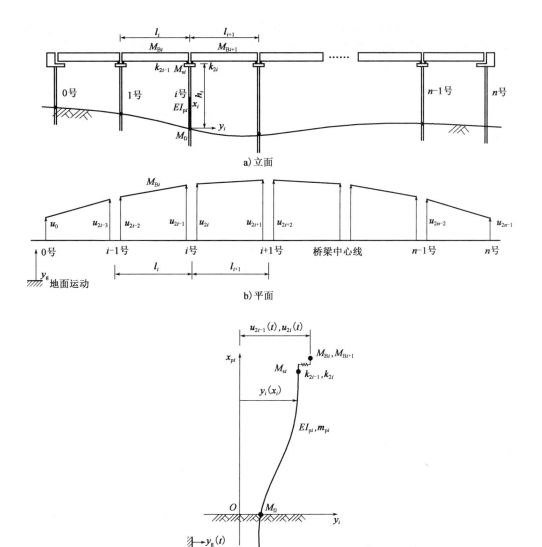

图 5-8 简支梁桥横桥向振动简化图式

$$T = \frac{1}{2}\sum_{i=1}^{n-1}\int_0^{h_i} m_{Pi}(\dot{y}_i + \dot{y}_g)^2 dx_i + \frac{1}{2}\sum_{i=1}^{n-1} M_{si}(\dot{y}_1 + \dot{y}_g)\big|_{x_i = h_i} + \frac{1}{2}\sum_{i=1}^{n-1} M_{fi}(\dot{y}_i + \dot{y}_g)^2\big|_{x_i = 0} +$$
$$\frac{1}{2}\sum_{i=1}^{n} M_{Bi}\left(\frac{\dot{u}_{2i-1} + \dot{y}_g + \dot{u}_{2i-2} + \dot{y}_g}{2}\right)^2 + \frac{1}{2}\sum_{i=1}^{n} J_{Bi}\left(\frac{\dot{u}_{2i-1} - \dot{u}_{2i-2}}{l_i}\right)^2 \quad (5\text{-}55)$$

结构体系的位能为：

$$V = \frac{1}{2}\sum_{i=1}^{n-1}\int_0^{h_i} EI_{pi}(y_i'')^2 dx_i + \frac{1}{2}\sum_{i=1}^{n-1}\{y_i \quad y_i'\}\begin{bmatrix} k_{QQi} & k_{QMi} \\ k_{QMi} & k_{MMi} \end{bmatrix}\begin{Bmatrix} y_i \\ y_i' \end{Bmatrix}\bigg|_{x_i=0} +$$
$$\frac{1}{2}\sum_{i=1}^{n-1}\left[k_{2i-1}(u_{2i-1} - y_i)^2\big|_{x_i = h_i} + k_{2i}(u_{2i} - y_i)^2\big|_{x_i = h_i}\right] +$$
$$\frac{1}{2}k_0 u_0^2 + \frac{1}{2}k_{2n-1} u_{2n-1}^2 - \frac{1}{2}\sum_{i=1}^{n-1}\left(\frac{M_{Bi} + M_{Bi+1}}{2} + M_{si}\right)g\int_0^{h_i}(y_i')^2 dx_i \quad (5\text{-}56)$$

式中，$y_g(t)$、$\dot{y}_g(t)$ 为地面横桥向水平激励位移和速度；u_{2i-1}、u_{2i} 分别为第 i 号墩柱左、右侧支座上桥跨结构相对于地基的横桥向水平位移；u_0、u_{2n-1} 分别为 0 号桥台、n 号桥台上桥跨结构的支点端横桥向水平位移；k_{2i-1}、k_{2i} 分别为第 i 号墩柱左、右支座横桥向水平弹簧刚度；EI_{pi} 为第 i 号墩柱各柱横桥向抗弯刚度之和，即 $EI_{pi} = \sum_{j=1}^{N} EI_{pij}$，其中，$N$ 为第 i 号墩的相关联柱数；其余符号均为横桥向参数，含义同前；l_i 为第 i 孔桥跨结构跨径；J_{Bi} 为第 i 孔桥跨结构在水平面内绕跨中竖轴心的转动惯量，即

$$J_{Bi} = \frac{M_{Bi}}{12} l_i^2$$

由分离变量法，设第 i 墩的 $y_i(x_i,t) = \varphi_i(x_i) q_i(t)$，并将 $J_{Bi} = \frac{M_{Bi}}{12} l_i^2$ 分别代入式(5-55)及式(5-56)，得：

$$\begin{aligned}
T = &\frac{1}{2}\sum_{i=1}^{n-1}\int_0^{h_i} m_{pi}[\varphi_i(x_i)\dot{q}_i(t) + \dot{y}_g(t)]^2 dx_i + \frac{1}{2}\sum_{i=1}^{n-1} M_{si}[\varphi_i(h_i)\dot{q}_i(t) + \dot{y}_g(t)]^2 + \\
&\frac{1}{2}\sum_{i=1}^{n-1} M_{fi}[\varphi_i(0)\dot{q}_i(t) + \dot{y}_g(t)]^2 + \frac{1}{2}\sum_{i=1}^{n}\frac{M_{Bi}}{4}[\dot{u}_{2i-1}(t) + \dot{u}_{2i-2}(t) + 2\dot{y}_g(t)]^2 + \\
&\frac{1}{2}\sum_{i=1}^{n}\frac{M_{Bi}}{12}[\dot{u}_{2i-1}(t) - \dot{u}_{2i-2}(t)]^2
\end{aligned} \quad (5\text{-}57)$$

$$\begin{aligned}
V = &\frac{1}{2}\sum_{i=1}^{n-1}\int_0^{h_i} EI_{pi}[\varphi_i''(x_i) q_i(t)]^2 dx_i + \frac{1}{2}\sum_{i=1}^{n-1}\{\varphi_i(0) \quad \varphi_i'(0)\}\begin{bmatrix} k_{QQi} & k_{QMi} \\ k_{QMi} & k_{MMi} \end{bmatrix}\begin{Bmatrix} \varphi_i(0) \\ \varphi_i'(0) \end{Bmatrix} q_i^2(t) + \\
&\frac{1}{2}\sum_{i=1}^{n-1}\{k_{2i-1}[u_{2i-1}(t) - \varphi_i(h_i) q_i(t)]^2 + k_{2i}[u_{2i}(t) - \varphi_i(h) q_i(t)]^2\} + \\
&\frac{1}{2}k_0 u_0^2 + \frac{1}{2}k_{2n-1} u_{2n-1}^2 - \frac{1}{2}\sum_{i=1}^{n-1}\left(\frac{M_{Bi} + M_{Bi+1}}{2} + M_{si}\right) g \int_0^{h_i}[\varphi_i'(x_i) q_i(t)]^2 dx_i
\end{aligned} \quad (5\text{-}58)$$

由拉格朗日(Lagrange)方程得：

$$\left.\begin{aligned}
&M_{ei}\ddot{q}_i + K_{ei} q_i - k_{2i-1}\varphi_i(h_i) u_{2i-1} - k_{2i}\varphi_i(h_i) u_{2i} = -\Gamma_{ei}\ddot{y}_g \quad (i = 2,3,\cdots,n-1) \\
&\frac{1}{3}M_{B1}\ddot{u}_0 + \frac{1}{6}M_{B1}\ddot{u}_1 + k_0 u_0 = -\frac{M_{B1}}{2}\ddot{y}_g \\
&\frac{1}{6}M_{B1}\ddot{u}_0 + \frac{1}{3}M_{B1}\ddot{u}_1 + k_1 u_1 - k_1\varphi_1(h_1) q_1 = -\frac{M_{B1}}{2}\ddot{y}_g \\
&\frac{1}{3}M_{Bi}\ddot{u}_{2i-2} + \frac{1}{6}M_{Bi}\ddot{u}_{2i-1} + k_{2i-2} u_{2i-2} - k_{2i-2}\varphi_{i-1}(h_{i-1}) q_{i-1} = -\frac{M_{Bi}}{2}\ddot{y}_g \quad (i = 2,3,\cdots,n-1) \\
&\frac{1}{6}M_{Bi}\ddot{u}_{2i-2} + \frac{1}{3}M_{Bi}\ddot{u}_{2i-1} + k_{2i-1} u_{2i-1} - k_{2i-1}\varphi_i(h_i) q_i = -\frac{M_{Bi}}{2}\ddot{y}_g \quad (i = 2,3,\cdots,n-1) \\
&\frac{1}{3}M_{Bn}\ddot{u}_{2n-2} + \frac{1}{6}M_{Bn}\ddot{u}_{2n-1} + k_{2n-2} u_{2n-2} - k_{2n-2}\varphi_{n-1}(h_{n-1}) q_{n-1} = -\frac{M_{Bn}}{2}\ddot{y}_g \\
&\frac{1}{6}M_{Bn}\ddot{u}_{2n-2} + \frac{1}{3}M_{Bn}\ddot{u}_{2n-1} + k_{2n-1} u_{2n-1} = -\frac{M_{Bn}}{2}\ddot{y}_g
\end{aligned}\right\}$$

$$(5\text{-}59)$$

式中,等效质量为:

$$M_{ei} = \int_0^{h_i} m_{pi} [\varphi_i(x_i)]^2 dx_i + M_{si}\varphi_i^2(h_i) + M_{fi}\varphi_i^2(0) \tag{5-60}$$

等效刚度为:

$$K_{ei} = \int_0^{h_i} EI_{pi} [\varphi''_i(0)_i(x_i)]^2 dx_i + \{\varphi_i(0) \quad \varphi'_i(0)\} \begin{bmatrix} k_{QQi} & k_{QMi} \\ k_{QMi} & k_{MMi} \end{bmatrix} \begin{Bmatrix} \varphi_i(0) \\ \varphi'_i(0) \end{Bmatrix} -$$

$$\left(\frac{M_{Bi} + M_{Bi+1}}{2} + M_{si}\right) g \int_0^{h_i} [\varphi'_i(x_i)]^2 dx_i + (k_{2i-1} - k_{2i})\varphi_i^2(h_i) \tag{5-61}$$

等效振型影响参数为:

$$\Gamma_{ei} = \int_0^{h_i} m_{pi}\varphi_i(x_i) dx_i + M_{si}\varphi_i(h_i) + M_{fi}\varphi_i(0) \tag{5-62}$$

其中,$\varphi_i(x_i)$ 为第 i 号墩柱横桥向一阶弯曲振型函数。

写成矩阵形式为:

$$M\ddot{q} + Kq = -\Gamma \ddot{y}_g(t) \tag{5-63}$$

其中:

$$M = \begin{bmatrix} \frac{1}{3}M_{B1} & \frac{1}{6}M_{B1} & & & & & & & \\ \frac{1}{6}M_{B1} & \frac{1}{3}M_{B1} & & & & & & & \\ & & M_{e1} & & & & & & \\ & & & \frac{1}{3}M_{B2} & \frac{1}{6}M_{B2} & & & & \\ & & & \frac{1}{6}M_{B2} & \frac{1}{3}M_{B2} & & & & \\ & & & & & M_{e2} & & & \\ & & & & & & \ddots & & \\ & & & & & & & M_{en-1} & & \\ & & & & & & & & \frac{1}{3}M_{Bn} & \frac{1}{6}M_{Bn} \\ & & & & & & & & \frac{1}{6}M_{Bn} & \frac{1}{3}M_{Bn} \end{bmatrix} \tag{5-64}$$

$$K = \begin{bmatrix} k_0 & & & & & & & & \\ & k_1 & -k_1\varphi_1(h_1) & & & & & & \\ & -k_1\varphi_1(h_1) & K_{e1} & -k_2\varphi_1(h_1) & & & & & \\ & & -k_2\varphi_1(h_1) & k_2 & & & & & \\ & & & & k_3 & -k_3\varphi_2(h_2) & & & \\ & & & & -k_3\varphi_2(h_2) & K_{e2} & -k_4\varphi_2(h_2) & & \\ & & & & & & \ddots & & \\ & & & & & & & \ddots & \\ & & & & & -k_{2n-3}\varphi_{n-1}(h_{n-3}) & K_{en-1} & -k_{2n-2}\varphi_{n-1}(h_{n-1}) & \\ & & & & & & -k_{2n-2}\varphi_{n-1}(h_{n-1}) & k_{2n-1} & \\ & & & & & & & & k_{2n-1} \end{bmatrix}$$

(5-65)

$$\Gamma = \left\{ \frac{M_{B1}}{2} \quad \frac{M_{B1}}{2}\Gamma_{e1} \quad \frac{M_{B2}}{2} \quad \frac{M_{B2}}{2}\Gamma_{e2} \quad \cdots \quad \frac{M_{Bn}}{2} \quad \frac{M_{Bn}}{2}\Gamma_{en-1} \right\}^T \quad (5\text{-}66)$$

$$q = \{ u_0 u_1 q_1 \quad u_2 u_3 q_2 \quad \cdots \quad u_{2n-2} u_{2n-1} q_{n-1} \}^T \quad (5\text{-}67)$$

其中,各矩阵中未列出的元素即为0。

5.3.2 桥面连续简支梁桥横桥向振动分析

对于桥面连续的多跨简支梁桥,各孔桥跨结构在支承处的横桥向位移是同步的,因此可以简化为如图 5-9 所示的横桥向振动图式,其中各墩顶支座水平抗推刚度 k_i 取该墩所有支座的刚度之和。

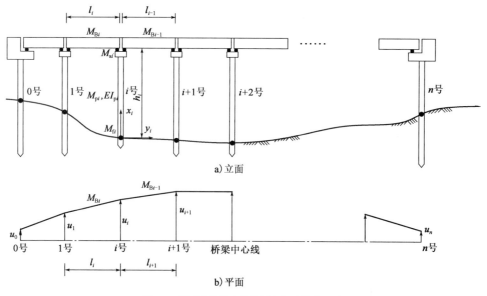

图5-9 桥面连续简支梁横桥向振动简化图式

在各墩基础受到同步激励时,结构体系的动能为:

$$T = \frac{1}{2}\sum_{i=1}^{n-1}\int_0^{h_i} m_{pi}(\dot{y}_i + \dot{y}_g)^2 dx_i + \frac{1}{2}\sum_{i=1}^{n-1} M_{si}(\dot{y}_i + \dot{y}_g)^2|_{x_i=h_i} + \frac{1}{2}\sum_{i=1}^{n-1} M_{fi}(\dot{y}_i + \dot{y}_g)^2|_{x_i=0} + \frac{1}{2}\sum_{i=1}^{n} M_{Bi}\left(\frac{\dot{u}_i + \dot{u}_{i-1} + 2\dot{y}_g}{2}\right)^2 + \frac{1}{2}\sum_{i=1}^{n} J_{Bi}\left(\frac{\dot{u}_i - \dot{u}_{i-1}}{l_i}\right)^2$$

(5-68)

结构体系位能为:

$$V = \frac{1}{2}\sum_{i=1}^{n-1}\int_0^{h_i} EI_{pi}(y_i'')^2 dx_i + \frac{1}{2}\sum_{i=1}^{n-1}\{y_i \quad y_i'\}\begin{bmatrix} k_{QQi} & k_{QMi} \\ k_{QMi} & k_{MMi} \end{bmatrix}\begin{Bmatrix} y_i \\ y_i' \end{Bmatrix}\Big|_{x_i=0} + \frac{1}{2}\sum_{i=1}^{n-1} k_i(u_i - y_i)^2|_{x_i=h_i} - \frac{1}{2}\sum_{i=1}^{n-1}\left(\frac{M_{Bi} + M_{Bi+1}}{2} + M_{si}\right)g\int_0^{h_i}(y_i')^2 dx_i + \frac{1}{2}k_0 u_0^2 + \frac{1}{2}k_n u_n^2$$

(5-69)

式中,u_i 为第 i 号墩柱支座上桥跨结构相对于地基的横桥向水平位移;u_0、u_n 分别为第 0 号桥台和第 n 号桥台上桥跨结构的支点端横桥向水平位移;l_i 为第 i 孔桥跨结构跨径;EI_{pi} 为第 i 号墩柱各柱横桥向抗弯刚度之和;其余符号均为横桥向参数,其意义同前。

由分离变量法,设 $y_i(x_i,t) = \varphi_i(x_i)q_i(t)$ 和 $J_{Bi} = \frac{M_{Bi}}{12}l_i^2$ 代入式(5-68)和式(5-69)可得:

$$T = \frac{1}{2}\sum_{i=1}^{n-1}\int_0^{h_i} m_{pi}[\varphi_i(x_i)\dot{q}_i(t) + \dot{y}_g(t)]^2 dx_i + \frac{1}{2}\sum_{i=1}^{n-1} M_{si}[\varphi_i(h_i)\dot{q}_i(t) + \dot{y}_g(t)]^2 + \frac{1}{2}\sum_{i=1}^{n-1} M_{fi}[\varphi_i(0)\dot{q}_i(t) + \dot{y}_g(t)]^2 + \frac{1}{2}\sum_{i=1}^{n}\frac{M_{Bi}}{4}[\dot{u}_i(t) + \dot{u}_{i-1}(t) + 2\dot{y}_g(t)]^2 + \frac{1}{2}\sum_{i=1}^{n}\frac{M_{Bi}}{12}[\dot{u}_i(t) - \dot{u}_{i-1}(t)]^2$$

(5-70)

$$V = \frac{1}{2}\sum_{i=1}^{n-1}\int_0^{h_i} EI_{pi}[\varphi_i''(x_i)q_i(t)]^2 dx_i + \frac{1}{2}\sum_{i=1}^{n-1}\{\varphi_i(0) \quad \varphi_i'(0)\}\begin{bmatrix} k_{QQi} & k_{QMi} \\ k_{QMi} & k_{MMi} \end{bmatrix}\begin{Bmatrix} \varphi_i(0) \\ \varphi_i'(0) \end{Bmatrix}q_i^2(t) + \frac{1}{2}\sum_{i=1}^{n-1} k_i[u_i(t) - \varphi_i(h_i)q_i(t)]^2 - \frac{1}{2}\sum_{i=1}^{n-1}\left(\frac{M_{Bi} + M_{Bi+1}}{2} + M_{si}\right)g\int_0^{h_i}[\varphi_i'(x_i)]^2 dx_i q_i^2(t) + \frac{1}{2}k_0 u_0^2(t) + \frac{1}{2}k_n u_n^2(t)$$

(5-71)

由拉格朗日(Lagrange)方程可得:

$$\left.\begin{aligned}
& M_{ei}\ddot{q}_i + K_{ei}q_i - k_i\varphi_i(h_i)u_i = -\Gamma_{ei}\ddot{y}_g \quad (i=1,2,\cdots,n-1) \\
& \frac{1}{3}M_{B1}\ddot{u}_0 + \frac{1}{6}M_{B1}\ddot{u}_1 + k_0 u_0 = -\frac{M_{B1}}{2}\ddot{y}_g \\
& \frac{1}{6}M_{Bi}\ddot{u}_{i-1} + \frac{1}{3}(M_{Bi} + M_{Bi+1})\ddot{u}_i + \frac{1}{6}M_{Bi+1}\ddot{u}_{i+1} + k_i u_i - k_i\varphi_i(h_i)q_i \\
& \quad = -\frac{1}{2}(M_{Bi} + M_{Bi+1})\ddot{y}_g \quad (i=1,2,\cdots,n-1) \\
& \frac{1}{6}M_{Bn}\ddot{u}_{n-1} + \frac{1}{3}M_{Bn}\ddot{u}_n + k_n u_n = -\frac{M_{Bn}}{2}\ddot{y}_g
\end{aligned}\right\}$$

(5-72)

式中,等效质量为:

$$M_{ei} = \int_0^{h_i} m_{pi} [\varphi_i(x_i)]^2 dx_i + M_{si}\varphi_i^2(h_i) + M_{fi}\varphi_i^2(0) \tag{5-73}$$

等效刚度为:

$$K_{ei} = \int_0^{h_i} EI_{pi} [\varphi_i''(x_i)]^2 dx_i + \{\varphi_i(0) \quad \varphi_i'(0)\} \begin{bmatrix} k_{QQi} & k_{QMi} \\ k_{QMi} & k_{MMi} \end{bmatrix} \begin{Bmatrix} \varphi_i(0) \\ \varphi_i'(0) \end{Bmatrix} + k_i\varphi_i^2(h_i) -$$

$$\left(\frac{M_{Bi} + M_{Bi+1}}{2} + M_{si}\right)g \int_0^{h_i} [\varphi_i'(x_i)]^2 dx_i \tag{5-74}$$

等效振型影响参数为:

$$\Gamma_{ei} = \int_0^{h_i} m_i\varphi_i(x_i) dx_i + M_{si}\varphi_i(h_i) + M_{fi}\varphi_i(0) \quad (i = 1,2,\cdots,n-1) \tag{5-75}$$

其中,$\varphi_i(x_i)$ 为第 i 号墩柱横桥向一阶弯曲振型函数。

写成矩阵形式为:

$$\boldsymbol{M}\ddot{\boldsymbol{q}} + \boldsymbol{K}\boldsymbol{q} = -\boldsymbol{\Gamma}\ddot{y}_g(t) \tag{5-76}$$

式中:

$$M = \begin{bmatrix} \frac{1}{3}M_{B1} & \frac{1}{6}M_{B1} & & & & & & & \\ \frac{1}{6}M_{B1} & \frac{1}{3}(M_{B1}+M_{B2}) & 0 & \frac{1}{6}M_{B2} & & & & & \\ & 0 & M_{e1} & 0 & & & & & \\ & \frac{1}{6}M_{B2} & 0 & \frac{1}{3}(M_{B2}+M_{B3}) & 0 & \frac{1}{6}M_{B3} & & & \\ & & & & M_{e2} & & & & \\ & & & & & \ddots & & \ddots & \\ & & & & & & \frac{1}{6}M_{Bn-1} & 0 & \frac{1}{3}(M_{Bn-1}+M_{Bn}) & 0 & \frac{1}{6}M_{Bn} \\ & & & & & & & 0 & M_{en-1} & 0 \\ & & & & & & & & \frac{1}{6}M_{Bn} & 0 & \frac{1}{3}M_{Bn} \end{bmatrix} \tag{5-77}$$

$$K = \begin{bmatrix} k_0 & & & & & & & & \\ & k_1 & -k_1\varphi_1(h_1) & & & & & & \\ & -k_1\varphi_1(h_1) & K_{e1} & & & & & & \\ & & & k_2 & -k_2\varphi_2(h_2) & & & & \\ & & & -k_2\varphi_2(h_2) & K_{e2} & & & & \\ & & & & & \ddots & & & \\ & & & & & & \ddots & & \\ & & & & & & k_{n-1} & -k_{n-1}\varphi_{n-1}(h_{n-1}) & \\ & & & & & & -k_{n-1}\varphi_{n-1}(h_{n-1}) & K_{en-1} & \\ & & & & & & & & k_n \end{bmatrix} \tag{5-78}$$

$$\boldsymbol{\Gamma} = \{ \frac{M_{B1}}{2} \quad \frac{1}{2}(M_{B1} + M_{B2}) \quad \Gamma_{e1} \quad \frac{1}{2}(M_{B2} + M_{B3}) \quad \cdots \quad \Gamma_{e2} \quad \frac{1}{2}(M_{Bn-1} + M_{Bn}) \quad \Gamma_{en-1} \quad \frac{1}{2}M_{Bn} \}^{T} \tag{5-79}$$

$$\boldsymbol{q} = \{ u_0 \quad u_1 \quad q_1 \quad u_2 \quad q_2 \quad \cdots \quad \cdots u_{n-1} \quad q_{n-1} \quad u_n \}^{T} \tag{5-80}$$

其中,各矩阵中未列出的元素即为 0。

5.4 连续梁桥顺桥向振动分析

因连续的直线梁桥一联桥跨结构在顺桥向的弹性变形与墩柱和支座的水平变位相比很小,可以略去,从而将桥跨结构简化为一顺桥向平面运动的刚体,结构简化图式如图 5-10 所示。这里仅给出连续梁桥一联的振动方程。

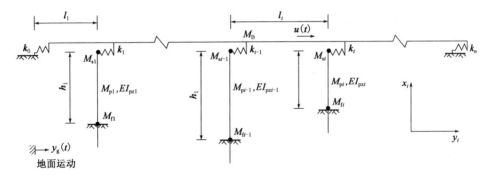

图 5-10 连续梁桥顺桥向振动简化图式

在各墩基础受到同步激励时,结构体系的动能为:

$$T = \frac{1}{2}\sum_{i=1}^{n-1} \int_0^{h_i} m_{pi} (\dot{y}_i + \dot{y}_g)^2 dx_i + \frac{1}{2}\sum_{i=1}^{n-1} M_{si} (\dot{y}_i + \dot{y}_g)^2 \big|_{x_i = h_i} + \frac{1}{2}\sum_{i=1}^{n-1} M_{fi} (\dot{y}_i + \dot{y}_g)^2 \big|_{x_i = 0} + \frac{1}{2} M_B (\dot{u} + \dot{y}_g)^2 \tag{5-81}$$

结构体系的位能为:

$$V = \frac{1}{2}\sum_{i=1}^{n-1}\int_0^{h_i} EI_{pzi}(y_i'')^2 dx_i + \frac{1}{2}\sum_{i=1}^{n-1}\{y_i \quad y_i'\}\begin{bmatrix} k_{QQi} & k_{QMi} \\ k_{QMi} & k_{MMi} \end{bmatrix}\begin{Bmatrix} y_i \\ y_i' \end{Bmatrix}\bigg|_{x_i=0} + \frac{1}{2}\sum_{i=1}^{n}(u - y_i)^2\bigg|_{x_i=h_i} - \frac{1}{2}\sum_{i=1}^{n-1}\left(\frac{m_{Bi}l_i + m_{Bi+1}l_{i+1}}{2} + M_{si}\right)g\int_0^{h_i}(y_i')^2 dx_i + \frac{1}{2}k_0 u^2 + \frac{1}{2}k_n u^2 \tag{5-82}$$

上述式中,u 为连续梁桥跨结构相对于地基的顺桥向水平位移;l_i 为第 i 孔桥跨结构跨径;$M_B = \sum_{i=1}^{n} m_{Bi} l_i$ 为一联上部结构总质量,其中 m_{Bi} 为第 i 孔桥跨结构每延米质量;k_i 为第 i 号墩柱上支座顺桥向水平抗推刚度之和;EI_{pzi} 为第 i 号墩柱各柱顺桥向抗弯刚度之和;其余符号均为顺桥向参数,其意义同前。

由分离变量法,设 $y_i(x_i,t) = \varphi_i(x_i)q_i(t)$,代入式(5-81)和式(5-82),得:

$$T = \frac{1}{2}\left\{\sum_{i=1}^{n-1}\int_0^{h_i} m_{pi}[\varphi_i(x_i)\dot{q}_i(t) + \dot{y}_g(t)]^2 dx_i + M_{si}[\varphi_i(h_i)\dot{q}_i(t) + \dot{y}_g(t)]^2 + M_{fi}[\varphi_i(0)\dot{q}_i(t) + \dot{y}_g(t)]^2\right\} + \frac{1}{2}M_B[\dot{u} + \dot{y}_g(t)]^2 \tag{5-83}$$

$$V = \frac{1}{2}\sum_{i=1}^{n-1}\left\{\int_0^{h_i} EI_{pzi}[\varphi_i(x_i)q_i(t)]^2 dx_i + \{\varphi_i(0) \quad \varphi_i'(0)\}\begin{bmatrix} k_{QQi} & k_{QMi} \\ k_{QMi} & k_{MMi} \end{bmatrix}\begin{Bmatrix} \varphi_i(0) \\ \varphi_i'(0) \end{Bmatrix}q_i^2(t) + k_i[u(t) - \varphi_i(h_i)q_i(t)]^2 - \left(\frac{m_{Bi}l_i + m_{Bi+1}l_{i+1}}{2} + M_{si}\right)g\int_0^{h_i}[\varphi_i'(x_i)]^2 dx_i q_i^2(t)\right\} + \frac{1}{2}(k_0 + k_n)u^2 \tag{5-84}$$

由拉格朗日(Lagrange)方程可得:

$$\left.\begin{aligned} M_{ei}\ddot{q}_i + K_{ei}q_i - k_i\varphi_i(h_i)u_i &= -\Gamma_{ei}\ddot{y}_g \quad (i = 1,2,\cdots,n-1) \\ M_B\ddot{u} + \sum_{j=0}^{n}k_ju - \sum_{i=1}^{n-1}k_i\varphi_i(h_i)q_i &= -M_B\ddot{y}_g \end{aligned}\right\} \tag{5-85}$$

式中,等效质量为:

$$M_{ei} = \int_0^{h_i} m_{pi}\varphi_i^2(x_i)dx_i + M_{si}\varphi_i^2(h_i) + M_{fi}\varphi_i^2(0) \tag{5-86}$$

等效刚度为:

$$K_{ei} = \int_0^{h_i} EI_{pzi}[\varphi_i''(x_i)]^2 dx_i + \{\varphi_i(0) \quad \varphi_i'(0)\}\begin{bmatrix} k_{QQi} & k_{QMi} \\ k_{QMi} & k_{MMi} \end{bmatrix}\begin{Bmatrix} \varphi_i(0) \\ \varphi_i'(0) \end{Bmatrix} + k_i\varphi_i^2(h_i) - \left(\frac{m_{Bi}l_i + m_{Bi+1}l_{i+1}}{2} + M_s\right)g\int_0^{h_i}[\varphi_i'(x_i)]^2 dx_i \tag{5-87}$$

等效振型影响参数为:

$$\Gamma_{ei} = \int_0^{h_i} m_{pi}\varphi_i(x_i)dx_i + M_{si}\varphi_i(h_i) + M_{fi}\varphi_i(0) \tag{5-88}$$

写成矩阵形式为:

$$\boldsymbol{M}\ddot{\boldsymbol{q}} + \boldsymbol{K}\boldsymbol{q} = -\boldsymbol{\Gamma}\ddot{y}_g(t) \tag{5-89}$$

式中:

$$\boldsymbol{M} = \begin{bmatrix} M_{e1} & & & & & & \\ & M_{e2} & & & & & \\ & & \ddots & & & & \\ & & & M_{ei} & & & \\ & & & & \ddots & & \\ & & & & & M_{en-1} & \\ & & & & & & M_B \end{bmatrix} \tag{5-90}$$

$$K = \begin{bmatrix} K_{e1} & & & & & & -k_1\varphi_1(h_1) \\ & K_{e2} & & & & & -k_2\varphi_2(h_2) \\ & & \ddots & & & & \vdots \\ & & & K_{ei} & & & -k_i\varphi_i(h_i) \\ & & & & \ddots & & \vdots \\ & & & & & K_{en-1} & -k_{n-1}\varphi_{n-1}(h_{n-1}) \\ -k_1\varphi_1(h_1) & -k_2\varphi_2(h_2) & \cdots & -k_i\varphi_i(h_i) & \cdots & -k_{n-1}\varphi_{n-1}(h_{n-1}) & \sum_{j=0}^{n} k_j \end{bmatrix}$$

(5-91)

$$\boldsymbol{\Gamma} = \{\Gamma_{e1} \quad \Gamma_{e2} \cdots \Gamma_{ei} \cdots \Gamma_{en-1} \quad M_B\}^T \tag{5-92}$$

$$\boldsymbol{q} = \{q_1 \quad q_2 \quad \cdots \quad q_i \quad \cdots q_{n-1} \quad u\}^T \tag{5-93}$$

其中,各矩阵中未列出的元素即为0。

5.5 连续梁桥横桥向振动分析

连续梁桥横桥向水平振动时,由于截面形心与扭转中心的不重合,其一联桥跨结构横桥向水平变形一般由梁结构横向弯曲和绕桥梁轴线扭转两部分组合而成。考虑到一般桥梁结构构造及横桥向的特点,这里仅计入桥跨结构横桥向弯曲变形,忽略扭转变形影响。连续梁桥横桥向振动简化图式如图5-11所示。

在各墩基础受到同步激励时,结构体系的动能为:

$$T = \frac{1}{2}\sum_{i=1}^{n-1}\left\{\int_0^{h_i} m_{pi}(\dot{y}_i + \dot{y}_g)^2 dx_i + M_{si}(\dot{y}_i + \dot{y}_g)^2\big|_{x_i=h_i} + M_{fi}(\dot{y}_i + \dot{y}_g)^2\big|_{x_i=0}\right\} +$$

$$\frac{1}{2}\sum_{i=1}^{n}\int_0^{l_i} m_{Bi}(\dot{u} + \dot{y}_g)^2 dz_i \tag{5-94}$$

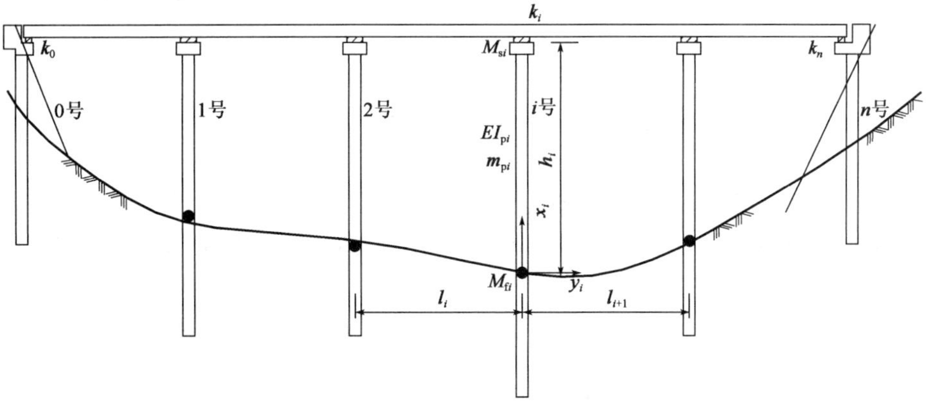

a) 立面

图 5-11

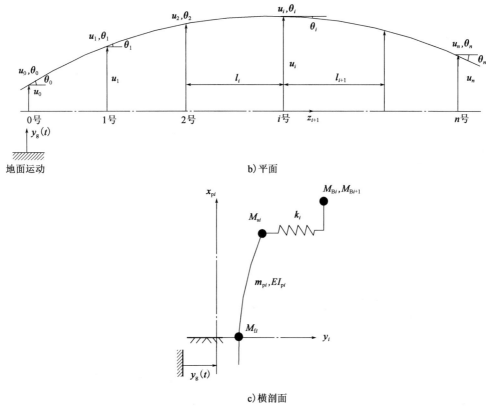

b) 平面

c) 横剖面

图 5-11 连续梁桥横桥向振动简化图式

结构体系位能为：

$$V = \frac{1}{2}\sum_{i=1}^{n-1}\left\{\int_0^{h_i} EI_{\text{phi}}(y_i'')^2 \mathrm{d}x_i + \{y_i \ \ y_i'\}\begin{bmatrix}k_{\text{QQ}i} & k_{\text{QM}i}\\ k_{\text{QM}i} & k_{\text{MM}i}\end{bmatrix}\begin{Bmatrix}y_i\\ y_i'\end{Bmatrix}\bigg|_{x_i=0} + k_i(u_i - y_i)^2\bigg|_{x_i = h_i} - \left(\frac{m_{\text{B}i}l_i + m_{\text{B}i+1}l_{i+1}}{2} + M_{\text{s}i}\right)g\int_0^{h_i}(y_i')^2 \mathrm{d}x_i\right\} + \frac{1}{2}\sum_{i=1}^{n}\int_0^{l_i} EI_{\text{B}i}(u'')^2 \mathrm{d}z_i + \frac{1}{2}k_0 u_0^2 + \frac{1}{2}k_n u_n^2$$

(5-95)

上述式中，u_i 第 i 号墩柱支座处桥跨结构相对于地面运动的横桥向水平位移；$m_{\text{B}i}$ 为连续梁第 i 孔桥跨结构每延米质量；l_i 为第 i 孔桥跨结构跨径；$EI_{\text{B}i}$ 为第 i 孔桥跨结构横桥向抗弯刚度；$m_{\text{p}i}$ 为第 i 孔墩柱单位高度质量；EI_{phi} 为第 i 号墩柱各柱横桥向抗弯刚度之和；u 为连续梁桥跨结构相对于地面运动的横桥向水平位移，第 i 孔桥跨结构横桥向水平位移采用三次多项式插值确定，即：

$$u(z_i, t) = N_1(z_i)u_{i-1}(t) + N_2(z_i)\theta_{i-1}(t) + N_3(z_i)u_i(t) + N_4(z_i)\theta_i(t) \quad (5\text{-}96)$$

其中：
$$N_1(z_i) = \frac{2z_i^3}{l_i^3} - \frac{3z_i^2}{l_i^2} + 1$$

$$N_2(z_i) = \frac{z_i^3}{l_i^2} - \frac{2z_i^2}{l_i} + z_i$$

$$N_3(z_i) = -\frac{2z_i^3}{l_i^3} + \frac{3z_i^2}{l_i^2}$$

$$N_4(z_i) = \frac{z_i^3}{l_i^2} - \frac{z_i^2}{l_i}$$

式中,θ_i 为第 i 号墩柱支座处桥跨结构转角;其余符号均为横桥向参数,其意义同前。

由分离变量法,设 $y_i(x_i,t) = \varphi_i(x_i)q_i(t)$,与式(5-96)一并代入式(5-94)、式(5-95)可得:

$$T = \frac{1}{2}\sum_{i=1}^{n-1}\left\{\int_0^{h_i} m_{pi}[\varphi_i(x_{pi})\dot{q}_i(t) + \dot{y}_g(t)]^2 dx_{pi} + M_{si}[\varphi_i(h_i)\dot{q}_i(t) + \dot{y}_g(t)]^2 + \right.$$
$$\left. M_{fi}[\varphi_i(0)\dot{q}_i(t) + \dot{y}_g(t)]^2\right\} +$$
$$\frac{1}{2}\sum_{i=1}^{n}\int_0^{l_i} m_{Bi}[N_1(z_i)\dot{u}_{i-1}(t) + N_2(z_i)\dot{\theta}_{i-1}(t) + N_3(z_i)\dot{u}_i(t) + N_4(z_i)\dot{\theta}_i(t) + \dot{y}_g(t)]^2 dz_i$$

(5-97)

$$V = \frac{1}{2}\sum_{i=1}^{n-1}\left\{\int_0^{h_i} EI_{pi}[\varphi_i''(x_i)q_i(t)]^2 dx_i + \{\varphi_i(0) \quad \varphi_i'(0)\}\begin{bmatrix} k_{QQi} & k_{QMi} \\ k_{QMi} & k_{MMi} \end{bmatrix}\begin{Bmatrix}\varphi_i(0) \\ \varphi_i'(0)\end{Bmatrix}q_i^2(t) + \right.$$
$$\left. k_i[u_i - \varphi_i(h_i)q_i(t)]^2 - \frac{1}{2}\left(\frac{m_{Bi}l_i + m_{Bi+1}l_{i+1}}{2} + M_{si}\right)g\int_0^{h_i}[\varphi_i'(x_i)q_i(t)]^2 dx_i\right\} +$$
$$\frac{1}{2}\sum_{i=1}^{n}\int_0^{l_i} EI_{Bi}[N_1''(z_i)u_{i-1}(t) + N_2''(z_i)\theta_{i-1}(t) + N_3''(z_i)u_i(t) + N_4''(z_i)\theta_i(t)]^2 dz_i +$$
$$\frac{1}{2}k_0 u_0^2 + \frac{1}{2}k_n u_n^2$$

(5-98)

由拉格朗日(Lagrange)方程可得:

$$\left.\begin{aligned}
&M_{ei}\ddot{q}_i + K_{ei}q_i - k_i\varphi_i(h_i)u_i = -\Gamma_{ei}\ddot{y}_g \quad (i=1,2,\cdots,n-1)\\
&m_{11}^1\ddot{u}_0 + m_{12}^1\ddot{\theta}_0 + m_{13}^1\ddot{u}_1 + m_{14}^1\ddot{\theta}_1 + (k_{11}^1+k_0)u_0 + k_{12}^1\theta_0 + k_{13}^1 u_1 + k_{14}^1\theta_1 = -\Gamma_1^1\ddot{y}_g\\
&m_{12}^1\ddot{u}_0 + m_{22}^1\ddot{\theta}_0 + m_{23}^1\ddot{u}_1 + m_{24}^1\ddot{\theta}_1 + k_{12}^1 u_0 + k_{22}^1\theta_0 + k_{23}^1 u_1 + k_{24}^1\theta_1 = -\Gamma_2^1\ddot{y}_g\\
&\quad\quad\quad\quad\quad\quad\quad\quad\quad\vdots\\
&m_{13}^i\ddot{u}_{i-1} + m_{23}^i\ddot{\theta}_{i-1} + (m_{33}^i+m_{11}^{i+1})\ddot{u}_i + (m_{34}^i+m_{12}^{i+1})\ddot{\theta}_i + m_{13}^{i+1}\ddot{u}_{i+1} + m_{14}^{i+1}\ddot{\theta}_{i+1} +\\
&k_{13}^i u_{i-1} + k_{23}^i\theta_{i-1} + (k_{33}^i+k_{11}^{i+1}+k_i)u_i + (k_{34}^i+k_{12}^{i+1})\theta_i +\\
&k_{13}^{i+1}u_{i+1} + k_{14}^{i+1}\theta_{i+1} - k_i\varphi_i(h_i)q_i = -(\Gamma_3^i+\Gamma_1^{i+1})\ddot{y}_g \quad (i=1,2,\cdots,n-1)\\
&m_{14}^i\ddot{u}_{i-1} + m_{24}^i\ddot{\theta}_{i-1} + (m_{34}^i+m_{12}^{i+1})\ddot{u}_i + (m_{44}^i+m_{22}^{i+1})\ddot{\theta}_i + m_{23}^{i+1}\ddot{u}_{i+1} + m_{24}^{i+1}\ddot{\theta}_{i+1} +\\
&k_{14}^i u_{i-1} + k_{24}^i\theta_{i-1} + (k_{34}^i+k_{12}^{i+1})u_i + (k_{44}^i+k_{22}^{i+1})\theta_i + k_{23}^{i+1}u_{i+1} + k_{24}^{i+1}\theta_{i+1} = -(\Gamma_4^i+\Gamma_2^{i+1})\ddot{y}_g \quad (i=1,2,\cdots,n-1)\\
&m_{13}^n\ddot{u}_{n-1} + m_{23}^n\ddot{\theta}_{n-1} + m_{33}^n\ddot{u}_n + m_{34}^n\ddot{\theta}_n + k_{13}^n u_{n-1} + k_{23}^n\theta_{n-1} + (k_{33}^n+k_n)u_n + k_{34}^n\theta_n = -\Gamma_3^n\ddot{y}_g\\
&m_{14}^n\ddot{u}_{n-1} + m_{24}^n\ddot{\theta}_{n-1} + m_{34}^n\ddot{u}_n + m_{44}^n\ddot{\theta}_n + k_{14}^n u_{n-1} + k_{24}^n\theta_{n-1} + k_{34}^n u_n + k_{44}^n\theta_n = -\Gamma_4^n\ddot{y}_g
\end{aligned}\right\}$$

(5-99)

式中,等效质量为:

$$M_{ei} = \int_0^{h_i} m_{pi}\varphi_i^2(x_i)\mathrm{d}x_i + M_{si}\varphi_i^2(h_i) + M_{fi}\varphi_i^2(0) \tag{5-100}$$

等效刚度为：

$$\boldsymbol{K}_{ei} = \int_0^{h_i} EI_{pi}[\varphi_i''(x_{pi})]^2\mathrm{d}x_i + \{\varphi_i(0)\ \varphi_i'(0)\}\begin{bmatrix} k_{QQi} & k_{QMi} \\ k_{QMi} & k_{MMi} \end{bmatrix}\begin{Bmatrix} \varphi_i(0) \\ \varphi_i'(0) \end{Bmatrix} + k_i\varphi_i^2(h_i) -$$

$$\left[\frac{m_{Bi}l_i + m_{Bi+1}l_{i+1}}{2} + M_{si}\right]g\int_0^{h_i}[\varphi_i'(x_i)]^2\mathrm{d}x_i \tag{5-101}$$

等效振型影响参数为：

$$\Gamma_{ei} = \int_0^{h_i} m_{pi}\varphi_i(x_i)\mathrm{d}x_i + M_{si}\varphi_i(h_i) + M_{fi}\varphi_i(0) \tag{5-102}$$

写成矩阵式为：

$$\boldsymbol{M}\ddot{\boldsymbol{q}} + \boldsymbol{K}\boldsymbol{q} = -\boldsymbol{\Gamma}\ddot{y}_g \tag{5-103}$$

式中，

$$\boldsymbol{M} = \begin{bmatrix}
m_{11}^1 & m_{12}^1 & m_{13}^1 & m_{14}^1 & 0 & & & & & & \\
m_{12}^1 & m_{22}^1 & m_{23}^1 & m_{24}^1 & 0 & & & & & & \\
m_{13}^1 & m_{23}^1 & m_{33}^1 + m_{11}^2 & m_{34}^1 + m_{12}^2 & 0 & m_{13}^2 & m_{14}^2 & & & & \\
m_{14}^1 & m_{24}^1 & m_{34}^1 + m_{12}^2 & m_{44}^1 + m_{22}^2 & 0 & m_{23}^2 & m_{24}^2 & & & & \\
0 & 0 & 0 & 0 & M_{e1} & & & & & & \\
& & & & & \ddots & & & & & \\
& & & & & & \ddots & & & & \\
& & & & & & & m_{13}^{n-1} & m_{23}^{n-1} & m_{33}^{n-1} + m_{11}^n & m_{34}^{n-1} + m_{12}^n & 0 & m_{13}^n & m_{14}^n \\
& & & & & & & m_{14}^{n-1} & m_{24}^{n-1} & m_{34}^{n-1} + m_{12}^n & m_{44}^{n-1} + m_{22}^n & 0 & m_{23}^n & m_{24}^n \\
& & & & & & & & & 0 & 0 & M_{en-1} & 0 & 0 \\
& & & & & & & & & m_{13}^n & m_{23}^n & 0 & m_{33}^n & m_{34}^n \\
& & & & & & & & & m_{14}^n & m_{24}^n & 0 & m_{34}^n & m_{44}^n
\end{bmatrix}$$

$$\tag{5-104}$$

$$\boldsymbol{K} = \begin{bmatrix}
K_0 + K_{11}^1 & K_{12}^1 & K_{13}^1 & K_{14}^1 & 0 & & & & & & \\
K_{12}^1 & K_{22}^1 & K_{23}^1 & K_{24}^1 & 0 & & & & & & \\
K_{13}^1 & K_{23}^1 & K_{33}^1 + K_{11}^2 + K_1 & K_{34}^1 + K_{12}^2 & -K_1\varphi_1(h_1) & K_{13}^2 & K_{14}^2 & & & & \\
K_{14}^1 & K_{24}^1 & K_{34}^1 + K_{12}^2 & K_{44}^1 + K_{22}^2 & 0 & K_{23}^2 & K_{24}^2 & & & & \\
0 & 0 & -K_1\varphi_1(h_1) & 0 & K_{e1} & 0 & 0 & & & & \\
& & & & & \ddots & & & & & \\
& & & & & & \ddots & & & & \\
& & & & & & & k_{13}^{n-1} & k_{23}^{n-1} & k_{33}^{n-1} + k_{11}^n + k_{n-1} & k_{34}^{n-1} + K_{12}^n & -k_{n-1}\varphi_{n-1}(h_{n-1}) & k_{13}^n & k_{14}^n \\
& & & & & & & k_{14}^{n-1} & k_{24}^{n-1} & k_{34}^{n-1} + k_{12}^n & k_{44}^{n-1} + k_{22}^n & 0 & k_{23}^n & k_{24}^n \\
& & & & & & & & & -k_{n-1}\varphi_{n-1}(h_{n-1}) & 0 & K_{en-1} & 0 & 0 \\
& & & & & & & & & k_{13}^n & k_{23}^n & 0 & k_{33}^n + k_n & k_{34}^n \\
& & & & & & & & & k_{14}^n & K_{24}^n & 0 & k_{34}^n & k_{44}^n
\end{bmatrix}$$

$$\tag{5-105}$$

$$\boldsymbol{\Gamma} = \{\Gamma_1^1, \Gamma_2^1, \Gamma_3^1 + \Gamma_1^2, \Gamma_4^1 + \Gamma_2^2, \Gamma_{e1}, \cdots, \Gamma_3^i + \Gamma_1^{i+1}, \Gamma_4^i + \Gamma_2^{i+1}, \Gamma_{ei}, \cdots, \Gamma_4^{n-1} + \Gamma_2^n, \Gamma_{en-1}, \Gamma_3^n, \Gamma_4^n\}^{\mathrm{T}}$$
(5-106)

其中各参数分别为：

$$m_{jk}^i = \int_0^{l_i} m_{Bi} N_j(z_i) N_k(z_i) \mathrm{d}z_i \tag{5-107a}$$

$$k_{jk}^i = \int_0^{l_i} EI_{Bi} N_j''(z_i) N_k''(z_i) \mathrm{d}z_i \tag{5-107b}$$

$$\Gamma_k^i = \int_0^{l_i} m_{Bi} N_k(z_i) \mathrm{d}z_i \tag{5-107c}$$

对于等截面的第 i 孔桥跨结构，可给出矩阵形式的各元素的计算值：

$$\begin{bmatrix} k_{11}^i & k_{12}^i & k_{13}^i & k_{14}^i \\ k_{12}^i & k_{22}^i & k_{23}^i & k_{24}^i \\ k_{13}^i & k_{23}^i & k_{33}^i & k_{34}^i \\ k_{14}^i & k_{24}^i & k_{34}^i & k_{44}^i \end{bmatrix} = \frac{EI_{pi}}{l_i^3} \begin{bmatrix} 12 & & & \text{对称} \\ 6l_i & 4l_i^2 & & \\ -12 & -6l_i & 12 & \\ 6l_i & 2l_i^2 & -6l_i & 4l_i^2 \end{bmatrix} \tag{5-108}$$

$$\begin{bmatrix} m_{11}^i & m_{12}^i & m_{13}^i & m_{14}^i \\ m_{12}^i & m_{22}^i & m_{23}^i & m_{24}^i \\ m_{13}^i & m_{23}^i & m_{33}^i & m_{34}^i \\ m_{14}^i & m_{24}^i & m_{34}^i & m_{44}^i \end{bmatrix} = \begin{matrix} \dfrac{m_{Bi} l_i}{420} \begin{bmatrix} 156 & & & \text{对称} \\ 22l_i & 4l_i^2 & & \\ 54 & 13l_i & 156 & \\ -13l_i & -3l_i^2 & -22l_i & 4l_i^2 \end{bmatrix} & \text{(一致质量矩阵)} \\ \\ \dfrac{m_{Bi} l_i}{2} \begin{bmatrix} 1 & & & \\ & 0 & & \\ & & 1 & \\ & & & 0 \end{bmatrix} & \text{(集中质量矩阵)} \end{matrix} \tag{5-109}$$

$$\{\Gamma_1^i \quad \Gamma_2^i \quad \Gamma_3^i \quad \Gamma_4^i\} = \left\{ \frac{m_{Bi} l_i}{2} \quad \frac{m_{Bi} l_i^2}{12} \quad \frac{m_{Bi} l_i}{2} \quad -\frac{m_{Bi} l_i^2}{12} \right\} \tag{5-110}$$

本章参考文献

[1] 宋一凡. 基于模态识别的桥梁抗震评估研究[D]. 西安：长安大学，2002.

[2] 宋一凡，贺拴海. 基于能量原理的框架桥墩地震力分析[J]. 长安大学学报(自然科学版)，2002,22(1):36-40.

[3] 宋一凡，等. 计入弹性基础效应的钢筋混凝土桥梁结构塑性倒塌分析[J]. 交通运输工程学报，2003,3(3):26-31.

[4] 宋一凡，周勇军，贺拴海. 连续梁桥横桥向地震动分析[J]. 振动与冲击，2006,25(2):

147-151.

[5] 周勇军,彭晓彬,赵煜,等.简支梁桥顺桥向地震动分析[J].交通运输工程学报,2007,7(6):86-89.

[6] 周勇军,彭晓彬,宋一凡.在用简支梁桥横向地震动研究[J].长安大学学报(自然科学版),2008,28(5):58-62.

[7] 周勇军,贺拴海,宋一凡,等.弹性地基上连续梁桥顺桥向地震振动分析[J].长安大学学报(自然科学版),2008,28(2):49-52.

[8] 中华人民共和国推荐性行业标准.公路桥涵地基与基础设计规范:JTG D63—2007[S].北京:人民交通出版社,2007.

第6章
连续刚构桥固有振动

自1988年国内建成第一座大跨径预应力混凝土连续刚构桥——广东洛溪大桥(跨径组成为65m+125m+180m+110m=480m)后,经过近几十年的推广应用,预应力混凝土连续刚构桥已成为100~200m跨径高墩桥梁的首选桥型,尤其在西部黄土沟壑地区更是受到了特别的青睐,此类结构国外比较少见。因设置墩梁固结构造,保证了墩梁协同工作,悬臂施工中体系转换得到简化,使得受力更加合理,也减少了主墩顶对于大型支座的依赖,目前大跨径预应力混凝土连续刚构桥已经占有相当比例。

随着墩高和跨径的增大,预应力混凝土连续刚构桥的振动问题显得突出。

近几十年来,随着电子计算机和有限单元法的发展,各种动荷载作用下的连续刚构桥振动响应都可统一成规格化的形式用通用程序来处理。但是,用近似手段来揭示影响连续刚构桥振动特性的各参数之间的内在关系仍然保持着重要的理论价值。在一定的条件下,近似解析方法所提供的实用计算公式具有形式简单、物理概念明确、足够工程精度的突出优点,因此工程技术人员乐于采用。本章在梁振动理论基础上,结合预应力混凝土连续刚构桥墩梁固结条件下的振型特征,构造基本振型试函数,基于能量原理建立预应力混凝土连续刚构桥的低阶固有频率近似计算方法。

6.1 连续刚构桥的纵向自振基频能量法

6.1.1 高墩连续刚构桥的纵向振动基频能量原理

利用瑞雷(Rayleigh)法求解桥梁结构的纵向漂浮自振频率。

1) 双薄壁墩连续刚构桥

根据双薄壁高墩大跨连续刚构桥第一阶振型多为高桥墩的纵向漂浮弯曲振动、上部结构主梁以纵向水平移动为主的特点,忽略桥梁上部结构的弯曲振动影响,仅计入上部结构总质量集中于主墩顶。

对 n 跨单薄壁墩连续刚构桥,将上部结构凝缩成一个纵桥向振动的刚体,由式(1-96)、式(1-97)和式(1-98)可得连续刚构桥的振动纵向漂浮振动固有频率为:

$$\omega^2 = \frac{K_{eq}}{M_{eq}} = \frac{\sum_{j=1}^{n-1}\int_0^{h_j} EI_{pj}[\varphi''_{pj}(z)]^2 dz}{\sum_{j=1}^{n-1}\int_0^h m_{pj}(z)\varphi_{pj}^2(z) dz + M_b \varphi_p^2(h)} \tag{6-1}$$

其中:

$$K_{eq} = \sum_{j=1}^{n-1}\int_0^{h_j} EI_{pj}[\varphi''_{pj}(z)]^2 dz \tag{6-2}$$

$$M_{eq} = \sum_{j=1}^{n-1}\int_0^h m_{pj}(z)\varphi_{pj}^2(z) dz + M_b \varphi_p^2(h) \tag{6-3}$$

式中,$EI_{pj}(z)$ 为第 j 墩的抗弯刚度;h_j 为第 j 墩墩高;$m_{pj}(z)$ 为墩的分布质量;$\varphi_{pj}(z)$ 为第 j 墩的振型函数;M_b 为上部结构主梁的总质量;$\varphi_p(h) = \varphi_{pj}(h_j)$ 表示各墩振型函数在墩顶处取值相等。

2) 单薄壁墩连续刚构桥

对于单薄壁高墩大跨连续刚构桥,其第一阶振型也呈纵向漂浮弯曲振动、上部结构主梁以纵向水平移动为主的振型特点,但此时上部结构的弯曲振动不可忽略。上部结构质量分布于桥梁各跨的动能表达式中,并计入桥梁上部结构的竖向挠曲部分动能和位能。

对 n 跨单薄壁墩连续刚构桥,由式(1-96)~式(1-98)可得:

$$\omega^2 = \frac{K_{eq}}{M_{eq}} = \frac{\sum_{i=1}^{n}\int_0^{l_i} EI_{bi}(x)[\varphi''_{bi}(x)]^2 dx + \sum_{j=1}^{n-1}\int_0^{h_j} EI_{pj}[\varphi''_{pj}(z)]^2 dz}{\sum_{i=1}^{n}\int_0^{l_i} m_i(x)\varphi_{bi}^2(x) dx + \sum_{j=1}^{n-1}\int_0^h m_{pj}(z)\varphi_{pj}^2(z) dz} \tag{6-4}$$

其中:

$$K_{eq} = \sum_{i=1}^{n}\int_0^{l_i} EI_{bi}(x)[\varphi''_{bi}(x)]^2 dx + \sum_{j=1}^{n-1}\int_0^{h_j} EI_{pj}[\varphi''_{pj}(z)]^2 dz \tag{6-5}$$

$$M_{eq} = \sum_{i=1}^{n}\int_0^{l_i} m_i(x)\varphi_{bi}^2(x) dx + \sum_{j=1}^{n-1}\int_0^h m_{pj}(z)\varphi_{pj}^2(z) dz \tag{6-6}$$

式中,$EI_{bi}(x)$ 第 i 跨梁的抗弯刚度;$EI_{pj}(z)$ 为第 j 墩的抗弯刚度;l_i 第 i 跨梁的计算跨径;h_j 为第 j 墩墩高;$m_i(x)$ 为第 i 跨梁的分布质量;$m_{pj}(z)$ 为 j 墩的分布质量;$\varphi_{bi}(x)$ 表示第 i 跨

梁的振型函数；$\varphi_{pj}(z)$ 为第 j 墩的振型函数。

6.1.2 无系梁的双肢高墩连续刚构桥的纵向振动基频

对于双薄壁墩连续刚构桥，其一阶振型以桥墩的纵向振动为主，墩顶基本上处于无转角的水平位移状态，上部结构主梁基本不发生弯曲振动。根据本章文献[1]、[2]对 64 座三跨预应力混凝土连续刚构桥固有振动的有限元计算成果，经回归分析发现：其回归的振型函数与在可平动但不可转动的墩顶作用一纵桥向单位集中力时的桥墩弯挠曲线比较接近。因此可将墩顶作用纵向水平单位集中力时墩的挠曲线近似作为双薄壁墩的纵桥向振型函数。

对于无系梁双薄壁墩的 n 跨连续刚构桥，考虑到上部结构整体平动，各墩顶振型取值为 1，则各墩振型函数为：

$$\varphi(z_i) = \frac{3z_i^2}{h_i^2} - \frac{2z_i^3}{h_i^3} \quad (0 \leqslant z_i \leqslant h_i) \tag{6-7}$$

式中，h_i 为第 i 个墩的墩高；z_i 为第 i 个墩的竖向局部坐标，由墩底固结处向上为正。

将式(6-7)代入式(6-1)，可得无系梁双薄壁墩连续刚构桥的基频公式：

$$\omega^2 = \frac{\sum_{i=1}^{n-1} \frac{12EI_{pi}}{h_i^3}}{M_b + \sum_{i=1}^{n-1} \frac{13m_{pi}h_i}{35}} \tag{6-8}$$

式中，EI_{pi} 为第 i 个墩的纵桥向抗弯刚度；m_{pi} 为第 i 个墩的单位高度的质量；M_b 为上部结构主梁的总质量；h_i 为第 i 个墩的高度。

6.1.3 设系梁的双肢高墩连续刚构桥的纵向振动基频

大量分析表明，双薄壁墩系梁的设置方式及刚度对高墩大跨双薄壁连续刚构桥梁的基频影响较大，增加系梁数量或刚度可显著提高双薄壁墩连续刚构桥的纵向振动频率。这里以某座设置系梁的双薄壁墩预应力混凝土连续刚构桥为基础，在常见结构合理尺寸范围内通过改变系梁的数量、位置、系梁刚度，构造 9 种双薄壁墩预应力混凝土连续刚构桥模型，如表6-1所示，主桥结构有限元模型及边界条件均与原桥相同。

设一道系梁时三跨双薄壁墩连续刚构桥纵向振动基频修正系数计算　　表 6-1

桥梁模型号	系梁尺寸 (m²)	系梁墩惯性矩比 p	频率修正系数 α	$q = \alpha/p$	近似计算值 (Hz)	有限元计算值 (Hz)	近似计算值相对于有限元计算值的误差 (%)
1	0.5×11.5	0.00997	0.0548	5.5	0.3625	0.3562	1.8
2	0.8×11.5	0.04082	0.2040	5.0	0.3868	0.3878	-0.3
3	1×11.5	0.07972	0.3587	4.5	0.4106	0.4137	-0.8
4	1.2×11.5	0.13776	0.5510	4.0	0.4383	0.4383	0.0
5	1.5×11.5	0.26906	0.7535	2.8	0.4655	0.4677	-0.5

续上表

桥梁模型号	系梁尺寸 (m^2)	系梁墩惯性矩比 p	频率修正系数 α	$q = \alpha/p$	近似计算值 (Hz)	有限元计算值 (Hz)	近似计算值相对于有限元计算值的误差 (%)
6	1.8×11.5	0.46494	0.8833	1.9	0.4818	0.4878	-1.2
7	2.0×11.5	0.63778	0.8929	1.4	0.4827	0.4972	-2.9
8	2.2×11.5	0.84889	1.0187	1.2	0.4981	0.5043	-1.2
9	2.5×11.5	1.24567	1.1211	0.9	0.5099	0.5119	-0.4

工程上双薄壁墩的系梁数量一般不超过三道,沿墩高等间距设置。这里分别按设置一道、两道和三道系梁进行连续刚构桥纵向振动基频的相关参数分析。

通过回归可获得设置一道系梁的双薄壁墩连续刚构桥的基频与系梁墩刚度比关系式。在式(6-8)基础上建立三跨设置系梁的双薄壁墩连续刚构桥的基频修正公式:

$$\omega^2 = (1+\alpha)\frac{\dfrac{12EI_{p1}}{h_1^3}+\dfrac{12EI_{p2}}{h_2^3}}{\dfrac{13}{35}m_{p1}h_1+\dfrac{13}{35}m_{p2}h_2+M_b} \tag{6-9}$$

式中,频率修正系数 α 是系梁墩惯性矩比 p 的函数;系梁的质量简化到双薄壁墩质量中;其余符号意义同前。

取无系梁的双薄壁墩预应力混凝土连续刚构桥的纵向振动基频修正系数 α 为零。以近似公式值式(6-9)与有限元计算值之间的误差最小为原则(这里定为±5%之内),采用参数估计法计算频率修正系数 α,对应模型各参数与计算结果见表6-2。

系梁墩惯性矩比 p 与系梁墩惯性矩比修正参数 q 的关系　　表6-2

p	0.00997	0.0408	0.0797	0.1377	0.2690	0.4649	0.6377	0.8488	1.2456
q	5.5	5.0	4.5	4.0	2.8	1.9	1.4	1.2	0.9

表6-1表明,基频近似计算值及有限元计算值误差在3%之内,说明采用参数估计法计算纵向振动基频修正系数 α 精确较高。同时也说明基频修正系数 α 与系梁墩惯性矩比 p 直接相关,可用函数 $\alpha = \alpha(p)$ 表达。

为回归方便,定义 $q = \dfrac{\alpha}{p}$ 为系梁墩惯性矩比修正数,可得 p 与 q 对应的关系,如表6-2所示。

图6-1中的回归多项式函数相关性 $R^2 = 0.9992$,说明拟合程度高,从而得到一道系梁时系梁墩惯性矩比修正系数 q 的回归表达式为:

$$q = -5.254p^3 + 14.45p^2 - 13.60p + 5.566 \tag{6-10}$$

于是可得一道系梁(位于1/2墩高)时的基频修正系数为:

$$\alpha_1 = pq = -5.254p^4 + 14.45p^3 - 13.60p^2 + 5.566p \tag{6-11}$$

同理,可得沿墩高等间距布置两道系梁及三道系梁时的系梁墩惯性矩比修正系数 q 的回归多项式函数,其相关性分别为 $R^2 = 0.999$、$R^2 = 0.997$,如图6-2所示。

两道系梁时:

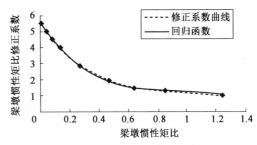

图 6-1 一道系梁时系梁墩惯性矩比修正系数 q 及其系梁墩惯性矩比 p 关系

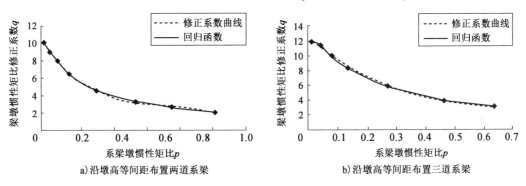

a) 沿墩高等间距布置两道系梁　　　　b) 沿墩高等间距布置三道系梁

图 6-2 多道系梁时系梁墩惯性矩比修正系数 q 及其系梁墩惯性矩比 p 关系

$$\alpha_2 = pq = -27.07p^4 + 50.24p^3 - 33.04p^2 + 10.28p \quad (6-12)$$

三道系梁时：

$$\alpha_3 = pq = -22.82p^4 + 47.40p^3 - 36.27p^2 + 12.58p \quad (6-13)$$

同理可得 n 跨双薄壁墩连续刚构桥纵向振动基频的通用表达式为：

$$\omega^2 = \frac{\sum_{i=1}^{n-1}(1+\alpha)\dfrac{12EI_{pi}}{h_i^3}}{M_b + \dfrac{13}{35}\sum_{i=1}^{n-1}m_{pi}h_i} \quad (n \geq 3) \quad (6-14)$$

式中：当双薄壁墩间无系梁时

$$\alpha = 0$$

当双薄壁墩间设一道系梁位于半墩高时

$$\alpha = -5.254p^4 + 14.45p^3 - 13.60p^2 + 5.566p \quad (6-15)$$

当双薄壁墩间设二道系梁沿墩高等间距布置时

$$\alpha = -27.07p^4 + 50.24p^3 - 33.04p^2 + 10.28p \quad (6-16)$$

当双薄壁墩间设三道系梁且沿墩高等间距布置时

$$\alpha = -22.82p^4 + 47.40p^3 - 36.27p^2 + 12.58p \quad (6-17)$$

6.2 连续刚构桥竖向振动基频能量法

6.2.1 连续刚构桥一阶竖向振动频率近似表达式

大跨径预应力混凝土连续刚构桥的一阶竖向振动频率是与《公路桥涵设计通用规范》

(JTG D60—2015)中冲击系数相关的重要参数。基于连续梁的一阶频率计算公式,将预应力混凝土连续刚构的竖向一阶固有频率公式回归为以下形式:

$$f = \frac{C}{l_2^2}\sqrt{\frac{EI_{bc}}{m_{bc}}} \qquad (6\text{-}18)$$

式中,f 为工程频率(Hz);EI_{bc} 为主梁跨中截面刚度;m_{bc} 为主梁跨中处单位长度质量;l_2 为中跨跨径;C 为一无量纲系数。

6.2.2 连续刚构桥一阶竖向振动频率修正系数

为综合反映连续刚构桥多个参数对一阶频率的影响,取以下基本参数:

(1)主梁总长和中跨跨径之比 $\gamma = \dfrac{2l_1 + (n-2)l_2}{l_2}$,其中,$l_1$ 为边跨跨径,l_2 为中跨跨径,n 为桥孔数;

(2)跨中截面模量和支点截面模量的比值 $k = \dfrac{W_{bc}}{W_{bs}} = \dfrac{I_{bc}/A_{bc}}{I_{bs}/A_{bs}}$,$I_{bc}$ 为跨中截面惯性矩,I_{bs} 为支点截面惯性矩,A_{bc} 为跨中截面面积,A_{bs} 为支点截面面积;

(3)主梁质量与单个桥墩质量的比值 $\dfrac{M_b}{M_p}$,其中 M_b 为主梁梁体总质量,M_p 为单个桥墩质量;

(4)墩高与中跨跨径的比值 $\dfrac{h}{l_2}$,其中 h 为桥墩墩高,l_2 为中跨跨径。

变截面连续刚构桥一阶频率的回归问题是一个多元非线性问题,用线性转换的方法,可得到式(6-18)的系数 C 回归公式为:

$$C = -0.8243 - 2.6214\gamma^{\frac{1}{8}} - 6.0925k + 11.7488\left(\frac{M_b}{M_p}\right)^{\frac{1}{16}} - 0.5430\left(\frac{h}{l_2}\right)^{\frac{1}{8}} \qquad (6\text{-}19)$$

式中,各符号意义同前。

由式(6-18)和式(6-19)即可近似计算多跨双薄壁墩预应力混凝土连续刚构桥的一阶竖向振动频率。

本章参考文献

[1] 周勇军,赵煜,贺拴海.系梁设置对高墩大跨弯连续刚构桥动力特性及地震响应的影响[J].应用基础与工程科学学报,2011,19(4):608-618.

[2] 蒋培文.公路大跨径连续体系桥梁车桥耦合振动研究[D].西安:长安大学,2012.

[3] 周勇军,张晓栋,宋一凡,等.高墩连续刚构桥纵向振动基频的能量法计算公式[J].长安大学学报(自然科学版),2013,33(3):48-54.

[4] 周勇军,于明策,陈群,等.双薄壁墩连续刚构桥基频的统一计算模式[J].应用力学学报,2016,33(6):1009-1015.

第 7 章
车桥耦合振动分析模型

关于简支梁桥的车桥耦合振动问题的经典理论方法研究已经比较系统,运用数值分析手段对连续梁桥、斜拉桥、悬索桥等复杂桥型,开展关于车辆数量、桥面不平整度、车辆加减速行驶、车辆模型参数等研究也取得了一定的进展。随着有限元技术的发展和大型结构分析软件的日臻成熟,已经形成基于有限元分析软件的车桥耦合振动数值分析方法,可以实现对任何复杂结构体系桥梁在任意复杂车队行驶工况下的车桥耦合振动分析。

本章主要根据弹性系统动力学总势能不变值原理(简称广义虚功原理),建立适用于车桥耦合振动分析的车辆振动模型和桥梁结构有限元模型的方法。

7.1 车辆振动方程

车辆振动方程是车桥耦合振动分析的基础。车辆模型的简化有多种形式,模型选用取决于桥梁结构的规模和分析的目的。这里从最简单的车辆模型出发,系统给出常见的公路桥梁车辆简化模型及相应的汽车车辆振动方程。列车与车辆模型比较复杂,读者可以参考相关文献。

7.1.1 基本假设

分析表明,影响公路桥梁车桥耦合振动的因素较多,为了简化问题,拟定以下基本假定:
(1) 车辆轮胎与桥面始终紧密结合,行驶期间没有分离现象;
(2) 仅考虑车辆整体的竖向振动,轮胎模拟成竖向弹簧,不考虑轮胎与桥面的摩擦影响;
(3) 桥梁结构振动体系基于静平衡位置,挠动满足小变形弹性理论。

7.1.2 单自由度车辆模型

如图 7-1 所示,车辆简化为单自由度的弹簧-阻尼-质量系统,也称为四分之一模型。其中,M 为车体质量;k 为垂向刚度;c 为垂向阻尼;z 为车体质量块竖向位移;$w(x,t)$ 为车轮相应处梁的强迫振动位移。

取车辆弹簧的自然位置为坐标 z 起点,向下为正。

车辆模型中的力分别为:重力 Mg;悬置力 F_s;惯性力 $-M\ddot{z}$。

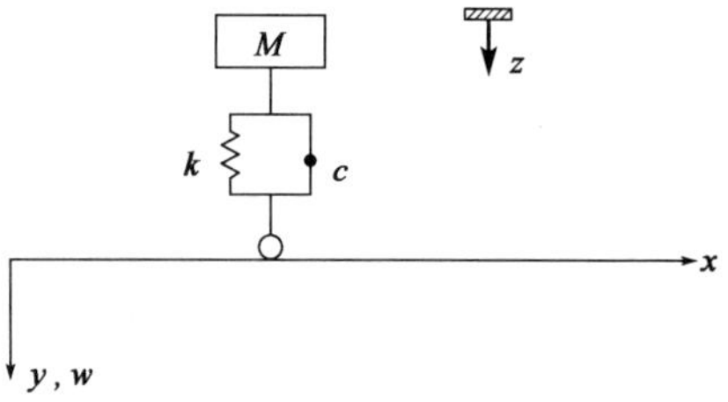

图 7-1 单自由度车辆模型

其中:
$$F_s = k(z - w) + c(\dot{z} - \dot{w}) \tag{7-1}$$

由广义虚功原理得:
$$\delta W_v = Mg\delta z - M\ddot{z}\delta z - F_s\delta(z - w) = 0 \tag{7-2}$$

将式(7-1)代入式(7-2)展开得到:
$$Mg\delta z - M\ddot{z}\delta z - [k(z - w) + c(\dot{z} - \dot{w})]\delta(z - w) = 0 \tag{7-3}$$

式中,δz 为车辆对应的广义虚位移;δw 为桥面车轮接触点广义虚位移,相对车辆而言可假设为零。

式(7-3)满足的条件为车辆广义虚位移对应系数项取值为零,故可将式(7-3)移项并整理得到车桥耦合振动方程:
$$M\ddot{z} + c\dot{z} + kz = Mg + kw + c\dot{w} \tag{7-4}$$

也可写成
$$M\ddot{z} + c\dot{z} + kz = G + F_b \tag{7-5}$$

式中,G 为车辆重力,$G = Mg$;F_b 为车辆的轮胎与桥面接触点处的瞬时耦合荷载,$F_b = kw + c\dot{w}$。

7.1.3 二自由度车辆模型

如图 7-2 所示,车辆简化为二自由度的弹簧-阻尼-质量系统,也称为四分之一模型。M 为车体(含货物)质量;m 为构架质量与轮对质量之和;k_t 为轮胎的刚度;c_t 为轮胎的阻尼系数;k_s 为悬挂系统的刚度;c_s 为悬挂系统的阻尼系数;z 表示构架质量与轮对质量块竖向位移;z' 为车体(含货物)质量块的竖向位移;$w(x,t)$ 表示车轮相应接触点的梁动挠度。

z 与和 z' 向下为正。

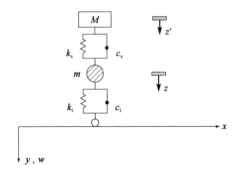

图 7-2 二自由度车辆模型

取初始时车辆弹簧的自然位置为坐标起点,车辆待求的独立位移向量 $\boldsymbol{Z}_v$ 为:
$$\boldsymbol{Z}_v = \{z \quad z'\}^T \tag{7-6}$$
车辆模型中的力分别为:重力 Mg,mg;悬置力 F_s;轮胎力 F_t;惯性力 $-M\ddot{z}, -m\ddot{z}$。其中:
$$F_s = k_s(z'-z) + c_s(\dot{z}'-\dot{z}) \tag{7-7}$$
$$F_t = k_t(z-w) + c_t(\dot{z}-\dot{w}) \tag{7-8}$$
由广义虚功原理得:
$$\delta W_v = mg\delta z + Mg\delta z' - m\ddot{z}\delta z - M\ddot{z}'\delta z' - F_s\delta(z'-z) - F_t\delta(z-w) = 0 \tag{7-9}$$
将式(7-7)、式(7-8)代入式(7-9),展开得:

$$\delta W_v = mg\delta z + Mg\delta z' - m\ddot{z}\delta z - M\ddot{z}'\delta z' - [k_s(z'-z) + c_s(\dot{z}'-\dot{z})]\delta z' + [k_s(z'-z) + c_s(\dot{z}'-\dot{z})]\delta z - [k_t(z-w) + c_t(\dot{z}-\dot{w})]\delta z + [k_t(z-w) + c_t(\dot{z}-\dot{w})]\delta w = 0$$
$$\tag{7-10}$$

式中,δz、$\delta z'$ 为车辆广义虚位移;δw 为梁的广义虚位移,相对车辆而言可假设为零。

式(7-10)满足的条件为车辆广义虚位移对应系数项取值为零,将式(7-10)移项并整理为矩阵形式的车桥耦合振动方程:
$$\boldsymbol{M}_v \ddot{\boldsymbol{Z}}_v + \boldsymbol{C}_v \dot{\boldsymbol{Z}}_v + \boldsymbol{K}_v \boldsymbol{Z}_v = \boldsymbol{G}_v + \boldsymbol{F}_{bv} \tag{7-11}$$
式中,$\boldsymbol{M}_v$ 为车辆的质量矩阵;$\boldsymbol{C}_v$ 为车辆的阻尼矩阵;$\boldsymbol{K}_v$ 为车辆的刚度矩阵;$\boldsymbol{F}_{bv}$ 为车辆的轮胎与桥面接触点处的瞬时耦合荷载向量;$\boldsymbol{G}_v$ 为重力荷载向量。其矩阵元素分别为:

$$\boldsymbol{M}_v = \begin{bmatrix} m & 0 \\ 0 & M \end{bmatrix} \tag{7-12a}$$

$$\boldsymbol{K}_v = \begin{bmatrix} k_s + k_t & -k_s \\ -k_s & k_s \end{bmatrix} \tag{7-12b}$$

$$\boldsymbol{C}_v = \begin{bmatrix} c_s + c_t & -c_s \\ -c_s & c_s \end{bmatrix} \tag{7-12c}$$

$$\boldsymbol{G}_v = \{mg \quad Mg\}^T \tag{7-12d}$$

$$\boldsymbol{F}_{bv} = \{k_t w + c_t \dot{w} \quad 0\}^T \tag{7-12e}$$

7.1.4 四自由度双轴平面车辆模型

如图7-3所示,车辆简化为四自由度的弹簧-阻尼-质量系统,也称为二分之一模型。l_u 为车辆前后轴间长度;M 为车体总质量;θ、z 分别为车辆绕质心横轴旋转的角度和车辆质心竖向位移;I_θ 为车体点头转动惯量;$\alpha_i (i=1,2)$ 分别为车辆质心距前轴和后轴的距离与前后轴之间距离 l_u 的比值;$m_i (i=1,2)$ 分别为前轴和后轴的轮轴质量;$k_{ti} (i=1,2)$ 分别为前轴和后轴轮胎的刚度;$c_{ti} (i=1,2)$ 分别为前轴和后轴轮胎的阻尼系数;$k_{si} (i=1,2)$ 分别为前轴和后轴悬挂系统的刚度；$c_{si}(i=1,2)$ 分别为前轴和后轴悬挂系统的阻尼系数；$z_i(i=1,2)$ 分别为前轴和后轴质量块竖向位移；$z'_i(i=1,2)$ 分别为前轴和后轴支承车体点的竖向位移；$w_i(x_i,t)$ $(i=1,2)$ 分别为前轴和后轴相应处梁的强迫振动位移。

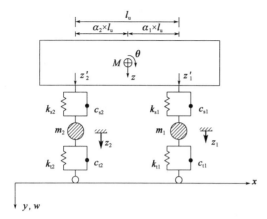

图 7-3　四自由度双轴平面车型

z 与 $z_i(i=1,2)$ 和 $z'_i(i=1,2)$ 向下为正；θ 以顺时向为正，它和 z 均与 $z'_i(i=1,2)$ 相互关联。

取初始时车辆弹簧的自然位置为坐标起点，车辆待求的独立位移向量 Z_v 为：

$$Z_v = \{z_1 \quad z_2 \quad z'_1 \quad z'_2\}^T \tag{7-13}$$

车辆模型中的力分别为：重力 Mg，$m_1 g$，$m_2 g$；悬置力 $F_{si}(i=1,2)$；轮胎力 $F_{ti}(i=1,2)$；惯性力或力矩 $-M\ddot{z}$，$-I_\theta \ddot{\theta}$，$-m_i\ddot{z}_i(i=1,2)$。

其中：

$$F_{si} = k_{si}(z'_i - z_i) + c_{si}(\dot{z}'_i - \dot{z}_i) \quad (i=1,2) \tag{7-14}$$

$$F_{ti} = k_{ti}(z_i - w_i) + c_{ti}(\dot{z}_i - \dot{w}_i) \quad (i=1,2) \tag{7-15}$$

由几何关系可知：

$$z = \alpha_2 z'_1 + \alpha_1 z'_2 \tag{7-16}$$

$$\theta = (z'_1 - z'_2)/l_u \tag{7-17}$$

由广义虚功原理得：

$$\delta W_v = \sum_{i=1}^{2} m_i g \delta z_i + Mg\delta z - \sum_{i=1}^{2} m_i \ddot{z}_i \delta z_i - M\ddot{z}\delta z - I_\theta \ddot{\theta}\delta\theta - \\ \sum_{i=1}^{2} F_{si}\delta(z'_i - z_i) - \sum_{i=1}^{2} F_{ti}\delta(z_i - w_i) = 0 \tag{7-18}$$

将式(7-14)~式(7-17)代入式(7-18)展开，得：

$$m_1 g \delta z_1 + m_2 g \delta z_2 + Mg\alpha_2 \delta z'_1 + Mg\alpha_1 \delta z'_2 - m_1 \ddot{z}_1 \delta z_1 - m_2 \ddot{z}_2 \delta z_2 - \\ M\alpha_2(\alpha_1 \ddot{z}'_2 + \alpha_2 \ddot{z}'_1)\delta z'_1 - M\alpha_1(\alpha_1 \ddot{z}'_2 + \alpha_2 \ddot{z}'_1)\delta z'_2 - I_\theta \frac{\ddot{z}'_1 - \ddot{z}'_2}{l_u^2}\delta z'_1 + \\ I_\theta \frac{\ddot{z}'_1 - \ddot{z}'_2}{l_u^2}\delta z'_2 - \sum_{i=1}^{2}[k_{si}(z'_i - z_i) + c_{si}(\dot{z}'_i - \dot{z}_i)]\delta z'_i + \\ \sum_{i=1}^{2}[k_{si}(z'_i - z_i) + c_{si}(\dot{z}'_i - \dot{z}_i)]\delta z_i - \sum_{i=1}^{2}[k_{ti}(z_i - w_i) + c_{ti}(\dot{z}_i - \dot{w}_i)]\delta z_i + \\ \sum_{i=1}^{2}[k_{ti}(z_i - w_i) + c_{ti}(\dot{z}_i - \dot{w}_i)]\delta w_i = 0 \tag{7-19}$$

式中，δz_i、$\delta z'_i(i=1,2)$ 为车辆各自由度对应的广义虚位移；δw_i 为桥面车轮接触点梁的广义虚位移，相对车辆而言可假设为零。

式(7-19)满足的条件为车辆广义虚位移对应系数项取值为零，故可将式(7-19)移项并整理为矩阵形式的车桥耦合振动方程：

$$M_v \ddot{Z}_v + C_v \dot{Z}_v + K_v Z_v = G_v + F_{bv} \quad (7\text{-}20)$$

式中，M_v 为车辆的质量矩阵；C_v 为车辆的阻尼矩阵；K_v 为车辆的刚度矩阵；F_{bv} 为车辆的轮胎与桥面接触点处的瞬时耦合荷载向量；G_v 为重力荷载向量。其矩阵元素分别为：

$$M_v = \begin{bmatrix} m_1 & 0 & 0 & 0 \\ 0 & m_2 & 0 & 0 \\ 0 & 0 & M\alpha_2^2 + I_\theta/l_u^2 & M\alpha_1\alpha_2 - I_\theta/l_u^2 \\ 0 & 0 & M\alpha_1\alpha_2 - I_\theta/l_u^2 & M\alpha_1^2 + I_\theta/l_u^2 \end{bmatrix} \quad (7\text{-}21\text{a})$$

$$K_v = \begin{bmatrix} k_{s1}+k_{t1} & 0 & -k_{s1} & 0 \\ 0 & k_{s2}+k_{t2} & 0 & -k_{s2} \\ -k_{s1} & 0 & k_{s1} & 0 \\ 0 & -k_{s2} & 0 & k_{s2} \end{bmatrix} \quad (7\text{-}21\text{b})$$

$$C_v = \begin{bmatrix} c_{s1}+c_{t1} & 0 & -c_{s1} & 0 \\ 0 & c_{s2}+c_{t2} & 0 & -c_{s2} \\ -c_{s1} & 0 & c_{s1} & 0 \\ 0 & -c_{s2} & 0 & c_{s2} \end{bmatrix} \quad (7\text{-}21\text{c})$$

$$G_v = \{m_1 g \quad m_2 g \quad Mg\alpha_2 \quad Mg\alpha_1\}^T \quad (7\text{-}21\text{d})$$

$$F_v = \{k_{t1}w_1 + c_{t1}\dot{w}_1 \quad k_{t2}w_2 + c_{t2}\dot{w}_2 \quad 0 \quad 0\}^T \quad (7\text{-}21\text{e})$$

7.1.5 五自由度三轴平面车辆模型

工程中最常见的三轴自卸载货汽车车辆，可简化为五自由度的弹簧-阻尼-质量系统模型，如图 7-4 所示。

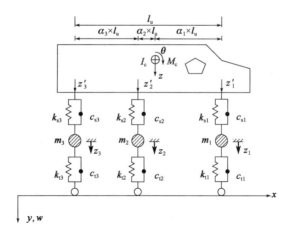

图 7-4 五自由度三轴平面车型

在图 7-4 中，l_u 表示车辆前后轴间长度；M 表示车体质量；θ、z 分别表示车辆绕质心横轴旋转的角度和车辆质心竖向位移；I_θ 为车体点头转动惯量；α_i ($i=1,2$) 分别表示车辆质心距前轴、中轴与前后轴之间距离 l_u 的比值；α_3 为中轴和后轴的距离与前后轴之间距离 l_u 的比值；m_i ($i=1,2,3$) 分别表示前轴、中轴和后轴的轮轴质量；k_{ti} ($i=1,2,3$) 分别为前轴、中轴和后轴轮胎的刚度；$c_{ti}(i=1,2,3)$ 分别为前轴、中轴和后轴轮胎的阻尼系数；$k_{si}(i=1,2,3)$ 分别为前轴、中轴和后轴悬挂系统的刚度；$c_{si}(i=1,2,3)$ 分别为前轴、中轴和后轴悬挂系统的阻尼系数；$z_i(i=1,2,3)$ 分别表示前轴、中轴和后轴质量块竖向位移；$z'_i(i=1,2,3)$ 分别表示前轴、中轴和后轴支承车体点的竖向位移；$w_i(x,t)(i=1,2,3)$ 分别表示前轴、中轴和后轴相应桥面接触点梁的动挠度。

z 与 $z_i(i=1,2,3)$ 和 $z'_i(i=1,2,3)$ 向下为正；θ 以顺时向为正，它和 z 均与 $z'_i(i=1,2,3)$ 相互关联。

取初始时车辆弹簧的自然位置为坐标起点，车辆待求的独立位移向量 $\mathbf{Z}_v$ 为：

$$\mathbf{Z}_v = \{z_1 \quad z_2 \quad z_3 \quad z'_1 \quad z'_3\}^T \tag{7-22}$$

车辆模型中力分别为：重力 Mg、m_1g、m_2g、m_3g；悬置力 $F_{si}(i=1,2,3)$；轮胎力 $F_{ti}(i=1,2,3)$；惯性力 $-M\ddot{z}$、$-I_\theta\ddot{\theta}$、$-m_i\ddot{z}_i(i=1,2,3)$。

其中：

$$F_{si} = k_{si}(z'_i - z_i) + c_{si}(\dot{z}'_i - \dot{z}_i) \quad (i=1,2,3) \tag{7-23}$$

$$F_{ti} = k_{ti}(z_i - w_i) + c_{ti}(\dot{z}_i - \dot{w}_i) \quad (i=1,2,3) \tag{7-24}$$

由几何关系可知：

$$z = (\alpha_2 + \alpha_3)z'_1 + \alpha_1 z'_3 \tag{7-25}$$

$$\theta = \frac{(z'_1 - z'_3)}{l_u} \tag{7-26}$$

$$z'_2 = z'_3 + \alpha_3 l_u \theta = \alpha_3 z'_1 + (\alpha_1 + \alpha_2)z'_3 \tag{7-27}$$

其中，$\alpha_1 + \alpha_2 + \alpha_3 = 1$。

由广义虚功原理可知：

$$\delta W_v = \sum_{i=1}^{3} m_i g \delta z_i + Mg \delta z - \sum_{i=1}^{3} m_i \ddot{z}_i \delta z_i - M\ddot{z}\delta z -$$
$$I_\theta \ddot{\theta} \delta \theta - \sum_{i=1}^{3} F_{si} \delta(z'_i - z_i) - \sum_{i=1}^{3} F_{ti} \delta(z_i - w_i) = 0 \tag{7-28}$$

将式(7-23)~式(7-26)代入式(7-28)展开，得：

$$m_1 g \delta z_1 + m_2 g \delta z_2 + m_3 g \delta z_3 + Mg(\alpha_2 + \alpha_3)\delta z'_1 + Mg\alpha_1 \delta z'_3 - m_1\ddot{z}_1\delta z_1 - m_2\ddot{z}_2\delta z_2 - m_3\ddot{z}_3\delta z_3 -$$
$$M(\alpha_2 + \alpha_3)[(\alpha_2 + \alpha_3)\ddot{z}'_1 + \alpha_1 \ddot{z}'_3]\delta z'_1 - M\alpha_1[(\alpha_2 + \alpha_3)\ddot{z}'_1 + \alpha_1\ddot{z}'_3]\delta z'_3 - I_\theta \frac{\ddot{z}'_1 - \ddot{z}'_3}{l_u^2}\delta z'_1 +$$
$$I_\theta \frac{\ddot{z}'_1 - \ddot{z}'_3}{l_u^2}\delta z'_3 - \sum_{i=1}^{3}[k_{si}(z'_i - z_i) + c_{si}(\dot{z}'_i - \dot{z}_i)]\delta z'_i +$$
$$\sum_{i=1}^{3}[k_{si}(z'_i - z_i) + c_{si}(\dot{z}'_i - \dot{z}_i)]\delta z_i - \sum_{i=1}^{3}[k_{ti}(z_i - w_i) + c_{ti}(\dot{z}_i - \dot{w}_i)]\delta z_i +$$
$$\sum_{i=1}^{3}[k_{ti}(z_i - w_i) + c_{ti}(\dot{z}_i - \dot{w}_i)]\delta w_i = 0 \tag{7-29}$$

其中，引入式(7-27)的几何关系，得：

$$\sum_{i=1}^{3}[k_{si}(z'_i - z_i) + c_{si}(\dot{z}'_i - \dot{z}_i)]\delta z'_i$$
$$= \sum_{i=1,3}[k_{si}(z'_i - z_i) + c_{si}(\dot{z}'_i - \dot{z}_i)]\delta z'_i + [k_{s2}(z'_2 - z_2) + c_{s2}(\dot{z}'_2 - \dot{z}_2)]\delta z'_2$$
$$= \sum_{i=1,3}[k_{si}(z'_i - z_i) + c_{si}(\dot{z}'_i - \dot{z}_i)]\delta z'_i + \{k_{s2}[\alpha_3 z'_1 + (\alpha_1 + \alpha_2)z'_3 - z_2] +$$

$$c_{s2}[\alpha_3\dot{z}'_1 + (\alpha_1 + \alpha_2)\dot{z}'_3 - \dot{z}_2]\}\alpha_3\delta z'_1 + \{k_{s2}[\alpha_3 z'_1 + (\alpha_1 + \alpha_2)z'_3 - z_2] +$$
$$c_{s2}[\alpha_3\dot{z}'_1 + (\alpha_1 + \alpha_2)\dot{z}'_3 - \dot{z}_2]\}(\alpha_1 + \alpha_2)\delta z'_3 \tag{7-30}$$

$$\sum_{i=1}^{3}[K_{si}(z'_i - z_i) + c_{si}(\dot{z}'_i - \dot{z}_i)]\delta z_i$$
$$= \sum_{i=1,3}[k_{si}(z'_i - z_i) + c_{si}(\dot{z}'_i - \dot{z}_i)]\delta z_i + [k_{s2}(z'_2 - z_2) + c_{s2}(\dot{z}'_2 - \dot{z}_2)]\delta z_2 \tag{7-31}$$
$$= \sum_{i=1,3}[k_{si}(z'_i - z_i) + c_{si}(\dot{z}'_i - \dot{z}_i)]\delta z_i + \{k_{s2}[\alpha_3 z'_1 + (\alpha_1 + \alpha_2)z'_3 - z_2] +$$
$$c_{s2}[\alpha_3\dot{z}'_1 + (\alpha_1 + \alpha_2)\dot{z}'_3 - \dot{z}_2]\}\alpha_3\delta z_2$$

式中,δz_i、$\delta z'_i(i = 1,2)$ 分别为车辆各自由度对应的广义虚位移;δw_i 为桥面车轮接触点广义虚位移,相对车辆而言可假设为零。

将式(7-30)、式(7-31)代入式(7-29),则式(7-29)满足的条件为车辆广义虚位移对应系数项取值为零,故可将式(7-29)移项并整理为矩阵形式的车桥耦合振动方程:

$$\boldsymbol{M}_v\ddot{\boldsymbol{Z}}_v + \boldsymbol{C}_v\dot{\boldsymbol{Z}}_v + \boldsymbol{K}_v\boldsymbol{Z}_v = \boldsymbol{G}_v + \boldsymbol{F}_{bv} \tag{7-32}$$

式中,$\boldsymbol{M}_v$ 为车辆的质量矩阵;$\boldsymbol{C}_v$ 为车辆的阻尼矩阵;$\boldsymbol{K}_v$ 为车辆的刚度矩阵;$\boldsymbol{F}_{bv}$ 为车辆的轮胎与桥面接触点处的瞬时耦合荷载向量;$\boldsymbol{G}_v$ 为重力荷载向量。其矩阵元素分别为:

$$\boldsymbol{M}_v = \begin{bmatrix} m_1 & 0 & 0 & 0 & 0 \\ 0 & m_2 & 0 & 0 & 0 \\ 0 & 0 & m_3 & 0 & 0 \\ 0 & 0 & 0 & M(\alpha_2 + \alpha_3)^2 + I_\theta/l_u^2 & M\alpha_1(\alpha_2 + \alpha_3) - I_\theta/l_u^2 \\ 0 & 0 & 0 & M\alpha_1(\alpha_2 + \alpha_3) - I_\theta/l_u^2 & M\alpha_1^2 + I_\theta/l_u^2 \end{bmatrix} \tag{7-33a}$$

$$\boldsymbol{K}_v = \begin{bmatrix} k_{s1} + k_{t1} & 0 & 0 & -k_{s1} & 0 \\ 0 & k_{s2} + k_{t2} & 0 & -\alpha_3 k_{s2} & -(\alpha_1 + \alpha_2)k_{s2} \\ 0 & 0 & k_{s3} + k_{t3} & 0 & -k_{s3} \\ -k_{s1} & -\alpha_3 k_{s2} & 0 & k_{s1} + \alpha_3^2 k_{s2} & (\alpha_1 + \alpha_2)\alpha_3 k_{s2} \\ 0 & -(\alpha_1 + \alpha_2)k_{s2} & -k_{s3} & (\alpha_1 + \alpha_2)\alpha_3 k_{s2} & (\alpha_1 + \alpha_2)^2 k_{s2} + k_{s3} \end{bmatrix} \tag{7-33b}$$

$$\boldsymbol{C}_v = \begin{bmatrix} c_{s1} + c_{t1} & 0 & 0 & -c_{s1} & 0 \\ 0 & c_{s2} + c_{t2} & 0 & -\alpha_3 c_{s2} & -(\alpha_1 + \alpha_2)c_{s2} \\ 0 & 0 & c_{s3} + c_{t3} & 0 & -c_{s3} \\ -c_{s1} & -\alpha_3 c_{s2} & 0 & c_{s1} + \alpha_3^2 c_{s2} & (\alpha_1 + \alpha_2)\alpha_3 c_{s2} \\ 0 & -(\alpha_1 + \alpha_2)c_{s2} & -c_{s3} & (\alpha_1 + \alpha_2)\alpha_3 c_{s2} & (\alpha_1 + \alpha_2)^2 c_{s2} + c_{s3} \end{bmatrix} \tag{7-33c}$$

$$\boldsymbol{G}_v = \{m_1 g \quad m_2 g \quad m_3 g \quad Mg(\alpha_2 + \alpha_3) \quad \alpha_1 Mg\}^T \tag{7-33d}$$

$$\boldsymbol{F}_{bv} = \{k_{t1}w_1 + c_{t1}\dot{w}_1 \quad k_{t2}w_2 + c_{t2}\dot{w}_2 \quad k_{t3}w_3 + c_{t3}\dot{w}_3 \quad 0 \quad 0\}^T \tag{7-33e}$$

7.1.6 六自由度三轴平面车辆模型

如图 7-5 所示一辆牵引车带拖车的车辆模型示意,简化为两个铰接的刚性体质量(这里假设铰位于中轴正上方),M_1 为牵引车质量;M_2 为拖车质量;Z_1、Z_2 分别为质量块 M_1、M_2 的竖向位移;θ_1、θ_2 分别为质量块 M_1、M_2 绕形心横轴的旋转角度;$I_{\theta i}(i=1,2)$ 分别为牵引车和拖车车体点头转动惯量;$\alpha_i(i=1,2)$ 分别表示牵引车辆质心距前轴、中轴的距离与前中轴之间 l_{u1} 的比值;$\gamma_i(i=2,3)$ 分别表示拖车质心距中轴、后轴的距离与中后轴之间距离 l_{u2} 的比值;$m_i(i=1,2,3)$ 分别表示前轴、中轴和后轴的轮轴质量;$k_{ti}(i=1,2,3)$ 分别为前轴、中轴和后轴轮胎的刚度;$c_{ti}(i=1,2,3)$ 分别为前轴、中轴和后轴轮胎的阻尼系数;$k_{si}(i=1,2,3)$ 分别为前轴、中轴和后轴悬挂系统的刚度;$c_{si}(i=1,2,3)$ 分别为前轴、中轴和后轴悬挂系统的阻尼系数;$z_i(i=1,2,3)$ 分别表示前轴、中轴和后轴质量块竖向位移;$z'_i(i=1,2,3)$ 分别表示前轴、中轴和后轴支承车体点的竖向位移;$w_i(x,t)(i=1,2,3)$ 分别表示前轴、中轴和后轴相应桥面接触点梁的动挠度。

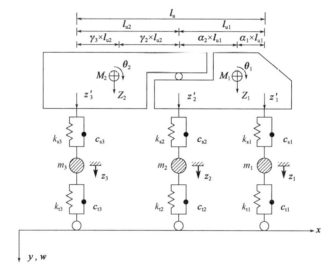

图 7-5 六自由度车辆模型

$Z_i(i=1,2)$、$z_i(i=1,2,3,4)$ 和 $z'_i(i=1,2,3)$ 向下为正;$\theta_i(i=1,2)$ 以顺时向为正,它和 $Z_i(i=1,2)$ 均与 $z'_i(i=1,2,3)$ 相互关联。

取初始时车辆弹簧的自然位置为坐标起点,车辆待求的独立位移向量 $\boldsymbol{Z}_v$ 为:

$$\boldsymbol{Z}_v = \{z_1 \quad z_2 \quad z_3 \quad z'_1 \quad z'_2 \quad z'_3\}^T \tag{7-34}$$

车辆模型中的力分别为:重力 M_1g、M_2g、m_1g、m_2g、m_3g;悬置力 $F_{si}(i=1,2,3)$;轮胎力 $F_{ti}(i=1,2,3)$;惯性力或力矩 $-M_1\ddot{Z}_1$、$-M_2\ddot{Z}_2$、$-I_{\theta 1}\ddot{\theta}_1$、$-I_{\theta 2}\ddot{\theta}_2$、$-m_i\ddot{z}_i(i=1,2,3)$。

其中:

$$F_{si} = k_{si}(z'_i - z_i) + c_{si}(\dot{z}'_i - \dot{z}_i) \quad (i=1,2,3) \tag{7-35}$$

$$F_{ti} = k_{ti}(z_i - w_i) + c_{ti}(\dot{z}_i - \dot{w}_i) \quad (i=1,2,3) \tag{7-36}$$

由几何关系可知:

$$Z_1 = \alpha_1 z'_2 + \alpha_2 z'_1 \qquad \theta_1 = \frac{z'_1 - z'_2}{l_{u1}} \tag{7-37a}$$

$$Z_2 = \gamma_2 z'_3 + \gamma_3 z'_2 \qquad \theta_2 = \frac{z'_2 - z'_3}{l_{u2}} \tag{7-37b}$$

由广义虚功原理得：

$$\delta W_v = \sum_{i=1}^{3} m_i g \delta z_i + \sum_{j=1}^{2} M_j g \delta Z_j - \sum_{i=1}^{3} m_i \ddot{z}_i \delta z_i - \sum_{j=1}^{2} M_j \ddot{Z}_j \delta Z_j$$
$$- \sum_{i=1}^{2} I_{\theta i} \ddot{\theta}_i \delta \theta_i - \sum_{i=1}^{3} F_{si} \delta(z'_i - z_i) - \sum_{i=1}^{3} F_{ti} \delta(z_i - w_i) = 0 \tag{7-38}$$

将式(7-35)~式(7-37)代入式(7-38)展开,得：

$$m_1 g \delta z_1 + m_2 g \delta z_2 + m_3 g \delta z_3 + M_1 g \alpha_2 \delta z'_1 + M_1 g \alpha_1 \delta z'_2 + M_2 g \gamma_3 \delta z'_2 + M_2 g \gamma_2 \delta z'_3 -$$
$$m_1 \ddot{z}_1 \delta z_1 - m_2 \ddot{z}_2 \delta z_2 - m_3 \ddot{z}_3 \delta z_3 - M_1 \alpha_1 (\alpha_1 \ddot{z}'_2 + \alpha_2 \ddot{z}'_1) \delta z'_2 - M_1 \alpha_2 (\alpha_1 \ddot{z}'_2 + \alpha_2 \ddot{z}'_1) \delta z'_1 -$$
$$M_2 \gamma_2 (\gamma_2 \ddot{z}'_3 + \gamma_3 \ddot{z}'_2) \delta z'_3 - M_2 \gamma_3 (\gamma_2 \ddot{z}'_3 + \gamma_3 \ddot{z}'_2) \delta z'_2 -$$
$$I_{\theta 1} (\ddot{z}'_1 - \ddot{z}'_2)/l_{u1}^2 \delta z'_1 + I_{\theta 1} (\ddot{z}'_1 - \ddot{z}'_2)/l_{u1}^2 \delta z'_2 - I_{\theta 2} (\ddot{z}'_2 - \ddot{z}'_3)/l_{u2}^2 \delta z'_2 + I_{\theta 2} (\ddot{z}'_2 - \ddot{z}'_3)/l_{u2}^2 \delta z'_3 -$$
$$\sum_{i=1}^{3} [k_{si}(z'_i - z_i) + c_{si}(\dot{z}'_i - \dot{z}'_i)] \delta z'_i + \sum_{i=1}^{3} [k_{si}(z'_i - z_i) + c_{si}(\dot{z}'_i - \dot{z}_i)] \delta z_i -$$
$$\sum_{i=1}^{3} [k_{ti}(z_i - w_i) + c_{ti}(\dot{z}\sum - \dot{w}_i)] \delta z_i + \sum_{i=1}^{3} [k_{ti}(z_i - y_i) + c_{ti}(\dot{z}_i - \dot{w}_i)] \delta w_i = 0 \tag{7-39}$$

式中, δz_i、$\delta z'_i (i=1,2,3)$ 分别为车辆各自由度对应的广义虚位移; δw_i 为桥面车轮接触点广义虚位移,相对车辆而言可假设为零。

式(7-39)满足的条件为车辆广义虚位移对应系数项取值为零,故可将式(7-39)移项并整理为矩阵形式的车桥耦合振动方程：

$$\boldsymbol{M}_v \ddot{\boldsymbol{Z}}_v + \boldsymbol{C}_v \dot{\boldsymbol{Z}}_v + \boldsymbol{K}_v \boldsymbol{Z}_v = \boldsymbol{G}_v + \boldsymbol{F}_{bv} \tag{7-40}$$

式中, $\boldsymbol{M}_v$ 为车辆的质量矩阵; $\boldsymbol{C}_v$ 为车辆的阻尼矩阵; $\boldsymbol{K}_v$ 为车辆的刚度矩阵; $\boldsymbol{F}_{bv}$ 为车辆的轮胎与桥面接触点处的瞬时耦合荷载向量; $\boldsymbol{G}_v$ 为重力荷载向量。其矩阵元素分别为：

$$\boldsymbol{M}_v = \begin{bmatrix} m_1 & 0 & 0 & 0 & 0 & 0 \\ 0 & m_2 & 0 & 0 & 0 & 0 \\ 0 & 0 & m_3 & 0 & 0 & 0 \\ 0 & 0 & 0 & M_1 \alpha_2^2 + I_{\theta 1}/l_{u1}^2 & M_1 \alpha_1 \alpha_2 - I_{\theta 1}/l_{u1}^2 & 0 \\ 0 & 0 & 0 & M_1 \alpha_1 \alpha_2 - I_{\theta 1}/l_{u1}^2 & M_1 \alpha_1^2 + I_{\theta 1}/l_{u1}^2 + M_2 \gamma_3^2 + I_{\theta 2}/l_{u2}^2 & M_2 \gamma_2 \gamma_3 - I_{\theta 2}/l_{u2}^2 \\ 0 & 0 & 0 & 0 & M_2 \gamma_2 \gamma_3 - I_{\theta 2}/l_{u2}^2 & M_2 \gamma_2^2 + I_{\theta 2}/l_{u2}^2 \end{bmatrix}$$
$$\tag{7-41a}$$

$$\boldsymbol{K}_v = \begin{bmatrix} k_{s1} + k_{t1} & 0 & 0 & -k_{s1} & 0 & 0 \\ 0 & k_{s2} + k_{t2} & 0 & 0 & -k_{s2} & 0 \\ 0 & 0 & k_{s3} + k_{t3} & 0 & 0 & -k_{s3} \\ -k_{s1} & 0 & 0 & k_{s1} & 0 & 0 \\ 0 & -k_{s2} & 0 & 0 & k_{s2} & 0 \\ 0 & 0 & -k_{s3} & 0 & 0 & k_{s3} \end{bmatrix} \tag{7-41b}$$

$$\boldsymbol{C}_v = \begin{bmatrix} c_{s1}+c_{t1} & 0 & 0 & -c_{s1} & 0 & 0 \\ 0 & c_{s2}+c_{t2} & 0 & 0 & -c_{s2} & 0 \\ 0 & 0 & c_{s3}+c_{t3} & 0 & 0 & -c_{s3} \\ -c_{s1} & 0 & 0 & c_{s1} & 0 & 0 \\ 0 & -c_{s2} & 0 & 0 & c_{s2} & 0 \\ 0 & 0 & -c_{s3} & 0 & 0 & c_{s3} \end{bmatrix} \qquad (7\text{-}41c)$$

$$\boldsymbol{G}_v = \{m_1 g \quad m_2 g \quad m_3 g \quad M_1 g\alpha_2 \quad M_1 g\alpha_1 + M_2 g\gamma_3 \quad M_2 g\gamma_2\}^T \qquad (7\text{-}41d)$$

$$\boldsymbol{F}_{bv} = \{k_{t1} w_1 + c_{t1} \dot{w}_1 \quad k_{t2} w_2 + c_{t2} \dot{w}_2 \quad k_{t3} w_3 + c_{t3} \dot{w}_3 \quad 0 \quad 0 \quad 0\}^T \qquad (7\text{-}41e)$$

7.1.7 七自由度二轴空间车辆模型

工程中实际运行车辆均为空间模型,描述车辆的空间振动明显比平面模型复杂得多。在进行桥梁结构车桥耦合空间状态振动响应时,就需要采用空间车辆振动模型。

如图 7-6 所示为七自由度二轴空间车辆模型示意图,l_u 表示车辆前后轴间长度;l_v 表示车辆左右轮间距离;M 表示车体总质量;θ 表示车辆绕质心横轴旋转的角度(点头转角);φ 表示车辆绕质心纵轴旋转的角度(扭转角);z 表示质心竖向位移;I_θ 表示车体点头转动惯量;I_φ 表示车体扭转惯量;$\alpha_i(i=1,2)$ 分别表示车辆质心距前轴和后轴的距离与前后轴之间距离 l_u 的比值;$\beta_i(i=1,2)$ 分别表示车辆质心距左轮和右轮的距离与左右轮间距离 l_v 的比值;$m_i(i=1,2,3,4)$ 分别表示 4 个轮轴质量;$k_{ti}(i=1,2,3,4)$ 分别表示 4 个轮胎的刚度;$c_{ti}(i=1,2,3,4)$ 分别表示 4 个轮胎的阻尼系数;$k_{si}(i=1,2,3,4)$ 分别表示 4 个轮轴悬挂系统的刚度;$c_{si}(i=1,2,3,4)$ 分别表示 4 个轮轴悬挂系统的阻尼系数;$z_i(i=1,2,3,4)$ 分别表示 4 个轮轴质量块竖向位移;$z'_i(i=1,2,3,4)$ 分别表示 4 个轮轴支承车体点的竖向位移;$w_i(x,y,t)(i=1,2,3,4)$ 分别表示 4 个轮轴相应处梁的动挠度。

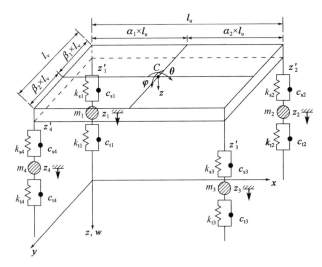

图 7-6 七自由度二轴空间车辆模型示意图

z 与 $z_i(i=1,2,3,4)$ 和 $z'_i(i=1,2,3,4)$ 向下为正;θ 及 φ 以图示方向为正,它们和 z 均与 $z'_i(i=1,2,3,4)$ 相互关联。

取初始时车辆弹簧的自然位置为坐标起点,车辆待求的独立位移向量 $\mathbf{Z}_v$ 为:
$$\mathbf{Z}_v = \{z_1 \quad z_2 \quad z_3 \quad z_4 \quad z'_1 \quad z'_2 \quad z'_3\}^T \tag{7-42}$$

车辆模型中力分别为:重力 $Mg, m_1g, m_2g, m_3g, m_4g$;悬置力 $F_{si}(i = 1,2,3,4)$;轮胎力 $F_{ti}(i = 1,2,3,4)$;惯性力 $-M\ddot{z}, -I_\theta\ddot{\theta}, -I_\varphi\ddot{\varphi}, -m_i\ddot{z}_i(i = 1,2,3,4)$,其中:

$$F_{si} = k_{si}(z'_i - z_i) + c_{si}(\dot{z}'_i - \dot{z}_i) \quad (i = 1,2,3,4) \tag{7-43}$$

$$F_{ti} = k_{ti}(z_i - w_i) + c_{ti}(\dot{z}_i - \dot{w}_i) \quad (i = 1,2,3,4) \tag{7-44}$$

由几何关系可知:

$$\left.\begin{aligned}
z'_1 &= z - \alpha_1 l_u \theta - \beta_1 l_v \varphi \\
z'_2 &= z + \alpha_2 l_u \theta - \beta_1 l_v \varphi \\
z'_3 &= z + \alpha_2 l_u \theta + \beta_2 l_v \varphi \\
z'_4 &= z - \alpha_1 l_u \theta + \beta_2 l_v \varphi
\end{aligned}\right\} \tag{7-45}$$

$$\left.\begin{aligned}
z &= \alpha_2 z'_1 + (\alpha_1 - \beta_1) z'_2 + \beta_1 z'_3 \\
\theta &= (z'_2 - z'_1)/l_u = (z'_3 - z'_4)/l_u \\
\varphi &= (z'_3 - z'_2)/l_v = (z'_4 - z'_1)/l_v \\
z'_4 &= z'_1 - z'_2 + z'_3
\end{aligned}\right\} \tag{7-46}$$

由广义虚功原理可知:

$$\delta W_v = \sum_{i=1}^{4} m_i g \delta z_i + Mg\delta z - \sum_{i=1}^{4} m_i \ddot{z}_i \delta z_i - M\ddot{z}\delta z$$
$$- I_\theta \ddot{\theta}\delta\theta - I_\varphi \ddot{\varphi}\delta\varphi - \sum_{i=1}^{4} F_{si}\delta(z'_i - z_i) - \sum_{i=1}^{4} F_{ti}\delta(z_i - w_i) = 0 \tag{7-47}$$

将式(7-43)、式(7-44)代入式(7-47)整理展开,得:

$$m_1 g\delta z_1 + m_2 g\delta z_2 + m_3 g\delta z_3 + m_4 g\delta z_4 + Mg\alpha_2 \delta z'_1 + Mg(\alpha_1 - \beta_1)\delta z'_2 + Mg\beta_1 \delta z'_3 -$$
$$m_1 \ddot{z}_1 \delta z_1 - m_2 \ddot{z}_2 \delta z_2 - m_3 \ddot{z}_3 \delta z_3 - m_4 \ddot{z}_4 \delta z_4 -$$
$$M\alpha_2 [\alpha_2 \ddot{z}'_1 + (\alpha_1 - \beta_1)\ddot{z}'_2 + \beta_1 \ddot{z}'_3]\delta z'_1 -$$
$$M(\alpha_1 - \beta_1)[\alpha_2 \ddot{z}'_1 + (\alpha_1 - \beta_1)\ddot{z}'_2 + \beta_1 \ddot{z}'_3]\delta z'_2 - M\beta_1 [\alpha_2 \ddot{z}'_1 + (\alpha_1 - \beta_1)\ddot{z}'_2 + \beta_1 \ddot{z}'_3]\delta z'_3 -$$
$$I_\theta \frac{\ddot{z}'_2 - \ddot{z}'_1}{l_u^2}\delta z'_2 + I_\theta \frac{\ddot{z}'_2 - \ddot{z}'_1}{l_u^2}\delta z'_1 - I_\varphi \frac{\ddot{z}'_3 - \ddot{z}'_2}{l_v^2}\delta z'_3 + I_\varphi \frac{\ddot{z}'_3 - \ddot{z}'_2}{l_v^2}\delta z'_2 -$$
$$\sum_{i=1}^{4}[k_{si}(z'_i - z_i) + c_{si}(\dot{z}'_i - \dot{z}_i)]\delta z'_i + \sum_{i=1}^{4}[k_{si}(z'_i - z_i) + c_{si}(\dot{z}'_i - \dot{z}_i)]\delta z_i -$$
$$\sum_{i=1}^{4}[k_{ti}(z_i - w_i) + c_{ti}(\dot{z}_i - \dot{w}_i)]\delta z_i + \sum_{i=1}^{4}[k_{ti}(z_i - w_i) + c_{ti}(\dot{z}_i - \dot{w}'_i)]\delta w_i = 0 \tag{7-48}$$

其中引入式(7-45)和式(7-46)的几何关系,得:

$$\sum_{i=1}^{4} [k_{si}(z'_i - z_i) + c_{si}(\dot z'_i - \dot z_i)]\delta z'_i$$

$$= \sum_{i=1}^{3} [k_{si}(z'_i - z_i) + c_{si}(\dot z'_i - \dot z_i)]\delta z'_i + [k_{s4}(z'_4 - z_4) + c_{s4}(\dot z'_4 - \dot z_4)]\delta z'_4$$

$$= \sum_{i=1}^{3} [k_{si}(z'_i - z_i) + c_{si}(\dot z'_i - \dot z_i)]\delta z'_i +$$

$$\{k_{s4}[z'_1 - z'_2 + z'_3 - z_4] + c_{s4}[\dot z'_1 - \dot z'_2 + \dot z'_3 - \dot z_4]\}\delta z'_1 -$$

$$\{k_{s4}[z'_1 - z'_2 + z'_3 - z_4] + c_{s4}[\dot z'_1 - \dot z'_2 + \dot z'_3 - \dot z_4]\}\delta z'_2 +$$

$$\{k_{s4}[z'_1 - z'_2 + z'_3 - z_4] + c_{s4}[\dot z'_1 - \dot z'_2 + \dot z'_3 - \dot z_4]\}\delta z'_3 \qquad (7\text{-}49)$$

$$\sum_{i=1}^{4} [k_{si}(z'_i - z_i) + c_{si}(\dot z'_i - \dot z_i)]\delta z_i$$

$$= \sum_{i=1}^{3} [k_{si}(z'_i - z_i) + c_{si}(\dot z'_i - \dot z_i)]\delta z_i + [k_{s4}(z'_4 - z_4) + c_{s4}(\dot z'_4 - \dot z_4)]\delta z_4$$

$$= \sum_{i=1}^{3} [k_{si}(z'_i - z_i) + c_{si}(\dot z'_i - \dot z_i)]\delta z_i +$$

$$\{k_{s4}[(z'_1 - z'_2 + z'_3) - z_4] + c_{s4}[(\dot z'_1 - \dot z'_2 + \dot z'_3) - \dot z'_4]\}\delta z_4 \qquad (7\text{-}50)$$

式中，δz_i、$\delta z'_i (i = 1,2,3)$ 为车辆各自由度对应的广义虚位移；δw_i 为桥面车轮接触点广义虚位移，相对车辆而言可假设为零。

将式(7-49)和式(7-50)代入式(7-48)，式(7-48)满足的条件为车辆广义虚位移对应系数项取值为零，故可将式(7-48)移项并整理为矩阵形式的车桥耦合振动方程：

$$\boldsymbol{M}_v \ddot{\boldsymbol{Z}}_v + \boldsymbol{C}_v \dot{\boldsymbol{Z}}_v + \boldsymbol{K}_v \boldsymbol{Z}_v = \boldsymbol{G}_v + \boldsymbol{F}_{bv} \qquad (7\text{-}51)$$

式中，$\boldsymbol{M}_v$ 为车辆的质量矩阵；$\boldsymbol{C}_v$ 为车辆的阻尼矩阵；$\boldsymbol{K}_v$ 为车辆的刚度矩阵；$\boldsymbol{F}_{bv}$ 为车辆的轮胎与桥面接触点处的瞬时耦合荷载向量；$\boldsymbol{G}_v$ 为重力荷载向量。其矩阵元素分别为：

$$\boldsymbol{M}_v = \begin{bmatrix} m_1 & 0 & 0 & 0 & 0 & 0 & 0 \\ 0 & m_2 & 0 & 0 & 0 & 0 & 0 \\ 0 & 0 & m_3 & 0 & 0 & 0 & 0 \\ 0 & 0 & 0 & m_4 & 0 & 0 & 0 \\ 0 & 0 & 0 & 0 & M\alpha_2^2 + \dfrac{I_\theta}{l_u^2} & M\alpha_2(\alpha_1 - \beta_1) - \dfrac{I_\theta}{l_u^2} & M\alpha_2\beta_1 \\ 0 & 0 & 0 & 0 & M\alpha_2(\alpha_1 - \beta_1) - \dfrac{I_\theta}{l_u^2} & M(\alpha_1 - \beta_1)^2 + \dfrac{I_\theta}{l_u^2} + \dfrac{I_\varphi}{l_v^2} & M\beta_1(\alpha_1 - \beta_1) - \dfrac{I_\varphi}{l_v^2} \\ 0 & 0 & 0 & 0 & M\alpha_2\beta_1 & M\beta_1(\alpha_1 - \beta_1) - \dfrac{I_\varphi}{l_v^2} & M\beta_1^2 + \dfrac{I_\varphi}{l_v^2} \end{bmatrix}$$

$$(7\text{-}52\text{a})$$

$$\boldsymbol{K}_\mathrm{v} = \begin{bmatrix} k_{t1}+k_{s1} & 0 & 0 & 0 & -k_{s1} & 0 & 0 \\ 0 & k_{t2}+k_{s2} & 0 & 0 & 0 & -k_{s2} & 0 \\ 0 & 0 & k_{t3}+k_{s3} & 0 & 0 & 0 & -k_{s3} \\ 0 & 0 & 0 & k_{t4}+k_{s4} & -k_{s4} & k_{s4} & -k_{s4} \\ -k_{s1} & 0 & 0 & -k_{s4} & k_{s1}+k_{s4} & -k_{s4} & k_{s4} \\ 0 & -k_{s2} & 0 & k_{s4} & -k_{s4} & k_{s2}+k_{s4} & -k_{s4} \\ 0 & 0 & -k_{s3} & -k_{s4} & k_{s4} & -k_{s4} & k_{s3}+k_{s4} \end{bmatrix} \quad (7\text{-}52\mathrm{b})$$

$$\boldsymbol{C}_\mathrm{v} = \begin{bmatrix} c_{t1}+c_{s1} & 0 & 0 & 0 & -c_{s1} & 0 & 0 \\ 0 & c_{t2}+c_{s2} & 0 & 0 & 0 & -c_{s2} & 0 \\ 0 & 0 & c_{t3}+c_{s3} & 0 & 0 & 0 & -c_{s3} \\ 0 & 0 & 0 & c_{t4}+c_{s4} & -c_{s4} & c_{s4} & -c_{s4} \\ -c_{s1} & 0 & 0 & -c_{s4} & c_{s1}+c_{s4} & -c_{s4} & c_{s4} \\ 0 & -c_{s2} & 0 & c_{s4} & -c_{s4} & c_{s2}+c_{s4} & -c_{s4} \\ 0 & 0 & -c_{s3} & -c_{s4} & c_{s4} & -c_{s4} & c_{s3}+c_{s4} \end{bmatrix} \quad (7\text{-}52\mathrm{c})$$

$$\boldsymbol{G}_\mathrm{v} = \{m_1 g \quad m_2 g \quad m_3 g \quad m_4 g \quad Mg\alpha_2 \quad Mg(\alpha_1-\beta_1) \quad Mg\beta_1\}^\mathrm{T} \quad (7\text{-}52\mathrm{d})$$

$$\boldsymbol{F}_\mathrm{bv} = \{k_{t1}w_1+c_{t1}\dot{w}_1 \quad k_{t2}w_2+c_{t2}\dot{w}_2 \quad k_{t3}w_3+c_{t2}\dot{w}_3 \quad k_{t4}w_4+c_{t4}\dot{w}_4 \quad 0 \quad 0 \quad 0\}^\mathrm{T} \quad (7\text{-}52\mathrm{e})$$

7.1.8 九自由度三轴空间车辆模型

如图 7-7 所示为工程中应用最广泛的九自由度三轴空间车辆模型示意图,l_u 表示车辆前后轴间长度;l_v 表示车辆左右轮间距离;M 表示车体总质量;θ 表示车辆绕质心横轴旋转的角度(点头转角);φ 表示车辆绕质心纵轴旋转的角度(扭转角);z 表示质心竖向位移;I_θ 表示车体点头转动惯量;I_φ 表示车体扭转惯量;α_1 为中轴和后轴的距离与前后轴之间距离 l_u 的比值;$\alpha_i(i=2,3)$ 分别表示车辆质心距中轴和前轴的距离与前后轴之间距离 l_u 的比值;$\beta_i(i=1,2)$ 分别表示车辆质心距左轮和右轮的距离与左右轮间距离 l_v 的比值;$m_i(i=1\sim6)$ 分别表示6个轮轴质量;$k_{ti}(i=1\sim6)$ 分别表6个轮胎的刚度;$c_{ti}(i=1\sim6)$ 分别表示6个轮胎的阻尼系数;$k_{si}(i=1\sim6)$ 分别表示6个轮轴悬挂系统的刚度;$c_{si}(i=1\sim6)$ 分别表示6个轮轴悬挂系统的阻尼系数;$z_i(i=1\sim6)$ 分别表示6个轮轴质量块竖向位移;$z'_i(i=1\sim6)$ 分别表示6个轮轴支承车体点的竖向位移;$w_i(x,y,t)(i=1\sim6)$ 分别表示6个轮轴相应处梁的动挠度。

z 与 $z_i(i=1\sim6)$ 和 $z'_i(i=1\sim6)$ 向下为正;θ 及 φ 以图示方向为正,它们和 z 均与 $z'_i(i=1\sim6)$ 互相关联。

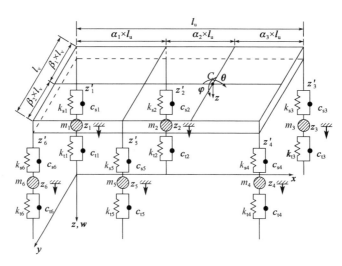

图 7-7 九自由度三轴空间车辆模型示意图

取初始时车辆弹簧的自然位置为坐标起点,车辆待求的独立位移向量 $\mathbf{Z}_v$ 为:

$$\mathbf{Z}_v = \{z_1 \quad z_2 \quad z_3 \quad z_4 \quad z_5 \quad z_6 \quad z'_1 \quad z'_3 \quad z'_4\}^T \tag{7-53}$$

车辆模型中力分别为:重力 $Mg, m_i g (i = 1 \sim 6)$;悬置力 $F_{si}(i = 1 \sim 6)$;轮胎力 $F_{ti}(i = 1 \sim 6)$;惯性力或力矩 $-M\ddot{z}, -I_\theta\ddot{\theta}, -I_\varphi\ddot{\varphi}, -m_i\ddot{z}_i (i = 1 \sim 6)$,其中:

$$F_{si} = k_{si}(z'_i - z_i) + c_{si}(\dot{z}'_i - \dot{z}_i) \quad (i = 1 \sim 6) \tag{7-54}$$

$$F_{ti} = k_{ti}(z_i - w_i) + c_{ti}(\dot{z}_i - \dot{w}_i) \quad (i = 1 \sim 6) \tag{7-55}$$

由几何关系可知:

$$\left. \begin{aligned} z'_1 &= z - (\alpha_1 + \alpha_2)l_u\theta - \beta_1 l_v\varphi \\ z'_2 &= z - \alpha_2 l_u\theta - \beta_1 l_v\varphi \\ z'_3 &= z + \alpha_3 l_u\theta - \beta_2 l_v\varphi \\ z'_4 &= z + \alpha_3 l_u\theta + \beta_2 l_v\varphi \\ z'_5 &= z - \alpha_2 l_u\theta + \beta_2 l_v\varphi \\ z'_6 &= z - (\alpha_1 + \alpha_2)l_u\theta + \beta_2 l_v\varphi \end{aligned} \right\} \tag{7-56}$$

$$\left. \begin{aligned} z &= \alpha_3 z'_1 + (\alpha_1 + \alpha_2 - \beta_1)z'_3 + \beta_1 z'_4 \\ \theta &= \frac{z'_3 - z'_1}{l_u} \\ \varphi &= \frac{z'_4 - z'_3}{l_v} \\ z'_2 &= (\alpha_2 + \alpha_3)z'_1 + \alpha_1 z'_3 \\ z'_5 &= (\alpha_2 + \alpha_3)z'_1 - (\alpha_2 + \alpha_3)z'_3 + z'_4 \\ z'_6 &= z'_1 - z'_3 + z'_4 \end{aligned} \right\} \tag{7-57}$$

由广义虚功原理可知:

$$\delta W_v = \sum_{i=1}^{6} m_i g \delta z_i + Mg\delta z - \sum_{i=1}^{6} m_i \ddot{z}_i \delta z_i - M\ddot{z}\delta z -$$
$$I_\theta \ddot{\theta}\delta\theta - I_\varphi \ddot{\varphi}\delta\varphi - \sum_{i=1}^{6} F_{si}\delta(z'_i - z_i) - \sum_{i=1}^{6} F_{ti}\delta(z_i - w_i) = 0 \quad (7-58)$$

将式(7-54)~式(7-56)代入式(7-58)展开整理,得:

$$\sum_{i=1}^{6} m_i g \delta z_i + Mg\alpha_3 \delta z'_1 + Mg(\alpha_1 + \alpha_2 - \beta_1)\delta z'_3 + Mg\beta_1 \delta z'_4 - \sum_{i=1}^{6} m_i \ddot{z}_i \delta z_i -$$
$$M\alpha_3 [\alpha_3 \ddot{z}'_1 + (\alpha_1 + \alpha_2 - \beta_1)\ddot{z}'_3 + \beta_1 \ddot{z}'_4]\delta z'_1 -$$
$$M(\alpha_1 + \alpha_2 - \beta_1)[\alpha_3 \ddot{z}'_1 + (\alpha_1 + \alpha_2 - \beta_1)\ddot{z}'_3 + \beta_1 \ddot{z}'_4]\delta z'_3 -$$
$$M\beta_1 [\alpha_3 \ddot{z}'_1 + (\alpha_1 + \alpha_2 - \beta_1)\ddot{z}'_3 + \beta_1 \ddot{z}'_4]\delta z'_4 -$$
$$I_\theta \frac{\ddot{z}'_3 - \ddot{z}'_1}{l_u^2}\delta z'_3 + I_\theta \frac{\ddot{z}'_3 - \ddot{z}'_1}{l_u^2}\delta z'_1 - I_\varphi \frac{\ddot{z}'_4 - \ddot{z}'_3}{l_v^2}\delta z'_4 + I_\varphi \frac{\ddot{z}'_4 - \ddot{z}'_3}{l_v^2}\delta z'_3 -$$
$$\sum_{i=1}^{6}[k_{si}(z'_i - z_i) + c_{si}(\dot{z}'_i - \dot{z}_i)]\delta z'_i + \sum_{i=1}^{6}[k_{si}(z'_i - z_i) + c_{si}(\dot{z}'_i - \dot{z}_i)]\delta z_i -$$
$$\sum_{i=1}^{6}[k_{ti}(z_i - w_i) + c_{ti}(\dot{z}_i - \dot{w}_i)]\delta z_i + \sum_{i=1}^{6}[k_{ti}(z_i - w_i) + c_{ti}(\dot{z}_i - \dot{w}_i)]\delta w_i = 0 \quad (7-59)$$

其中,引入式(7-56)和式(7-57)的几何关系,得:

$$\sum_{i=1}^{6}[k_{si}(z'_i - z_i) + c_{si}(\dot{z}'_i - \dot{z}_i)]\delta z'_i$$
$$= \sum_{i=1,3,4}[k_{si}(z'_i - z_i) + c_{si}(\dot{z}'_i - \dot{z}'_i)]\delta z'_i +$$
$$[k_{s2}(z'_2 - z_2) + c_{s2}(\dot{z}'_2 - \dot{z}_2)]\delta z'_2 + [k_{s5}(z'_5 - z_5) + c_{s5}(\dot{z}'_5 - \dot{z}_5)]\delta z'_5 + [k_{s6}(z'_6 - z_6) +$$
$$c_{s6}(\dot{z}'_6 - \dot{z}_6)]\delta z'_6$$
$$= \sum_{i=1,3,4}[k_{si}(z'_i - z_i) + c_{si}(\dot{z}'_i - \dot{z}_i)]\dot{z}'_z +$$
$$\{k_{s2}[(\alpha_2 + \alpha_3)z'_1 + \alpha_1(z'_3 - z_2)] + c_{s2}[(\alpha_2 + \alpha_3)\dot{z}'_1 + \alpha_1(\dot{z}'_3 - \dot{z}_2)]\}$$
$$[(\alpha_2 + \alpha_3)\delta z'_1 + \alpha_1 \delta z'_3] +$$
$$\{k_{s5}[(\alpha_2 + \alpha_3)z'_1 - (\alpha_2 + \alpha_3)z'_3 + (z'_4 - z_5)] + c_{s5}[(\alpha_2 + \alpha_3)\dot{z}'_1 - (\alpha_2 + \alpha_3)\dot{z}'_3 + (\dot{z}'_4 - \dot{z}_5)]\}[(\alpha_2 + \alpha_3)$$
$$\delta z'_1 - (\alpha_2 + \alpha_3)\delta z'_3 + \delta z'_4] + [k_{s6}(z'_1 - z'_3 + z'_4 - z_6) + c_{s6}(\dot{z}'_1 - \dot{z}'_3 + \dot{z}'_4 - \dot{z}_6)](\delta z'_1 - \delta z'_3 + \delta z'_4)$$
$$(7-60)$$

$$\sum_{i=1}^{6}[k_{si}(z'_i - z_i) + c_{si}(\dot{z}'_i - \dot{z}_i)]\delta z_i$$
$$= \sum_{i=1,3,4}[k_{si}(z'_i - z_i) + c_{si}(\dot{z}'_i - \dot{z}'_i)]\delta z_i +$$
$$k_{s2}[(z'_2 - z_2) + c_{s2}(\dot{z}'_2 - \dot{z}_2)]\delta z_2 + k_{s5}[(z'_5 - z_5) + c_{s5}(\dot{z}'_5 - \dot{z}_5)]\delta z_5 +$$
$$[k_{s6}(z'_6 - z_6) + c_{s6}(\dot{z}'_6 - \dot{z}_6)]\delta z_6$$
$$= \sum_{i=1,3,4}[k_{si}(z'_i - z_i) + c_{si}(\dot{z}'_i - \dot{z}_i)]\delta z_i +$$
$$\{k_{s2}[(\alpha_2 + \alpha_3)z'_1 + \alpha_1 z'_3 - z_2] + c_{s2}[(\alpha_2 + \alpha_3)\dot{z}'_1 + \alpha_1(\dot{z}'_3 - \dot{z}_2)]\}\delta z_2 + \{k_{s5}[(\alpha_2 + \alpha_3)z'_1 -$$
$$(\alpha_2 + \alpha_3)z'_3 + (z'_4 - z_5)] + c_{s5}[(\alpha_2 + \alpha_3)\dot{z}'_1 - (\alpha_2 + \alpha_3)\dot{z}'_3 + (\dot{z}'_4 - \dot{z}_5)]\}\delta z_5 +$$
$$\{k_{s6}[(z'_1 - z'_3 + z'_4 - z_6) + c_{s6}(\dot{z}'_1 - \dot{z}'_3 + \dot{z}'_4 - \dot{z}'_6)]\}\delta z_6$$
$$(7-61)$$

式中，δz_i、$\delta z_i'$ ($i=1,2,3$) 为车辆各自由度对应的广义虚位移；δw_i 为桥面车轮接触点广义虚位移，相对车辆而言可假设为零。将式(7-60)和式(7-61)代入式(7-59)，则式(7-59)满足的条件为广义虚位移对应系数项取值为零，故可将式(7-59)移项并整理为矩阵形式的车桥耦合振动方程：

$$\boldsymbol{M}_v \ddot{\boldsymbol{Z}}_v + \boldsymbol{C}_v \dot{\boldsymbol{Z}}_v + \boldsymbol{K}_v \boldsymbol{Z}_v = \boldsymbol{G}_v + \boldsymbol{F}_{bv} \tag{7-62}$$

式中，$\boldsymbol{M}_v$ 为车辆的质量矩阵；$\boldsymbol{C}_v$ 为车辆的阻尼矩阵；$\boldsymbol{K}_v$ 为车辆的刚度矩阵；$\boldsymbol{F}_{bv}$ 为车辆的轮胎与桥面接触点处的瞬时耦合荷载向量；$\boldsymbol{G}_v$ 为重力荷载向量。其矩阵元素分别为：

$$\boldsymbol{M}_v = \begin{bmatrix} m_1 & 0 & 0 & 0 & 0 & 0 & 0 & 0 & 0 \\ 0 & m_2 & 0 & 0 & 0 & 0 & 0 & 0 & 0 \\ 0 & 0 & m_3 & 0 & 0 & 0 & 0 & 0 & 0 \\ 0 & 0 & 0 & m_4 & 0 & 0 & 0 & 0 & 0 \\ 0 & 0 & 0 & 0 & m_5 & 0 & 0 & 0 & 0 \\ 0 & 0 & 0 & 0 & 0 & m_6 & 0 & 0 & 0 \\ 0 & 0 & 0 & 0 & 0 & 0 & \alpha_3^2 M + \frac{I_\theta}{l_u^2} & \alpha_3(\alpha_1+\alpha_2-\beta_1)M - \frac{I_\theta}{l_u^2} & \alpha_3\beta_1 M \\ 0 & 0 & 0 & 0 & 0 & 0 & \alpha_3(\alpha_1+\alpha_2-\beta_1)M - \frac{I_\theta}{l_u^2} & (\alpha_1+\alpha_2-\beta_1)^2 M + \frac{I_\theta}{l_u^2} + \frac{I_\varphi}{l_v^2} & (\alpha_1+\alpha_2-\beta_1)\beta_1 M - \frac{I_\varphi}{l_v^2} \\ 0 & 0 & 0 & 0 & 0 & 0 & \alpha_3\beta_1 M & (\alpha_1+\alpha_2-\beta_1)\beta_1 M - \frac{I_\varphi}{l_v^2} & \beta_1^2 M + \frac{I_\varphi}{l_v^2} \end{bmatrix}$$
$$\tag{7-63a}$$

$$\boldsymbol{K}_v = \begin{bmatrix} k_{t1}+k_{s1} & 0 & 0 & 0 & 0 & 0 & -k_{s1} & 0 & 0 \\ 0 & k_{t2}+k_{s2} & 0 & 0 & 0 & 0 & -(\alpha_2+\alpha_3)k_{s2} & -\alpha_1 k_{s2} & 0 \\ 0 & 0 & k_{t3}+k_{s3} & 0 & 0 & 0 & 0 & -k_{s3} & 0 \\ 0 & 0 & 0 & k_{t4}+k_{s4} & 0 & 0 & 0 & 0 & -k_{s4} \\ 0 & 0 & 0 & 0 & k_{t5}+k_{s5} & 0 & -(\alpha_2+\alpha_3)k_{s5} & (\alpha_2+\alpha_3)k_{s5} & -k_{s5} \\ 0 & 0 & 0 & 0 & 0 & k_{t6}+k_{s6} & -k_{s6} & k_{s6} & -k_{s6} \\ -k_{s1} & -(\alpha_2+\alpha_3)k_{s2} & 0 & 0 & -(\alpha_2+\alpha_3)k_{s5} & -k_{s6} & k_{s1}+(\alpha_2+\alpha_3)^2 k_{s2}+(\alpha_2+\alpha_3)^2 k_{s5}+k_{s6} & \alpha_1(\alpha_2+\alpha_3)k_{s2}-(\alpha_2+\alpha_3)^2 k_{s5}-k_{s6} & (\alpha_2+\alpha_3)k_{s5}+k_{s6} \\ 0 & -\alpha_1 k_{s2} & -k_{s3} & 0 & (\alpha_2+\alpha_3)k_{s5} & k_{s6} & \alpha_1(\alpha_2+\alpha_3)k_{s2}-(\alpha_2+\alpha_3)^2 k_{s5}-k_{s6} & \alpha_1^2 k_{s2}+k_{s3}+(\alpha_2+\alpha_3)^2 k_{s5}+k_{s6} & -(\alpha_2+\alpha_3)k_{s5}-k_{s6} \\ 0 & 0 & 0 & -k_{s4} & -k_{s5} & -k_{s6} & (\alpha_2+\alpha_3)k_{s5}+k_{s6} & -(\alpha_2+\alpha_3)k_{s5}-k_{s6} & k_{s4}+k_{s5}+k_{s6} \end{bmatrix}$$
$$\tag{7-63b}$$

$$\boldsymbol{C}_v = \begin{bmatrix} c_{t1}+c_{s1} & 0 & 0 & 0 & 0 & 0 & -c_{s1} & 0 & 0 \\ 0 & c_{t2}+c_{s2} & 0 & 0 & 0 & 0 & -(\alpha_2+\alpha_3)c_{s2} & -\alpha_1 c_{s2} & 0 \\ 0 & 0 & c_{t3}+c_{s3} & 0 & 0 & 0 & 0 & -c_{s3} & 0 \\ 0 & 0 & 0 & c_{t4}+c_{s4} & 0 & 0 & 0 & 0 & -c_{s4} \\ 0 & 0 & 0 & 0 & c_{t5}+c_{s5} & 0 & -(\alpha_2+\alpha_3)c_{s5} & (\alpha_2+\alpha_3)c_{s5} & -c_{s5} \\ 0 & 0 & 0 & 0 & 0 & c_{t6}+c_{s6} & -c_{s6} & c_{s6} & -c_{s6} \\ -c_{s1} & -(\alpha_2+\alpha_3)c_{s2} & 0 & 0 & -(\alpha_2+\alpha_3)c_{s5} & -c_{s6} & c_{s1}+(\alpha_2+\alpha_3)^2 c_{s2}+(\alpha_2+\alpha_3)^2 c_{s5}+c_{s6} & \alpha_1(\alpha_2+\alpha_3)c_{s2}-(\alpha_2+\alpha_3)^2 c_{s5}-c_{s6} & (\alpha_2+\alpha_3)c_{s5}+c_{s6} \\ 0 & -\alpha_1 c_{s2} & -c_{s3} & 0 & (\alpha_2+\alpha_3)c_{s5} & c_{s6} & \alpha_1(\alpha_2+\alpha_3)c_{s2}-(\alpha_2+\alpha_3)^2 c_{s5}-c_{s6} & \alpha_1^2 c_{s2}+c_{s3}+(\alpha_2+\alpha_3)^2 c_{s5}+c_{s6} & -(\alpha_2+\alpha_3)c_{s5}-c_{s6} \\ 0 & 0 & 0 & -c_{s4} & -c_{s5} & -c_{s6} & (\alpha_2+\alpha_3)c_{s5}+c_{s6} & -(\alpha_2+\alpha_3)c_{s5}-c_{s6} & c_{s4}+c_{s5}+c_{s6} \end{bmatrix}$$
$$\tag{7-63c}$$

$$\boldsymbol{G}_v = \{m_1 g \quad m_2 g \quad m_3 g \quad m_4 g \quad m_5 g \quad m_6 g \quad \alpha_3 Mg \quad (\alpha_1+\alpha_2-\beta_1)Mg \quad \beta_1 Mg\}^T \tag{7-63d}$$

$$\boldsymbol{F}_{\mathrm{bv}} = \{k_{t1}w_1 + c_{t1}\dot{w}_1 \quad k_{t2}w_2 + c_{t2}\dot{w}_2 \quad k_{t3}w_3 + c_{t2}\dot{w}_3 \quad k_{t4}w_4 + c_{t4}\dot{w}_4 \quad k_{t5}w_5 + c_{t5}\dot{w}_5$$
$$k_{t6}w_6 + c_{t6}\dot{w}_6 \quad 0 \quad 0 \quad 0\}^{\mathrm{T}} \tag{7-63e}$$

7.2 桥梁振动方程

将桥梁离散为空间有限元模型后,相应的振动方程为:
$$\boldsymbol{M}\ddot{\boldsymbol{\delta}} + \boldsymbol{C}\dot{\boldsymbol{\delta}} + \boldsymbol{K}\boldsymbol{\delta} = \boldsymbol{F} \tag{7-64}$$

式中,$\boldsymbol{\delta}(t)$、$\dot{\boldsymbol{\delta}}(t)$、$\ddot{\boldsymbol{\delta}}(t)$ 分别为桥梁节点的位移、速度和加速度向量;$\boldsymbol{M}$ 为桥梁结构的质量矩阵;$\boldsymbol{C}$ 为桥梁结构的阻尼矩阵;$\boldsymbol{K}$ 为桥梁结构的刚度矩阵;$\boldsymbol{F}$ 为车辆耦合作用在桥梁结构节点上的力列向量。

桥梁结构有限元模型的建立方法已经很成熟,这里不再赘述。

7.3 车桥相互作用方程

为分析方便起见,将车辆和桥梁视作两个分离振动体系,二者之间的耦合作用通过车辆轮胎与桥面间的相互作用联系起来。轮胎与桥梁间的相互作用力向量 $\boldsymbol{F}$ 的元素描述为:
$$F_{ti} = k_{ti}(z_i - w_i) + c_{ti}(\dot{z}_i - \dot{w}_i) \quad (i = 1, 2, \cdots) \tag{7-65}$$

式中,$k_{ti}(i=1,2,\cdots)$ 为各轴轮胎的刚度;$c_{ti}(i=1,2,\cdots)$ 为各轴轮胎的阻尼系数。

联立求解车辆振动方程 $\boldsymbol{M}_v \ddot{\boldsymbol{Z}}_v + \boldsymbol{C}_v \dot{\boldsymbol{Z}}_v + \boldsymbol{K}_v \boldsymbol{Z}_v = \boldsymbol{G}_v + \boldsymbol{F}_{\mathrm{bv}}$ 和桥梁振动方程(7-64)和相互作用力式(7-65),即可求得不同车速条件下车桥耦合振动的主梁控制截面内力、挠度时程响应,以及车辆振动位移、速度和加速度时程响应。

各类常见桥型的车桥耦合振动分析可参考本章所列的主要相关文献。

本章参考文献

[1] 曾庆元. 弹性系统动力学总势能不变值原理[J]. 华中科技大学学报(自然科学版),2000,28(1):1-3.

[2] 陈榕峰. 公路桥梁车桥耦合主要影响因素仿真分析方法研究[D]. 西安:长安大学,2007.

[3] 宋一凡,陈榕峰. 基于路面不平整度的车辆振动响应分析方法. 交通运输工程学报,2007,7(4):39-43.

[4] 韩万水,陈艾荣. 风-汽车-桥梁系统空间耦合振动研究[J]. 土木工程学报,2007,40(9):53-58.

[5] 王达,韩万水,黄平明,等. 桥面平整度对大跨度悬索桥车桥耦合振动的影响[J]. 长安大

学学报(自然科学版),2009,29(04):53-58.

[6] 施颖,宣纪明,宋一凡.不平整度桥面下连续梁桥车桥耦合振动分析[J].桥梁建设,2009(6):15-18.

[7] 周新平,宋一凡,贺拴海.公路曲线梁桥车桥耦合振动数值分析[J].长安大学学报(自然科学版),2009,29(6):41-46.

[8] 施颖.公路弯梁桥车桥耦合动力性能及冲击系数研究[D].西安:长安大学,2010.

[9] 施颖,宋一凡,王荣波.基于有限元的曲线连续梁桥车桥耦合振动分析[J].公路交通科技,2010,27(04):95-100.

[10] 施颖,宋一凡,孙慧,等.基于ANSYS的公路复杂桥梁车桥耦合动力分析方法[J].天津大学学报(自然科学与工程技术版),2010,43(6):537-543.

[11] 陈榕峰,宋一凡,贺拴海,等.匀加速行驶车辆与桥梁耦合振动的分析方法[J].长安大学学报(自然科学版),2011,31(3):51-54.

[12] 蒋培文,贺拴海,宋一凡,等.桥面局部凹陷时的连续梁车桥耦合振动分析[J].武汉理工大学学报,2011,33(02):82-86,95.

[13] 蒋培文,贺拴海,王凌波.车辆相互作用对连续梁车桥耦合振动影响分析[J].合肥工业大学学报(自然科学版),2011,34(08):1222-1226,1236.

[14] 蒋培文,贺拴海,宋一凡,等.多车辆-大跨连续梁桥耦合振动响应分析[J].郑州大学学报(工学版),2011,32(05):91-95.

[15] 蒋培文.公路大跨径连续体系桥梁车桥耦合振动研究[D].西安:长安大学,2012.

[16] 蒋培文,贺拴海,宋一凡,等.重载车辆-简支梁桥耦合振动影响参数分析[J].合肥工业大学学报(自然科学版),2012,35(02):205-210,288.

[17] 周勇军,赵煜,贺拴海,等.刚构-连续组合桥梁冲击系数多因素灵敏度分析[J].振动与冲击,2012,31(3):97-101.

[18] 蒋培文,贺拴海,宋一凡,等.简支梁车桥耦合振动及其影响因素[J].长安大学学报(自然科学版),2013,33(01):59-66.

[19] 王凌波,马印平,蒋培文,等.连续刚构体系车桥耦合振动敏感性参数研究[J].合肥工业大学学报(自然科学版),2014,37(08):901-906.

[20] 王凌波,蒋培文,康馨,等.公路连续刚构桥梁车桥耦合共振判定方法[J].中南大学学报(自然科学版),2014,45(11):4050-4058.

[21] 王凌波,马印平,蒋培文,等.不同体系斜拉桥车桥耦合共振效应研究[J].合肥工业大学学报(自然科学版),2015,38(10):1369-1373.

[22] 韩万水,刘焕举,包大海,等.大跨钢桁梁悬索桥风-车-桥分析系统建立与可视化实现[J].土木工程学报,2018,65(03):99-108.

[23] 栾娟.基于吊拉协同主动加固方法的RC系杆拱桥加固效果评价[D].西安:长安大学,2018.

第8章
公路桥梁冲击系数

汽车以一定的速度在桥梁上行驶时,桥梁结构产生的应力与变形(或挠度)效应一般比等值的静载作用引起的效应通常会大一些,这种由于汽车荷载的动力作用使桥梁结构发生振动而造成内力与变形(或挠度)增大的现象称为冲击作用。

汽车荷载的这种冲击作用一般用冲击系数 μ 来表示。在桥梁设计过程中,活荷载效应的冲击系数主要根据相关规范的规定方法计算取用。

桥梁结构形式众多,影响公路桥梁冲击系数的因素很多,随着目前计算机分析技术和车桥耦合振动理论的进步,基于车桥耦合振动理论的冲击系数研究也是近些年来的研究热点问题之一。

虽然现代车桥耦合振动理论有了很大的发展,但是由于汽车动力特性的复杂性和参数的不确定性,桥梁结构体系变化的多样性,结构动刚度随运营时间的衰减特性,桥梁阻尼的离散性和桥面不平度的随机性,通过理论分析或数值模拟的途径来解决冲击作用(动力效应)的计算问题还存在一定的困难,实践中更多借助于现场试验的方法,来计算汽车荷载的冲击系数。

本章将主要介绍公路桥梁的汽车冲击系数 μ 的概念及相应的动载试验法,同时列出几个主要国家公路桥梁规范的冲击系数计算方法,最后给出车桥耦合振动理论的主要解题思路。

8.1　冲击系数概念

对桥梁在移动车辆荷载下的动力性能和承载能力的研究最早可以追溯到 1844 年法国和英国工程师对著名的 Britannia 桥所做的模型试验。在英国的一些铁路桥梁失事以后，R. Willis 于 1847 年推导出在移动荷载下忽略质量的桥梁振动方程，并从 1849 年起系统开展模型试验研究。他发现，在移动荷载作用下，桥梁将发生振动并由此产生比相同静力荷载作用时更大的变形和应力。移动车辆荷载的这种动力效应是不可忽视的，特别是荷载处于最不利的静力作用位置正巧同时满足共振条件，此时会产生较大的动态应力，将会导致桥梁的破坏。通过对铁路桥梁跨中在列车通过时的动挠度测试，从振动记录中明确了荷载的动力效应，建立了冲击作用的概念。

冲击系数定义为最大动态位移增量和最大静态位移之比：

$$\mu = \frac{A_{\mathrm{dyn}} - A_{\mathrm{st}}}{A_{\mathrm{st}}} = \frac{A_{\mathrm{dyn}}}{A_{\mathrm{st}}} - 1 \tag{8-1}$$

式中，A_{dyn} 为当车辆荷载过桥时桥梁跨中动挠度的峰值；A_{st} 为同一车辆荷载静力作用时跨中挠度的最大值。

式(8-1)表示了公路桥梁汽车冲击系数的基本定义，也是通过实测的动力响应时程曲线或车桥耦合振动分析的动力响应时程曲线计算冲击系数的基础。

后来一些学者又陆续开展了一些理论研究，如 1941 年李国豪继 Inglis 之后研究了悬索桥在铁路列车荷载作用下的强迫振动问题，此后又研究了拱桥的车辆振动问题。20 世纪 50 年代，J. M. Biggs 开始用数值积分方法求解车辆-梁桥系统的动力响应取得成功，并且理论计算和实测结果相当一致，证明了方法的可靠性。

公路桥梁的车辆振动问题虽然并不像铁路桥梁那么严重，但激励机制却更为复杂。第一次采用振动记录进行公路桥梁荷载动力试验的是 1892 年法国工程师 M. Deslandres 在巴黎附近的 Pontoies 桥上所做的试验。美国在 1910 年也做了若干公路桥梁的振动测试，以了解荷载的冲击作用。对公路桥梁荷载动力效应的系统研究开始于 1930 年。1931 年英国土木工程师协会根据一系列的简支梁桥实测数据制定了最早的公路桥梁荷载冲击系数规范。

用冲击系数 μ 代表移动车辆荷载对桥梁的动力效应的方式很快得到了广泛的认可。世界各国根据试验结果发现了冲击系数随桥梁跨径递减的趋势，制定了作为跨径 l 的递减函数的桥梁冲击系数计算公式，其基本形式为：

$$\mu = \frac{a}{b + L} \tag{8-2}$$

式中，L 为桥梁计算跨径或影响线加载长度；a、b 为根据试验成果回归获得的待定参数。

瑞士的 EMPA 实验室自 1924 年以来对移动荷载的冲击系数进行了十分深入和系统的试验研究。基于大量的实测数据，他们指出车辆振动本质上是一种强迫共振现象，用放大谱即把冲击系数定义为桥梁固有频率的函数，来代替现行的按跨径递减的冲击系数公式可能更为合理，即：

$$\mu = \mu(f_{\mathrm{b}}) \tag{8-3}$$

式中，f_b 为桥梁固有频率，一般取基频。

8.2 动载试验法

世界各国在制定荷载的冲击系数时都进行过一定的桥梁动态荷载试验。计算冲击系数时宜采用桥面无障碍行车下的动挠度（或动应变）时程曲线，用如下公式计算得到：

$$\mu = \frac{f_{\text{dmax}}}{f_{\text{mean}}} - 1 \tag{8-4}$$

$$f_{\text{mean}} = \frac{f_{\text{dmax}} + f_{\text{dmin}}}{2} \tag{8-5}$$

式中，f_{dmax} 为绝对值最大动挠度（或动应变）幅值；f_{dmin} 为与 f_{dmax} 对应的同一周期内绝对值最小幅值；f_{mean} 为 f_{dmax} 与 f_{dmin} 的平均值，相当于波形振幅中心轨迹的顶点值。其计算原理如图 8-1 所示，图中纵坐标表示动挠度（或动应变），横坐标表示记录时间。

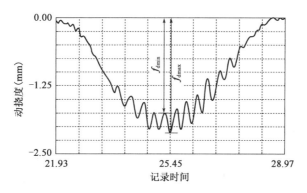

图 8-1　桥面无障碍行车下某简支梁跨中动挠度时程曲线示意

从动挠度（或动应变）时程曲线中直接求取最大静挠度（或静应变），其计算结果受人为因素影响较大，这种影响在小跨径桥梁高速行车试验中尤为明显。

为了反映汽车车辆行驶至不同位置处对测试截面的综合冲击效应，长安大学提出了对时程曲线中可识别的"局部冲击系数"用加权法进行处理，如图 8-2 所示。冲击系数计算式为：

$$\left.\begin{aligned}\mu_i &= \frac{Y_{\text{max}i}}{Y_{\text{mean}i}} - 1 \\ Y_{\text{mean}i} &= \frac{1}{2}(Y_{\text{max}i} + Y_{\text{min}i}) \\ \alpha_i &= \frac{Y_{\text{max}i}}{\sum_{i=1}^{n} Y_{\text{max}i}} \\ \mu &= \sum_{i=1}^{n} \mu_i \alpha_i \end{aligned}\right\} \tag{8-6}$$

式中，$Y_{\text{max}i}$ 为车辆荷载过桥时最不利测点处动挠度（或动应变）时程曲线上的第 i 个周期内绝对值最大值;Y_{mini}为与Y_{maxi}相应的同一个周期内的绝对值最小值;Y_{meani}为相应"静"载作用下该点响应值;α_i为第i个周期的权重;μ_i为第i个周期所对应的局部冲击系数。

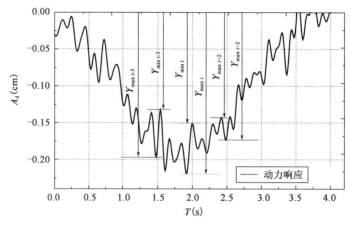

图 8-2 冲击系数加权法计算示意

8.3 规 范 法

世界各国桥梁设计规范中对活荷载都有其明确的定义,对冲击系数的规定也不尽相同,总体上可以归纳为如下几种计算方式。

8.3.1 与桥梁跨径有关的计算方法

1) 中国规范

在我国 1989 年版的《公路桥涵设计通用规范》(JTJ 021—89)中规定,冲击系数是桥梁跨径的函数形式。如表 8-1 和表 8-2 及图 8-3、图 8-4 所示,其中,L 为桥梁计算跨径或影响线加载长度(m);对于悬臂梁、连续梁、刚构等,L 为各荷载区段长度之和;当 L 在所列数值之间时,冲击系数可按直线内插法求得。

钢筋混凝土及预应力混凝土、混凝土桥涵和砖石砌桥涵的冲击系数　　　　表 8-1

结 构 类 型	跨径或荷载长度(m)	冲击系数 μ
梁、刚构、拱上构造、柱式墩台、涵洞盖板	$L \leqslant 5$	0.30
	$L \geqslant 45$	0
拱桥的主拱圈或拱肋	$L \leqslant 20$	0.20
	$L \geqslant 70$	0

钢桥的冲击系数　　　　表 8-2

结 构 类 型	冲击系数 μ
主桁(梁、拱)、联合梁、桥面系、钢墩等	$\dfrac{15}{L+37.5}$
吊桥的主桁、主梁或主链、塔架	$\dfrac{50}{L+70}$

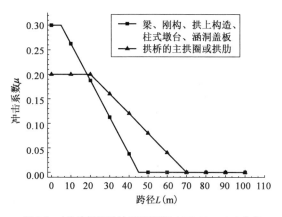

图 8-3 《公路桥涵设计通用规范》(JTJ 021—89)中的配筋混凝土桥涵和砖石砌桥涵冲击系数

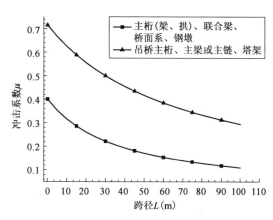

图 8-4 《公路桥涵设计通用规范》(JTJ 021—89)中的钢桥冲击系数

2) 美国规范

美国的 AASHTO(1992)桥梁设计规范(Standard Specifications for Highway Bridges)定义：车辆荷载和车道荷载的冲击系数为

$$\mu = \frac{15.24}{L + 38.10} \leqslant 0.3 \tag{8-7}$$

式中，L 为桥梁计算跨径(m)。

3) 日本规范

日本公路协会(Japan Road Association)1996 年颁发的公路桥梁规范，规定冲击系数与桥梁结构形式、荷载类型及跨径 $L(\text{m})$ 有关，如表 8-3 和图 8-5 所示。

日本 1996 年 JRA 规范中规定的冲击系数   表 8-3

桥 梁 类 型	荷 载 类 型	冲击系数 μ
钢桥	车道荷载和车辆荷载	$\mu = \dfrac{20}{50 + L}$
钢筋混凝土桥	车辆荷载	$\mu = \dfrac{20}{50 + L}$
	车道荷载	$\mu = \dfrac{7}{20 + L}$
预应力混凝土桥	车辆荷载	$\mu = \dfrac{20}{50 + L}$
	车道荷载	$\mu = \dfrac{10}{25 + L}$

4) 新西兰规范

新西兰 NZTA(The New Zealand Transport Agency Bridge Manual)(2013)中规定，简支和连续跨的弯矩冲击系数与跨径的关系为：

$$\mu = \begin{cases} 0.30 & (L \leqslant 12\text{m}) \\ \dfrac{15}{L + 38} & (L > 12\text{m}) \end{cases} \tag{8-8}$$

式中,设计正弯矩效应时 L 为跨径;设计负弯矩效应时 L 为相邻跨径的平均值。对于剪力、支反力及悬臂结构和板桥中的弯矩冲击系数均取 0.3。弯矩冲击系数如图 8-6 所示。

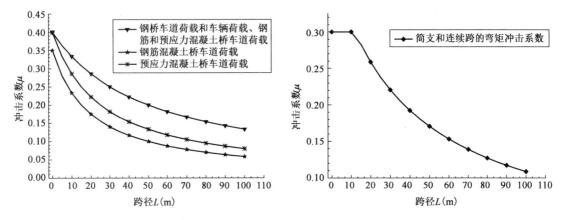

图 8-5 日本 1996 年 JRA 规范的冲击系数　　图 8-6 新西兰 NZTA(2013)的简支和连续跨弯矩冲击系数

5) 欧洲规范

欧洲规范(CEN Actions on Structures)(2003)针对一般的路面状况和汽车轮胎弹簧系统状况,制定了与荷载类型有关的冲击系数,该冲击系数是跨径和车道数的函数,如图 8-7 所示。

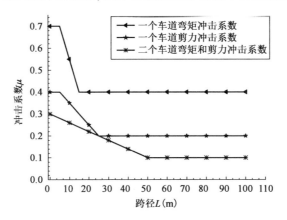

图 8-7 欧洲规范 CEN (2003)的冲击系数

(1) 对于一个车道。

弯矩冲击系数的计算公式为:

$$\mu = \begin{cases} 0.70 & (L \leq 5\text{m}) \\ 0.85 - 0.03L & (5\text{m} < L < 15\text{m}) \\ 0.4 & (L \geq 15\text{m}) \end{cases} \tag{8-9}$$

剪力的冲击系数为:

$$\mu = \begin{cases} 0.40 & (L \leq 5\text{m}) \\ 0.45 - 0.01L & (5\text{m} < L < 25\text{m}) \\ 0.2 & (L \geq 25\text{m}) \end{cases} \tag{8-10}$$

(2) 对于二个车道。

弯矩和剪力冲击系数为：

$$\mu = \begin{cases} 0.30 - 0.004L & L \leqslant 50\text{m} \\ 0.1 & L > 50\text{m} \end{cases} \tag{8-11}$$

对于四车道,弯矩和剪力冲击系数均为 0.1,在最不利条件下,即伸缩缝附近处的截面,需要额外再考虑一个放大系数 $\Delta\Phi$：

$$\Delta\Phi = 1.3\left(1 - \frac{D}{26}\right) \gg 1 \tag{8-12}$$

式中,D 为设计截面至伸缩缝的距离。

8.3.2 与桥梁基频有关的计算方法

桥梁结构的基本频率反映了结构的尺寸、类型、建筑材料等动力特性,不管桥梁的建筑材料、结构类型是否有差别,也不管结构尺寸与跨径是否有差别,只要结构的基频相同,在同样的汽车荷载下就能得到基本相同的系数,这是目前部分国家规范制定与基频有关的冲击系数计算方法的基本出发点。

1) 中国规范

中国《公路桥涵设计通用规范》(JTG D60—2015)规定冲击系数如图 8-8 所示,计算公式为：

$$\mu = \begin{cases} 0.05 & (f < 1.5\text{Hz}) \\ 0.1767\ln f - 0.0157 & (1.5\text{Hz} \leqslant f \leqslant 14\text{Hz}) \\ 0.4 & (f > 14\text{Hz}) \end{cases} \tag{8-13}$$

式中,f 为桥梁结构的基频(Hz)。

汽车的局部加载及在 T 梁、箱梁的悬臂板上的冲击系数采用 0.3。

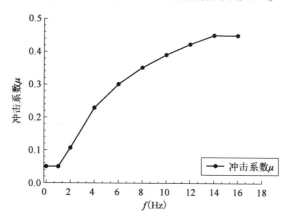

图 8-8 中国《公路桥涵设计通用规范》(JTG D60—2015)的冲击系数

2) 加拿大规范

加拿大桥梁规范 OHBDC(The Ontario Highway Bridge Design Code)(1983)规定桥梁的冲击系数与结构的基频有关,如图 8-9 所示。相应的计算公式为：

$$\mu = \begin{cases} 0.20 & (f_1 < 1.0 \text{Hz}) \\ 0.0667 + 0.13f_1 & (1.0 \text{Hz} \leq f_1 < 2.5 \text{Hz}) \\ 0.4 & (2.5 \text{Hz} \leq f_1 < 4.5 \text{Hz}) \\ 0.85 - 0.1f_1 & (4.5 \text{Hz} \leq f_1 < 6.0 \text{Hz}) \\ 0.25 & (f_1 \geq 6.0 \text{Hz}) \end{cases} \quad (8\text{-}14)$$

式中，f_1 为桥梁结构的基频（Hz）。

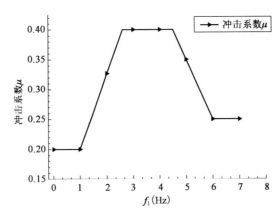

图 8-9　加拿大 OHBDC(1983)的冲击系数

8.3.3　其他规定方法

1）中国规范

中国的《公路钢结构桥梁设计规范》(JTG D64—2015)：进行正交异性钢桥面板承载能力极限状态设计时，桥面上汽车局部荷载作用的冲击系数为简化计算采用 0.40。

2）美国规范

美国桥梁规范 AASHTO(Guide Specification for strength Evaluation of Existing Steel and Concrete Bridges)(1989)中规定，冲击系数是与路面不平整度相关的常数，变化范围 0.1～0.3。而美国 AASHTO(1994)及 AASHTO(2012)的规定见表 8-4。

美国 AASHTO 规范中规定的冲击系数　　表 8-4

构件类型	极限状态	冲击系数 μ
桥面板连接	所有极限状态	75%
良好状态	疲劳和断裂极限状态	15%
其他构件	其他所有极限状态	33%

3）加拿大规范

加拿大桥梁规范 OHBDC(1991)中规定桥梁的冲击系数与车轴数有关，见表 8-5。

加拿大 OHBDC(1991)规范中规定的冲击系数　　表 8-5

车轴数	冲击系数 μ	车轴数	冲击系数 μ
1	0.4	3 或以上	0.25
2	0.3		

加拿大桥梁规范OHBDC(2006)中规定桥梁的冲击系数除与OHBDC(1991)规定的车轴数有关外,还增加了桥面连续处冲击系数μ取值为0.5。

4)英国规范

英国桥梁规范BD37/01(2001)及BS5400-2(2006)规定,公路汽车荷载(HA荷载)效应里面已经考虑了0.25的冲击系数。

5)澳大利亚规范

澳大利亚桥梁设计规范(Bridge Design Standard)AS5100(2004)中规定,冲击系数是与车辆荷载配置形式有关的常数,其变化范围为0.1~0.4。

8.3.4 部分国家规范比较

以双车道高速公路桥梁的弯矩冲击系数为对象,如果按基频$f=100/L$的近似关系将放大谱μ-f转化为μ-L曲线,并对目前一些国家规范中的冲击系数进行对比,如图8-10所示。

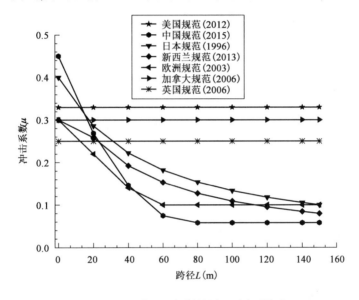

图8-10 不同规范下双车道桥梁弯矩冲击系数对比

由图8-10可见,在15m以下的小跨径桥梁弯矩设计时,中国《公路桥涵设计通用规范》(JTG D60—2015)的冲击系数最大,而20m以上桥梁则是美国规范中的冲击系数最大。

8.4 车桥耦合振动分析法

通过有限元方法模拟车辆通过桥梁结构时产生的车桥耦合振动响应时程规律,从而获得桥梁结构的冲击系数。

8.4.1 汽车车辆模型振动方程

根据第7.1节相关内容,以矩阵形式表示的汽车车辆振动方程为:

$$M_v\ddot{Z}_v + C_v\dot{Z}_v + K_vZ_v = G_v + F_{bv} \tag{8-15}$$

式中,M_v 为车辆的质量矩阵;C_v 为车辆的阻尼矩阵;K_v 为车辆的刚度矩阵;F_{bv} 为车辆的轮胎与桥面接触点处的瞬时耦合荷载向量;G_v 为重力荷载向量。相关矩阵中的元素与简化的车辆模型有关,详见第 7.1 节相关内容。

8.4.2 桥梁振动方程

桥梁结构空间杆系有限元振动方程为:

$$M\ddot{\delta} + C\dot{\delta} + K\delta = F \tag{8-16}$$

式中,$\delta(t)$、$\dot{\delta}(t)$、$\ddot{\delta}(t)$ 分别为桥梁节点的位移、速度和加速度向量;M 为桥梁结构的质量矩阵;C 为桥梁结构的阻尼矩阵;K 为桥梁结构的刚度矩阵;F 为车辆耦合作用在桥梁结构节点上的力列向量。

8.4.3 位移联系方程

假设车轮在运行的过程中始终与桥面密贴不脱离,则使得车桥成为一个系统,轮对的相对位移可通过梁的相应位移表示,其位移联系方程为:

$$u_i = z_i - (-d_{ri}) - w_i \tag{8-17}$$

式中,$u_i(x,t)(i = 1,2,\cdots)$ 为车辆各轮轴质量块与主梁桥面间的相对位移;$z_i(i = 1,2,\cdots)$ 为车轴质量块竖向位移(向下为正);$w_i(x,t)(i = 1,2,\cdots)$ 为第 i 轮轴的轮胎与桥面接触点处的主梁竖向动挠度(向下为正);$d_{ri}(i = 1,2,\cdots)$ 为行车路线车辙的外形在作用点处的桥面不平整度(坐标向下为正)。

这里用路面不平整度表示实际桥面偏离理想平滑桥面的程度。以《机械振动道路路面谱测量数据报告》(GB/T 7031—2015)建议的谱密度函数表达式为基础,采用离散傅立叶逆变换法,可以模拟不同路面等级平整度样本值。我国公路路面谱基本处于 A、B 和 C 级三级范围之内,这里借用公路路面谱的概念来表示桥面谱。

图 8-11 所示为一座跨径为 32m 预应力混凝土简支梁的 A、B 和 C 级桥面不平度模拟分析结果。从图 8-11 可以看出,不同等级的路面谱计算出的桥面不平度差别较大,车桥耦合振动影响也必然较大。

8.4.4 车桥相互作用方程

为分析方便起见,将车辆和桥梁视作两个分离振动体系,两者之间的耦合作用通过车辆轮胎与桥面间的相互作用联系起来。轮胎与桥梁间的相互作用力描述为:

$$F_{ti} = k_{ti}u_i + c_{ti}\dot{u}_i \quad (i = 1,2,\cdots) \tag{8-18}$$

式中,$k_{ti}(i = 1,2,\cdots)$ 为各轴轮胎的刚度;$c_{ti}(i = 1,2,\cdots)$ 为各轴轮胎的阻尼系数。

联立求解方程(8-15)、方程(8-16),并引入式(8-17)和式(8-18),即可求得不同车速条件下车桥耦合振动的主梁控制截面内力、挠度的时程响应曲线,以及车辆的振动位移、速度和加速度的时程响应曲线,进而获得主梁控制截面冲击系数和车辆相关指标参数。

各类常见桥型的冲击系数数值模拟分析方法可参考本章相关文献。

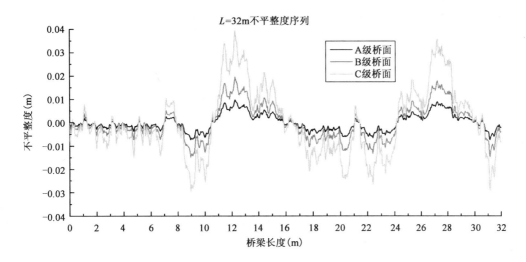

图8-11 跨径为32m预应力混凝土简支梁A、B和C级桥面的不平度曲线

8.4.5 预应力混凝土连续刚构桥主梁冲击系数实用公式

大跨径预应力混凝土连续刚构桥的冲击系数尚无规范规定算法,这里给出一种实用近似的计算方法。

文献[5]依托已建成的14座预应力混凝土连续刚构桥设计参数,通过正交试验表,选择A、B、C三种桥面平整度等级,分别以及80km/h、100km/h、120km/h三个行车速度,共计126个计算工况,经回归分析,给出了大跨预应力混凝土连续刚构桥主梁的冲击系数近似计算式为:

$$\mu = 0.456 - 0.537\ln^2(f) + 0.019r^3 \tag{8-19}$$

式中,f 为主梁竖向弯曲振动基频(Hz);r 为桥面平整度等级参数,A、B、C级桥面分别取1、2、3。

本章参考文献

[1] 贺拴海,宋一凡,崔军.桥面凸凹不平引起车辆荷载冲击内力的理论分析[J].西安公路交通大学学报,1999.19(4):18-20.
[2] 宋一凡.公路桥梁动力学[M].北京:人民交通出版社,2000.
[3] 宋一凡,贺拴海.公路桥梁冲击系数的影响因素分析[J].长安大学学报(自然科学版),2001,21(2):47-49.
[4] 王小龙.基于规范方法的连续梁桥冲击系数影响因素分析[D].西安:长安大学,2009.
[5] 蒋培文.公路大跨径连续体系桥梁车桥耦合振动研究[D].西安:长安大学,2012.
[6] 周勇军,赵煜,贺拴海,等.刚构-连续组合桥梁冲击系数多因素灵敏度分析[J].振动与冲击,2012,31(3):97-101.

[7] 邹正浩.简支斜梁桥冲击系数计算方法研究[D].西安:长安大学,2013.

[8] 周勇军,蔡军哲,石雄伟,等.基于加权法的桥梁冲击系数计算方法[J].交通运输工程学报,2013,13(4):29-36.

[9] Yongjun Zhou, Zhongguo John Ma, Yu Zhao, et al. Improved definition of dynamic load allowance factor for highway bridges[J]. Structural Engineering and Mechanics, 2015, 54(3): 561-577.

[10] Lu Deng, Yang Yu, Qiling Zou, et al. State-of-the-Art Review of Dynamic Impact Factors of Highway Bridges[J]. Journal of Bridge Engineering, 2015, 20(5):04014080.

[11] 中华人民共和国推荐性行业标准.公路桥涵设计通用规范:JTG D60—2015[S].北京:人民交通出版社股份有限公司,2015.

[12] 中华人民共和国推荐性行业标准.公路钢结构桥梁设计规范:JTG D64—2015[S].北京:人民交通出版社股份有限公司,2015.

[13] 徐婷婷.中小跨径连续梁桥负弯矩冲击系数[D].西安:长安大学,2016.

[14] 周勇军,韩智强,赵煜,等.高墩大跨弯连续刚构桥冲击系数计算公式[J].西安建筑科技大学学报(自然科学版),2016,48(2):207-213.

[15] 邓露,王维.公路桥梁动力冲击系数研究进展[J].动力学与控制学报,2016,14(04):289-300.

[16] 周勇军,于明策,杨敏,等.基于低通滤波的连续刚构桥冲击系数试验研究[J].测控技术,2017,36(1):18-22.

[17] 邓露,段林利,邹启令.桥梁应变与挠度动力放大系数的大小关系研究[J].工程力学,2018,35(01):126-135.

[18] AASHTO 2012 LRFD bridge design specifications[S].

附录 A
动力学普遍原理

动力学是研究物体的机械运动与作用力之间关系的科学。动力学可分为质点动力学和质点系动力学,而前者是后者的基础。

以牛顿(Newton)三定律为基础的力学称为古典力学。在古典力学范畴内,认为质量是不变的量,空间和时间是"绝对的",与物体的运动无关。应用古典力学解决一般的工程中的结构运动问题,都可以得到足够精确的结果。

本附录主要叙述动力学的几个常用的原理:达朗贝(D'Alembert)原理,拉格朗日(Lagrange)方程,哈密尔顿(Hamilton)原理。

A.1 达朗贝(D'Alembert)原理

A.1.1 质点的达朗贝(D'Alembert)原理

设一质点的质量为 m,相对于惯性参考系的加速度矢量为 $\ddot{r}$,作用于质点上的主动力为 F、约束力为 R,根据牛顿第二定律有:

$$F + R = m\ddot{r}$$

或

$$F + R - m\ddot{r} = 0$$

令

$$F_I = -m\ddot{r} \qquad (A-1)$$

则得质点力平衡方程为：

$$F + R + F_I = 0 \qquad (A-2)$$

$F_I = -m\ddot{r}$ 与质点惯性有关，具有力的量纲，称为作用于质点上的惯性力，方向与质点加速度的方向相反。

因此，式(A-2)可以表述为：如果在质点上除了作用有真实的主动力和约束力外，再假想地加上惯性力，则这些力在形式上组成一平衡力系，称之为质点的达朗贝(D'Alembert)原理。这一原理就把一个动力学问题转化成了一个静力学问题，也就是通常所说的动静法。

A.1.2 质点系的达朗贝(D'Alembert)原理

设质点系内任一质点的质量为 m_i，相对于惯性参考系的加速度矢量为 $\ddot{r}_i$，作用于质点上的外力为 $F_i^{(e)}$、内力为 $F_i^{(i)}$。如果对这质点假想地加上惯性力 $F_{Ii} = -m_i\ddot{r}_i$，根据牛顿第二定律有：

$$F_i^{(e)} + F_i^{(i)} + F_{Ii} = 0$$

由静力学知，任意力系的平衡条件是力系的主矢和对任意点的主矩分别等于零，即：

$$\sum F_i^{(e)} + \sum F_i^{(i)} + \sum F_{Ii} = 0$$

$$\sum M_0(F_i^{(e)}) + \sum M_0(F_i^{(i)}) + \sum M_0(F_{Ii}) = 0$$

因为质点系的内力总是成对的，且彼此等值反向，于是有：

$$\sum F_i^{(e)} + \sum F_{Ii} = 0 \qquad (A-3)$$

$$\sum M_0(F_i^{(e)}) + \sum M_0(F_{Ii}) = 0 \qquad (A-4)$$

即如果对质点系中每个质点都假想地加上各自的惯性力，则质点系的所有外力和所有质点的惯性力组成平衡力系，这就是质点系的达朗贝(D'Alembert)原理。

应用达朗贝(D'Alembert)原理求解刚体动力学问题时，可以根据静力学中简化力系的方法，将刚体的惯性力系简化至刚体质心(基点)，形成惯性力主矢和主矩，对于解题就方便很多。

A.2 拉格朗日(Lagrange)方程

在弹性结构体系中，支承着一组质量 $M_k(k=1,2,3,\cdots,J)$，并且承受一组力 $F_i(i=1,2,3,\cdots,m)$ 的作用，同时又有阻尼存在。与质量 $M_k(k=1,2,3,\cdots,J)$ 对应的结构变形 $y_k = y_k(t)(k=1,2,3,\cdots,J)$ 可由一组广义坐标 $q_i(t)(i=1,2,3,\cdots,N)$ 来确定。此时，结构的自由度数目即为 N。相应的，这些质量点和荷载点处的变形都必须用广义坐标 q_i 来确定。

假设引入一个广义虚变形，它是由一个广义坐标 q_i 的微小改变量形成的，用 δq_i 表示。根据虚功原理，在虚变形过程中，外力所做的功必须等于内部应变能的改变量。在动力体系中，应注意把实际荷载和惯性力两者所做的虚功统归为外力功，即有：

$$\delta W_e + \delta W_{In} + \delta W_c = \delta V \tag{A-5}$$

式中,δW_e 为外荷载 F_i 所做的虚功;δW_{In} 为惯性力所作的虚功;δW_c 为阻尼力所作的虚功;δV 为结构内部应变能的改变量。

式(A-5)中,有三项可简单用下式表达:

$$\left.\begin{aligned}\delta W_e &= \sum_{i=1}^{N} \frac{\partial W_e}{\partial q_i} \delta q_i \\ \delta W_c &= \sum_{i=1}^{N} \frac{\partial W_c}{\partial q_i} \delta q_i \\ \delta V &= \sum_{i=1}^{N} \frac{\partial V}{\partial q_i} \delta q_i\end{aligned}\right\} \tag{A-6}$$

式中,W_e、W_c、V 分别表示结构体系中由于广义坐标的微小改变量所产生的外力功、阻尼力功和结构内部的变形能。相应的广义外力、广义阻尼力分别为:

$$Q_{ei} = \frac{\partial W_e}{\partial q_i}, Q_{ci} = \frac{\partial W_c}{\partial q_i}$$

而 δW_{In} 则另行处理如下。

由于 $y_k = y_k(q_1, \cdots, q_N)$,与变位 $y_k(k = 1,2,3,\cdots,J)$ 对应的虚变形:

$$\delta y_k = \sum_{i=1}^{N} \frac{\partial y_k}{\partial q_i} \delta q_i$$

根据定义,惯性力做的虚功为:

$$\begin{aligned}\delta W_{In} &= -\sum_{k=1}^{J}(M_k \ddot{y}_k) \delta y_k \\ &= -\sum_{i=1}^{N}\left[\sum_{k=1}^{J}(M_k \ddot{y}_k)\frac{\partial y_k}{\partial q_i}\right]\delta q_i \\ &= -\sum_{i=1}^{N}\frac{d}{dt}\left(\sum_{k=1}^{J}M_k \dot{y}_k \frac{\partial y_k}{\partial q_i}\right)\delta q_i + \sum_{i=1}^{N}\sum_{k=1}^{J}M_k \dot{y}_k \frac{\partial \dot{y}_k}{\partial q_i}\delta q_i\end{aligned} \tag{A-7}$$

结构体系的动能为:

$$T = \frac{1}{2}\sum_{k=1}^{J}M_k \dot{y}_k^2 \tag{A-8}$$

并且有

$$\left.\begin{aligned}\frac{\partial T}{\partial \dot{q}_i} &= \sum_{k=1}^{J}M_k \dot{y}_k \frac{\partial \dot{y}_k}{\partial \dot{q}_i} \\ \frac{\partial T}{\partial q_i} &= \sum_{k=1}^{J}M_k \dot{y}_k \frac{\partial \dot{y}_k}{\partial q_i}\end{aligned}\right\} \tag{A-9}$$

由于 $y_k = y_k(q_1, \cdots, q_N)$,则有:

$$\dot{y}_k = \sum_{i=1}^{N}\frac{\partial y_k}{\partial q_i}\dot{q}_i$$

$$\frac{\partial \dot{y}_k}{\partial \dot{q}_i} = \frac{\partial y_k}{\partial q_i}$$

代入式(A-9)的第一式,得:

$$\frac{\partial T}{\partial \dot{q}_i} = \sum_{k=1}^{J} M_k \dot{y}_k \frac{\partial y_k}{\partial q_i}$$

将式(A-9)的第二式和上式代入式(A-7),得:

$$\delta W_{\text{In}} = -\sum_{i=1}^{N} \frac{\mathrm{d}}{\mathrm{d}t}\left(\frac{\partial T}{\partial \dot{q}_i}\right)\delta q_i + \sum_{i=1}^{N}\left(\frac{\partial T}{\partial q_i}\right)\delta q_i \qquad (\text{A-10})$$

将上述各式代入式(A-5)后,由于δq_i是任意的,彼此独立,故有:

$$\frac{\mathrm{d}}{\mathrm{d}t}\left(\frac{\partial T}{\partial \dot{q}_i}\right) - \frac{\partial T}{\partial q_i} + \frac{\partial V}{\partial q_i} = \frac{\partial W_e}{\partial q_i} + \frac{\partial W_c}{\partial q_i} \qquad (i = 1,2,3,\cdots,N) \qquad (\text{A-11})$$

这就是拉格朗日(Lagrange)方程的一般形式。

引入拉格朗日(Lagrange)函数:

$$L = T - V \qquad (\text{A-12})$$

并注意V与$\dot{q}_i$无关,式(A-11)可写成:

$$\frac{\mathrm{d}}{\mathrm{d}t}\left(\frac{\partial L}{\partial \dot{q}_i}\right) - \frac{\partial L}{\partial q_i} = \frac{\partial W_e}{\partial q_i} + \frac{\partial W_c}{\partial q_i} \qquad (i = 1,2,3,\cdots,N) \qquad (\text{A-13})$$

即计入广义外力和广义阻尼力的拉格朗日方程为:

$$\frac{\mathrm{d}}{\mathrm{d}t}\left(\frac{\partial L}{\partial \dot{q}_i}\right) - \frac{\partial L}{\partial q_i} = Q_{ei} + Q_{ci} \qquad (i = 1,2,3,\cdots,N) \qquad (\text{A-14})$$

对于无阻尼和无外界干扰力的弹性结构体系,拉格朗日方程则变为:

$$\frac{\mathrm{d}}{\mathrm{d}t}\left(\frac{\partial L}{\partial \dot{q}_i}\right) - \frac{\partial L}{\partial q_i} = 0 \qquad (i = 1,2,3,\cdots,N) \qquad (\text{A-15})$$

拉格朗日方程常应用于建立有限自由度系统的运动微分方程。

对于离散型的多自由度弹簧-质量系统,V表示弹簧弹性势能函数或重力势能函数,建立复杂体系运动微分方程比较方便。

A.3 哈密尔顿(Hamilton)原理

对于拉格朗日(Lagrange)函数:

$$L = L(q_1, q_2, \cdots q_N, \dot{q}_1, \dot{q}_2, \cdots, \dot{q}_N, t) \qquad (\text{A-16})$$

在数学上属于泛函,对该泛函关于q_i和$\dot{q}_i$变分后有:

$$\delta L = \sum_{i=1}^{N}\left(\frac{\partial L}{\partial \dot{q}_i}\delta \dot{q}_i + \frac{\partial L}{\partial q_i}\delta q_i\right) \qquad (\text{A-17})$$

由式(A-11),可得:

$$\sum_{i=1}^{N}\left[\frac{\mathrm{d}}{\mathrm{d}t}\left(\frac{\partial T}{\partial \dot{q}_i} - \frac{\partial T}{\partial q_i}\right) + \frac{\partial V}{\partial q_i}\right]\delta q_i = \sum_{i=1}^{N}\left(\frac{\partial W_e}{\partial q_i} + \frac{\partial W_c}{\partial q_i}\right)\delta q_i \qquad (\text{A-18})$$

如用拉格朗日(Lagrange)函数,上式表示为:

$$\sum_{i=1}^{N}\left[\frac{d}{dt}\left(\frac{\partial L}{\partial \dot{q}_i}\right)-\frac{\partial L}{\partial q_i}\right]\delta q_i = \sum_{i=1}^{N}\left(\frac{\partial W_e}{\partial q_i}+\frac{\partial W_c}{\partial q_i}\right)\delta q_i \qquad (A-19)$$

根据微分与变分运算的次序可互换性质,有:

$$\frac{d}{dt}\left(\frac{\partial L}{\partial \dot{q}_i}\right)\delta q_i = \frac{d}{dt}\left(\frac{\partial L}{\partial \dot{q}_i}\delta q_i\right)-\frac{\partial L}{\partial \dot{q}_i}\delta \dot{q}_i$$

代入式(A-19),有:

$$\sum_{i=1}^{N}\left[\frac{d}{dt}\left(\frac{\partial L}{\partial \dot{q}_i}\delta q_i\right)-\left(\frac{\partial L}{\partial \dot{q}_i}\delta \dot{q}_i+\frac{\partial L}{\partial q_i}\delta q_i\right)\right] = \sum_{i=1}^{N}\left(\frac{\partial W_e}{\partial q_i}+\frac{\partial W_c}{\partial q_i}\right)\delta q_i \qquad (A-20)$$

上式又可写成:

$$\frac{d}{dt}\left(\sum_{i=1}^{N}\frac{\partial L}{\partial \dot{q}_i}\delta q_i\right) = \delta L + \delta W \qquad (A-21)$$

式中,$\delta W = \sum_{i=1}^{N}\left(\frac{\partial W_e}{\partial q_i}+\frac{\partial W_c}{\partial q_i}\right)\delta q_i = \sum_{i=1}^{n}(Q_{ei}+Q_{ci})\delta q_i = \sum_{i=1}^{n}Q_i\delta q_i$,表示非势力做功。

或写成微分形式为:

$$d\left(\sum_{i=1}^{N}\frac{\partial L}{\partial \dot{q}_i}\delta q_i\right) = \delta L dt + \delta W dt$$

因为研究的体系是在给定两个运动状态$A(t=t_1)$和$B(t=t_2)$之间的运动,故对上式自t_1到t_2进行积分,得:

$$\left[\sum_{i=1}^{N}\frac{\partial L}{\partial \dot{q}_i}\delta q_i\right]_{t_1}^{t_2} = \int_{t_1}^{t_2}\delta L dt + \int_{t_1}^{t_2}\delta W dt \qquad (A-22)$$

由于在A和B两点的运动状态已经给定,故有:

$$(\delta q_i)_A = (\delta q_i)_B = 0 \qquad (A-23)$$

于是,任意力作用下的哈密尔顿原理表达为:

$$\delta\int_{t_1}^{t_2}(T-V)dt + \int_{t_1}^{t_2}\delta W dt = 0 \qquad (A-24)$$

对于仅存在有势力作用下的完整质点系,有$\int_{t_1}^{t_2}\delta W dt = 0$,从而得:

$$\int_{t_1}^{t_2}\delta L dt = \delta\int_{t_1}^{t_2}L dt = \delta\int_{t_1}^{t_2}(T-V)dt = \delta H = 0 \qquad (A-25)$$

式中,$H = \int_{t_1}^{t_2}(T-V)dt$为哈密尔顿(Hamilton)函数。

式(A-25)即为有势力作用下的完整质点系哈密尔顿(Hamilton)变分原理的数学表达式。它的物理意义表明:对于有势力作用下的完整质点系而言,在所有由A状态到B状态的可能运动中,唯有真实运动使哈密尔顿作用量H有极值,即泛函H的变分为零。

哈密尔顿原理常应用于建立连续弹性体的运动微分方程。可以证明,哈密尔顿原理与拉格朗日方程是可以互相推证的。

附录 B
结构振动分析方法

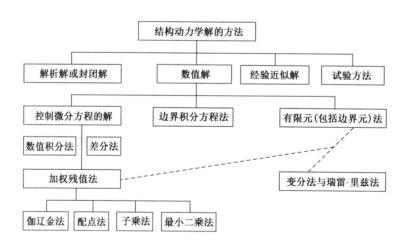